Bibliographie Chronologique de l'Oeuvre d'André Gide

(1889–1973)

Jacques Cotnam

G. K. HALL & CO., 70 LINCOLN STREET, BOSTON, MASS. 1974

DU MEME AUTEUR

Faut-il inventer un nouveau Canada? Montréal, Fides, 1967.

Poètes du Quebec, Montréal, Fides, 1969.

Le "Subjectif" d'Andre Gide ou les lectures d'André Walter (1889-1893), Cahiers André Gide, I, Paris, Gallimard, 1969.

Essai de bibliographie chronologique des écrits d'Andre Gide, Paris, Imprimerie Durand, 1971 (500 exemplaires hors commerce destines aux membres de l'Association des Amis d'André Gide).

Inventaire bibliographique de la correspondance d'André Gide publiée de 1897-1971 (50 exemplaires hors commerce).

Vivre au Québec, Toronto, McClelland and Stewart Ltd., 1972.

Contemporary Québec: An Analytical Bibliography, Toronto, McClelland and Stewart Ltd., 1973.

Inventaire bibliographique et Index analytique de la correspondance d'André Gide (publiée de 1897 a 1971), Boston, G. K. Hall, 1974.

This publication is printed on permanent/durable acid-free paper.

Library of Congress Cataloging in Publication Data

Cotnam, Jacques.
Bibliographie chronologique de l'œuvre d'André Gide (1889-1973)

Includes index.
1. Gide, André Paul Guillaume, 1869-1951—Bibliography. I. Title.
Z8341.6.C65 016.848'9'1209 74-20957
ISBN 0-8161-1025-5

A Claude Martin et Kevin O'Neill, pour les remercier de leur gracieuse assistance et en témoignage d'amitié sincère.

Table des matières

Introduction

Ainsi que je le disais dans l'avant-propos à l'*Essai de bibliographie chronologique des écrits d'Andre Gide*[1] et qu'il m'importe aujourd'hui de répéter, l'oeuvre d'André Gide est si considérable et dispersée dans tant de revues et de journaux à travers le monde entier, pendant plus de soixante ans, que bien téméraire serait celui qui oserait affirmer en avoir dressé un inventaire exhaustif. Telle n'est donc pas ma prétention, bien que je reconnaisse volontiers que tel était mon idéal. Puisse néanmoins mon travail ne point se révéler trop imparfait!

Bref, disons tout simplement que la présente bibliographie n'est complète que dans la mesure où elle offre le bilan de mes connaissances actuelles concernant l'oeuvre publiée d'André Gide. J'incline nonobstant à penser que les pages qui suivent font mention des principaux écrits d'André Gide, quels que soient la nature et le genre auxquels ils appartiennent. Le nombre de ceux qui n'ont pas été répertoriés est sûrement minime, exception faite des lettres et fragments de lettres publiés dans les catalogues des librairies spécialisées.

En outre, je crois que la chronologie correspond bien à celle de la publication première des oeuvres citées, qu'elle ait eu lieu dans un périodique, un recueil collectif ou qu'il s'agisse d'une édition originale, si limitée et hors commerce soit-elle.

Peut-être convient-il aussi d'ajouter que ma bibliographie ne vise aucunement à remplacer celle d'Arnold Naville que son fils, Jacques Naville, à remise à jour[2], il y a quelques années déjà? Pour obtenir des renseignements précis sur l'édition originale de telle ou telle oeuvre d'André Gide et sur ses rééditions successives, il est certain qu'on continuera à se référer avec profit à cet ouvrage indispensable. Lorsqu'il s'agit d'un livre, à moins d'indications contraires, seule sera mentionnée dans la présente bibliographie la date de l'édition originale qui, rappelons-le, ne coincide pas toujours avec celle de la première édition courante.

Ce qui distingue effectivement cette bibliographie de celle d'Arnold Naville, c'est que, d'une part, l'inventaire de l'oeuvre d'André Gide a été fait jusqu'en 1973 et que, d'autre part, j'ai tenu compte dans la classement chronologique annuel de tous les écrits d'André Gide que j'ai été en mesure de recenser: comptes rendus, préfaces, avant-propos, introductions, lettres ouvertes, poèmes, traductions, lettres, fragments de lettres, soties, récits, roman, pièces de théâtre....

1–*Bulletin du bibliophile* (I), 1971. Un tirage à part de 500 exemplaires fut spécialement fait à l'intention des membres de l'Association des Amis d'André Gide. Pour tout renseignement relatif à cette Association, prière de s'adresser soit à l'auteur, soit à M. Claude Martin, Unité d'études française, Université de Lyon II, 69500 Bron, France.

2–Arnold Naville, *Bibliographie des écrits d'André Gide (depuis 1891 jusqu'en 1952)*, Paris, Guy le Prat, 1949, 223 (15) p.

Cela dit, il sied maintenant, afin d'éviter toute confusion, d'apporter quelques précisions quant à la présentation des oeuvres mentionnées ci-après. Voici donc comment il est rendu compte de la production gidienne annuellement publiée.

Tous les textes d'André Gide ont été classifiés, l'année de leur parution, dans l'une des categories suivantes: I—*Textes divers publiés dans les revues, les journaux;* II—*Avant-propos, introductions, préfaces;* III—*Livres;* IV—*Correspondance.*

Comme l'indique son titre, la première catégorie rassemble tous les textes d'André Gide, quelle qu'en soit la nature, publiés dans les journaux et les revues. Cela comprend les écrits qui seront plus tard repris sous forme de livres, les romans et pièces de théâtre tout d'abord publiés en feuilletons, les avant-propos, introductions ou préfaces paraissant comme tels, mais ailleurs que dans l'ouvrage pour lequel ils ont été rédigés. Cette première catégorie renferme même des lettres d'André Gide que lui-même publia, de son vivant. En somme, tous les textes qui ne pouvaient être classifiés dans l'une des trois autres catégories se retrouvent dans la première.

Le contenu des deuxième et troisième catégories n'exige aucun commentaire, si ce n'est que, dans le mesure du possible, je me suis efforcé de préciser la date de l'achevé d'imprimer.

Dans la dernière catégorie enfin, il est fait mention des lettres ou fragments de lettres d'André Gide, publiés cependant par autre que lui-même, au cours notamment d'études qui lui furent consacrées ou dans des catalogues de libraires. Il est pourtant à noter que les ensembles, tel celui de la correspondance Gide—Valéry, ont été classés dans la catégorie des livres. Incidemment, lorsqu'un titre pouvait paraître sous plus d'une catégorie, le numéro de référence en est signalé à la fin des catégories appropriées.

Chaque titre est précédé d'un numéro qui, par la suite, sera utilisé comme référence. Il arrive, en quelques occasions, que ce numéro soit suivi d'une lettre. Cela est tout simplement dû au fait que par inadvertance un texte a parfois été oublié, lors de la compilation de la bibliographie; plutôt que de changer la numérotation entière de l'ouvrage, j'ai préféré ajouter une lettre, en intercalant la dite référence, au moment où je suis rendu compte de mon erreur.

Le cas échéant, les publications subsequentes et préoriginales ont eté signalées. Les différentes éditions d'un même livre n'ont cependant pas été indiquées et, *dans la mesure du possible,* je renvoie le lecteur à l'edition originale. A l'occasion, il m'est arrivé de préciser s'il y avait des variantes. Toutefois, comme je n'ai point collationné les differents textes ligne à ligne, mot à mot, me contentant plutôt d'un rapide coup d'oeil, seules les variantes les plus évidentes attirèrent probablement mon attention. Qu'il me suffise d'en prévenir le chercheur.

***

La compilation de cette bibliographie a exigé un travail considérable, comme on s'en doute bien. De fait, j'ai mis plus de quatre ans à accumuler l'information bibliographique que j'ai aujourd'hui plaisir à offrir aux chercheurs.

Maintes fois, il me faut l'avouer, je fus tenté d'abandonner cette tâche ingrate. Il me semblait en effet que j'étais en train de gaspiller un temps fort précieux et que j'aurais avantage à en disposer autrement. Heureusement, je crois, il s'est trouvé des collègues et des amis pour m'encourager à perservérer et je les en remercie. Puisse le produit de mon labeur ne point trop les décevoir!

Introduction

A tous ceux qui, à quelque moment que ce soit et de quelque façon que ce soit, m'ont aidé à réaliser mon projet initial, je tiens à exprimer ma profonde et sincère reconnaissance. Au risque d'oublier quelques noms, qu'il me soit permis de mentionner les personnes auprès de qui cherchai plusiers fois conseil et qui toujours s'empressèrent de me répondre: Mmes Germaine Brée, Winston-Salem, U. S. A.; Linette F. Brugmans, Stony Brook, U. S. A.; Renée Lang, Milwaukee, U. S.A.;Eiko Nakamura, Nishijin-Machi, Japon; MM. C. Stuart Barr, Hightown, Angleterre; Sidney D. Braun, New York, U. S. A.; Willie Chevalier, Montréal, Canada; Pierre de Boisdeffre, Bruxelles, Belgique; Antoine Fongaro, Toulouse, France; Jean Gaulmier, Paris, France; Alain Goulet, Caen, France; Miron Grindea, Londres, Angleterre; Peter C. Hoy, Oxford, Angleterre; Jean Hytier, Davis, U. S. A.; Pierre Lafille, Besançon, France; Jean Lambert, Northampton, U. S. A.; David Littlejohn, Berkeley, U. S. A.; Daniel Moutote, Montpellier, France; Jacques Naville, Paris, France; Patrick Pollard, Londres, Angleterre; Leon S. Roudiez, New York, U. S. A.; George Strauss, Melbourne, Australie.

Désireux d'être le plus précis possible, je cherchai à vérifier chacune des références que renferme la présente bibliographie. Ce fut un travail d'autant plus ardu que certaines revues sont introuvables en Amérique du Nord. Parfois, comble de malchance, seul manquait le numéro de la revue, voire le texte, que je désirais précisement consulter. La plupart des bibliothèques se refusèrent, par ailleurs, à prêter (ce qui est évidemment fort compréhensible) leurs livres rares, notamment les éditions originales dont je voulais relever la date d'achevé d'imprimer et prendre note de la table des matières. D'où nécessité d'entreprendre quelques voyages et d'aller cueillir sur place l'information requise. Le Conseil des Arts du Canada ma facilita grandement la tâche en m'accordant une généreuse subvention de recherches, dont une partie servit à défrayer mes déplacements. Incidemment, grâce à l'appui de M. Charles Edward Rathé, je reçus également un "Minor Research Grant" de York University.

Au cours des quatre dernières années, j'ai souvent travaillé à la Bibliothèque littéraire Jacques Doucet. J'y fus toujours accueilli avec une extrême courtoisie par M. François Chapon, qui en est le savant conservateur, ainsi que par ses assistantes diligentes.

Non seulement M. Chapon me conseilla amicalement tout au long de mes recherches, mais il me fit encore l'honneur de m'inviter à publier dans le *Bulletin du bibliophile,* en 1971, l'état premier de ma bibliographie. Pour tout ce qu'il a fait pour moi, je tiens à lui dire à nouveau toute ma gratitude.

Mme Irène de Bonstetten, dévouée trésorière de l'Association des Amis d'André Gide, me fut d'un précieux secours. Grâce à ses soins attentifs, j'obtins copie et photocopie de textes rares.M'en communiquèrent aussi Mmes Renée Lang et Eiko Nakamura, ainsi que MM. Robert Abs (Bruxelles, Belgique), C. Stuart Barr, Roland Bourneuf (Quebec, Canada), Willie Chevalier, Antoine Fongaro, Alain Goulet, Miron Grindea, Jacques Naville, Patrick Pollard, Réjean Robidoux (Toronto, Canada), George Strauss, Jean Warmoes (Bruxelles, Belgique).

M. H. Richard Archer, conservateur de la Chapin Library, m'a obligeamment transmis d'utiles renseignements concernant la parution originale de *Feuilles de route 1895-1896.* Grâce à M. Jean Prinet, conservateur en chef du département des périodiques de la Bibliothèque nationale, et de sa dévouée assistante, Mlle L. Bossuat, j'obtins très rapidement des photocopies de textes qui m'étaient inacessibles en Amerique. Enfin, Mme Anne Heurgon-Desjardins s'empressa de mettre à ma disposition, lors d'un bref séjour à Cérisy-la-Salle, les nombreux livres que son père et elle-même avaient reçus d'André Gide; très souvent, il s'agissait d'éditions extrêmement rares.

Introduction

Le personnel de la section "Interlibrary Loan" de la Scott Library, York University, collabora grandement à mes recherches. C'est donc pour moi un très agréable devoir que de remercier Ms. Barbara Abbott, Tuula Ahola, Marion Boyd, Susan Fowlie, Mary Hudecki, Lynn Innerst, Ann-Margrit Malinski, Shakeh Mardikian, Susan Partridge, Mary Warkentin et MM. Ian Box, Gary MacDonald. Je remercie également Mme Christina Roberts, de l'Université de Toronto, qui m'a beaucoup aidé.

Sans l'assistance et la compréhension de Mme Jo-Anne Degabriele, directrice du "Secretarial Services" de la Faculté des Arts de York University, la publication de cet ouvrage aurait sûrement été longuement retardée. A Mme Annette Sotto fut confiée la très fastidieuse tâche de dactylographier mon manuscrit, tâche dont elle s'est acquittée avec une compétence exemplaire, ainsi qu'on pouura en juger par les pages qui suivent. Mme Sotto me fut toujours d'un excellent conseil et fit constamment preuve d'une patience et d'une gentillesse qu'il me plaît de souligner.

La poursuite de mes recherches exigea de multiples sacrifices de la part de ma femme, au cours des quatre dernières années. Pourtant, elle ne cessa pas de m'encourager à persévérer et je lui en suis extrêmement reconnaissant.

Dire finalement tout ce que je dois à mes amis, Claude Martin et Kevin O'Neill, nécessiterait de longs paragraphes. Qu'il me suffise seulement de leur dédier cette bibliographie en témoignage sincère de profonde gratitude.

Jacques Cotnam
Toronto, Canada

18 avril, 1974.

1889

1. "Sixain couleur de pluie", Potache-Revue, 15 février 1889, p. 14.

   Ce poème, qui ne semble pas avoir été repris ailleurs, dans l'oeuvre d'André Gide, était publié sous le pseudonyme de Zan-Bal-Dar. Alain Goulet le cite dans : "Les premiers vers d'André Gide", Cahiers André Gide, I, Paris, Gallimard, 1969, p. 131.

1891

TEXTES DIVERS PUBLIES DANS LES REVUES, LES JOURNAUX...

2. "Nuit d'Idumée", La Conque, 1er avril 1891, pp. XIII-XIV.

   Ce poème ne paraît pas avoir été repris ailleurs.

3. "Reflets d'ailleurs. Petites études de rythme", La Wallonie. juin - juillet - août 1891, pp. 229 -238.

   Ce texte parut sous le pseudonyme d'André Walter.

   Publication subséquente : [505] O.C. I, pp. 5 - 22.

4. "La Promenade", La Conque, 1er décembre 1891, pp. LXXIV-LXXV.

   Ce poème, à notre connaissance, n'a pas été repris ailleurs.

LIVRES

5. Les Cahiers d'André Walter, Paris, Didier - Perrin et Cie, 1891, 279p.

Aucun achevé d'imprimer.

"Cette édition originale, mis en vente le 27 février 1891, a été presque entièrement détruite sur l'ordre de l'auteur" (A. Naville, Bibliographie des écrits d'André Gide, p. 37). La seconde édition, "mise en vente le 25 avril 1891, ne contient pas la notice signée P.C. de l'édition originale" (Ibid., p. 38).

Publications subséquentes : [467] Les Cahiers d'André Walter pp. 1-252.

[505] O.C. I, pp. 23 - 175.

Des fragments sont aussi cités dans:

[308] Morceaux choisis, pp. 289-292.

6. Le Traité du Narcisse, Paris, L'Art indépendant, 1891, 30p.

Aucun achevé d'imprimer.

Publications subséquentes : [8] Entretiens politiques et littéraires, 1er janvier 1892, pp. 20 - 22 (var.).

[80] Philoctète. Le Traité du Narcisse. La Tentative amoureuse El Hadj, pp. 69-91.

[230] Le Retour de l'enfant prodigue, précédé de cinq autres traités, pp. 7-27.

[505] O.C. I, pp. 205-220.

[846] Récits 1, pp. 9-21.

[1003] Romans, pp. 1-12.

1892

TEXTES DIVERS PUBLIES DANS LES REVUES, LES JOURNAUX ...

7. "Poésies", La Conque, janvier 1892, pp. LXXXII-LXXXV.

Ces poèmes furent publiés sous le pseudonyme d'André Walter.

Publications subséquentes : [15] Les Poésies d'André Walter :

poème I	pp. 7-8
poème II	pp. 9-10
poème VI	pp. 17-18
poème VII	pp. 19-20
poème XII	pp. 27-28
poème XIV	pp. 31-32
poème XV	p. 32
poème XVIII	p. [36]

[467] André Walter. Cahiers et Poésies (ed. 1930) :

poème I	pp. 255-256
poème II	pp. 257-258
poème VI	pp. 265-266
poème VII	pp. 267-268
poème XII	pp. 275-276
poème XIV	pp. 279-280
poème XV	pp. 281-282
poème XVIII	pp. 287-288

[505] O.C. I :

poème I	pp. 179-180
poème II	pp. 180-181
poème VI	pp. 184-185
poème VII	pp. 185-186
poème XII	p. 190
poème XIV	p. 192
poème XV	p. 193
poème XVIII	p. 196

8. "Le Traité du Narcisse", Entretiens politiques et littéraires, 1er janvier 1892, pp. 20-28.

Publications subséquentes : [6] Le Traité du Narcisse

[230] Le Retour de l'enfant prodigue, précédé de cinq autres traités, pp. 7-27.

[505] O.C. I, pp. 205-221 (var).

[846] Récits I, pp. 9-21.

[1003] Romans, pp. 1-12 (var.).

9. "Lagunes", La Wallonie, janvier-février 1892, p. 28.

Ce poème ne semble pas avoir été repris ailleurs.

10. "Octobre", La Wallonie, janvier-février 1892, p. 29.

Publication subséquente : [505] O.C. I, pp. 264-265.

Il est à noter que le poème, dont il est ici question, porte le titre de "novembre" dans O.C. Celui qui, dans O.C. est intitulé "Octobre" (pp. 263-264), avait originalement paru sous ce titre dans Les Ibis, en [mai] 1894 [voir: 20].

11. "Paysages", Floréal, no 3, mars 1892, pp. 65-67.

Publication subséquente : [505] O.C. pp. 247-250.

Sous le même titre "Paysages", André Gide publiera quelques pages dans L'Hémicycle, en 1900 [voir 94]. Précisons qu'il s'agit de deux textes différents.

12. "Polders. Lande double", La Syrinx, avril 1892, s.p.

Publications subséquentes : [15] Les Poésies d'André Walter
poème XVII [p. 35]
poème XVIII [p. 36]
Ce dernier poème avait précédemment été publié dans la Conque [7]

[467] André Walter, Cahiers et Poésies,
poème XVII, pp. 281-282
poème XVIII pp. 285-286

[505] O.C. I, pp. 195-196.

Notons que ces deux poèmes parurent initialement sous le pseudonyme d'André Walter.

13. "Voyage sur l'Océan pathétique" [première partie du Voyage au Spitzberg], La Wallonie, mai - juin 1892, pp. 121-160.

Publications subséquentes : [19] Le Voyage d'Urien, pp. 1-51.

[505] O.C. I, pp. 281-321.

[846] Récits I, pp. 43-65.

[1003] Romans, pp. 15-40.

Des extraits furent aussi publiés dans :

[309] Pages choisies

14. "Voyage vers une mer glaciale" [troisième partie du Voyage au Spitzberg], La Wallonie, dernier fascicule 1892, pp. 275-292.

Publications subséquentes : [19] Le Voyage d'Urien, pp. 75-101.

[505] O.C. I, pp. 341-363.

[846] Récits, I, pp. 77-87.

[1003] Romans, pp. 52-65.

Des extraits furent aussi publiés dans :

[309] Pages choisies.

LIVRE

15. Les Poésies d'André Walter, Paris, Librairie de l'Art indépendant, 1892, 41p.

Achevé d'imprimer le 14 avril 1892.

Publications préoriginales (et partielles, seulement) :[voir : 7; 12]

Publications subséquentes : Vers et Prose, décembre 1906- janvier - février 1907, pp. 37-52.

[467] André Walter, Cahiers et Poésies, pp. 254-299.

[505] O.C. I, pp. 177-198.

1893

TEXTES DIVERS PUBLIES DANS LES REVUES, LES JOURNAUX...

16. "Fragments", L'Ermitage, mars 1893, pp. 195-199.

Seuls quelques passages de ces fragments ont été repris, à notre connaissance :

[653] Journal 1889-1939, pp. 29-30.

17. "Balcons", L'Art littéraire, novembre 1893, p. 47.

Ce poème ne semble pas avoir été repris ailleurs.

LIVRES

18. La Tentative amoureuse, Paris, Librairie de l'Art indépendant, 1893, 44p.

Aucun achevé d'imprimer.

Les "Notes de la Tentative amoureuse" (pp. 41-43) n'ont été reprises nulle part.

Publications subséquentes : [80] Philoctète. Le Traité du Narcisse. La Tentative amoureuse. El Hadj, pp. 92-130.

[230] Le Retour de l'enfant prodigue, précédé de cinq autres traités, pp. 29-65.

[505] O.C. I, pp. 221-243.

[846] Récits I, pp. 23-38.

[1003] Romans, pp. 69-85.

19. Le Voyage d'Urien, Paris, Librairie de l'art indépendant, 1893, 109p.

Achevé d'imprimer le [25 mai 1893]

Publication préoriginale : voir 13; 14.

Publications subséquentes : [505] O.C. I, pp. 279-365.

[846] Récits I, pp. 39-90.

[1003] Romans, pp. 13-67.

Une "Préface pour une seconde édition du Voyage d'Urien" a été tout d'abord publiée dans : [23] Mercure de France, décembre 1894.

Notons aussi qu'un fragment du Voyage d'Urien paraîtra dans : Anthologie-Revue, 20 octobre 1897, pp. 11-12. On le retrouve dans :

[19] Le Voyage d'Urien

[505] O.C. I, pp. 306-308.

[1003] Romans, pp. 30-31.

Des extraits furent aussi publiés dans:

[309] Pages choisies, pp. 199-215.

1894

TEXTES DIVERS PUBLIES DANS LES REVUES, LES JOURNAUX ...

20. "Octobre", Les Ibis, no 2, [mai] 1894, pp. 19-20.

Publication subséquente : [505] O.C. I, pp. 263-264.

Un autre poème, intitulé lui aussi "Octobre", parut dans La Wallonie de janvier-février 1892 [voir 10]. Dans O.C. I (pp. 264-265), ce poème porte cependant le titre de "novembre".

21. "Attentes", La Revue Wallonne, 15 août 1894, p. 78.

22. "Paludes", Le Réveil (Gand), no 10, octobre 1894, pp. 393-394.

Il s'agit de l'"envoi" final.

Publications subséquentes : [32] Paludes, pp. 99-100.

[505] O.C. I, pp. 455-456.

[846] Récits I, pp. 182-183.

[1003] Romans, p. 147.

23. "Préface pour une seconde édition du Voyage d'Urien", Mercure de France, décembre 1894, pp. 354-356.

Publications subséquentes : [39] Voyage d'Urien suivi de Paludes.

[1003] Romans, pp. 1464-1465.

1895

TEXTES DIVERS PUBLIES DANS LES REVUES, LES JOURNAUX ...

24. "Paludes", La Revue Blanche, janvier 1895, pp. 35-39.

Il ne s'agit que d'un fragment de Paludes.

Publications subséquentes : [32] Paludes, pp. 1-9.

[505] O.C. I, pp. 371-378 (var.).

[846] Récits I, pp. 137-141 (var.).

[1003] Romans, pp. 91-95 (var.).

25. "Paludes", L'Oeuvre sociale, mai 1895.

Il nous a été impossible de nous procurer cette revue où aurait été publié un fragment de Paludes.

26. [Poème], La Coupe, no 2, juin 1895, p. 24.

Ce poème, publié ici sans aucun titre, a été repris, sous le titre de "Mai", dans :

[505] O.C. I, p. 259 (var.).

27. "Hymnes", Supplément français de Pan, no 2, juin 1895.

Le premier hymne est "L'Hymne en guise de conclusion" qui paraîtra dans :

[50] Les Nourritures terrestres, pp. 207-208.

[309] Pages choisies, pp. 287-288.

[522] O.C. II, pp. 221-222.

[1003] Romans, p. 247.

La deuxième hymne n'a pas été repris dans Les Nourritures terrestres ni, à notre connaissance, nulle part ailleurs dans l'oeuvre d'André Gide. Il est cependant cité dans : Peter C. Hoy, André Gide et le Supplément français de Pan", Revue des Sciences humaines, octobre-décembre 1964, p. 503.

28. "L'épreuve littéraire", Supplément français de Pan, no 2, juin-juillet 1895, p. 14.

[Notons que le premier numéro du Supplément français de Pan. Revue artistique et littéraire (Herausgegeben von der Genossenschaft Pan), paru en avril-mai 1895, portait le titre de L'épreuve littéraire].

Publications subséquentes : [32] Paludes

[505] O.C. I

[846] Récits I

[1003] Romans, pp. 128-130.

29. "Fragments", L'Art jeune, 15 septembre 1895, pp. 161-162.

Ces fragments sont extraits des Nourritures terrestres.

Publications subséquentes : [50] Nourritures terrestres, pp. 172-174.

[522] O.C. II, p. 190.

[1003] Romans, p. 230.

30. "Préface pour une seconde édition de Paludes", Mercure de France, novembre 1895, pp. 199-204.

Publications subséquentes : [39] Voyage d'Urien suivi de Paludes. (La préface est ici devenue postface).

[1003] Romans, pp. 1476-1479.

31. "Mars", L'Almanach des poètes pour l'année 1896, Paris Mercure de France, 1895, pp. 47-51.

Achevé d'imprimer le 9 novembre 1895.

Publication subséquente : [505] O.C. I, 255-257.

LIVRE

32. Paludes, Paris, Librairie de l'Art indépendant, 1895, 103p.

Achevé d'imprimer le 5 mai 1895.

Publications préoriginales : 22; 24; 25; 28.

La préface de l'édition de 1896 parut aussi dans : [30].

Publications subséquentes : [505] O.C. I, pp. 365-458.

[846] Récits I, pp. 131-183.

[1003] Romans, pp. 87-149.

1896

TEXTES DIVERS PUBLIES DANS LES REVUES, LES JOURNAUX ...

33. "Avril" [poème], Le Coq rouge, décembre 1895 - janvier 1896, p. 411.

Publication subséquente : [505] O.C. I, pp. 258-259 (var.).

34. "Ménalque", L'Ermitage, janvier 1896, pp. 1-8.

Publications subséquentes : [50] Les Nourritures terrestres, pp. 77-93.

[522] O.C. II, pp. 113-124.

[1003] Romans, pp. 184-191.

35. "La Ronde de la Grenade", Le Centaure, no 1, [mars] 1896, pp. 51-58.

[522] O.C. II, pp. 126-131 (var.).

[1003] Romans, pp. 192-196 (var.).

36. "El Hadj", Le Centaure, no 2, 1896, pp. 69-90.

Publications subséquentes : [80] Philoctète suivi de Le Traité du Narcisse, La Tentative amoureuse, El Hadj, pp. 131-176.

[230] Le Retour de l'enfant prodigue précédé de cinq autres traités, pp. 67-110.

[523] O.C. III, pp. 65-95.

[846] Récits I, pp. 91-110.

[1003] Romans, pp. 344-363.

37. "Réflexions sur quelques points de la morale chrétienne", L'Art et la Vie, septembre 1896, pp. 595-601.

Une lettre à Monsieur X... (pp. 595-596) précède ces extraits du Journal.

A quelques variantes près, on retrouvera ces "Réflexions" dans :

[51] Réflexions sur quelques points littérature et de morale

[81] Le Prométhée mal enchaîné, pp. 165-199 (l'ordre des paragraphes est différent).

Sous le titre de "morale chrétienne", quelques pages seront reprises dans :

[522] O.C. II, pp. 429-433.

[653] Journal 1889-1939, pp. 95-97.

Ces pages constituent, en réalité, la dernière partie des "Réfléxions sur quelques points de la morale chrétienne" (pp. 599-601).

Avec variantes, on retrouvera la plupart des autres extraits dans :

[653] Journal 1889-1939, p. 43.
p. 44.
p. 52.
pp. 54-55.
p. 56.
p. 57.

38. "Greniers", L'Almanach des poètes pour l'année 1897, Paris, Mercure de France, 1896, pp. 119-123.

Achevé d'imprimer le 20 octobre 1896.

Ce poème fut repris sous le titre de "Décembre" dans :

[505] O.C. I, pp. 265-268.

LIVRE

39. Le Voyage d'Urien suivi de Paludes, Paris, Mercure de France, 1896. 291p.

Achevé d'imprimer le 16 novembre 1896.

Première édition collective précédée d'une préface et suivie d'une postface "inédites". En réalité, préface et postface avaient précédemment paru dans le Mercure de France [voir 23 et 30].

Publications précédentes : [19] Le Voyage d'Urien

[32] Paludes

CORRESPONDANCE

Voir : 37

1897

TEXTES DIVERS PUBLIES DANS LES REVUES, LES JOURNAUX...

40. "Tunis et Sahara", Mercure de France, février 1897, pp. 225-246.

Dans Amyntas, de texte sera daté de mars-avril 1896.

Publications subséquentes : [49] Feuilles de route 1895-1896, pp. 29-74 (var.).

[147] Amyntas (ed. 1926), pp. 27-68. Ces pages parurent ici sous le titre de "Feuilles de route".

[522] O.C. II, pp. 25-53 (var.).

[653] Journal 1889-1939. pp. 68-87 (var.).

Quelques pages furent aussi reprises dans:

[309] Pages choisies. pp. 164-169.

41. "Une protestation", Mercure de France, février 1897, pp. 428-429.

Lettre d'André Gide à Alfred Vallette, [janvier 1897].

42. "Lettre à Mécislas Golberg", La Revue sentimentale, nos 11-12, février - mars 1897, pp. 108-111.

Cette lettre, écrite en janvier 1897, est aussi citée dans :

Les Nouvelles littéraires, 22 février 1951, p. 5.

Les Nouvelles littéraires, 14 février 1952, p. 4.

Rolet, 10 mars 1955, p. 4.

43. "Les Prétendants", L'Ermitage, juillet 1897, pp. 23-24.

Publication subséquente : [505] O.C. I, pp. 276-277. Le poème est ici intitulé : "Les Abstinents".

44. "Hymne aux montagnes (Supplément aux Nourritures terrestres)", L'Oeuvre août 1897, pp. 17-19.

45. "Réponse à la lettre du Faune", Le Spectateur catholique, no 9 septembre 1897, pp. 141-142.

Il s'agit de la réponse d'André Gide à la lettre ouverte de Francis Jammes qui, sous le titre de : "En faveur de la simplicité chrétienne", parut dans le Spectateur catholique de juillet 1897.

Dans le numéro d'octobre 1897 du Spectateur catholique, Jammes répliquera à Gide (p. 182) qui, ne voulant pas prolonger cette polémique inutile, gardera le silence. On trouvera ces lettres dans :

[841] Correspondance Gide - Jammes pp. 298-302.

46. "La Danse des morts", L'Ermitage octobre 1897, pp. 236-240.

Publication subséquente : [505] O.C. I, pp. 271-276. (Le poème ayant pour titre "Le naturiste", dans L'Ermitage (p. 236), est intitulé "Le poète", dans O.C. I, p. 271.

47. "Pour chanter deux mois d'un meilleur été", Mercure de France, octobre 1897, pp. 65-66.

Les deux poèmes sont intitulés : "Août" (p. 65) et "Septembre" (p. 66).

Publication subséquente : [505] O.C., I, pp. 260-262.

48. "Philoctète" (fragments), La Revue sentimentale, nos 17-21, août-décembre 1897, pp. 209-213.

Publications subséquentes: [80] Philoctète, suivi de Le Traité du Narcisse, La Tentative amoureuse, El Hadj. pp. 32-35; pp. 37-39.

[230] Le Retour de l'Enfant prodigue, précédé de cinq autres traités.

[309] Pages choisies

[523] O.C. III, pp. 34-36 pp. 37-39.

[820] Théâtre complet I, pp. 160-161. pp. 162-163.

LIVRES

49. Feuilles de route 1895-1896, s.l.n.d. [Bruxelles, Imprimerie économique N. Vandersypen, 1897], 74 p.

R. Simonson et A. Naville dataient de 1899 la publication de ce livre. L. Martin-Chauffier faisait de même dans sa notice aux Oeuvres complètes de Gide (tome II). Nous avons nous-mêmes commis la même erreur dans notre "Essai de bibliographie chronologique des écrits d'André Gide".

Dans Présence d'André Gide (Bruxelles, Bibliothèque royale Albert Ier, 1970, p. 32), Jean Warmoes précise, cependant : "Les Feuilles de route sont sorties des presses de l'Imprimerie économique N. Vandersypen à Bruxelles en 1897 et non en 1899, comme l'ont avancé tous les bibliographes de Gide". La dédicace autographe d'André Gide que porte l'exemplaire offert à Madame Henri de Régnier est effectivement daté du 16 septembre 1897.

Publications subséquentes : La première partie du livre (pp. 1-25) sera publiée, avec de nombreuses variantes, sous le titre de "Feuillets de route 1895-1896", dans Vers et Prose [210]. Elle fut ensuite reprise dans :

[653] Journal 1889-1939. pp. 58-68.

La seconde partie de Feuilles de route 1895-1896 (pp. 29-74) avait tout d'abord été publiée, avec plusieurs variantes, dans le Mercure de France [40], sous le titre de "Tunis et Sahara". Ce texte fut ensuite repris dans :

[147] Amyntas

[522] O.C. II, pp. 25-53 (var.).

[653] Journal 1889-1939, pp. 68-87 (var.).

Certaines pages de "Tunis et Sahara" furent également recueillies dans :

[309] Pages choisies. pp. 164-169.

50. Les Nourritures terrestres, Paris, Mercure de France, 1897, 213p.

Aucun achevé d'imprimer.

Publications préoriginales : voir 27; 29; 34; 35.

Publications subséquentes : [522] O.C. II, pp. 55-223.

[1003] Romans, pp. 151-248.

Des fragments paraîtront aussi dans :

[308] Morceaux choisis, pp. 195-221.

[309] Pages choisies. pp. 173-193. (Les extraits ici publiés ne sont pas les mêmes que ceux de Morceaux choisis.

51. Réflexions sur quelques points de littérature et de morale, Paris, Mercure de France, 1897, 62p.

Achevé d'imprimer le 30 avril 1897.

Publication préoriginale (et partielle) : voir 37.

L'ouvrage comprend deux parties :

I - "Littérature et morale", pp. 7-35.

II - "Morale chrétienne", pp. 39-61.

Publications subséquentes : [81] Prométhée mal enchaîné (ed. 1899). pp. 165-199.

"Littérature et morale" fut repris dans

[81] Prométhée mal enchainé

[522] O.C. II, pp. 411-425 (en partie et avec variantes).

[653] Journal 1889-1939, pp. 87-94 (id.).

Quelques-unes des pages intitulées "Morale chrétienne" avaient été publiées dans L'Art et la Vie [voir 37]. Avec variantes, on les retrouvera dans:

[522] O.C. II, pp. 429-433.

[653] Journal 1889-1939, pp. 95-97.

Avec variantes, on trouvera la plupart des autres extraits dans :

[653] Journal 1889-1939, p. 43;
p. 44;
p. 52;
pp. 54-55;
p. 56;
p. 57.

CORRESPONDANCE

Voir : 41; 42; 45.

1898

TEXTES DIVERS PUBLIES DANS LES REVUES, LES JOURNAUX ...

52. [Réponse à Inchiesta su l'arte e la letteratura], Il Marzocco, 9 janvier 1898, pp. 3-4.

    Publication subséquente : [1086] A. Fongaro, Bibliographie d'André Gide en Italie, pp. 45-47.

53. "Réponse à l'enquête sur le sens énergique chez la jeunesse", L'effort, janvier-février 1898, p. 17.

54. "A propos des déracinés de Maurice Barrès", L'Ermitage, février 1898, pp. 81-88.

    Publications subséquentes : [121] Prétextes, pp. 53-62.

    [308] Morceaux choisis, pp. 14-21.

    [522] O.C. II, pp. 437-444.

55. "Sur une tombe au bord de la mer", La Coupe, juin 1898, pp. 89-90.

    Ce poème ne semble pas avoir été repris ailleurs.

56. "Saul" (fragments), La Revue blanche, 15 juin 1898, pp. 283-303.

    Publications subséquentes : [122] Saul

[128] Saul. Le Roi Candaule.

[522] O.C. II, pp. 331-346.

pp. 361-364. (Il s'agit ici de la scène II. Dans la Revue blanche, c'est la scène III.)

pp. 389-400.

pp. 400-402. (Il s'agit ici de la scène IV. Dans la Revue blanche, c'est la scène V.)

pp. 402-405. (Il s'agit ici de la scène V. Dans la Revue blanche, c'est la scscène VI.)

pp. 405-407. (Il s'agit ici de la scène VI. Dans la Revue blanche, c'est la scène VII.)

[820] Théâtre I, pp. 81-82.

pp. 104-106

pp. 125-133

pp. 134-135

pp. 136-138

pp. 138-140.

57. "Lettre à Angèle", L'Ermitage, juillet 1898, pp. 53-59.

[Rodin-Balzac -- "L'Affaire" -- Pierre Louys -- Francis Jammes -- Ménalque -- Eugène Rouart -- Octave Mirbeau -- F. de Curel]

Cette "Lettre à Angèle" n'a pas été reprise intégralement. Un court fragment (L'Ermitage, pp. 58-59) de cette lettre a cependant été intercalé dans celle qui porte le numéro II, dans [100] Lettres à Angèle (pp. 19-29) et le numéro 1 dans [121] Prétextes (pp. 73-80) et les [523] Oeuvres complètes III (pp. 165-166).

Incidemment, certains passages furent également repris dans la "Lettre à Angèle" I. Cette dernière est composée de divers extraits de "Lettres à Angèle" publiés dans L'Ermitage :

[523] O.C. III, pp. 163-165 : L'Ermitage, septembre 1898, pp. 210-211.

pp. 165-166 : L'Ermitage, juillet 1898, pp. 58-59.

pp. 166-169 : L'Ermitage, août 1898, pp. 132-134.

58. "Lettre à Angèle" (II), L'Ermitage, août 1898, pp. 132-137.

[Mirbeau -- F. de Curel [Le Repas du lion] -- Hauptmann -- Enquête sur l'esprit français -- Taine; Michelet -- Tinan]

Cette "lettre à Angèle" n'a pas été reprise intégralement. On en retrouve, toutefois, un passage (pp. 132-134) dans [100] Lettres à Angèle (Lettre no 2), [121] Prétextes (Lettre no 1) et [523] Oeuvres complètes III, pp. 166-169, (lettre no 1).

59. "Lettre à Angèle" (III), L'Ermitage, septembre 1898, pp. 210-215.

[Viollis; Rency -- Tribune libre -- Leblond contre Fort; Les Naturistes; Saint-Georges de Bouhélier; Montfort -- Signoret -- Agammon -- Mirbeau].

Cette "lettre à Angèle" a été reprise, en partie seulement et avec variantes, dans [100] Lettres à Angèle (Lettre no 2), [121] Prétextes et les Oeuvres complètes [523] Un premier fragment (pp. 210-211) est cité dans la "Lettre à Angèle" no 2 de Lettres à Angèle et dans celle qui porte le no 1, dans Prétextes (pp. 73-75) et O.C. III, pp. 163-165. Un second fragment (pp. 212-214) constitue, presque en entier, la troisième lettre à Angèle dans Prétextes (pp. 92-94) et O.C. III, pp. 177-179. Ce fragment n'avait pas été repris dans Lettres à Angèle.

60. "Stephane Mallarmé", L'Ermitage, octobre 1898, pp. 225-231.

Publications subséquentes : [100] Lettres à Angèle, pp. 99-111.

[121] Prétextes, pp. 249-258.

[522] O.C. II, pp. 447-454.

61. "Quatrième lettre à Angèle", L'Ermitage, novembre 1898, pp. 352-362.

[Emmanuel Signoret; Francis Jammes; Henri Ghéon -- Maurice Barrès -- Dostoievsky -- Lacoste; Ruyters -- Mirbeau].

Cette "Lettre à Angèle" a été reprise, en partie seulement (pp. 352-358) et avec quelques variantes, dans :

[100] Lettres à Angèle, pp. 31-45. (La Lettre porte ici le numéro III.)

[121] Prétextes, pp. 81-91 (id.).

[523] O.C. III, pp. 169-177 (id.).

62. "Cinquième lettre à Angèle", L'Ermitage, décembre 1898, pp. 424-428.

[Octave Mirbeau -- Maurice Barrès -- Maurice Maeterlinck]

Publications subséquentes : [100] Lettres à Angèle, pp. 45-56. (La lettre porte ici le numéro IV).

[121] Prétextes, pp. 95-100 (id.).

[523] O.C. III, pp. 179-183.

63. "Philoctète", La Revue blanche, 1er décembre 1898, pp. 481-498.

Deux courts fragments de cette pièce avaient été publiés dans La Revue sentimentale [voir 48].

Publications subséquentes : [80] Philoctète, suivi de Le Traité du Narcisse, La Tentative amoureuse, El Hadj, pp. 7-65.

[230] Le Retour de l'enfant prodigue, Précédé de cinq autres traités, pp. 111-163.

[309] Pages choisies, pp. 237-276.

[523] O.C. III, pp. 17-63.

[820] Théâtre complet I, pp. 141-180.

CORRESPONDANCE

64. [Extrait d'une lettre d'André Gide à Emmanuel Signoret], Saint-Graal, [1898], p. 492.

65. [Extrait d'une lettre d'André Gide à Emmanuel Signoret], Saint-Graal, [1898], p. 522.

Voir aussi : 52; 53.

1899

TEXTES DIVERS PUBLIES DANS LES REVUES, LES JOURNAUX ...

66. "Lettre à Angèle" (VI), L'Ermitage, janvier 1899, pp. 55-66.

Publications subséquentes : [100] Lettres à Angèle, pp. 153-174. La lettre porte ici le numéro XII.

[121] Prétextes, pp. 162-178 (id.).

[308] Morceaux choisis. pp. 171-184.

[523] O.C. III, pp. 228-241 (id.).

67. "Le Prométhée mal enchaîné", L'Ermitage janvier 1899, pp. 37-55.

Publications subséquentes : [81] Le Prométhée mal enchaîné pp. 11-57.

[523] O.C. III, pp. 101-120 (var.).

[846] Récits I, pp. 189-201 (var.).

[1003] Romans, pp. 303-315 (var.).

68. "Le Prométhée mal enchaîné" (suite), L'Ermitage, février 1899, pp. 125-142.

Publications subséquentes : [81] Le Prométhée mal enchaîné, pp. 59-103.

[523] O.C. III, pp. 121-138.

[846] Récits I, pp. 203-213.

[1003] Romans, pp. 315-327.

69. "Le Prométhée mal enchaîné" (fin), L'Ermitage, mars 1899, pp. 196-215.

Publications subséquentes : [81] Le Prométhée mal enchaîné, pp. 105-157.

[523] O.C. III, pp. 139-159 (var.).

[846] Récits I, pp. 215-229.

[1003] Romans, pp. 327-341 (var.). L'épilogue qui se trouve dans Romans (p. 341) n'était pas dans L'Ermitage ni dans O.C. Il parut dans l'édition originale [81].

70. "Lettre à Angèle" (VII), L'Ermitage, mars 1899, pp. 229-234.

[Paris -- Pierre Louys -- de Max -- Verhaeren; Vielé-Griffin; Henri de Régnier; Emmanuel Signoret]

Publications subséquentes : [100] Lettres à Angèle, pp. 57-65. (La lettre porte ici le numéro V).

[121] Prétextes, pp. 101-106 (var.). (id.).

[523] O.C. III, pp. 183-187 (var.). (id.).

Les deux dernières pages de L'Ermitage ne furent pas reprises ailleurs.

71. "Mopsus", L'Ermitage, mai 1899, pp. 339-348.

Publications subséquentes : [147] Amyntas, pp. 7-25.

[308] Morceaux choisis, pp. 222-230.

[523] O.C. III, pp. 3-11 (var.).

72. "Lettre à Angèle" (VIII), L'Ermitage, Juin 1899, pp. 455-462.

[Stevenson; la bibliothèque d'auteurs étrangers au Mercure -- du nationalisme artistique -- A propos du vers libre -- M. Brunetière et Balzac].

Publications subséquentes: [100] Lettres à Angèle, pp. 67-85 (var.). (La lettre porte ici le numéro VI.).

[121] Prétextes, pp. 107-117 (var.). (id.).

[523] O.C. III, pp. 187-195 (var.). (id.).

Des extraits de cette "Lettre à Angèle" furent aussi publiés dans :

[308] Morceaux choisis, pp. 24-26. A ce dernier endroit, il est précisé que le texte original parut dans L'Ermitage de mai 1899. C'est faux.

73. "Lettre à Angèle" (IX), L'Ermitage, juillet 1899, pp. 69-73.

[De quelques idolâtries nouvelles -- Marc Lafargue et les foules -- Le théâtre -- Sarah Bernhardt dans Hamlet]

Publications subséquentes : [100] Lettres à Angèle, pp. 87-98. (La Lettre porte ici le numéro VII).

[121] Prétextes, pp. 118-128. (Id.).

[523] O.C. III, pp. 195-202 (id.). Il est à noter que le post-scriptum (pp. 202-203) ne se trouvait pas dans l'Ermitage.

74. "Lettre à Angèle" (X), L'Ermitage, août 1899, pp. 155-160.

[Les Mille nuits et une nuit, Galland et Madrus -- Omar Kheyam, Hafiz]

Publications subséquentes : [100] Lettres à Angèle, pp. 113-125. (La lettre porte ici le numéro IX).

[121] Prétextes, pp. 146-155 (var.). (La lettre porte ici le numéro X).

[523] O.C. III, pp. 216-223 (var.). (Id.).

Un long fragment de cette "Lettre à Angèle"fut cité dans :

[308] Morceaux choisis, pp. 160-165.

75. "Le roi Candaule, drame en trois actes" (Acte 1), L'Ermitage, septembre 1899, pp. 161-199.

[Un passage, malencontreusement supprimé de la page 191, sera publié dans L'Ermitage du mois de novembre (pp. 362-371].

Publications subséquentes : [109] Le Roi Caudaule, pp. 1-50.

[128] Saul Le Roi Caudaule,

[523] O.C. III, pp. 299-343 (var.).

[704] Théâtre, pp. 169-204 (var.).

[821] Théâtre complet II, pp. 41-88 (var.).

76. "Le Roi Caudaule, drame en trois actes" (Acte II), L'Ermitage, novembre 1899, pp. 362-385.

Publications subséquentes : [109] Le Roi Candaule, pp. 51-79.

[128] Saul Le Roi Caudaule

[523] O.C. III, pp. 346-370 (var.).

[704] Théâtre, pp. 205-225 (var.).

[821] Théâtre complet II, pp. 89-116 (var.).

77. "Lettre à Angèle" (XI), L'Ermitage, novembre 1899, pp. 409-416.

Publications subséquentes : [100] Lettres à Angèle, pp. 127-141. (La lettre porte ici le numéro X).

[121] Prétextes. pp. 137-145. (La lettre porte ici le numéro IX.)

[523] O.C. III, pp. 209-216 (id.).

Notons que cette lettre à Angèle ne fut nulle part reprise intégralement. A titre d'information supplémentaire, indiquons que les pages 209-211, dans O.C., correspondent aux pages 409-410, dans L'Ermitage; les pages 211-216, aux pages 412-416.

78. "Le Roi Caudaule, drame en trois actes" (Acte III), L'Ermitage, décembre 1899, pp. 455-474.

Publications subséquentes : [109] Le Roi Caudaule, pp. 81-108.

[523] O.C. III, pp. 372-396 (var.).

[704] Théâtre, pp. 227-247 (var.).

[821] Théâtre complet II, p. 117-145 (var.).

79. "Proserpine" [Fragments], Le Pays de France, no 12, décembre 1899, p. 721.

Publications subséquentes : [228] Vers et Prose, janvier-mars 1912.

[524] O.C. IV, pp. 352-354.

[848] Théâtre complet, IV, pp. 147-149.

LIVRES

80. Philoctète [suivi de] Le Traité du Narcisse, La Tentative amoureuse, El Hadj, Paris, Mercure de France, 1899, 179p.

Aucun achevé d'imprimer

Dans le cas de Philoctète et de El Hadj, il s'agit d'une édition originale.

Philoctète (pp. 5-65) :

Publications préoriginales : voir 48; 63.

Publications subséquentes : [230] Le Retour de l'enfant prodigue précédé de cinq autres traités, pp. 111-163.

[309] Pages choisies, pp. 237-276.

[523] O.C. III, pp. 17-63.

[820] Théâtre complet I, pp. 141-180.

El Hadj (pp. 131-176) :

Publication préoriginale : voir 36.

Publications subséquentes : [230] Le Retour de l'enfant prodigue, précédé de cinq autre traités, pp. 67-110.

[523] O.C. III, pp. 65-95.

[1003] Romans, pp. 343-363.

Le Traité du Narcisse (pp. 67-91) :

Voir : 6

La Tentative amoureuse (pp. 93-130) :

Voir : 18

81. Le Prométhée mal enchaîné, Paris, Mercure de France, 1899, 201p.

Achevé d'imprimer le 5 juin 1899.

Publications préoriginales : voir 67; 68; 69.

Publications subséquentes : [523] O.C. III, pp. 99-159.

[846] Récits I, pp. 185-229.

[1003] Romans, pp. 301-341.

Des fragments furent aussi publiés dans

[308] Morceaux choisis, pp. 336-347.

CORRESPONDANCE

82. [Lettre d'André Gide à Emmanuel Signoret], Saint Graal, [1899], pp. 575-576.

La lettre est datée du 15 juillet 1898.

1900

TEXTES DIVERS PUBLIES DANS LES REVUES, LES JOURNAUX ...

83. "Lettre à Angèle" (XII), L'Ermitage, janvier 1900, pp. 60-65.

Publications subséquentes : [100] Lettres à Angèle, pp. 143-151. (la lettre porte ici le numéro XI).

[121] Prétextes, pp. 156-161.

[308] Morceaux choisis, pp. 77-81 (var.).

[523] O.C. III, pp. 224-228.

Dans Prétextes et O.C., cette lettre au sujet de Stirner et de l'individualisme porte le numéro XI.

84. "Les livres", La Revue blanche, 1er février 1900, pp. 232-236.

[Villiers de l'Isle-Adam : Histoires souveraines (Bruxelles, Deman) -- Maurice Beaubourg : Les Joueurs de boules de Saint-Mandé (Simonis Empis)]

Seules les pages consacrées à Villiers de l'Isle-Adam ont été reprises, avec variantes, dans :

[121] Prétextes, pp. 181-188.

[523] O.C. III, pp. 413-418.

85. "Les livres", L'Ermitage, février 1900, pp. 152-153.

[Ce compte-rendu de La Dame à la Faux de Saint-Pol Roux n'est pas signé]

Publication subséquente : [523] O.C. III, pp. 469-470.

86. "Les livres", La Revue blanche, 15 février 1900, pp. 316-320.

[Maurice Léon : Le Livre du Petit Gendelettre (Ollendorff) -- Camille Mauclair : L'Ennemiedes rêves (Ollendorff) -- Shakespeare : La Tragique histoire d'Hamlet, traduction d'Eugène Morand et de Marcel Schwob (Charpentier et Fasquelle)].

Les seules pages consacrées à Léon et à Mauclair ont été reprises, avec variantes, dans :

[121] Prétextes, pp. 189-200.

[523] O.C. III, pp. 419-426.

Les pages consacrées à Léon furent aussi publiées, sous le titre de "Sincérité", dans :

[308] Morceaux choisis, pp. 81-85.

87. "Paradoxes", Vie nouvelle, no 1, mars 1900, pp. 28-29.

Publications subséquentes : [522] O.C. II. pp. 473-475.

[653] Journal 1889-1939, pp. 105-106 (var.).

88. "Les livres", La Revue blanche, 1er mars 1900, pp. 392-395.

[Henri de Régnier : La Double maîtresse, (Mercure de France)].

Publications subséquentes : [121] Prétextes, pp. 201-208.

[523] O.C. III, pp. 427-432.

89. "Les livres", La Revue blanche, 15 mars 1900, pp. 473-476.

[Le Livre des Mille Nuits et une Nuit, traduction littérale et complète du texte arabe par le Dr J.C. Mardrus, tome IV, (Edition de la Revue Blanche)].

Publications subséquentes : [121] Prétextes. pp. 209-216 (var.).

[523] O.C. III, pp. 433-438 (var.).

Un fragment de ce texte est aussi publié dans :

[308] Morceaux choisis, pp. 165-167.

90. "Les Livres", La Revue blanche, 1er avril 1900, pp. 553-556.

[Saint-Georges de Bouhélier : La Route noire (Fasquelle)]

Publications subséquentes : [121] Prétextes, pp. 224-234.

[523] O.C. III, pp. 444-451.

91. "De l'influence", L'Art moderne, 8 avril 1900, pp. 111-112.

Publications subséquentes : [92] "De l'influence en littérature"

[99] De l'influence en littérature

[121] Prétextes, pp. 14-16; pp. 27-31.

[523] O.C. III, pp. 256-258; pp. 266-270.

92. "De l'influence en littérature", L'Ermitage, mai 1900, pp. 325-347.

Cette conférence fut prononcée à la Libre Esthétique de Bruxelles le 29 mars 1900. De courts extraits en furent publiés dans L'Art moderne [voir 91].

Publications subséquentes : [99] De l'influence en littérature

[121] Prétextes, pp. 7-35.

[309] Pages choisies, pp. 1-25.

[523] O.C. III, pp. 249-273 (var.).

93. "Les livres", La Revue blanche, 1er mai 1900, pp. 73-76.

[Teodor de Wyzewa : Le Roman contemporain à l'étranger, 3ème serie des Ecrivains étrangers (Perrin) -- Rudyard Kipling, La lumière qui s'éteint, traduction de Mme Ch. Laurent (Ollendorff) -- Wells, La Guerre des Mondes, traduction de Henry D. Davray (Mercure de France) -- Edouard Ducoté : Merveilles et moralités (Mercure de France)]

Ce texte ne semble pas avoir été repris ailleurs.

94. "Paysages", L'Hémicycle, août 1900, pp. 113-114.

Ce texte, cité par Michel Décaudin (Revue du Nord, no 142, avril-juin 1954, p. 394), ne sera pas repris dans les O.C. Celui qui paraîtra sous le même titre, dans le tome premier des O.C. [505] pp. 247-250, avait précédemment été publié dans Floréal [11].

Il s'agit d'un tout autre texte.

95. "Lettre à M. Saint-Georges de Bouhélier", L'Ermitage. septembre 1900, pp. 239-240.

Cette lettre, datée du 10 août 1900, sera aussi publiée dans :

[121] Prétextes. pp. 234-236.

96. [Nietzsche], L'Ermitage, octobre 1900, p. 320.

De l'avis de Monsieur Kevin O'Neill, qui nous a communiqué ce renseignement, cette notice nécrologique, publiée anonymement, serait sûrement d'André Gide. Précisons que nous ne la retrouvons nulle part ailleurs dans l'oeuvre de ce dernier.

97. "Les livres", La Revue blanche, ler novembre 1900, pp. 393-395.

[Le Livre des Mille Nuits et une Nuit, tome VI (Histoire de la docte Sympathie, Aventure du poète Abou-Nowas, Histoire de Sindbad le Marin, Histoire de la belle Zoumourroud avec Alischar fils de Gloire, Histoire des six adolescentes aux couleurs différentes), traduction littérale et complète du texte arabe par le Dr. J.-C Mardrus (Editions de la revue blanche)]

Publications subséquentes : [121] Prétextes, pp. 216-223.

[523] O.C. III, pp. 439-443.

Un fragment de ce texte fut repris dans:

[308] Morceaux choisis, pp. 167-170.

A ce dernier endroit, on donne comme référence de la publication originale: Revue blanche, 15 mars 1900. Ce renseignement est erroné.

98. "Lettre à Angèle" (XIII), L'Ermitage, novembre 1900, pp. 387-393.

[L'Exposition -- Théâtre de la Loie Fuller -- Sada Yacco]

Publications subséquentes : [121] Prétextes, pp. 129-136 (var.).

[523] O.C. III, pp. 204-209 (var.).

Dans Prétextes et dans O.C., cette "lettre à Angèle" porte le numéro VIII.

LIVRES

99. De l'influence en littérature, Paris, Petite collection de l'Ermitage, 1900, 38p.

Conférence prononcée à la Libre Esthétique de Bruxelles, le 29 mars 1900.

Publications préoriginales : 91; 92.

Publications subséquentes : [121] Prétextes, pp. 7-35.

[309] Pages choisies, pp. 1-25.

[523] O.C. III, pp. 249-273. (var.).

100. Lettre à Angèle (1898-1899), Paris, Mercure de France, 1900, 177p.

Aucun achevé d'imprimer.

TABLE DES MATIERES

CORRESPONDANCE

Voir : 95

1901

TEXTES DIVERS PUBLIES DANS LES REVUES, LES JOURNAUX ...

101. "Un livre de critique", La Revue blanche, 1er mars 1901, pp. 397-398.

102. "Emmanuel Signoret", L'Ermitage, mars 1901, pp. 161-164.

Publications subséquentes : [121] Prétextes, pp. 259-263.

[524] O.C. IV, pp. 175-179.

Le texte est, à ce dernier endroit, daté de janvier 1902, ce qui est manifestement une erreur. C'est vraisemblablement janvier 1901 qu'il conviendrait de lire.

102a [Sur les Stances de Jean Moréas], L'Ermitage, mars 1901, pp. 231-232.

[Page écrite par André Gide et citée par Henri Ghéon dans son compte-rendu. Elle ne fut pas reprise ailleurs].

103. "Saul", Revue d'Art dramatique, mai 1901, pp. 362-368.

Il s'agit d'un fragment du deuxième acte (scène 5-9).

Publications subséquentes : [122] Saul

[128] Saul. Le Roi Candaule, pp. 41-56.

[522] O.C. II, pp. 288-305.

[704] Théâtre, pp. 49-65.

[820] Théâtre complet I, pp. 48-62.

104. [Portrait de l'auteur], dans "Peints par eux-mêmes", Cri de Paris, 5 mai 1901.

Publications subséquentes : [523] O.C. III, pp. 507-508.

[850] Yvonne Davet, Autour des Nourritures terrestres, p. 204.

105. [Réponse à une enquête sur le mariage], La Plume, 15 juin 1901, p. 445.

106. "Les limites de l'art", L'Ermitage, août 1901, pp. 85-95.

Publications subséquentes : [108] Les limites de l'art

[121] Prétextes, pp. 37-50.

[523] O.C. III, pp. 397-409.

107. "Quelques livres", L'Ermitage, décembre 1901, pp. 401-411.

[L'Arbre (Tête d'or -- L'Echange -- Le Repos du septième jour -- La Ville -- La jeune fille Violaine), par Paul Claudel (Mercure de France)-Almaide d'Etremont, par Francis Jammes (Mercure de France); La Tragédie du nouveau Christ, par Saint-Georges de Bouhélier (Charpentier) -- Fugues et Caractères. Les Amants singuliers. par Henri de Régnier (Mercure de France) -- Un an de caserne, par Louis Lamarque -- Le Vigneron dans sa vigne, par Jules Renard (Mercure de France) -- Nouvelles conversations de Goethe avec Eckermann (Revue blanche) -- Les Vingt-et-un jours d'un Neurasthénique, par Octave Mirbeau -- Bubu de Montparnasse, par Charles-Louis Philippe]

Ont été reprises les notices suivantes :

Francis Jammes, Almaide d'Etremont :

[121] Prétextes, pp. 239-240.

[523] O.C. III, p. 455.

[813] Préface à Francis Jammes, Clara d'Ellébeuse, Almaide d'Etremont, Pomme d'Anis, [pp. 9-10]

Saint-Georges de Bouhélier, La Tragédie du Nouveau Christ :

[121] Prétextes, pp. 241-242.

[523] O.C. III, p. 456.

Henri de Régnier, Les Amants singuliers :

[121] Prétextes, pp. 243-244.

[523] O.C. III, pp. 457-458 (var.).

Octave Mirbeau, Les Vingt et un jours d'un neurasthénique :

[121] Prétextes, pp. 245-246.

[523] O.C. III, pp. 459-460.

Paul Claudel, L'Arbre :

[523] O.C. III, pp. 463-464 (var.).

Louis Lamarque, Un an de caserne :

[523] O.C. III, p. 465.

Jules Renard, Le Vigneron dans sa vigne :

[523] O.C. III, p. 466.

Nouvelles conversations de Goethe avec Eckermann :

[523] O.C. III, p. 467.

Charles-Louis Philippe, Bubu de Montparnasse :

[523] O.C. III, p. 468.

LIVRES

108. Les limites de l'Art, Paris, Petite collection de l'Ermitage, 1901, 27p.

Publication préoriginale : 106

Publications subséquentes : [121] Prétextes, pp. 37-50.

[523] O.C. III, pp. 397-409.

109. Le Roi Candaule, Paris, Revue blanche, 1901, VIII-108p.

Achevé d'imprimer le 1er mars 1901.

Publications préoriginales : 75; 76; 78.

Publications subséquentes : [523] O.C. III, pp. 291-396.

[704] Théâtre. pp. 169-247.

[821] Théâtre complet II, pp. 41-145.

La préface qui précède la pièce (pp. I-VII), dans l'édition ici mentionnée, a été reprise dans :

[128] Saul. Le Roi Candaule. pp. 139-145.

[523] O.C. III, pp. 291-296.

[704] Théâtre. pp. 155-159.

[821] Théâtre complet II, pp. 29-35.

Un autre préface accompagnera la seconde édition du Roi Candaule (Paris, Mercure de France, 1904), pp. 147-152. Elle sera reprise dans :

[704] Théâtre, pp. 161-166.

[821] Théâtre complet II, pp. 35-40.

Le Roi Candaule fut représenté "pour la première fois à Paris, par l'Oeuvre, sur la scène du Nouveau théâtre, le jeudi 9 mai 1901".

CORRESPONDANCE

Voir : 105

1902

TEXTES DIVERS PUBLIES DANS LES REVUES, LES JOURNAUX ...

110. "Réponse à l'enquête de l'Ermitage", L'Ermitage, février 1902, p. 109.

Cette enquête était intitulée : "Les poètes et leur poète".

111. "Oscar Wilde", L'Ermitage, juin 1902, pp. 401-429.

Publications subséquentes : [121] Prétextes, pp. 265-305 (var.).

[204] Oscar Wilde, pp. 11-51 (var.). (Le dernier paragraphe ne fut pas repris).

[523] O.C. III, pp. 473-503 (var.).

La deuxième et la troisième partie de ce texte furent publiées dans ;

[308] Morceaux choisis, pp. 405-419.

112. "Réponse à une enquête sur l'influence allemande" Mercure de France, novembre 1902, pp. 335-336.

Publications subséquentes : [308] Morceaux choisis, pp. 451-452.

[524] O.C.IV, pp. 413-414.

113. "La Terre occidentale, La Normandie et le Bas-Languedoc", L'Occident. novembre 1902, pp. 250-253.

Publications subséquentes : [121] Prétextes, pp. 63-69.

[308] Morceaux choisis, pp. 9-14.

LIVRE

114. L'Immoraliste, Paris, Mercure de France, 1902, 259p.

Achevé d'imprimer le 20 mai 1902.

Arnold Naville signale que la première édition courante de L'Immoraliste, publiée la même année, était précédée d'une préface de quatre pages, qui ne se trouvait pas dans l'édition originale ici mentionnée. Cette dernière, tirée à 300 exemplaires seulement, avait une couverture bleue; l'édition courante, une couverture jaune. La préface a été reprise dans les éditions suivantes.

Publications subséquentes : [524] O.C. IV, pp. 1-172.

[846] Récits I, pp. 389-477.

[1003] Romans, pp. 365-472.

Des fragments de L'Immoraliste seront aussi publiés dans :

[308] Morceaux choisis, pp. 293-314.

CORRESPONDANCE

Voir : 110

1903

TEXTES DIVERS PUBLIES DANS LES REVUES, LES JOURNAUX ...

115. "Bethsabé", L'Ermitage, janvier 1903, pp. 5-12.

Publications subséquentes : [154] Vers et Prose, Décembre 1908-février 1909, pp. 5-18 (il s'agit de la première publication du texte intégral).

[229] Bethsabé

[524] O.C. IV, pp. 221-227.

[821] Théâtre complet II, pp. 151-158.

116. "Bethsabé" (scène II), L'Ermitage, février 1903, pp. 94-98.

Publications subséquentes : [154] Vers et Prose, Décembre 1908-février 1909, pp. 5-18 (il s'agit de la première publication du texte intégral).

[229] Bethsabé

[524] O.C. IV, pp. 228-233

[821] Théâtre complet II, pp. 158-163.

117. "De l'importance du public", L'Ermitage, octobre 1903, pp. 81-95.

Conférence prononcée à la Cour de Weimar, le 5 août 1903.

Publications subséquentes : [120] De l'importance du public

[225] Nouveaux prétextes, pp. 28-44 (var.).

[524] O.C. IV, pp. 181-197 (var.).

Un important fragment de cette conférence fut aussi publié dans:

[308] Morceaux choisis, pp. 67-76.

118. "Une lettre de M. André Gide", Mercure de France, octobre 1903, p. 286.

Cette lettre, datée du ler septembre 1903, est adressée à Alfred Vallette. Elle sera aussi citée dans le Circulaire no 84 du Cercle André Gide, 3 octobre 1965, p. 1.

119. "La Querelle du peuplier", L'Ermitage, novembre 1903, pp. 222-228.

Publications suubséquentes : [121] Prétextes (var.). Il est à noter que la première édition de Prétextes ne renferme pas "La Querelle du peuplier". Ce texte ne paraîtra que dans l'édition de 1913.

[308] Morceaux choisis, pp. 442-450.

[524] O.C. IV, pp. 399-409 (var.).

LIVRES

120. De l'importance du public, Paris, Petite collection de l'Ermitage, 1903, 23p.

Conférence prononcée à la Cour de Weimar, le 5 août 1903.

Achevé d'imprimer en novembre 1903.

Publication préoriginale : 117

Publications subséquentes : [225] Nouveaux prétextes, pp. 28-44 (var.).

[524] O.C. IV, pp. 181-197 (var.).

121. Prétextes, Paris, Mercure de France, 1903, 308p.

Aucun achevé d'imprimer.

TABLE DES MATIERES :

Maurice Léon
[voir 86] 189-194

Camille Mauclair
[voir 86] 195-200

Henri de Régnier
[voir 88] 201-208

Dr J.-C. Mardrus (Les Mille Nuits et une Nuit)
[voir 89 ; 97] 209-223

Saint-Georges de Bouhélier
[voir 90] 224-234

Lettre à M. Saint-Georges de Bouhélier
[voir 95] 234-236

SUPPLEMENT

Francis Jammes
[voir 107] 239-240

Saint-Georges de Bouhélier
[voir 107] 241-242

Henri de Régnier
[voir 107] 243-244

Octave Mirbeau
[voir 107] 245-246

IN MEMORIAM

Stéphane Mallarmé
[voir 60] 249-258

Emmanuel Signoret
[voir 102] 259-263

Oscar Wilde
[voir 111] 265-305

122. Saul, Paris, Mercure de France, 1903, 206p.

Publications préoriginales : 56; 103.

Publications subséquentes : [128] Saul. Le Roi Candaule, pp. 5-136.

[522] O.C. II, pp. 231-408.

[704] Théâtre. pp. 7-151.

[820] Théâtre complet, I, pp. 7-140.

CORRESPONDANCE

123. ROUART (Eugène), "Un prétexte", L'Ermitage, décembre 1903, p. 249.

Lettre d'André Gide à Eugène Rouart, 1er février 1903.

Voir aussi : 118

1904

TEXTES DIVERS PUBLIES DANS LES REVUES, LES JOURNAUX ...

124. [Réponse d'André Gide à "L'Enquête sur le roman contemporain"], The Weekly Critical Review, 29 janvier 1904.

[Voir : Kevin O'Neill, André Gide and the Roman d'aventure Sydney, Sydney University Press, 1969, p. 24].

125. "De l'évolution du théâtre", L'Ermitage, mai 1904, pp. 5-22.

Conférence prononcée le 25 mars 1904 à la Libre Esthétique de Bruxelles.

Publications subséquentes : [128] Saul. Le Roi Candaule, pp. V-XXIII

[225] Nouveaux prétextes, pp. 7-27.

[524] O.C. IV, pp. 199-218.

Des extraits de ce texte furent publiés, sous le titre de "Naturalisme", dans :

[308] Morceaux choisis, pp. 62-67.

126. "De Biskra à Touggourt" (décembre 1900), L'Ermitage, novembre 1904, pp. 161-171.

Publications subséquentes : [147] Amyntas, pp. 89-104.

[523] O.C. III, pp. 277-286.

PRÉFACE

127. Préface au Catalogue de l'exposition Maurice Denis, Paris, Galerie E. Druet, 1904, 14p.

Cette exposition se tiendra du 22 novembre au 10 décembre 1904.

Préface d'André Gide : pp. 3-8.

Publications subséquentes : [Maurice Denis], Les Arts de la Vie, décembre 1904, pp. 389-390.

[524] O.C. IV, pp. 413-420.

LIVRE

128. Saul. Le Roi Candaule, Paris, Mercure de France, 1904, XXIII-232p.

Achevé d'imprimer le 14 avril 1904.

Cette édition du Roi Candaule est précédée d'une préface originale (pp. 147-150). Elle sera reprise dans :

[704] Théâtre, pp. 161-166.

[821] Théâtre complet, II, pp. 35-40.

TABLE DES MATIERES

CORRESPONDANCE

Voir : 124

1905

TEXTES DIVERS PUBLIES DANS LES REVUES, LES JOURNAUX...

129. "Première visite de l'interviewer", L'Ermitage, 15 janvier 1905, pp. 57-63.

Publications subséquentes : [225] Nouveaux prétextes, pp. 47-58.

[524] O.C. IV, pp. 377-387.

Des extraits seront aussi publiés, avec de minimes variantes, dans :

[308] Morceaux choisis, pp. 27-32.

130. "Amyntas. Nouvelles feuilles de route (novembre-décembre 1903)", L'Ermitage, 15 février 1905, pp. 65-83.

Publication subséquente : [147] Amyntas, (40e édition), pp. 159-208 (var.).

131. "Seconde visite de l'interviewer", L'Ermitage. 15 février 1905, pp. 124-127.

Publications subséquentes : [225] Nouveaux prétextes, pp. 59-65 (var.).

[524] O.C. IV, pp. 387-392 (var.).

Ce texte fut presque entièrement repris -- seul manque le dernier paragraphe -- dans :

[308] Morceaux choisis, pp. 32-37. (var.).

132. "El Melchine?", L'Ermitage, 15 février 1905, p. 127.

133. "Bou Saada", Vers et prose, mars 1905, pp. 20-30.

Publications subséquentes : [147] Amyntas. (40e édition) pp. 104-121 (var.).

[524] O.C. IV, pp. 257-268 (var.).

Notons que quelques pages furent également reprises dans :

[309] Pages choisies, pp. 152-155.

134. "Chronique générale", L'Ermitage, 15 mars 1905, pp. 189-191.

Publications subséquentes : [225] Nouveaux prétextes, pp. 66-70.

[524] O.C. IV, pp. 392-396.

Un passage de cette "chronique" est aussi cité dans :

[308] Morceaux choisis, pp. 135-137.

135. "Marcel Schwob", L'Ermitage, 15 mars 1905, p. 191.

D'après le Journal littéraire de Paul Léautaud (Tome I, p. 161), cette note, non signée, aurait été redigée par André Gide.

136. "Feuillets", Antée, no 2, 1er juillet 1905, pp. 66-68.

Extraits du Renoncement au voyage, ces "Feuillets" seront repris dans :

[147] Amyntas, (40e édition), pp. 217-220.

[524] O.C. IV, pp. 339-340.

137. "Au service de l'Allemagne par Maurice Barrès", L'Ermitage, 15 juillet 1905, pp. 41-45.

Publication subséquente : [524] O.C. IV, pp. 435-440.

138. "Le De Profundis d'Oscar Wilde", L'Ermitage, 15 août 1905, pp. 65-73.

Publications subséquentes : [204] Oscar Wilde, pp. 55-70.

[524] O.C. IV, pp. 455-473.

139. "Lettre à F.T. Marinetti", Poesia, no 9, octobre 1905, [p. 17].

Cette lettre du 20 avril 1905 sera aussi citée dans:
A. Fongaro, Bibliographie d'André Gide en Italie, Firenze

et Paris, Edizioni Sansoni Antiquariato et Librairie Marcel Didier, 1966, p. 47.

140. [Réponse à l'enquête de Georges Le Cardonnel et Charles Vellay], dans : Georges Le Cardonnel et Charles Vellay, La Littérature contemporaine (1905), Paris, Mercure de France, 1905, 331p.

Achevé d'imprimer le 15 octobre 1905.

Réponse d'André Gide : pp. 86-90.

141. "José Maria de Heredia", L'Ermitage, 15 novembre 1905 pp. 257-259.

Publication subséquente : [524] O.C. IV, pp. 443-446.

142. "Promenade au Salon d'automne", Gazette des Beaux-Arts, 1er décembre 1905, pp. 475-485.

Publication subséquente : [524] O.C. IV, pp. 423-431.

143. "Alger", Vers et Prose, décembre 1905 - janvier - février 1906, pp. 5-16.

Publications subséquentes : [147] Amyntas, (40e édition), pp. 147-148; p. 149; p. 150; pp. 133-136; pp. 156-158; pp. 151-152; pp. 153-155; p. 140; pp. 142-144; pp. 146-147; p. 155; pp. 132-133.

[524] O.C.IV, pp. 288-289 (pp. 5-6);
p. 290 (p. 6);
pp. 279-281 (pp. 6-8);
pp. 294-295 (pp. 8-9);
pp. 290-291 (pp. 10-11);
pp. 292-293 (pp. 11-12);
pp. 283-284 (p. 12);
pp. 285-286 (pp. 13-14);
pp. 287-288 (pp. 14-15);
p. 293 (p. 15);
p. 278 (pp. 15-16);

Certains de ces fragments seront repris dans :

[309] Pages choisies.

CORRESPONDANCE

144. MASON (Stuart), Oscar Wilde. A Study from the French of André Gide, with introduction, notes and bibliography by Stuart Mason, Oxford, The Holywell Press, 1905, XI-110p.

Lettre d'André Gide à Stuart Mason, 9 septembre 1904, p. 12.

Lettre d'André Gide à Stuart Mason, 14 septembre 1904, p. 13.

Voir aussi : 139; 140.

1906

TEXTES DIVERS PUBLIES DANS LES JOURNAUX, LES REVUES ...

145. "La licence, la dépravation et les déclarations de M. le Sénateur Bérenger", L'Ermitage, 15 avril 1906, pp. 252-255.

Publications subséquentes : [225] Nouveaux prétextes, pp. 94-99.

[308] Morceaux choisis, pp. 86-91.

[524] O.C. IV, pp. 448-453.

146. [Lettre au Gil Blas], Gil Blas, 31 décembre 1906, p. 2.

Cette lettre, datée du 29 décembre 1906, a aussi été publiée dans le Bulletin des Amis de Charles-Louis Philippe, no 11, 1953, pp. 25-26.

LIVRE

147. Amyntas, Paris, Mercure de France, 1906, 295 p.

Aucun achevé d'imprimer.

TABLE DES MATIERES

CORRESPONDANCE

Voir : 146.

1907

TEXTES DIVERS PUBLIES DANS LES REVUES, LES JOURNAUX ...

148. "Le Retour de l'enfant prodigue", Vers et Prose, mars - avril - mai 1907, pp. 5-28.

Publications subséquentes : [150] Le Retour de l'enfant prodigue

Il s'agit d'un tirage à part du texte paru dans Vers et Prose.

Le Retour de l'enfant prodigue sera publié à : Paris, Bibliothèque de l'Occident, 1909, 42p. [sans achevé d'imprimer]. C'est là la première édition mise dans le commerce.

[308] Morceaux choisis, pp. 257-281.

[525] O.C. V, pp. 1-27.

[846] Récits, I, pp. 111-129.

[1003] Romans, pp. 473-491.

Sous forme de pièce de théâtre, le texte se trouve dans :

[822] Théâtre III, pp. 5-47.

PREFACE

149. Préface au Catalogue de l'Exposition W. Wojkiewicz, Paris, Galerie E. Druet, 1907, 5p.

Préface de Gide : pp. 1-3. Elle est datée de mai 1907.

Publication subséquente : [525] O.C. V, pp. 285-287.

LIVRE

150. Le Retour de l'enfant prodigue, Paris, Vers et Prose, 1907, 24p.

Il s'agit d'un tirage à part du texte paru dans Vers et Prose [148]

Le Retour de l'enfant prodigue sera publié à : Paris, Bibliothèque de l'Occident, 1909, 42p. [sans achevé d'imprimer]. C'est là la première édition mise dans le commerce.

Publication préoriginale : [148]

Publications subséquentes : [230] Le Retour de l'enfant prodigue, précédé de cinq autres traités, pp. 195-235.

[308] Morceaux choisis, pp. 257-281.

[525] O.C. V, pp. 1-27.

[846] Récits I, pp. 111-129.

[1003] Romans, pp. 473-491.

Sous forme de pièce de théâtre, le texte se trouve dans :

[822] Théâtre complet III, pp. 5-47.

1908

TEXTES DIVERS PUBLIES DANS LES REVUES, LES JOURNAUX ...

151. [Réponse à] : "Wagner und die Europaische Kultur", Berliner Tageblatt, 12 Februar 1908.

Publication subséquente : [653] Journal 1889-1939. p. 259.

Le texte est ici daté du 25 janvier 1908.

152. "Quelques mots sur Emmanuel Signoret", Mercure de France, 16 mars 1908, pp. 243-248.

Publication subséquente : [155] Ce texte a servi de préface aux Poésies complètes d'Emmanuel Signoret.

153. "Dostoievsky d'après sa correspondance", La Grande Revue, 25 mai 1908. pp. 289-315.

Publications subséquentes : Cet article, qui parut également dans la Revue des Etudes Franco-Russes, dont il forme les deux fascicules de juin-juillet 1908, sera l'objet d'un tirage à part :

[156] Dostoievsky d'après sa correspondance

Il sera ensuite repris dans :

[340] Dostoievsky, pp. 1-58.

[525] O.C. V, pp. 28-71.

154. "Bethsabé", Vers et Prose, décembre 1908 - février 1909, pp. 5-18.

Les deux premières scènes parurent dans L'Ermitage, en 1903 . [Voir 115; 116].

Publications subséquentes : [229] Bethsabé

[230] Le Retour de l'enfant prodigue, précédé de cinq autres traités.

[524] O.C. IV, pp. 219-237.

[821] Théâtre complet II, pp. 147-167.

PREFACE

155. Préface à Emmanuel Signoret, Poésies complètes, Paris, Mercure de France 1908, 314p.

Achevé d'imprimer le 29 février 1908.

Préface de Gide : pp. 5-17.

Publication préoriginale (?) : [152].

LIVRE

156. Dostoievsky d'après sa correspondance, Paris, Jean et Berger, [1908], 27p.

Publication préoriginale :[153] Le "livre" est effectivement un tirage à part de cet article.

Publications subséquentes : [340] Dostoievsky, pp. 1-58.

[525] O.C. V, pp. 28-71.

CORRESPONDANCE

157. [Lettre sur la littérature belge], Almanach des étudiants libéraux de l'Université de Gand, 1908.

Cette lettre ne porte aucune date. En voici le texte :

Monsieur,

J'ai eu pour Van Lerberghe, j'ai pour Verhaeren une très vive amitié. Leur oeuvre et celle du Maeterlinck d'avant Monna Vanna n'a pas plus chaud lecteur que moi. Ces grands écrivains ont su, ainsi qu'il sied, être d'autant plus humains qu'ils ont été plus belges, d'autant plus belges qu'ils ont été plus personnels. Quant aux questions touchant le rôle, le caractère distinctif, etc... de la littérature belge d'expression française, je ne pourrais y répondre que beaucoup plus longuement que je n'ai le le temps de faire aujourd'hui. Veuillez m'en excuser et croire à mes sentiments les meilleurs.

André Gide

Voir aussi : 151.

1909

TEXTES DIVERS PUBLIES DANS LES REVUES, LES JOURNAUX ...

158. "La Porte étroite" (I), Nouvelle revue française, 1er février 1909, pp. 43-90.

Publications subséquentes : [183] La Porte étroite, pp. 7-92.

[525] O.C. V, pp. 75-129.

[846] Récits II, pp. 13-43.

[1003] Romans, pp. 495-529.

159. Note : "Contre Mallarmé", Nouvelle revue française, 1er février 1909, pp. 96-98.

Publication subséquente : [525] O.C. V, pp. 291-293.

160. Note : "Jules Romains : La Vie unanime", Nouvelle revue française, 1er février 1909, pp. 98-101.

Publications subséquentes : [225] Nouveaux prétextes, pp. 281-285.

[525] O.C. V, pp. 245-249.

161. Note : "Poèmes par un riche amateur", Nouvelle revue française, 1er février 1909, pp. 101-103.

Publications subséquentes : [225] Nouveaux prétextes, pp. 286-289.

[525] O.C.V, pp. 250-252.

162. "La Porte étroite" (II), Nouvelle revue française 1er mars 1909, pp. 144-205.

Publications subséquentes : [183] La Porte étroite, pp. 93-204.

[525] O.C. V, pp. 130-201.

[846] Récits II, pp. 45-85.

[1003] Romans, pp. 530-574.

163. Note : "Le Gynécée", Nouvelle revue française, 1er mars 1909, pp. 209-210.

Publications subséquentes: [225] Nouveaux prétextes, pp. 290-292.

[525] O.C. V, pp. 253-254.

164. Note : "Miomandre, Ecrits sur de l'eau", Nouvelle revue française, 1er mars 1909, pp. 217-218.

Publications subséquentes : [225] Nouveaux prétextes, p. 293.

[525] O.C. V, p. 255.

165. "Moeurs littéraires : autour du tombeau de Catulle Mendès", Nouvelle revue française, 1er avril 1909, pp. 229-240.

Publications subséquentes : [225] Nouveaux prétextes, pp. 110-112.

[525] O.C. V, pp. 295-308.

166. "La Porte étroite" (III), Nouvelle revue française, 1er avril 1909, pp. 265-299.

Publications subséquentes : [183] La Porte étroite, pp. 205-273.

[525] O.C. V, pp. 201-241.

[846] Récits II, pp. 87-109.

[1003] Romans, pp. 574-598.

167. Note : "Francis Jammes : Rayons de miel", Nouvelle revue française, 1er mai 1909, pp. 372-373.

Publications subséquentes : [225] Nouveaux prétextes, pp. 294-296.

[525] O.C. V, pp. 256-258.

168. Note : "H. de Régnier : Couleur du temps", Nouvelle revue française, 1er mai 1909, pp. 375-377.

Publications subséquentes : [225] Nouveaux prétextes, pp. 297-300.

[525] O.C. V, pp. 259-261.

169. "A propos de Colette Baudoche", Nouvelle revue française, ler mai 1909, p. 380.

Publication subséquente : [525] O.C. V, p. 277.

170. "Nationalisme et littérature", Nouvelle revue française, ler juin 1909, pp. 429-434.

Publications subséquentes : [225] Nouveaux prétextes, pp. 73-80.

[537] O.C. VI, pp. 3-9.

Le dernier paragraphe de ce texte sera cité, avec quelques variantes, dans :

[308] Morceaux choisis, p. 37.

171. Note : "Jean Giraudoux : Provinciales", Nouvelle revue française, ler juin 1909, pp. 463-466.

Publications subséquentes : [225] Nouveaux prétextes, pp. 301-304.

[525] O.C. V, pp. 262-264.

172. Note : "Sylvain Bonmariage : Attitudes", Nouvelle revue française, ler juin 1909, p. 467.

Publication subséquente ; [525] O.C. V, pp. 278-279.

173. Note : "Touny-Leris : La Pâque des roses", Nouvelle revue française, ler juin 1909, pp. 467-468.

174. Note : "Léon Blum : Nouvelles conversations de Goethe avec Eckermann", Nouvelle revue française, ler juillet 1909, pp. 538-540.

Publications subséquentes : [225] Nouveaux prétextes, pp. 305-309.

[525] O.C. V, pp. 268-271.

175. Note : "Les représentations russes au Châtelet", Nouvelle revue française, ler juillet 1909, pp. 546-547.

Publications subséquentes : [225] Nouveaux prétextes, pp. 315-317.

[525] O.C. V, pp. 309-313.

176. Note : "Georges Grappe : Dans le Jardin de Sainte-Beuve", Nouvelle revue française, 1er juillet 1909, pp. 543-545.

Publications subséquentes : [225] Nouveaux prétextes, pp. 310-313.

[525] O.C. V, pp. 265-267.

177. Note : "Le prix national de littérature", Nouvelle revue française, 1er août 1909, pp. 79-80.

178. Note : "Les Revues", Nouvelle revue française, 1er août 1909, pp. 80-82.

Note au sujet d'un article de H. Davray, dans le Mercure de France du 15 juin 1909, à propos de Meredith; commentaires concernant L'Occident de mai 1909.

179. "Nationalisme et littérature" (II), Nouvelle revue française, 1er octobre 1909, pp. 190-194.

Publications subséquentes : [225] Nouveaux prétextes, pp. 81-85.

[537] O.C. VI, pp. 9-13.

Légèrement modifié, un paragraphe de ce texte fut repris dans :

[308] Morceaux choisis, pp. 37-38.

180. "Nationalisme et littérature" (III), Nouvelle revue française, 1er novembre 1909, pp. 237-244.

Publications subséquentes : [225] Nouveaux prétextes, pp. 85-93.

[537] O.C. VI, pp. 13-20.

Dans sa presque totalité, ce texte fut repris dans :

[308] Morceaux choisis, pp. 37-44.

181. "Journal sans dates", Nouvelle revue française, 1er décembre 1909, pp. 407-415.

Publications subséquentes : [225] Nouveaux prétextes, pp. 159-165.

[537] O.C. VI, pp. 29-35.

182. Note : "Revues", Nouvelle revue française, 1er décembre 1909, pp. 424-425.

"Nous apprenons avec plaisir que M. Ochsé, le subtil poète de Entre l'Heure et la Faux, se propose d'assumer désormais avec Paul Fort la direction de Vers et Prose ..."

Il est aussi question d'un article remarquable de Albert Thibaudet dans le numéro d'octobre de la Phalange. Gide revient enfin sur le sujet : "Stéphane Mallarmé".

Ces deux pages ne semblent pas avoir été reprises ailleurs .

LIVRE

183. La Porte étroite, Paris, Mercure de France, 1909, 275p.

Achevé d'imprimer le 12 juin 1909.

Publication préoriginale : voir : 158; 162; 166.

Publications subséquentes : [525] O.C. V, pp. 74-241.

[846] Récits II, pp. 9-109.

[1003] Romans, pp. 493-598.

Des fragments furent aussi publiés dans :

[308] Morceaux choisis, pp. 314-336.

[309] Pages choisies, pp. 277-286.

Précisons qu'il s'agit de fragments différents dans chacun de ces deux ouvrages.

1910

TEXTES DIVERS PUBLIES DANS LES REVUES, LES JOURNAUX ...

184. "Journal sans dates", Nouvelle revue française, 1er janvier 1910, pp. 513-528.

Publications subséquentes : [225] Nouveaux prétextes, pp. 174-191 (var.).

[537] O.C. VI, pp. 42-57 (var.).

On trouvera aussi les deux dernières parties de ce texte (O.C. VI, pp. 56-57), dans :

[653] Journal 1889-1939, pp. 277-278.

Les deux derniers paragraphes au sujet; de la sincérité furent repris dans :

[308] Morceaux choisis, pp. 85-86.

Egalement cité dans cet ouvrage (pp.139-140), presque entièrement, le passage consacré à Stendhal.

185. Note : "Revues", Nouvelle revue française, 1er janvier 1910, pp. 555-557.

Il est question, dans cette note qui n'a pas été reprise, des sujets suivants:

Mise au point concernant le but véritable de la N.R.F.;

mention de l'article de Marc Logé sur Lafcadio Hearn, publié dans le Mercure de France du 1er décembre 1909;

mention de La Plainte des Collines de Robert de Souza, Phalange, 20 novembre 1909.

186. "Journal sans dates", Nouvelle revue française, 1er février 1910, pp. 103-109.

Publications subséquentes : [225] Nouveaux prétextes, pp. 166-173.

[537] O.C. VI, pp. 35-41.

Un court paragraphe du texte de la N.R.F. n'a pas été repris dans Nouveaux Prétextes ni dans O.C. Deux autres paragraphes, par contre, sont cités dans :

[308] Morceaux choisis, p. 98.

Dans ce dernier ouvrage, se trouve aussi le passage consacré à Anatole France (pp. 137-139). On indique alors, par erreur, "N.R.F. février 1900", comme référence.

187. **Note** : "Les Charles Blanchard", Nouvelle revue française, 15 février 1910, pp. 260-261.

188. "Journal sans date", Nouvelle revue française, 15 février 1910, pp. 289-300.

Publications subséquentes : [225] Nouveaux prétextes, pp. 192-207

[537] O.C. VI, pp. 58-71.

[653] Journal 1889-1939, pp. 278-287.

A ces trois derniers endroits, les pages en question sont intitulées : "La mort de Charles-Louis Philippe".

189. "Journal sans date", Nouvelle revue française. 1er mars 1910, pp. 399-410.

Publications subséquentes : [225] Nouveaux prétextes, pp. 208-222 (var.).

[537] O.C. VI, pp. 71-84 (var.)

Dans Nouveaux prétextes et dans O.C, ce texte est intitulé : "La Jeanne d'Arc de Charles Péguy".

190. "L'Amateur de M. Rémy de Gourmont", Nouvelle revue française, 1er avril 1910, pp. 425-437.

Publications subséquentes : [225] Nouveaux prétextes, pp. 113-124.

[308] Morceaux choisis. pp. 149-159.

[537] O.C. VI, pp. 287-296.

Les pages 433 et 434 de la N.R.F. ont été omises dans ces trois derniers livres.

191. "Note sur Louis Dumur", Nouvelle Revue Française, 1er avril 1910, p.524.

Publications subséquentes : [225] Nouveaux prétextes, p. 314.

[525] O.C. V, p. 272.

La critique de Gide porte sur Les Trois demoiselles du père Maire, Paris, Mercure de France, 1910.

192. "Journal sans dates", Nouvelle revue française, 1er mai 1910, pp. 664-670.

Publications subséquentes : [225] Nouveaux prétextes, pp. 223-231 (var.).

[309] Pages choisies pp. 113-119 (var.).

[537] O.C. VI, pp. 85-92 (var.).

[653] Journal 1889-1939, pp. 292-299 (var.).

193. "En marge du Fénelon de Jules Lemaître", Nouvelle revue française, 1er juin 1910, pp. 693-700.

Publications subséquentes : [225] Nouveaux prétextes, pp. 125-133.

[537] O.C. VI, pp. 299-306.

Un fragment de ce texte fut aussi publié sous le titre de "L'Orthodoxie", dans :

[308] Morceaux choisis, pp. 59-61.

194. "Journal sans dates", Nouvelle revue française, 1er juillet 1910, pp. 101-110.

Publications subséquentes : [225] Nouveaux prétextes, pp. 232-242.

[537] O.C. VI, pp. 92-101.

Quelques passages ont été omis, certaines notes modifiées et d'autres furent ajoutées dans Nouveaux prétextes et O.C.

Un passage de ce "Journal sans dates" est cité dans : [653] Journal 1889-1939, pp. 297-299.

Les trois derniers paragraphes du passage consacré à Ma fille Bernadette de Francis Jammes furent repris dans : [308] Morceaux choisis, pp. 134-135.

195. "Journal sans dates", Nouvelle revue française. 1er août 1910, pp. 230-236.

Publications subséquentes : [225] Nouveaux prétextes, pp. 243-251

[537] O.C. VI, pp. 101-108.

[653] Journal 1889-1939, pp. 300-305.

Des extraits de ce "Journal sans dates" furent aussi publiés, avec quelques variantes, dans :

[308] Morceaux choisis, pp. 21-24.

196. "Journal sans dates", Nouvelle revue française, 1er septembre 1910, pp. 336-341.

Publications subséquentes : [348] Incidences, pp. 75-79.

Quelques passages furent repris dans : [653] Journal 1889-1939, pp. 309-310.

Deux paragraphes furent en outre publiés dans : [308] Morceaux choisis, p. 97.

197. "Journal sans dates", Nouvelle revue française, 1er octobre 1910, pp. 476-488.

Publications subséquentes : [225] Nouveaux prétextes, pp. 252-268.

[309] Pages choisies (un fragment seulement), pp. 120-125.

[537] O.C. VI, pp. 108-122.

[653] Journal 1889-1939, pp. 312-321.

Dans Nouveaux prétextes, Pages choisies et O.C., les pages en question portent le titre de : "Voyage au Val d'Andorre". Dans le Journal 1889-1939, elles sont tout simplement intitulées : "Voyages en Andorre".

198. "Baudelaire et M. Faguet", Nouvelle revue française, 1er novembre 1910, pp. 499-518.

Publications subséquentes : [225] Nouveaux prétextes. pp. 134-155.

[308] Morceaux choisis, pp. 116-134.

[537] O.C. VI, pp. 309-327.

199. Note : "L'Académie Goncourt : M. de Gourmont et la jeunesse", Nouvelle revue française, 1er novembre 1910, pp. 604-606.

200. "Journal sans dates", Nouvelle revue française, 1er décembre 1910, pp. 778-786.

Publications subséquentes : [225] Nouveaux prétextes, pp. 269-277.

[537] O.C. VI, pp. 122-129.

Les pages 784-786 n'ont pas été reprises dans Nouveaux prétextes, ni dans O.C. Il y est incidemment question de Chateaubriand.

201. Note : "Revues : La Suisse entre deux langues", Nouvelle revue française, 1er décembre 1910, pp. 808-810.

Publication subséquente : [537] O.C. VI, pp. 331-333.

202. "Charles-Louis Philippe", La Grande Revue, 10 décembre 1910, pp. 449-467.

Publications subséquentes : [222] Charles-Louis Philippe (var.)

"Charles-Louis Philippe", La Vie des lettres et des arts, no 1, avril 1913, pp. 14-31 (var.).

[537] O.C. VI, pp. 137-167 (var.).

Cette conférence fut prononcée au Salon d'automne, le 5 novembre 1910. L. Martin-Chauffier fait erreur qui, dans ses "Notices sur les oeuvres contenues dans le tome VI (p. IX) des O.C. écrit : "La conférence a été publiée d'abord dans la Nouvelle revue française, en décembre 1910".

203. "Lettre à Monsieur Alcippe", La Gazette aptésienne, 24 décembre 1910,

Cette lettre, écrite en décembre 1910. fait suite à l'article d'Alcippe : "Autour des prix littéraires", paru dans La Gazette aptésienne, le 7 décembre 1910.

LIVRE

204. Oscar Wilde, Paris, Mercure de France, 1910, 78p.

Achevé d'imprimer le 10 février 1910.

La notice (pp. 7-8) est inédite.

Le texte "Oscar Wilde. In Memoriam" (pp. 9-51) avait tout d'abord paru dans :

[111] L'Ermitage, juin 1902.

Il fut ensuite repris dans :

[121] Prétextes, pp. 265-305.

[523] O.C. III, pp. 473-503.

Quant au texte "De Profundis d'Oscar Wilde" (pp. 55-75), il avait été publié dans :

[138] L'Ermitage, 15 août 1905.

Il fut ensuite repris dans :

[524] O.C. IV, pp. 455-473.

Il est à noter que les pages 52-54 d'Oscar Wilde étaient inédites et ne furent pas reprises ailleurs. Ces pages renfermaient incidemment un fragment de lettre à X... (p. 53).

CORRESPONDANCE

Voir : 203; 204.

1911

TEXTES DIVERS PUBLIES DANS LES REVUES, LES JOURNAUX ...

205. "Isabelle", Nouvelle revue française, 1er janvier 1911, pp. 34-64.

Publications subséquentes : [224] Isabelle, pp. 9-66.

[537] O.C. VI, pp. 171-205

[846] Récits I, pp. 483-502.

[1003] Romans, pp. 601-623.

206. "Isabelle", Nouvelle revue française, 1er février 1911, pp. 279-313.

Publications subséquentes : [224] Isabelle, pp. 67-127.

[537] O.C.VI, pp. 205-242.

[846] Récits, I, pp. 503-523.

[1003] Romans, pp. 624-648.

207. Note : "Lectures", Nouvelle revue française, 1er février 1911, pp. 325-328.

Cette note concerne André Suarès et Francis Jammes.

Publication subséquente : [537] O.C. VI, pp. 337-340.

208. "Isabelle", Nouvelle revue française, 1er mars 1911, pp. 432-467.

Publications subséquentes : [224] Isabelle, pp. 128-192.

[537] O.C. VI, pp. 243-282.

[846] Récits I, pp. 525-546.

[1003] Romans, pp. 649-675.

209. Note : "Lectures", Nouvelle revue française, 1er mars 1911, pp. 477-480.

Ce texte, non signé, est, en majeure partie, consacré à Boileau et à Racine. Il n'a pas été repris ailleurs.

210. "Feuilles de route 1895-1896", Vers et Prose, janvier - février - mars 1911, pp. 37-47.

Publication originale : [49] Feuilles de route 1895-1896, pp. 1-25.

Publications subséquentes : [522] O.C. II, pp. 5-21 (le texte est plus complet que celui de Vers et Prose et comporte de nombreuses variantes).

[653] Journal 1889-1939, pp. 58-68. (id.).

211. Note : "Lectures", Nouvelle revue française, 1er avril 1911, pp. 629-630.

Ce texte, qui n'a pas été repris ailleurs, n'est pas signé. Il est consacré au recueil de poèmes d'Emile Verhaeren : Les Plaines.

212. "Les Frères Karamazov", Le Figaro, 4 avril 1911.

Publications subséquentes : [340] Dostoievsky, pp. 59-66.

[537] O.C. VI, pp. 341-348.

213. Note : "Lectures", Nouvelle revue française, 1er mai 1911, pp. 778-781.

Ce texte, consacré Sapho de Francis Viélé-Griffin, n'est pas signé. Il n'a pas été repris, ailleurs.

214. [Réponse à l'enquête sur la fête de Jeanne d'Arc], Les Marches de l'Est, 15 mai 1911, p. 139.

A notre connaissance, ce texte n'a pas été repris.

215. "Quatre chansons", La Phalange, 20 mai 1911, pp. 385-389.

Publications subséquentes : [414] Jean Royère. "Formule d'André Gide", dans André Gide, Paris, Editions du Capitole, 1928, pp. 252-255.

[537] O.C. VI, pp. 21-26.

[570] Les Nouvelles nourritures, p. 11; p. 14; p. 18; pp. 52-54.

[1003] Romans, p. 253; p. 254; pp. 255-256; pp. 266-267.

216. "Lettre à M. Deherme", La Coopération des idées, 16 juin 1911. p. 379.

Lettre d'André Gide à M. Deherme, 19 mai 1911. Elle sera ensuite publiée dans :

Nouvelle revue française, 1er août 1911, p. 268 (en partie seulement).

[537] O.C. VI, pp. 469-470.

217. [Traduction de quelques fragments de] R. M. Rilke, Les Cahiers de Malte Laurids Brigge, Nouvelle revue française, 1er juillet 1911, pp. 39-61.

Cette traduction sera reprise dans Les Lettres, nos 14-16 [1952], pp. 76-92.

218. Note : "Lectures", Nouvelle revue française, 1er juillet 1911, pp. 140-142.

Ce texte d'André Gide, concernant les Pages choisies de Charles Péguy, n'est pas signé. Il n'a pas été repris.

219. Note : "Lectures", Nouvelle revue française, 1er août 1911, pp. 253-254.

Consacré à la plaquette de Joseph Aynard : L'Amour des livres et la lecture, ce texte n'est pas signé. Il n'a pas été repris.

220. "Propositions", Nouvelle revue française, 1er décembre 1911, pp. 649-653.

Publications subséquentes : [308] Morceaux choisis, pp. 105-109.

[348] Incidences, pp. 91-95. Le texte est ici publié sous le titre de "Feuillets".

[537] O.C. VI, pp. 351-356.

221. Note : "Lectures", Nouvelle revue française, 1er décembre 1911, pp. 812-817.

Ces pages, consacrées au Porche du mystère de la deuxième vertu de Charles Péguy, ne sont pas signées. Elles ne furent pas publiées ailleurs.

LIVRES

222. Charles-Louis Philippe, Paris, Eugène Figuère et Cie, 1911, 41p.

Achevé d'imprimer le 24 avril 1911.

Publication préoriginale : [202].

Publications subséquentes : "Charles-Louis Philippe", La Vie des lettres et des Arts, no 1, avril 1913, pp. 14-31 (var.).

[537] O.C. VI, pp. 137-167.

223. C.R.D.N., [Bruges, The St. Catherine Press Ltd.], 1911, 125p.

Achevée d'imprimer le 22 mai 1911, cette édition hors commerce fut limitée à 12 exemplaires

C.R.D.N. ne renferme que les deux premiers dialogues de Corydon et le premier tiers du troisième.

Publications subséquentes : [293] Corydon (ed. 1920), pp. 7-117.

[346] Corydon (ed. 1923), pp. 15-125.

[572] O.C. IX, pp. 185-274 (var.).

224. Isabelle, Paris, Nouvelle revue française, Marcel Rivière et Cie, 1911, 193p.

Achevée d'imprimer le 29 mai 1911, la première édition fut presque entièrement détruite, parce que trois pages n'avaient pas le "nombre régulier de lignes" (voir Arnold Naville, Bibliographie des écrits d'André Gide, Paris, Guy Le Prat, 1949, p. 48). La nouvelle "édition originale" sera achevée d'imprimer le 20 juin 1911

Publication préoriginale : voir 205; 206; 208.

Publications subséquentes : [537] O.C. VI, pp. 171-282.

[846] Récits I, pp. 479-547.

[1003] Romans, pp. 601-675.

225. Nouveaux Prétextes, Paris, Mercure de France, 1911, 331p.

Achevé d'imprimer le 3 février 1911.

TABLE DES MATIERES :

DEUX CONFERENCES

CHRONIQUES DE L'ERMITAGE

PRETEXTES

JOURNAL SANS DATES

[L'appendice ne semble pas avoir été précédemment publié. On le retrouvera dans les O.C. VI, pp. 133-135].

CORRESPONDANCE

Voir : 214; 216; 225.

1912

TEXTES DIVERS PUBLIES DANS LES REVUES, LES JOURNAUX...

226. Note : "Lectures", Nouvelle revue française, ler janvier 1912, pp. 119-123.

Ces pages, consacrées au second volume des Géorgiques chrétiennes de Francis Jammes, ne sont pas signées. Elles ne furent pas reprises.

227. "Lettre à Jean Variot", Nouvelle revue française, ler janvier 1912, pp. 139-140.

Lettre d'André Gide à Jean Variot, 15 décembre 1911.

228. "Proserpine", Vers et Prose, janvier - février - mars 1912, pp. 19-22.

Ce fragment avait précédemment été publié, en décembre 1899, dans Le Pays de France [voir 79]. Il sera repris dans :

[524] O.C. IV, pp. 352-354.

[848] Théâtre complet IV, pp. 147-149.

LIVRE

229. Bethsabé, Paris, Bibliothèque de l'Occident, 1912, 28p.

Publications préoriginales : Les deux premières scènes furent publiées dans L'Ermitage [115]. La pièce entière parut ensuite dans Vers et Prose [154].

Publications subséquentes : [230] Le Retour de l'enfant prodigue, précédé de cinq autres traités, pp. 165-194.

[524] O.C. IV, pp. 219-237.

[821] Théâtre complet II, pp. 147-167.

230. Le Retour de l'Enfant prodigue, précédé de cinq autres traités, Paris, Editions de la Nouvelle revue française, 1912, 235 [10]p.

Achevé d'imprimer le 8 février 1912

Table des matières

CORRESPONDANCE

Voir : 227

1913

TEXTES DIVERS PUBLIES DANS LES REVUES, LES JOURNAUX ...

231. [Lettre à Jacques Copeau], Nouvelle revue française, 1er janvier 1913, p. 172.

232. "Les Dix romans français que ...", Nouvelle revue française, 1er avril 1913, pp. 533-541.

Publications subséquentes : [308] Morceaux choisis, pp. 140-149.

[348] Incidences, pp. 141-149.

[538] O.C. VII, pp. 449-458.

Traduit en anglais, cet article sera publié, sous le titre de "The Ten French Novels which I...", dans Virginia Quarterly Review, October 1929, pp. 532-538. C'est à cette dernière revue que Gide fait allusion, dans son Journal, le 23 novembre 1946.

233. "Lettera a Prezzolini, un plagiario ostinato", La Voce, 17 avril 1913, p. 1058.

Cette lettre, datée du 12 avril 1913, est aussi citée dans:

[1086] A. Fongaro, Bibliographie d'André Gide en Italie, pp. 47-48.

234. "Lettre à Valéry Larbaud", Nouvelle revue française, 1er juin 1913, pp. 1044-1045.

235. [Lettre à M. le Rédacteur en chef du Temps], Le Temps (?), septembre (?) 1913 (?)].

Cette lettre du 19 septembre 1913 est citée par Robert Mallet dans son édition de la Correspondance André Gide - Paul Claudel

[871 , p. 358]. Il ne semble pas, cependant, qu'elle ait été effectivement publiée; du moins, nos recherches pour la répérer ont été vaines.

236. "Les Jurés par eux-mêmes", L'Opinion, 25 octobre 1913.

Publications subséquentes : [252] Souvenirs de la Cour d'Assises, pp. 117-122.

[962] Journal 1939-1949, pp. 675-678.

[1126] Ne jugez pas pp. 89-93.

237. "Souvenirs de la Cour d'Assises", Nouvelle revue française, 1er novembre 1913, pp. 665-700.

Publications subséquentes : [252] Souvenirs de la Cour d'Assises.

[538] O.C. VII, pp. 3-44.

[962] Journal 1939-1949, pp. 619-644.

[1126] Ne jugez pas, pp. 9-45.

238. [Traduction de] : R. Tagore, "L'Offrande lyrique", Nouvelle revue française, 1er décembre 1913, pp. 833-851.

[Traduction de 25 poèmes de L'Offrande lyrique (Gitanjali) : Nos 55, 56, 57, 58, 59, 67, 68, 69, 70, 71, 72, 73, 80, 84, 86, 91, 92, 93, 94, 95, 96, 98, 99, 100.]

Publication subséquente : [241; 250] R. Tagore, L'Offrande lyrique.

239. "Souvenirs de la Cour d'Assises", Nouvelle revue française, 1er décembre 1913, pp. 893-933.

Publications subséquentes : [252] Souvenirs de la Cour d'Assises

[538] O.C. VII, pp. 45-89.

[962] Journal 1939-1949, pp. 645-674.

[1126] Ne Jugez pas, pp. 46-87.

240. "Note : "Une lettre sur Emmanuel Signoret", Nouvelle revue française, 1er décembre 1913, pp. 997-998.

LIVRE

241. L'Offrande lyrique (Gitanjali), traduction d'André Gide, Paris, Editions de la Nouvelle revue française, 1913, 132-VIp.

Achevé d'imprimer le 26 novembre 1913

Cette édition fut tirée à 500 exemplaires seulement.

Publication préoriginale : voir 238.

CORRESPONDANCE

Voir : 231; 233; 234; 235; 240.

1914

242. "Les Caves du Vatican", Nouvelle revue française, 1er janvier 1914, pp. 5-73.

Publications subséquentes : [251] Les Caves du Vatican, I, pp. 9-74 (var.).

[538] O.C. VII, pp. 105-184 (var.).

[846] Récits I, pp. 235-277 (var.).

[1003] Romans, pp. 680-731 (var.).

Voir aussi : [349] Lafcadio.

243. "Les Caves du Vatican" (II), Nouvelle revue française, 1er février 1914, pp. 220-304.

Publications subséquentes : [251] Les Caves du Vatican, I, pp. 75-285 (var.).

II, pp. 11-68 (var.).

[538] O.C. VII, pp. 184-283 (var.).

[846] Récits I, pp. 277-327 (var.).

[1003] Romans, pp. 731-794 (var.).

Voir aussi : [349] Lafcadio.

244. "Les Caves du Vatican" (III), Nouvelle revue française, 1er mars 1914, pp. 438-485.

Publications subséquentes : [251] Les Caves du Vatican, II, pp. 69-168. (var.).

[538] O.C. VII, pp. 283-337 (var.).

[846] Récits I, pp. 327-353 (var.).

[1003] Romans, pp. 794-829 (var.).

Voir aussi : [349] Lafcadio.

245. Note : "Edouard Schneider : Les Heures bénédictines", Nouvelle revue française, 1er mars 1914, p. 508.

Publication subséquente : [525] O.C. V, p. 273.

246. "Les Caves du Vatican", Nouvelle revue française, 1er avril 1914, pp. 645-704.

Publications subséquentes : [251] Les Caves du Vatican II, pp. 169-293.

[538] O.C. VII, pp. 338-404.

[846] Récits I, pp. 353-387.

[1003] Romans, pp. 829-873.

Voir aussi : [349] Lafcadio.

247. "Verlaine et Mallarmé", La Vie des lettres, avril 1914, pp. 1-24.

Conférence prononcée au théâtre du Vieux-Colombier, le 22 novembre 1913.

Publication subséquente : [538] O.C. VII, pp. 411-443.

248. [Lettre au journal Paris-Midi], Paris-Midi, 17 juin 1914.

Lettre d'André Gide adressée à Jean de l'Escritoire, pseudonyme d'André Billy.

249. "La Marche turque", Nouvelle revue française, ler août 1914, pp. 177-202.

Publications subséquentes : [309] Pages choisies, pp. 126-152.

[348] Incidences

[538] O.C.VII, pp. 459-489 (var.).

[653] Journal 1889-1939, pp. 399-417.

INTRODUCTION

250. Introduction à L'Offrande lyrique (Gitanjali) de R. Tagore, traduction d'André Gide, Paris, Editions de la Nouvelle revue française, 1914, XXXIII-145p.

Cette introduction (pp. I - XXXIII) n'avait pas été publiée dans l'édition de 1913 [238; 241]. Elle reprenait le texte de la conférence que Gide prononça au Vieux Colombier, le 4 décembre 1913.

LIVRE

251. Les Caves du Vatican, Paris, Nouvelle revue française, 1914, 2 vol., 285p. et 304p.

Le premier volume fut achevé d'imprimer le 15 avril 1914; le second, le 25 avril 1914.

Publications préoriginales 242; 243; 244; 246.

Publications subséquentes : [538] O.C. VII, pp. 101-404.

[846] Récits I, pp. 231-388.

[1003] Romans, pp. 677-873.

Des extraits furent publiés dans :

[308] Morceaux choisis, pp. 347-397.

[309] Pages choisies, pp. 225-235.

[349] Lafcadio

252. Souvenirs de la Cour d'Assises, Paris, Nouvelle revue française, 1914, 125p.

Achevé d'imprimer le 6 janvier 1914.

Publications préoriginales : 236; 237; 239.

Publications subséquentes : [538] O.C. VII, pp. 3-99.

[962] Journal 1939-1949. pp. 619-678.

[1126] Ne Jugez pas, pp. 8-93.

CORRESPONDANCE

Voir : 248

Rappelons qu'une lettre dédicatoire à Jacques Copeau précède Les Caves du Vatican. Elle fut écrite à Cuverville, le 29 août 1913.

1915

253. "Réfugiés", L'Intransigeant, 3 mars 1915, p. 1.

1916

TEXTES DIVERS PUBLIES DANS LES REVUES, LES JOURNAUX ...

254. "Mots d'introduction", Le Troubadour, 1er août 1916, p. 1.

255. [Lettre à Charles Maurras], L'Action française, 5 novembre 1916.

Publications subséquentes : [566] André Gide et notre temps pp. 20-21 (en partie seulement).

[572] O.C. IX, p. 426 (in extenso).

CORRESPONDANCE

256. SOUDAY (Paul), "Le pauvre subjonctif", Le Temps, 15 septembre 1916, p. 1.

Dans sa chronique, Paul Souday cite des extraits d'une lettre qui lui a été adressée par un écrivain qui, dit-il, préfère garder l'anonymat. Cet écrivain est, en réalité, André Gide et on trouvera le texte entier de sa lettre dans la troisième partie de "Crise du français" :

[572] O.C. IX, pp. 169-172.

Voir aussi : 254; 255.

1917

257. "Théophile Gautier et Charles Baudelaire", Les Ecrits nouveaux, novembre 1917, pp. 6-14.

Conférence prononcée au théâtre du Vieux-Colombier en avril 1914.

Publications subséquentes : [308] Morceaux choisis, pp. 454-457 (fragment seulement).

[348] Incidences, pp. 153-155 (fragment seulement).

[538] O.C. VII, pp. 491-493 (fragment seulement).

INTRODUCTION

258. Introduction à Baudelaire, Les Fleurs du mal, Paris, Editions Pelletan, R. Helleu, 1917, XVIII-339p.

Achevé d'imprimer le 1er mai 1917

Introduction d'André Gide : pp. XI-XVIII.

Publications subséquentes : [308] Morceaux choisis, pp. 110-115.

[348] Incidences, pp. 159-163.

[538] O.C.VII, pp. 499-504.

[845] Préfaces, pp. 9-17.

1918

TEXTES DIVERS PUBLIES DANS LES REVUES, LES JOURNAUX...

259. "Typhon", La Revue de Paris, 1er mars 1918, pp. 17-59.

Traduction de Typhoon de Joseph Conrad.

Publication subséquente : [263] Typhon.

260. "Typhon" (II), La Revue de Paris, 15 mars 1918, pp. 334-381.

Traduction de Typhoon de Joseph Conrad.

Publication subséquente : [263] Typhon.

261. [Traduction de deux poèmes de Walt Whitman : Chant de moi-même et Ruisseaux d'automne], L'Eventail, 15 juillet 1918, pp. 313-320.

Publication subséquente : [264]Walt Whitman, Oeuvres choisies, pp. 52-55; 63-65; pp. 214-215.

262. "Rencontres", L'Eventail, 15 décembre 1918, pp. 451-456.

Publications subséquentes : [308] Morceaux choisis, pp. 216-224.

[604] O.C. XI, pp. 5-11.

[570] Les Nouvelles nourritures

[1003] Romans, pp. 262-266.

LIVRES

263. Joseph Conrad, Typhon, traduction d'André Gide, Paris, Nouvelle revue française, 1918, 201p.

Achevé d'imprimer le 25 juin 1918.

Publications préoriginales : voir 259; 260.

264. Walt Whitman, Oeuvres choisies, [poèmes et proses traduits par Louis Fabulet, André Gide, Jules Laforgue, Valery Larbaud, Jean Schlumberger, Francis Vielé-Griffin], Paris, Nouvelle revue française, 1918, 320p.

Achevé d'imprimer le 12 septembre 1918.

André Gide a traduit les poèmes suivants :

"Chant de moi-même" [voir : 261] — pp. 52-55

"De l'angoisse des rivières endiguées" — pp. 56-58

"O Hymen! O Hyménée" [voir :261] — pp. 63-64

"Je suis celui que l'amoureux désir" [voir :261] — p. 64

"Instants naifs" [voir :261] — pp. 64-65

"Naguère je passai dans une cité populeuse" — p. 65

"Battez tambours" — pp. 208-209

"Jai fait une étrange veillée" — pp. 209-211

"Marche dans les rangs sur la route inconnue" — pp. 211-212

"Vous prévenus qui passez en jugement" [voir :261] — pp. 214-215

1919

TEXTES DIVERS PUBLIES DANS LES REVUES, LES JOURNAUX ...

265. "Les Nouvelles Nourritures" (fragments du I et du Ve livre), Littérature, no 1, mars 1919, pp. 1-6.

Publications subséquentes : [308] Morceaux choisis, pp. 247-253.

[570] Nouvelles nourritures :
1er fragment : pp. 12-13;
2e fragment : pp. 15-16;
3e fragment : p. 20;
4e fragment : p. 21;
5e fragment : pp. 23-25;
6e fragment : pp. 30-31;
7e fragment : p. 51.

[572] O.C. IX, pp. 91-99.

[1003] Romans :
1er fragment : p. 254;
2e fragment : pp. 254-255;
3e fragment : p. 256;
4e fragment : pp. 256-257;
5e fragment : pp. 257-258;
6e fragment : pp. 259-260;
7e fragment : p. 266.

266. "Réflexions sur l'Allemagne", Nouvelle revue française, 1er juin 1919, pp. 35-46.

Publications subséquentes : [348] Incidences, pp. 11-21.

[308] Morceaux choisis, pp. 45-48. (Il est, à cet endroit, indiqué que le texte parut dans la N.R.F. de juin 1909. Il s'agit évidemment d'une coquille).

[572] O.C. IX, pp. 101-116.

267. "Lettre ouverte à Jacques Rivière", Nouvelle revue française, ler juin 1919, pp. 121-125.

Publications subséquentes : [348] Incidences, pp. 61-64.

[604] O.C. XI, pp. 105-109.

268. "Lettre ouverte à Jean Cocteau", Nouvelle revue française, ler juin 1919, pp. 125-128.

Publications subséquentes : [348] Incidences, pp. 64-66.

[604] O.C.XI, pp. 109-112.

[1169] Lettres à André Gide avec quelques réponses d'André Gide, pp. 78-81.

269. "Le lieutenant de vaisseau Pierre Dupouey [avec des lettres d'Henri Ghéon]", Le Correspondant, CCLXXV, 10 juin 1919, pp. 820-834.

Publications subséquente: [321] Préface à Lettres du Lieutenant de vaisseau Dupouey, pp. 7-38.

[571] O.C. VIII, pp. 355-373 (var.).

270. "Journal sans dates", Nouvelle revue française, ler juillet 1919, pp. 278-286.

Publications subséquentes : [348] Incidences, pp. 83-90. (Le texte paraît ici sous le titre de "Feuillets".)

[572] O.C. IX, pp. 119-129.

[653] Journal 1889-1939, pp. 660-666.

Quelques-unes de ces pages furent aussi publiées dans :

[308] Morceaux choisis, pp. 98-104. On indique, à cet endroit : N.R.F., juillet 1910, comme référence. Il s'agit évidemment d'une erreur.

271. "Conversations avec un Allemand quelques années avant la guerre", Nouvelle revue française, ler août 1919, pp. 415-423.

Publications subséquentes : [308] Morceaux choisis, pp. 419-429.

[348] Incidences, pp. 133-140.

[572] O.C. IX, pp. 131-143.

272. "Considérations sur la mythologie grecque", Nouvelle revue française, 1er septembre 1919, pp. 481-487.

Publications subséquentes : [308] Morceaux choisis, pp. 185-192.

[348] Incidences, pp. 125-130.

[572] O.C. IX, pp. 145-154.

273. "La Symphonie pastorale" (I), Nouvelle revue française, 1er octobre 1919, pp. 726-773.

Publications subséquentes : [278] La Symphonie pastorale

[572] O.C. IX, pp. 1-56.

[846] Récits, I, pp. 553-579.

[1003] Romans, pp. 877-911.

274. "La Nouvelle parade de Jean Cocteau", Ecrits nouveaux, octobre 1919, pp. 70-72.

Publication subséquente : [1169] Lettres à André Gide avec quelques réponses d'André Gide. pp. 102-106.

275. "La Symphonie pastorale" (II), Nouvelle revue française, 1er novembre 1919, pp. 916-941.

Publications subséquentes : [278] La Symphonie pastorale

[572] O.C. IX, pp. 57-87.

[846] Récits I, pp. 581-596.

[1003] Romans, pp. 912-930.

276. "Réponse à l'enquête : Pourquoi écrivez-vous?", Littérature, no 10, décembre 1919, p. 24.

277. [Terre de Belgique], Paris, V. Attinger, 1919.

Cet ouvrage, écrit en collaboration, renfermerait un texte d'André Gide. Il nous fut malheureusement impossible de vérifier, n'ayant pas trouvé Terre de Belgique en Amérique du Nord, ni en Belgique ni en France. Peut-être s'agit-il d'un numéro spécial d'une revue?

LIVRE

278. La Symphonie pastorale, Paris, Nouvelle revue française, 1919, 151p.

Achevé d'imprimer le 15 décembre 1919.

Voir : Rober Desprechins, "A propos de l'édition originale de la Symphonie pastorale d'André Gide", Le Livre et l'Estampe, juillet 1957. Claude Martin, dans sa magistrale édition critique de la Symphonie pastorale (Paris, Minard, 1970, CLV-259p.), donne de précieux renseignements au sujet de l'édition première de l'ouvrage et de ses rééditions nombreuses (pp. CXLIX - CLIV).

Publications préoriginales : voir 273; 275.

Publications subséquentes : [572] O.C. IX, pp. 1-87.

[846] Récits, I, pp. 549-596.

[1003] Romans, pp. 875-930.

CORRESPONDANCE

Voir : 267; 268; 274; 276.

1920

TEXTES DIVERS PUBLIES DANS LES REVUES, LES JOURNAUX ...

279. "Pages du Journal de Lafcadio", Littérature, no 11, janvier 1920, pp. 1-4.

Ces pages, est-il précisé, sont extraites des Faux-Monnayeurs. En réalité, elles ne furent pas reprises dans ce roman.

Publications subséquentes : [308] Morceaux choisis, pp. 397-401.

[604] O.C. XI, pp. 15-19.

280. "Si le grain ne meurt ...", Nouvelle revue française, 1er février 1920, pp. 157-183.

Publications subséquentes : [294] Si le grain ne meurt (ed. 1920), vol. I, pp. 9-35.

[350] Si le grain ne meurt (ed. 1924, vol. I, pp. 10-50.

[309] Pages choisies, pp. 27-57 (var.).

[603] O.C. X, pp. 34-63.

[962] Journal 1939-1949. Souvenirs, pp. 350-369 (var.).

Une page fut aussi publiée, sous le titre de "Hérédité", dans

[308] Morceaux choisis, pp. 441-442. Dans le Journal 1939-1949, ce texte se retrouve à la page 358.

281. "Si le grain ne meurt ...", Nouvelle revue française. 1er mars 1920, pp. 405-425.

Publications subséquentes : [294] Si le grain ne meurt (ed. 1920), vol. I, pp. 35-53.

[350] Si le grain ne meurt (ed. 1924). vol. I, pp. 51-81.

[309] Pages choisies. pp. 58-83 (var.).

[603] O.C. X, pp. 63-86 (var.).

[962] Journal 1939-1949. Souvenirs, pp. 369-384 (var.).

282. [Réponse à une enquête sur les peintres : "Une tribune française au Louvre"], L'Opinion, 13 mars 1920, p. 302.

283. "Dada", Nouvelle revue française, 1er avril 1920, pp. 477-481.

Publications subséquentes : [348] Incidences, pp. 209-214.

[603] O.C. , X, pp. 15-21.

284. "Si le grain ne meurt ...", Nouvelle revue française, 1er mai 1920, pp. 645-669.

Publications subséquentes : [294] Si le grain ne meurt (ed. 1920), vol. I, pp. 61-87.

[350] Si le grain ne meurt (ed. 1924), vol. I, pp. 95-137.

[309] Pages choisies, pp. 83-111 (var.).

[603] O.C. X, pp. 96-127 (var.).

[962] Journal 1939-1949. Souvenirs, pp. 392-410 (var.).

285. [Traduction de] : Shakespeare, "Antoine et Cléopatre" (Actes I et 2), Nouvelle revue française, 1er juillet 1920, pp. 5-40.

Publications subséquentes : [310] Antoine et Cléopâtre pp. 13-73.

[822] Théâtre complet III, pp. 53-119.

286. "La Nouvelle revue française -- Un groupement d'esprits libres", Le Gaulois 10 juillet 1920, p. 3.

287. [Traduction de] : Shakespeare, "Antoine et Cléopâtre" (Actes 3 et 4), Nouvelle revue française, ler août 1920, pp. 178-207.

Publications subséquentes : [310] Antoine et Cléopâtre, pp.77-125.

[822] Théâtre complet III, pp. 121-194.

288. [Traduction de] : Shakespeare, "Antoine et Cléopâtre" (Acte 5), Nouvelle revue française, ler septembre 1920, pp. 391-429.

Publications subséquentes : [310] Antoine Cléopâtre, pp. 129-188.

[822] Théâtre complet III, pp. 195-216.

289. "Si le grain ne meurt...", Nouvelle revue française, ler novembre 1920, pp. 744-764.

Publications subséquentes : [294] Si le grain ne meurt (ed. 1920), vol. I, pp. 91-92; pp. 100-117.

[350] Si le grain ne meurt (ed. 1924), vol. I, pp. 143-144; pp. 153-181.

[603] O.C. X, pp. 130-131; pp. 138-159.

[962] Journal 1939-1949. Souvenirs pp. 412-413 pp. 417-430 (var.).

290. "Si le grain ne meurt ...", Nouvelle revue française, ler décembre 1920, pp. 811-838.

Publications subséquentes : [294] Si le grain ne meurt (ed. 1920), vol. I, pp. 118-148.

[350] Si le grain ne meurt, (ed. 1924), vol. II, pp. 1-54.

[603] O.C. X, pp. 164-195.

[962] Journal 1939-1949. Souvenirs. pp. 434-454. (var.).

291. "Antoine et Cléopâtre" (Acte VI, scènes 1 et 2), Les Feuillets d'art, no 6, 1920, pp. 1-12.

Publications subséquentes: [310] Antoine et Cléopâtre, pp. 161-188.

[822] Théâtre complet III

PREFACE

292. Préface au Catalogue de l'exposition Cornilleau, Paris, Maison des Amis des livres, 1920, 8p.

Préface d'André Gide : pp. 3-5.

LIVRES

293. Corydon, [Bruges, Imprimerie Sainte-Catherine], 1920, 171p.

Cette nouvelle édition augmentée et hors commerce fut publiée anonymement. Une préface (p. 6) précédait le texte. Elle sera reprise dans les éditions subséquentes :

[346] Corydon, (ed. 1924), pp. 12-14.

[572] O.C. IX, pp. 181-182.

Achevé d'imprimer le 5 mars 1920.

Publication précédente (et partielle seulement) : voir 223.

Publications subséquentes : [346] Corydon (ed. 1924)

[572] O.C.IX, pp. 185-318 (var.). Le dernier paragraphe de la page 318 ne se trouvait pas dans l'édition de 1920.

294. "Si le grain ne meurt ... (volume I), [Bruges, Imprimerie Sainte-Catherine], 1920, 227p.

Achevé d'imprimer le 15 mai 1920.

Publications préoriginales : 280; 281; 289; 290.

Publications subséquentes : [350] Si le grain ne meurt (ed. 1924), vol. I, pp. 1-184; vol. II, pp. 1-167.

[603] O.C. X, pp. 31-277.

[962] Journal 1939-1949. Souvenirs,

CORRESPONDANCE

Voir : 282.

1921

TEXTES DIVERS PUBLIES DANS LES REVUES, LES JOURNAUX...

295. "Si le grain ne meurt" (fragment), Nouvelle revue française, 1er janvier 1921, pp. 39-66.

Publications subséquentes : [294] Si le grain ne meurt, [ed. 1920], vol. I, pp. 149-179.

[350] Si le grain ne meurt (ed. 1924), pp. 55-104.

[603] O.C. X, pp. 195-232.

[962] Journal 1939-1949. Souvenirs, pp. 454-478 (var.).

296 [Réponse à l'Enquête sur le romantisme et le classicisme], La Renaissance politique, littéraire, artistique, 8 janvier 1921, p. 10.

Publications subséquentes : Nouvelle revue française, 1er mars 1921, pp. 379-380.

[308] Morceaux choisis, pp. 452-453.

[348] Incidences, pp.211-212.

[603] O.C. X, pp. 25-26.

297. "Emile Verhaeren", La Revue hebdomadaire, 15 janvier 1921, pp. 251-261.

["Conférence prononcée pour célébrer le quatrième anniversaire de la mort d'Emile Verhaeren, à la matinée organisée par les Amitiés françaises le 22 décembre 1920"].

Publications subséquentes : [405] Emile Verhaeren

[603] O.C. X, pp. 1-11.

[842] Eloges, pp. pp. 37-48.

298. "Billet à Angèle (Encore le classicisme)", Nouvelle revue française, 1er mars 1921, pp. 337-343.

Publications subséquentes : [348] Incidences, pp. 37-43.

[604] O.C. XI, pp. 35-43.

La première partie de ce "Billet à Angèle" fut aussi publiée dans :

[308] Morceaux choisis, pp. 91-97.

299. "L'Oeuvre de Robert Browning" [écrit en collaboration avec Paul Alfassa et Gilbert de Voisins], Nouvelle revue française, 1er avril 1921, pp. 414-416.

Ce court texte précède la traduction de Monsieur Sludge, le Medium.

300. "Billet à Angèle", Nouvelle revue française, ler avril 1921, pp. 462-466.

Publications subséquentes : [348] Incidences, pp. 48-52.

[604] O.C. XI, pp. 50-55.

301. "Billet à Angèle", Nouvelle revue française, ler mai 1921, pp. 586-591.

Publications subséquentes : [348] Incidences, pp. 43-48.

[604] O.C. XI. pp. 43-50.

302. [Lettre à la revue Parse], Parse, no 3, mai 1921, pp. 33-34.

Cette lettre d'André Gide, datée du 3 mai 1921, est citée par H. Honarmandi dans : "André Gide et la littérature persane", Entretiens sur André Gide, sous la direction de Marcel Arland et Jean Mouton, Paris et La Haye, Mouton & Co., 1967, pp. 178-179.

303. "Billet à Angèle", Nouvelle revue française, ler juin 1921, pp. 706-712.

Publications subséquentes : [348] Incidences, pp. 52-58.

[604] O.C. XI, pp. 55-63.

Un court fragment parut aussi dans :

[308] Morceaux choisis, pp. 450-451.

304. "Préface à Armance", Nouvelle revue française, ler août 1921, pp. 129-142.

Publications subséquentes : [348] Incidences, pp. 167-181.

[368] Stendhal, Armance

[604] O.C. XI, pp. 67-84.

[845] Préfaces, pp. 19-43.

305. "Ajax", Les Ecrits nouveaux, octobre 1921, pp. 34-37.

Publications subséquentes : [308] Morceaux choisis, pp. 282-286.

[524] O.C. IV, pp. 369-374.

[821] Théâtre complet, II, pp. 169-176.

306. "Les Rapports intellectuels entre la France et l'Allemagne", Nouvelle revue française, ler novembre 1921, pp. 513-521.

PREFACE

307. Notice à Shakespeare, Antoine et Cléopâtre, traduction d'André Gide, Paris, Lucien Vogel, 1921, 111p.

Notice d'André Gide : p. 7.

Achevé d'imprimer le 31 décembre 1921.

La même notice sera reprise dans l'édition d'Antoine et Cléopâtre, qui, achevée d'imprimer le 2 décembre 1925, fut mise dans le commerce, en 1926, par les Editions de la Nouvelle revue française (190p.). La notice occupera alors les pages 7-8.

Ainsi que l'expliquera André Gide, dans une notule précédant cette dernière édition, celle de 1921 ne donne pas le texte de la traduction entière d'Antoine et Cléopâtre. Les scènes se passant en Italie furent en effet supprimées; d'où l'absence du personnage d'Octavie. Une nouvelle traduction fut faite pour l'édition du Théâtre complet de Shakespeare qui, en 1938, prendra place dans **la collection de la Pléiade. C'est cette dernière version qui** sera reprise dans :

[822] Théâtre complet III, pp. 49-216.

Publications préoriginales : 285; 287; 288; 291.

LIVRES

308. Morceaux choisis, Paris, Editions de la Nouvelle revue française, 1921, 467p.

Achevé d'imprimer le 8 novembre 1961.

TABLE DES MATIERES :

Classicisme 91-97
[voir 196; 298]

Pages diverses 97-104
[voir 186; 270]

Propositions 105-109
[voir 220]

Préface aux *Fleurs du mal* 110-115
[voir 258]

Baudelaire et M. Faguet 116-134
[voir 198]

Quelques jugements 134-140
[voir 134; 184; 186; 194]

Les dix romans français que ... 140-149
[voir 232]

L'Amateur de M. Rémy de Gourmont 149-159
[voir 190]

Les Mille nuits et une nuit 160-170
[voir 74; 89; 97]

Nietzsche 171-184
[voir 66]

Conversations sur la mythologie grecque 185-192
[voir 272]

DEUXIEME PARTIE

Nourritures terrestres 195-221
[voir 50]

De nombreux fragments :
[522] *O.C.* II : pp. 57-58; 61-62; 63-65; 66; 77-78; 85-87; 95-96; 104-105; 111-124; 209-210; 215-216; 223.

[1003] *Romans* : pp. 153; 154; 155-156; 157; 165; 168-170; 174; 180; 183-191; 241-242; 245; 248.

Mopsus 222-230
[voir 71]

Le Prométhée mal enchaîné 336-347
[voir 81]
[On retrouvera les fragments cités dans :
[523] *O.C.* III, pp. 128-136; 150-152.

[1003] *Romans*, pp. 320-326; 335-336.

Les Caves du Vatican 347-397
[voir 251]
[On retrouvera les fragments cités dans :
[538] *O.C.* VII, pp. 147-183; 325-337.

[1003] *Romans*, pp. 707-730; 821-829 (var.).]

Pages du Journal de Lafcadio 397-401
[voir 279]

CINQUIEME PARTIE

Oscar Wilde 405-419
[voir 111]

Conversation avec un Allemand quelques années après la guerre 419-429
[voir 271]

Pages inédites 430-438
[*O.C.* XI, pp. 23-31]

APPENDICE

Hérédité 441-442
[voir 280]

La Querelle du peuplier 442-450
[voir 119]

A propos de Maurice Barrès 450-451
[voir 303]

Réponse à une enquête sur l'influence allemande 451-452
[voir 112]

Réponse à une enquête de la *Renaissance* sur le classicisme 452-453
[voir 296]

309. [Pages choisies], Paris, G. Crès et Cie, [1921], V-295p.

Achevé d'imprimer le 12 novembre 1921.

TABLE DES MATIERES :

[197] N.R.F., Octobre 1910

[225] Nouveaux prétextes

[537] O.C. VI, pp. 117-122.

[653] Journal 1889-1939, pp. 317-321.

La Marche turque 126-152
[voir 249]

Algérie 152-155
[On retrouvera le fragment ici cité dans :
[147] Amyntas

[524] O.C. IV, pp. 262-265].

Le Renoncement au voyage 156-171
[voir 40; 49; 143]
[On retrouvera les fragments cités dans :
[524] O.C. IV, pp. 276-277; 288-295 (var.).

[522] O.C. II, pp. 47-51 (var.).

[524] O.C. IV, pp. 278-281].

Les Nourritures terrestres 173-193
[voir 50]
[On retrouvera les fragments cités dans :
[522] O.C. II, pp. 72-73; 96-98;
99-100; 124-125; 149-151;
154-155; 166-173; 191-192;
195-196.

[1003] Romans, pp. 161-162; 174-175;
177; 191-192; 206-208; 209-
210; 214-220; 231; 233-234.

Le Voyage d'Urien 195-215
[voir 39]
[On retrouvera les fragments cités dans :
[505] O.C. I, pp. 292-296; 306-308;
334-335; 343-349; 355-358.

[1003] Romans, pp. 20-23; 30-31; 47-
48; 52-56; 60-62.

Rencontres 216-224
[voir 262]

Les Caves du Vatican 225-235
[voir 251]
[On retrouvera le fragment cité dans :

[538] O.C. VII, pp. 253-262.

[1003] Romans, pp. 774-780.

Philoctète 237-276
[voir 63; 80]

La Porte étroite 277-286
[voir 183]
[On retrouvera les fragments cités dans :
[525] O.C. V, pp. 153-157; 158-161;
165-166; 166-167.

[1003] Romans, pp. 545-547; 548-550;
552-553; 553.

Hymne en guise de conclusion 287-288
[On retrouvera ce texte dans :

[27; 50] Nourritures terrestres, pp. 207-208

[522] O.C. II, pp. 221-222.

[1003] Romans, p. 247.

310. Shakespeare, Antoine et Cléopatre, traduction d'André Gide, Paris, Lucien Vogel, 1921, 111p.

Pour supplément d'information, voir : [307].

311. Si le grain ne meurt ... (deuxième volume), [Bruges, Imprimerie Sainte-Catherine], 1921, 168p.

Achevé d'imprimer le 24 décembre 1921.

Publications subséquentes : [350] Si le grain ne meurt (1924),
vol. II, pp. 167-212.
vol. III, pp. 1-180.

[603] O.C. X, pp. 278-445.

CORRESPONDANCE

Voir : 296; 302.

1922

TEXTES DIVERS PUBLIES DANS LES JOURNAUX, LES REVUES ...

312. "Dostoievsky", Nouvelle revue française, 1er février 1922, pp. 129-133.

Publications subséquentes : [340] Dostoievsky, pp. 67-75.

[604] O.C. XI, pp. 145-153.

313. Note : "La question des rapports intellectuels avec l'Allemagne", Nouvelle revue française, 1er février 1922, pp. 238-240.

314. "Feuillets", Nouvelle revue française, 1er mars 1922, pp. 318-321.

Publication subséquente : [348] Incidences, pp. 90-91 (57e ed.). Seules les deux premières parties des "Feuillets" (pp. 318-319) ont été reprises dans Incidences.

315. "Lettre à Jacques Rivière", Nouvelle revue française, 1er mars 1922, p. 384.

Cette lettre ne porte aucune date.

316. "La Conception esthétique de Valéry", Le Divan, mai 1922, pp. 205-211.

Publications subséquentes : [317] Nouvelle revue française, juillet 1922 (de courts extraits seulement).

[348] Incidences, pp. 195-201.

[604] O.C. XI, pp. 87-93.

[817] Paul Valéry, pp. LXIII - LXX

317. Note : "Paul Valéry", Nouvelle revue française, 1er juillet 1922, pp. 124-125.

Extraits de l'article paru dans Le Divan [316].

Publications subséquentes : [348] Incidences, pp. 199-200 et p. 201.

[604] O.C. XI, pp. 90-93.

[817] Paul Valéry, pp. LXVII-LXX.

318. [Traduction de] : William Blake, "Le Mariage du Ciel et de l'Enfer", Nouvelle revue française, ler août 1922, pp. 129-147.

Publication subséquente [338] William Blake, Le Mariage du Ciel et de l'Enfer.

319. "Vérités", Le Mouton blanc, no 1, septembre 1922, p. 19.

Les textes cités sont les suivants :

"L'Art naît de contrainte, vit de lutte, meurt de liberté".

"L'Art est toujours le résultat d'une contrainte. Croire qu'il s'élève d'autant plus haut qu'il est plus libre, c'est croire que ce qui retient le cerf-volant de monter, c'est sa corde",

"Toutes les grandes époques d'altière production artistique se sont appuyées sur une critique outrancièrement dogmatique..."

320. "Vérités", Le Mouton blanc, no 3, novembre-décembre 1922, p. 23.

Voici ce texte :

"Le véritable classicisme ne comporte rien de restrictif ni de suppressif; il n'est point tant conservateur que créateur; il se détourne de l'archaisme et se refuse à croire que tout a déjà été dit".

PREFACE

321. Préface à Lettres du Lieutenant de vaisseau Dupouey, Paris, Nouvelle revue française, 1922.

Achevé d'imprimer le 28 août 1922.

Préface d'André Gide : 7-38

Publication préoriginale : [voir 269]

Publication subséquente : [571] O.C. VIII, pp. 353-375.

LIVRES

322. Amal et la lettre du Roi [de Rabindranath Tagore], traduit par André Gide. Bois de Foujita. Paris, Lucien Vogel, 1922, 28p.

Achevé d'imprimer le 15 mars 1922.

Publication subséquente : [848] Théâtre complet IV, pp. 7-56.

323. Numquid et tu ...?, [Bruges, Imprimerie Sainte-Catherine], 1922, 72p.

Cette édition hors commerce fut achevé d'imprimer le 30 mars 1922. La première édition, mise dans le commerce, sera celle de 1926; elle sera précédée d'un avant-propos inédit [voir 382].

Publications subséquentes : [382] Numquid et tu ...?

[571] O.C. VIII, pp. 307-340.

[653] Journal 1889-1939, pp. 587-605.

CORRESPONDANCE

Voir : 315.

1923

TEXTES DIVERS PUBLIES DANS LES JOURNAUX, LES REVUES ...

324. "Vérités", Le Mouton blanc, janvier 1923, p. 15.

Voici le texte cité :

"La meilleure reconnaissance envers l'art d'hier et devant les chefs-d'oeuvre accomplis, c'est de ne point prétendre à les recommencer. Le parfait est ce qui n'est plus à refaire; et mettre devant nous le passé, c'est faire obstacle à l'avenir".

325. "L'Avenir de l'Europe", Revue de Genève, no VI, janvier 1923, pp. 1-9.

Publications subséquentes : Un court fragment fut cité dans la N.R.F. de mars 1923, pp. 590-591.

[348] Incidences, pp. 25-34 (57e ed.).

[604] O.C. XI, pp. 123-135.

326. "En relisant Les Plaisirs et les Jours", Nouvelle revue française, ler janvier 1923, pp. 123-126.

Publications subséquentes : [348] Incidences, pp. 191-194 (57e ed).

[604] O.C. XI, pp. 95-102.

327. "Dostoievsky", La Revue hebdomadaire, 13 janvier 1923, pp. 131-152.

Publications subséquentes : [340] Dostoievsky, pp. 77-117.

[604] O.C. XI, pp. 157-186.

328. "Dostoievsky", La Revue hebdomadaire, 20 janvier 1923, pp. 275-292.

Publications subséquentes : [340] Dostoievsky, pp. 118-149.

[604] O.C. XI, pp. 187-209.

329. "Dostoievsky", La Revue hebdomadaire, 27 janvier 1923, pp. 419-433.

Publications subséquentes : [340] Dostoievsky, pp. 150-176.

[604] O.C. XI, pp. 209-228.

330. "Dostoievsky", La Revue hebdomadaire, 3 février 1923, pp. 13-33.

Publications subséquentes : [340] Dostoievsky, pp. 177-213.

[604] O.C. XI, pp. 229-255.

331. "Dostoievsky", La Revue hebdomadaire, 10 février 1923, pp. 198-216.

Publications subséquentes : [340] Dostoievsky, pp. 214-251.

[604] O.C. XI, pp. 255-282.

332. "Dostoievsky", La Revue hebdomadaire, 17 février 1923, pp. 337-358.

Publications subséquentes : [340] Dostoievsky, pp. 252-292.

[604] O.C.XI, pp. 282-311.

333. [Lettre à Louis Aragon], Les Nouvelles littéraires, 21 avril 1923.

Cettre lettre, datée du 12 avril 1923, parut peut-être dans Paris-Journal, auparavant. Il nous fut cependant impossible de nous nous en assurer. Elle fut, par la suite, publiée dans :

[352] Henri Béraud, La Croisade des longues figures, pp. 46-47.

[1105] Correspondance André Gide - Roger Martin du Gard, I, pp. 663-664.

334. "Lettre à Francis Jammes", Les Nouvelles littéraires, 28 avril 1923, p.2.

Cette lettre du 24 avril 1923 fut aussi publiée dans :

[348] Incidences, pp. 67-68.

[604] O.C.XI, pp. 113-115.

[841] Correspondance André Gide - Francis Jammes, pp. 363-364.

335. "Pro Domo", Les Nouvelles littéraires, 26 mai 1923.

Lettre ouverte d'André Gide à M. T'serstevens, s.d. Aussi citée dans :

[352] Henri Béraud, La Croisade des longues figures, pp. 95-97.

336. "Lettre ouverte à Paul Souday", Le Temps, 25 octobre 1923.

Cette lettre du 13 octobre 1923 fut aussi publiée dans :

Nouvelle revue française, ler novembre 1923, pp. 637-640.

[348] Incidences, pp. 68-72.

[604] O.C. XI, pp. 115-119.

AVANT-PROPOS, INTRODUCTION, PREFACE ...

337. Avant-propos à : A. Pouchkine, La Dame de pique, traduction de J. Schiffrin, B. de Schloezer et A. Gide, Paris, Ed. de la Pléiade, J. Schiffrin et Cie, 1923, 95p.

Achevé d'imprimer le 15 mars 1923.

Avant-propos : pp. 9-11.

Publications subséquentes : [348] Incidences, pp. 185-187.

[604] O.C. XI, pp. 137-142.

338. Introduction à : William Blake, Le mariage du Ciel et de l'Enfer, traduit par André Gide, Paris, Claude Aveline, 1923, 65p.

[Bien que l'achevé d'imprimer soit du 30 novembre 1922, il semble que l'ouvrage n'ait été mis en vente qu'en 1923].

Publication préoriginale : 318.

339. Préface à : Robert Doré et Raoul Simonson, Les livres d'André Gide, avec un fragment inédit de l'auteur, [Paris], Les Amis d'Edouard, [1923] 81p.

Achevé d'imprimer en septembre 1923.

Un fragment de Si le grain ne meurt sert de préface (pp. 1-13). Il fut repris dans :

[350] Si le grain ne meurt, vol. II, pp. 200-207.

[962] Journal 1939-1949, pp. 523-527

LIVRE

340. Dostoievsky, Paris, Plon-Nourrit et Cie, 1923, 313p.

Achevé d'imprimer le 13 juin 1923.

TABLE DES MATIERES :

VI 252-292
[voir 332]

Appendice 293-309

Publication subséquente : [604] O.C. XI, pp. 143-326.

CORRESPONDANCE

341. [Hommage d'André Gide à Vannicola], dans : Vannicola ultimo bohemien d'Italia. Le pagine dell'Isola di Edwin Cerio, Napoli, Casella, 1923, 75p.

[Hommage d'André Gide], p. 15.

342. DUJARDIN (Edouard), "Un scandale littéraire", Les Cahiers idéalistes, no 7, février 1923, p. 14.

Lettre d'André Gide à Edouard Dujardin, ler juillet 1891.

Lettre d'André Gide à Edouard Dujardin, 25 juin 1892.

343. VARILLON (Pierre) et RAMBAUD (Henri), Enquête sur les maîtres de la jeune littérature, Paris, Bloud & Gay, 1923, 351p.

Sans achevé d'imprimer.

Adressée aux auteurs de l'enquête, la lettre d'André Gide (p. 305) date sûrement de 1923. Il est à noter, cependant, que cette lettre ne constitue pas une réponse à l'enquête. Elle avait été sollicitée à la suite de cette dernière, tenue dans la Revue hebdomadaire du 30 septembre au 30 décembre 1922.

Voir aussi : 333; 334; 335; 336.

1924

TEXTES DIVERS PUBLIES DANS LES JOURNAUX, LES REVUES ...

344. "Si le grain ne meurt ...", Nouvelle revue française, 1er janvier 1924, pp. 25-45.

Une photocopie du manuscrit de ce texte sera publiée par Champion, la même année [347].

Publication précédente : [311] Si le grain ne meurt (ed. 1921), vol. II, pp. 41-68.

Publications subséquentes : [350] Si le grain ne meurt (ed. 1924), vol III, pp. 7-44.

[603] O.C. X, pp. 312-341 (var.).

[962] Journal 1939-1949, pp. 529-547 (var.).

345. [Hommage à Albert Mockel], La Wallonie en fleurs, nos 4-5, avril-mai 1924, p. 80.

345a. "Joseph Conrad", Nouvelle revue française 1er décembre 1924, pp. 659-662.

Publications subséquentes : [842] Eloges, pp. 19-25.

[872] Feuillets d'automne, pp. 73-77.

LIVRES

346. Corydon, Paris, Nouvelle revue française, 1924, 186p.

Cette nouvelle édition est la première mise dans le commerce.

"L'avant-propos de l'édition de 1920 est précédé d'une préface inédite, datée de novembre 1922. Bien que les achevés d'imprimer soient des 7 janvier 1924 pour les ex. Hollande et 9 janvier 1924 pour les ex. papier ordinaire, le volume ne fut mis en vente qu'en mai 1924" (Arnold Naville, Bibliographie des écrits d'André Gide, (p. 60).

Préface inédite : pp. 9-12.

Préface de la seconde édition (1920) : pp. 12-14.

Publications précédentes : 223; 293.

Publication subséquente : [572] O.C. IX, pp. 185-318.

347. Fragment de Si le grain ne meurt, Paris, Champion, 1924, 42p.

"La photocopie de ce manuscrit a été faite par Daniel Jacomet pour Edouard Champion. Achevé de tirer le vingt juillet dix neuf cent vingt quatre à cent trente exemplaires [...]".

Publications précédentes : [311] Si le grain ne meurt, (ed. 1921), vol. II, pp. 41-68.

[344] Voir aussi : 344.

Publications subséquentes : [350] Si le grain ne meurt (ed. 1924), vol. III, pp. 7-44.

[603] O.C. X, pp. 312-341 (var.).

[962] Journal 1939-1949, pp. 529-547 (var.).

348. Incidences, Paris, Nouvelle revue française, 1924, 222p.

Achevé d'imprimer le 8 avril 1924.

TABLE DES MATIERES

"Réflexions sur l'Allemagne"
[voir 266]

"L'Avenir de l'Europe"
[voir 325]

"Billets à Angèle" :

I - Classicisme
[voir 298]

II - ....
[voir 300]

III - Marcel Proust
[voir 301]

IV - La Nouvelle revue française
[voir 300]

V - La Nouvelle revue française
[voir 300]

VI - Maurice Barrès
[voir 303]

"Lettres ouvertes" :

I - A. Jacques Rivière
[voir 267]

II- A. Jean Cocteau
[voir 268]

III - A. Francis Jammes
[voir 334]

IV - A. Paul Souday
[voir 336]

"Journal sans dates"
[voir 196]

"Feuillets"
[voir 270; 314]

"La Marche turque"
[voir 249]

"Considérations sur la mythologie grecque"
[voir 272]

"Conversation avec un Allemand avant la guerre"
[voir 271]

"Les dix romans français que ..."
[voir 232]

"Théophile Gautier"
[voir 257]

"Préface aux Fleurs du mal"
[voir 258]

"Préface à Armance"
[voir 304]

"Préface à la Dame de Pique"
[voir 337]

"En relisant les Plaisirs et les jours"
[voir 326]

"Paul Valéry"
[voir 316]

"Dada"
[voir 283]

"Appendice : Réponse à une enquête sur le Classicisme"
[voir 296]

349. Lafcadio, épisodes des Caves du Vatican choisis par l'auteur. Préface de François Mauriac, Paris, Stock, 1924, 123p.

"La préface de François Mauriac (pp. 7-12) est celle de l'édition de La Tentative amoureuse, dans la même collection, en 1922" (Jean Warmoes, Présence d'André Gide, p. 95, no 284 [1167]).

Aucun achevé d'imprimer.

Episodes choisis :

Lafcadio, pp. 13-16 : [538] O.C. VII, pp. 147-149
[1003] Romans, pp. 706-708.

Lafcadio, pp. 16-30 : [538] O.C. VII, pp. 154-163.
[1003] Romans, pp. 712-718.

Lafcadio, pp. 30-37 : [538] O.C. VII, pp. 164-168.
[1003] Romans, pp. 718-721.

Lafcadio, pp. 37-48 : [538] O.C.VII, pp. 168-175.
[1003] Romans, pp. 721-725.

Lafcadio, pp. 49-61 : [538] O.C. VII, pp. 176-184.
[1003] Romans, pp. 726-731.

Lafcadio, pp. 62-76 : [538] O.C. VII, pp. 184-194.
[1003] Romans, pp. 731-738.

Lafcadio, pp. 77-94 : [538] O.C. VII, pp. 194-205.

[1003] Romans, pp. 738-745.

Lafcadio, pp. 95-115 : [538] O.C. VII, pp. 325-337.

[1003] Romans, pp. 821-829.

Lafcadio, pp. 115-123 : [538] O.C. VII, pp. 338-342.

[1003] Romans, pp. 829-833.

350. Si le grain ne meurt, Paris, Nouvelle revue française, 1924, 3 vol.

Vol. I : 184p. : [603] O.C. X, pp. 31-159.

Vol. II : 212p. : [603] O.C. X, pp. 159-312.

Vol. III : 180p. : [603] O.C. X, pp. 312-445.

"[...]; première édition intégrale dans le commerce. Les noms propres cités ne sont pas tous les mêmes que ceux de l'édition originale" (Arnold Naville, Bibliographie des écrits d'André Gide, p. 65).

"Copyright : 1924 sur les tomes I et II des ex. Hollande et sur les trois tomes des ex. papier ordinaire; 1923 sur le tome III des ex. Hollande.

Bien que le millésime 1924 figure pour les ex. Hollande au dos de la couverture et pour les ex. papier ordinaire sur le plat et au dos de la couverture, les volumes ne furent mis en vente qu'en octobre 1926" (Id.).

Publications précédentes : 294; 311; 344.

CORRESPONDANCE

351. [Lettre à l'Ecole alsacienne], Cinquantenaire de l'Ecole alsacienne (1874-1924), Paris, Ecole alsacienne, 1924, 258p.

La lettre d'André Gide (p. 91) est datée de Cuverville-en-Caux, le 2 novembre 1924.

352. BERAUD (Henri), La Croisade des longues figures, Paris, Editions du Siècle, 1924, X-158p.

Lettre d'André Gide à Louis Aragon, 12 avril 1923, pp. 46-47. Cette lettre fut tout d'abord publiée dans : [333] Les Nouvelles littéraires.

Lettre d'André Gide à M. T'serstevens, s.d., pp. 95-97. Cette lettre fut tout d'abord publiée dans : [335] Les Nouvelles littéraires.

Lettre d'André Gide à Henri Béraud, 24 mai 1923, p. 121.

353. TREICH (Léon), Almanach des lettres françaises et étrangères, Paris, Crès, avril - mai - juin 1924, p. 261.

Lettre d'André Gide à un ami, s.d., p. 261. Cette lettre sera citée dans le Bulletin des Amis d'André Gide, no 17, octobre 1972, pp. 7-8.

1925

TEXTES DIVERS PUBLIES DANS LES REVUES, LES JOURNAUX ...

354. "Les Appels de l'Orient", Les Cahiers du mois, février-mars 1925, pp. 18-21.

Ce texte est composé d'un court fragment de treize lignes inédites et jamais reprises par la suite, ainsi que des trois extraits suivants :

pp. 18- 19 : "Les influences d'élection"
[extrait de : [121] Prétextes, pp. 12-13]

pp. 19-20 : "De la sensualité orientale"
[extrait de : [121] Prétextes, pp. 156-157].

pp. 20-21 : [Extraits de La Marche turque]

[348] Incidences, p. 106 ; pp. 123-124.

355. "Une lettre d'André Gide", Mercure de France, 1er mars 1925, pp. 563-564.

Lettre à Alfred Vallette, 3 février 1925.

356. "Les Faux-Monnayeurs" (I), Nouvelle revue française, 1er mars 1925, pp. 260-308.

Publications subséquentes : [379] Les Faux-Monnayeurs, pp. 9-73.

[620] O.C. XII, pp. 21-87.

[846] Récits, II, pp. 263-298.

[1003] Romans, pp. 933-975.

357. [Traduction de] : R. M. Rilke, "Les Cahiers de Marthe [sic] Laurids Bridge" [sic], Les Nouvelles littéraires, 21 mars 1925, p. 5.

Extraits de la traduction qui avait été publiée dans la Nouvelle revue française de juillet 1911 [voir 217].

358. "Jacques Rivière", Nouvelle revue française, 1er avril 1925, pp. 497-503.

Publications subséquentes : [489] Jacques Rivière

[842] Eloges, pp. 27-36.

359. "Lettre à Paul Souday", Le Temps, 17 avril 1925.

Cette lettre du 13 avril 1925 sera aussi publiée dans : Paul Souday, André Gide. Paris, Simon Kra, 1927, pp. 60-62.

360. "La vente André Gide" [mise au point d'André Gide], Les Nouvelles littéraires, 25 avril 1925 p. 1.

361. "Les Faux-Monnayeurs" (II), Nouvelle revue française, 1er mai 1925, pp. 894-915.

Publications subséquentes : [379] Les Faux-Monnayeurs, pp. 74-104.

[620] O.C. XII, pp. 89-122.

[846] Récits, II, pp. 299-316.

[1003] Romans, pp. 975-994.

362. "Les Faux-Monnayeurs" (III), Nouvelle revue française, ler juin 1925, pp. 995-1037.

Publications subséquentes : [379] Les Faux-Monnayeurs, pp. 105-161.

[620] O.C. XII, pp. 123-185.

[846] Récits II, pp. 316-347.

[1003] Romans, pp. 994-1032.

363. "Les Faux-Monnayeurs" (IV), Nouvelle revue française, ler juillet 1925, pp. 74-110.

Publications subséquentes : [379] Les Faux-Monnayeurs, pp. 162-213.

[620] O.C. XII, pp. 187-242.

[846] Récits II, pp. 348-377.

[1003] Romans, pp. 1032-1065.

364. "Les Faux-monnayeurs" (2e partie), Nouvelle revue française, ler août 1925, pp. 172-222.

Publications subséquentes : [379] Les Faux-monnayeurs, pp. 215-284.

[620] O.C. XII, pp. 243-321.

[846] Récits II, pp. 379-417.

[1003] Romans, pp. 1066-1111.

365. "Hommage à Albert Samain", Mercure de Flandre, no 8, août 1925, pp. 24-25.

Le texte renferme une lettre d'André Gide à Valentin Bresle, s.d. [p. 24].

366. "Opinion sur William Blake", Le Navire d'argent, no 4, septembre 1925, p. 437.

PREFACES

367. Préface à Catalogue de livres et manuscrits provenant de la bibliothèque de M. André Gide, Paris, Librairie ancienne Honoré Champion, 1925 (vente des lundi 27 et mardi 28 avril 1925, Hôtel Drouot) 71p.

Ce catalogue renferme aussi deux extraits de lettres d'André Gide.

Extrait d'une lettre d'André Gide à Maurice Maeterlinck, s.d. (p. 45, no 228). Aussi dans : Stuart Barr, "André Gide and Maurice Maeterlinck", Annales de la Fondation Maurice Maeterlinck, XII, 1966, pp. 43-58.

Extrait d'une lettre d'André Gide à André Suarès, s.d. (p. 65, no 365). Dans l'édition de la correspondance Gide-Suarès [voir 1050], Sidney D. Braun date cette lettre de l'été 1912.

368. Préface à : Stendhal, Armance, Paris, Edouard Champion, 1925, LXVII-339p.

Préface : pp. X- XX.

Publications préoriginales :[304] Nouvelle revue française, 1er août 1921, pp. 129-142.

[348] Incidences, pp. 167-181.

Publications subséquentes : [604] O.C. XI, pp. 67-84.

[845] Préfaces, pp. 19-43.

369. Préface à Le Cas Lautréamont, Paris et Bruxelles, R. Van den Berg, 1925, 132p.

Préface : p.3.

Publications subséquentes : [842] Eloges, pp. 9-10.

[872] Feuillets d'automne, p. 174.

LIVRES

370. Caractère, Paris, A l'enseigne de la Porte étroite, 1925, 47p.

Achevé d'imprimer le 5 février 1925.

Publications subséquentes : [488] Divers, pp. 9-37.

[620] O.C. XII, pp. 1-17 (en partie seulement et avec variantes).

Une page de Caractères (p. 45) fut reprise dans les Nouvelles nourritures (pp. 36-37 ([1003] Romans, p. 261.)

371. Si le grain ne meurt ..., edited by V.F. Boyson with a Preface by the Author, Oxford, At the Clarendon Press, 1925, 112p.

Sans achevé d'imprimer.

TABLE DES MATIERES

Les fragments choisis sont les suivants :

[603] O.C. X, pp. 34-86 (var.).
pp. 98-106 (var.).
pp. 111-120.
pp. 122-127 (var.).

[962] Journal 1939-1949,
pp. 350-384 (var.).
pp. 392-397 (var.).
pp. 400-405.
pp. 407-410 (var.).

CORRESPONDANCE

Voir : 355; 359; 365; 367.

1926

TEXTES DIVERS PUBLIES DANS LES REVUES, LES JOURNAUX ...

372. "Journal des Faux-Monnayeurs", Nouvelle revue française, 1er août 1926, pp. 129-147.

Publications subséquentes : [380] Journal des Faux-Monnayeurs, pp. 11-46.

[621] O.C. XIII, pp. 5-28.

373. "Journal des Faux-Monnayeurs", Nouvelle revue française, 1er septembre 1926, pp. 293-317.

Publications subséquentes : [380] Journal des Faux-Monnayeurs, pp. 49-97. (La note de la page 63 ne se trouve pas dans la N.R.F., ni l'appendice.)

[621] O.C. XIII, pp. 31-62.

374. "Préface inédite pour une nouvelle édition des Nourritures terrestres", Le Manuscrit autographe, septembre - octobre 1926, pp. 21-26.

Ecrite en juillet 1926, cette préface est destinée à l'édition de luxe, revue et corrigée, des Nourritures terrestres qui paraîtra chez Claude Aveline, en 1927. Toutes les éditions subséquentes reproduiront le texte de 1927, ainsi que cette préface. On retrouve aussi cette dernière dans :

Nouvelle revue française, 1er décembre 1926, pp. 771-772.

[522] O.C. II, pp. 227-229.

375. "Dindiki ou le pérodictique Potto", Commerce, automne 1926, Cahier IX, pp. 41-59,

Publications subséquentes : [404] Dindiki

[621] O.C. XIII, pp. 387-399.

[872] Feuillets d'automne, pp. 59-70.

[962] Journal 1939-1949. Souvenirs, pp. 1112-1120.

376. "Voyage au congo" (I), Nouvelle revue française, 1er novembre 1926, pp. 562-580.

Publications subséquentes : [410] Voyage au Congo, pp. 9-26.

[621] O.C. XIII, pp. 87-107 (var.).

[962] Journal 1939-1949. Souvenirs, pp. 683-696 (var.).

377. "Lettre sur les Faits-divers", Nouvelle revue française, 1er novembre 1926, pp. 610-614.

La lettre à Jean Paulhan, lui demandant d'ouvrir une chronique de Faits-divers dans la N.R.F., n'a pas été reprise ailleurs.

Publications subséquentes :

1 - Le Suicide d'un lycéen

[469] Faits-divers, pp. 137-140.

[1126] Ne Jugez pas, pp. 157-158.

2 - Parricide par peur de l'Enfer

[469] Faits-Divers, pp. 192-194.

[1126] Ne Jugez pas, pp. 183-184.

3 - Le Suicide du comte Hasnic

[469] Faits-divers, pp. 140-142.

[1126] Ne Jugez pas, pp. 158-159.

Un tirage à part fut fait : voir 381.

378. "Voyage au Congo" (II), Nouvelle revue française, 1er décembre 1926, pp. 660-696.

Publications subséquentes : [410] Voyage au Congo, pp. 27-65.

[621] O.C. XIII, pp. 111-157.

[962] Journal 1939-1949. Souvenirs, pp. 696-726.

PREFACE

Voir : 374.

LIVRES ET TIRAGE A PART

379. Les Faux-Monnayeurs, Paris, Nouvelle revue française, 1926, 505p.

Arnold Naville précise : "Bien que les achevés d'imprimer soient du 28 novembre 1925 [...], le volume ne fut mis en vente qu'en février 1926" (p. 63).

Publications préoriginales : 356; 361; 362; 363; 364.

Publications subséquentes : [620] O.C. XII, pp. 17-550.
[846] Récits, II, pp. 259-536.
[1003] Romans, pp. 931-1248.

380. Le Journal des Faux-Monnayeurs, Paris, Editions Eos, 1926, 149p.

Achevé d'imprimer le 10 octobre 1926.

Il est à noter que la première édition courante de ce livre (Paris, Nouvelle revue française, 1927) renferme plusieurs lettres qui ne se trouvent pas dans la présente édition.

Publications préoriginales : 372; 373.

Publication subséquente : [621] O.C. XIII, pp. 1-82.

381. Lettre sur les faits-divers, [Paris], Nouvelle revue française, [1926], 8p.

Edition hors commerce.

Tirage à part du texte paru dans la N.R.F., du 1er novembre 1926 [voir 377].

382. Numquid et tu ....?, Paris, Editions de la Pléiade, J. Schiffrin, 1926, 88p.

Achevé d'imprimer le 18 décembre 1926,

Il s'agit de la première édition dans le commerce. Elle est précédée d'un avant-propos inédit (pp. 9-11). Ce dernier sera repris dans :

[571] O.C. VIII, pp. 341-344.

[653] Journal 1889-1939 pp. 605-606.

Publication originale : voir 323.

Publications subséquentes : [571] O.C. VIII, pp. 307-340.

[653] Journal 1889-1939, pp. 587-605.

CORRESPONDANCE

383. MAUS (Madeleine Octave), Trente ans de lutte pour l'art (1884-1914), Bruxelles, L'Oiseau bleu, 1926, 508p.

Lettre d'André Gide à Octave Maus, 2 avril 1900, (p. 252).

Voir aussi : 377.

1927

TEXTES DIVERS PUBLIES DANS LES JOURNAUX, LES REVUES ...

384. "Voyage au Congo : Rafai, Bangui, Nola", Nouvelle revue française, 1er janvier 1927, pp. 5-42.

Publications subséquentes : [410] Voyage au Congo, pp. 65-109.

[621] O.C. XIII, pp. 157-203 (var.).

[962] Journal 1939-1949, pp. 726-754 (var.).

385. "Voyage au Congo : De Nola à Baboua", Nouvelle revue française, 1er février 1927, pp. 180-220.

Publications subséquentes : [410] Voyage au Congo, pp. 111-156.

[621] O.C. XIII, pp. 207-260.

[962] Journal 1939-1949, pp. 754-789 (var.).

386. "Seconde lettre sur les Faits-Divers", Nouvelle revue française, 1er février 1927, pp. 238-241.

Un tirage à part de ces pages constituera une édition hors commerce [voir 409].

Publications subséquentes : [469] Faits-divers, pp. 112-123.

[1126] Ne Jugez pas, pp. 145-150.

387. "Voyage au Congo : De Baboua à Fort-Archambault", Nouvelle revue française, 1er mars 1927, pp. 320-361.

Publications subséquentes : [410] Voyage au Congo, pp. 156-202.

[621] O.C. XIII, pp. 260-319.

[962] Journal 1939-1949, pp. 789-823 (var.).

L'appendice au chapitre V, qui se trouve dans la N.R.F. (pp. 331-332), n'est pas dans le Journal 1939-1949.

388. "Faits-divers", Nouvelle revue française, 1er mars 1927, pp. 395-398.

Cette chronique n'est pas signée.

Publications subséquentes :

1 - Le naufrage du Vapeur Hilda	[469]	Faits-divers, pp. 179-186.
	[1126]	Ne Jugez pas, pp. 177-180.
II - Un surhomme devant la justice	[469]	Faits-divers, pp. 187-191.
	[1126]	Ne Jugez pas, pp. 181-182.

Un tirage à part fut fait : voir 406.

389. "Les villages des tribus Massas", Illustration, LXXXV, [5 mars 1927]. pp. 236-237.

390. "Voyage au Congo : le lac Tchad", Nouvelle revue française, 1er avril 1927, pp. 477-514.

Publications subséquentes :	[410]	Voyage au Congo, pp. 202-243.
	[621]	O.C. XIII, pp. 319-366.
	[962]	Journal 1939-1949, pp. 824-855.

391. "Chronique des Faits-divers", Nouvelle revue française, 1er avril 1927, pp. 532-536.

Publications subséquentes :

I- Les Suicides en Russie de 1918 à 1923	[469]	Faits-divers, pp. 124-129.
	[1126]	Ne Jugez pas, pp. 151-153.
II - L'Epidémie de suicides en Amérique - Un Club contre le suicide	[469]	Faits-divers, pp. 130-131.
	[1126]	Ne Jugez pas, p. 154.

III - Sur la "curiosité" des animaux [469] Faits-divers, pp. 152-157.

[1126] Ne Jugez pas, pp. 164-166.

IV - Voleurs philanthropes

Cette partie de la chronique ne fut pas reprise ailleurs.

Un tirage à part fut fait : voir 406.

392. "Ein Brief", Inselschiff, no 8, 1926-1927, p. 192.

Ce texte, daté du 9 février 1927, sera repris dans :

[393] Le Manuscrit autographe, mai-juin 1927, p. 102.

Nouvelles littéraires, 2 janvier 1937.

[702] Rilke et la France. pp. 215-216.

[930] Correspondance Rilke - Gide, p. 251.

393. "Rilke", Le Manuscrit autographe, mai-juin 1927, p. 102.

Publications subséquentes : Nouvelles littéraires, 2 janvier 1937.

[702] Rilke et la France, pp. 215-216.

[930] Correspondance Rilke - Gide, p. 251.

Il est probable que la publication de l'Inselschiff [voir 392] ait précédé celle-ci.

394. "Chronique des faits-divers", Nouvelle revue française, ler juin 1927, pp. 808-812.

Publications subséquentes :

I - Suicides [469] Faits-divers, pp. 132-136.

[1126] Ne Jugez pas, pp. 155-156.

II - Cannibalisme [469] Faits-divers, pp. 195-199.

[1126] Ne Jugez pas, pp. 185-186.

III - La Curiosité des animaux [469] Faits-divers, pp. 157-164.

[1126] Ne Jugez pas, pp. 166-169.

Un tirage à part fut fait : voir 406.

395. "Faits-divers", Nouvelle revue française, 1er juillet 1927, pp. 120-124.

Cette chronique ne fut jamais reprise ailleurs. Il y eut cependant un tirage à part (voir 406). La chronique portait sur :

I - "N'entre pas seule!"

II - Un héros japonais

III - L'amputé par persuasion

396. "Faits-divers", Nouvelle revue française, 1er août 1927, pp. 262-267.

Publications subséquentes :

I - Plaisir des sports [469] Faits-divers, pp. 208-220.

[1126] Ne Jugez pas, pp. 192-197.

II - La Séquestration du pharmacien [469] Faits-divers, pp. 205-207.

[1126] Ne Jugez pas, pp. 190-191.

III - L'Enfant qui s'accuse [469] Faits-divers, pp. 171-174.

[1126] Ne Jugez pas, pp. 173-174.

Un tirage à part fut fait : voir 406.

397. "Faits-divers", Nouvelle revue française, 1er septembre 1927, pp. 410-412.

Cette chronique ne fut pas reprise ailleurs. Il y eut cependant un tirage à part (voir 406). La chronique portait sur :

I - Un curieux cas d'amnésie double.

II - Horrible tragédie suscitée par un monstre.

III - Le miracle de Budapest

398. "La Détresse de notre Afrique équatoriale", Revue de Paris, 15 octobre 1927, pp. 721-732.

Un extrait de cet article parut dans la N.R.F. du 1er novembre 1927, sous le titre de : "La Détresse du Congo", pp. 702-703.

Publications subséquentes : [436] Le Retour de Tchad, pp. 225-238.

[643] O.C.XIV, pp. 273-292

[962] Journal 1939-1949, pp. 1029-1040.

399. "Chronique des faits-divers", Nouvelle revue française, 1er novembre 1927, pp. 666-670.

Publications subséquentes :

I - La Curiosité [469] Faits-divers, pp. 164-170.

[1126] Ne Jugez pas, pp. 169-172.

II - Un divorce d'aveugles [469] Faits-divers, pp. 200-202.

[1126] Ne Jugez pas, pp. 187-188.

III - Incident à un mariage [469] Faits-divers, pp. 203-204.

[1126] Ne Jugez pas, p. 189.

IV - "L'Enfant qui s'accuse"[469] Faits-divers, pp. 174-178.

[1126] Ne Jugez pas, pp. 174-176.

Un tirage à part fut fait : voir 406.

400. "La Détresse du Congo", Nouvelle revue française, 1er novembre 1927, pp. 702-703.

Extrait de l'article paru dans la Revue de Paris du 15 octobre 1927, sous le titre de "La Détresse de notre Afrique équatoriale" [voir 398].

401. "Sur le Logone", Nouvelle revue française, 1er décembre 1927, pp. 723-746.

Publications subséquentes : [436] Le Retour du Tchad, pp. 7-31.

[643] O.C. XIV, pp. 5-35 (var.).

[962] Journal 1939-1949, pp. 867-887.

402. [Lettre à L'Intransigeant], 13 décembre 1927, p. 2.

403. "Une lettre d'André Gide", Les Nouvelles littéraires, 31 décembre 1927, p. 1.

Lettre adressée à Maurice Bedel.

LIVRES ET TIRAGES A PART

404. Dindiki, [Liège, Editions de la Lampe d'Aladdin, 1927], 33p.

Publication préoriginale : 375

Publications subséquentes : [621] O.C. XIII, pp. 387-399.

[872] Feuillets d'automne, pp. 59-70.

[962] Journal 1939-1949, pp. 1112-1120.

405. Emile Verhaeren, Liège, Editions de la Lampe d'Aladdin, 1927, 30p.

Publication préoriginale : voir 297.

Publications subséquentes : [603] O.C. X, pp. 1-11.

[842] Eloges, pp. 37-48.

406. Faits-divers, Paris, Nouvelle revue française, 1927-1928, 11 plaquettes, 4p., 5p., 5p., 5p., 6p., 3p., 5p., 3p., 6p., 11p., 16p.,

Tirages à part des chroniques parues dans la Nouvelle revue française [voir 388; 391; 394; 395; 396; 397; 399; 416; 418; 420; 424].

407. Joseph Conrad, Liège, Editions de la Lampe d'Aladdin, 1927, 16p.

Tirage à part de l'article paru dans la Nouvelle revue française, de décembre 1924 [voir 345a]

408. Journal des Faux-Monnayeurs, Paris, Nouvelle revue française, 1927, 149p.

Cette première édition courante renferme un appendice qui contient plusieurs lettres ne se trouvant point dans l'édition originale [voir 380], notamment une lettre d'André Gide à Suzanne-Paul Hertz, du 24 janvier 1927. Cette lettre fut reprise dans [621] O.C. XIII, pp. 71-72.

409. Seconde lettre sur les faits-divers, [Paris], Nouvelle revue française, [1927], 7 p.

Tirage à part de l'article paru dans la Nouvelle revue française, le ler février 1927 [voir 386].

410. Voyage au Congo, Paris, Nouvelle revue française, 1927, 253p.

Achevé d'imprimer le 10 juin 1927.

Publications préoriginales : 376; 378; 384; 385; 387; 390.

Publications subséquentes : [621] O.C. XIII, pp. 83-383.

[962] Journal 1939-1949, pp. 679-864.

CORRESPONDANCE

411. BLUM (Léon) "Suite du Voyage au Congo", Le Populaire, 11 juillet 1927.

Léon Blum cite une lettre qu'il vient de recevoir d'André Gide, à la suite de la publication de ses deux articles : "Voyage au Congo", Le Populaire, 5 juillet 1927 et "Suite du Voyage au Congo", Le Populaire, 7 juillet 1927.

412. ROUVEYRE (André), Le Reclus et le retors, Paris, Les Editions G. Crès et Cie, 1927, IV-210 (4)p.

Achevé d'imprimer le 14 avril 1927.

Fragment de la lettre d'André Gide à André Rouveyre, 2 juin 1923, pp. 188-189. Cette lettre fut aussi publiée dans :

[426] "Lettres", N.R.F., 1er août 1928, pp. 230-231.

[1089] Correspondance Gide - Rouveyre, pp. 61-62.

Lettre d'André Gide à André Rouveyre, 9 juin 1923, pp. 189-190.

Publications subséquentes :

[426] "Lettres", N.R.F., 1er août 1928, pp. 231-232 (var.).

[1089] Correspondance Gide - Rouveyre p. 63.

Fragment de la lettre d'André Gide à André Rouveyre, 10 juin 1923, pp. 190-191. Claude Martin précise, dans son Répertoire chronologique des lettres publiées d'André Gide, que cette lettre est du 11 juin 1923. C'est également cette date qu'il a retenue dans son édition de la correspondance Gide-Rouveyre.

Publications subséquentes : [426] "Lettres", N.R.F., 1er août 1928, p. 232.

[1089] Correspondance Gide -Rouveyre, p. 69.

Fragment de la lettre d'André Gide à André Rouveyre, 12 avril 1924, pp. 191-192. Claude Martin (op.cit.) est d'avis que cette lettre est du 14 avril 1924 et, dans son article de l'Australian Journal of French Studies [1176] (pp. 31-32), il révèle une version nouvelle de cette même lettre.

Publications subséquentes :

[426] "Lettres", N.R.F., 1er août 1928, pp. 232-233.

[1089] Correspondance Gide - Rouveyre, pp. 80-81.

Fragment d'une lettre d'André Gide à André Rouveyre, 31 octobre 1924, pp. 192-199.

Publications subséquentes (souvent avec variantes) :

[426] "Lettres", N.R.F., ler août 1928, pp. 233-236.

[472] Lettres, pp. 23-30.

[488] Divers, pp. 133-135

[620] O.C. XII, pp. 555-560.

[1089] Correspondance Gide - Rouveyre, pp. 83-86.

Lettre d'André Gide à André Rouveyre, 5 novembre 1924, pp. 200-201. [Le dernier paragraphe excepté, Rouveyre a cité le texte intégral de la lettre.]

Publications subséquentes :

[426] "Lettres", N.R.F. ler août 1928, pp. 237-238.

[472] Lettres, pp. 33-35.

[488] Divers, pp. 143-144.

[620] O.C. XII, pp. 560-561.

[1089] Correspondance Gide-Rouveyre, p. 87.

Lettre d'André Gide à André Rouveyre, 10 novembre 1924, pp. 201-204

Publications subséquentes (avec quelques variantes):

[426]"Lettres", N.R.F., ler août 1928, pp. 237-238.

[472]Lettres, pp. 35-37.

[488] Divers, pp. 145-147.

[620] O.C. XII, pp. 562-563.

[1089] Correspondance Gide-Rouveyre, pp. 88-89.

Fragment d'une lettre d'André Gide à André Rouveyre, 22 novembre 1924, pp. 204-208.
[Rouveyre n'a point cité le premier paragraphe.]

Publications subséquentes : [426] "Lettres", N.R.F., ler août 1928, pp. 239-241.

[472] <u>Lettres</u>, pp. 37-38.

[488] <u>Divers</u>, pp. 147-151.

[620] <u>O.C</u>. XII, pp. 563-566.

[1089] Correspondance Gide-Rouveyre, pp. 89-91.

Lettre d'André Gide à André Rouveyre, vendredi, s.d., pp. 208-209. Claude Martin précise que cette lettre est du 28 novembre 1924.

Publications subséquentes :

[426] "Lettres", N.R.F., 1er août 1928, p. 241.

[1089] Correspondance Gide-Rouveyre, p. 91.

Lettre d'André Gide à André Rouveyre, 14 décembre 1924, p. 210.

Publications subséquentes : [426] "Lettres", <u>N.R.F.</u>, 1er août 1928, p. 241.

[1089] Correspondance Gide-Rouveyre, p. 92.

Voir aussi : 402; 403; 408.

1928

TEXTES DIVERS PUBLIES DANS LES REVUES, LES JOURNAUX ...

413. "Sur le Logone" (II), <u>Nouvelle revue française</u>, 1er janvier 1928, pp. 28-54.

Publications subséquentes : [436] Le Retour du Tchad, pp. 32-66.

[643] O.C. XIV, pp. 35-74 (var.).

[962] Journal 1939-1949. Souvenirs, pp. 887-911.

414. André Gide, Paris, Ed. du Capitole, 1928, 330p.

Achevé d'imprimer le 25 janvier 1928.

Cet ouvrage renferme des inédits d'André Gide:

"Feuillets", pp. 3-41. Ces "Feuillets" constitueront la première partie d'Un Esprit prévenu [voir 460]. Ils seront repris dans :

[488] Divers, pp. 41-67.

[Lettre d'André Gide à François Mauriac], 7 octobre [1927], pp. 191-192. Cette lettre sera souvent reprise :

[419] "Lettres", Nouvelle revue française, 1er juin 1928, pp. 722-724.

François Mauriac, Dieu et Mammon, Paris, Editions du Capitole, 1929, pp. 203-204.

[472] Lettres, pp. 43-47.

[488] Divers, pp. 151-154.

[643] O.C. XIV, pp. 401-403.

François Mauriac, Oeuvres complètes, VII, Paris, Fayard, 1951, pp. 332-333.

[1181] Correspondance André Gide - François Mauriac, pp. 73-75.

415. "Sur le Logone" (III), Nouvelle revue française, 1er février 1928, pp. 177-205.

Publications subséquentes : [436] Le Retour du Tchad, pp. 66-97.

[643] O.C. XIV, pp. 74-112.

[962] Journal 1939-1949. Souvenirs, pp. 911-934.

416. "Faits-divers", Nouvelle revue française, 1er février 1928, pp. 278-281.

Publications subséquentes :

Scènes d'unanimisme en Russie

I - Les Doukhobors [469] Faits-divers, pp. 143-148.

[1126] Ne Jugez pas, pp. 160-162.

II - Un village de veuves en U.R.S.S. [469] Faits-divers, pp. 148-150.

[1126] Ne Jugez pas, pp. 162-163.

III - Quatorze Russes se brûlent dans une église [469] Faits-divers, pp. 150-151.

[1126] Ne Jugez pas, p. 163.

417. "Lettre à André Rouveyre", Mercure de France, 15 mars 1928, pp. 656-658.

Publications subséquentes : [419] "Lettres", Nouvelle revue française, 1er juin 1928, pp. 726-729.

[472] Lettres, pp, 79-84.

[488] Divers, pp. 177-182.

[1089] Correspondance Rouveyre - Gide pp. 105-107.

[1105] RMG I, pp. 684-685.

418. "Faits-divers", Nouvelle revue française, 1er avril 1928, pp. 565-569.

La Tragédie de Landreau

Publications subséquentes : [469] L'Affaire Redureau, pp. 29-40.

[ ] Ne Jugez pas, pp. 106-111.

Un tirage à part fut fait : voir 406.

419. "Lettres", Nouvelle revue française, 1er juin 1928, pp. 721-736.

Lettre d'André Gide à Jean Paulhan, 25 avril 1928, pp. 721-722.
Aussi publiée dans :

[472] Lettres, pp. 9-11.

[488] Divers, pp. 125-127.

Voir aussi : 456.

Lettre d'André Gide à François Mauriac, 7 octobre 1927, pp. 722-724. [voir 414].

Lettre d'André Gide à François Mauriac, 24 avril 1928, pp. 724-726. Aussi publiée (avec quelques variantes) dans :

François Mauriac, Dieu et Mammon, Paris, Editions du Capitole, 1929, pp. 197-201.

[472] Lettres, pp. 73-77.

[488] Divers, pp. 173-176.

[655] O.C. XV, pp. 538-540.

François Mauriac, Oeuvres complètes, VII, Paris, Fayard, 1951, pp. 330-331 (il est à noter que la lettre est ici datée du 7 mai 1928).

[1181] Correspondance André Gide - François Mauriac, pp. 75-77.

Lettre d'André Gide à André Rouveyre, 8 février 1928, pp. 727-729. [voir 417].

Lettre d'André Gide à André Rouveyre, 11 avril 1928, pp. 729-731. Aussi publiée dans :

Mercure de France, 1er juillet 1928, pp. 169-170.

[472] Lettres, pp. 85-89.

[488] Divers, pp. 182-186.

[1089] Correspondance André Gide - André Rouveyre, pp. 108-110.

Lettre d'André Gide à André Rouveyre, [mai 1928], pp. 732-735. Aussi publiée dans :

[1089] Correspondance André Gide - André Rouveyre, pp. 110-113.

420. "Faits-divers", Nouvelle revue française, 1er juin 1928, pp. 839-849.

La première partie de cette chronique a été reprise, sous le titre de "Première lettre sur les Faits-divers", dans :

[469] Faits-divers, pp. 101-111.

[1126] Ne Jugez pas, pp. 139-144.

La seconde partie (pp. 842-849) fut reprise dans :

[469] L'Affaire Redureau, pp. 13-29; pp. 40-45.

[1126] Ne Jugez pas, pp. 99-106; pp. 111-113.

Voir aussi : 406.

421. "Lettre à la direction des Nouvelles littéraires", Les Nouvelles littéraires, 16 juin 1928.

422. André Gide et le cinéma", Les Nouvelles littéraires, 23 juin 1928, p. 1.

[Texte de la causerie qui accompagnait la présentation du film sur le Congo, tourné par Marc Allégret. Cette causerie fut prononcée à Bruxelles, en juin 1928.]

423. "Lettres", Nouvelle revue française, ler juillet 1928, pp, 41-50.

Lettre d'André Gide au R.P. Victor Poucel, 27 novembre 1927, pp. 41-45.
Aussi publiée dans :

Victor Poucel, L'Esprit d'André Gide, Paris, A l'Art catholique, 1929, pp. 59-66.

[472] Lettres, pp. 55-63.

[488] Divers, pp. 158-167.

[643] O.C. XIV, pp. 404-410.

Voir aussi : 456.

Lettre d'André Gide au R.P. Victor Poucel, 17 décembre 1927, pp. 45-46. Aussi publiée dans :

Victor Poucel, L'Esprit d'André Gide, Paris, A l'Art Catholique, 1929, pp. 73-75.

[472] Lettres, pp. 65-67.

[488] Divers, pp. 167-169.

[643] O.C. XIV, pp. 411-412.

Voir aussi : 456.

Lettre d'André Gide à M. le pasteur Ferrari, 15 mars 1928, pp. 46-48. Aussi publiée dans :

[472] Lettres, pp. 69-72.

[488] Divers, pp. 169-172.

[643] O.C. XIV, pp. 531-534.

Voir aussi : 456.

Lettre d'André Gide à Sir Edmund Gosse, 16 janvier 1927, pp. 49-50. Aussi publiée dans :

[472] Lettres, pp. 49-51.

[488] Divers, pp. 155-157.

[643] O.C. XIV, pp. 399-400.

[1020] The Correspondence of André Gide and Edmund Gosse, pp. 189-190. (var.).

Voir aussi : 456.

424\. "Faits-divers", Nouvelle revue française, ler juillet 1928, pp. 109-125.

Publications subséquentes : [469] L'Affaire Redureau, pp. 46-98.

[1126] Ne Jugez pas, pp. 113-136.

Un tirage à part fut fait : 406.

425\. "Lettre à M. Hirschfeld", Literarische Welt, 13 juillet 1928.

Cette lettre fut aussi publiée dans la Revue d'Allemagne, novembre-décembre 1928, nos 13-14, p. 406.

426\. "Lettres", Nouvelle revue française, ler août 1928, pp. 227-241.

Lettre d'André Gide à André Rouveyre, 2 juin 1923, pp. 230-231.

Cette lettre avait été publiée, en partie, dans [412] André Rouveyre, Le Reclus et le Retors, pp. 188-189. Elle sera reprise dans :

[1089] Correspondance André Gide-André Rouveyre, pp. 61-62.

Voir aussi : 456.

Lettre d'André Gide à André Rouveyre, 9 juin 1923, pp. 231-232. Cette lettre avait été publiée, avec variantes, dans : [412] André Rouveyre, Le Reclus et le Retors, pp. 189-190. Elle sera reprise dans :

[1089] Correspondance André Gide-André Rouveyre, p. 63.

Voir aussi : 456.

Lettre d'André Gide à André Rouveyre, 10 juin 1923, p. 232. Cette lettre avait été publiée dans : [412] André Rouveyre, Le Reclus et le Retors, pp. 190-191. Elle sera reprise dans :

[1089] Correspondance André Gide-André Rouveyre, p. 69.

Voir aussi : 456.

Notons que Claude Martin date cette lettre du [11 juin 1923].

Lettre d'André Gide à André Rouveyre, 12 avril 1924, pp. 232-233. Cette lettre avait précédemment été publiée dans : [412] André Rouveyre, Le Reclus et le Retors, pp. 191-192. Elle sera reprise dans :

[1089] Correspondance André Gide-André Rouveyre, pp. 80-81.

Voir aussi : 456.

Signalons que Claude Martin donne le 14 avril 1924 comme date et qu'il révélera une version nouvelle de cette même lettre dans l'Australian Journal of French Studies, January - August 1970, pp. 23-39 [voir 1176].

Lettre d'André Gide à André Rouveyre, 31 octobre 1924, pp. 233-236. Cette lettre fut publiée dans : [412] André Rouveyre, Le Reclus et le Retors, pp. 192-199. Elle sera maintes fois reprises :

[472] Lettres, pp. 23-30.

[488] Divers, pp. 136-143.

[620] O.C. XII, pp. 555-560.

[1089] Correspondance André Gide-André Rouveyre, pp. 83-86.

Voir aussi : 456.

Lettre d'André Gide à André Rouveyre, 5 novembre 1924, pp. 236-237. Cette lettre fut tout d'abord publiée dans : [412] André Rouveyre, Le Reclus et le Retors, pp. 200-201. Notons que le dernier paragraphe ne fut pas cité par Rouveyre. Elle parut ensuite dans :

[472] Lettres, pp. 33-35.

[488] Divers, pp. 143-144.

[620] O.C. XII, pp. 560-561.

[1089] Correspondance André Gide - André Rouveyre, p. 87.

Voir aussi : 456.

Lettre d'André Gide à André Rouveyre, 10 novembre 1924, pp. 237-238. Cette lettre fut tout d'abord publiée (avec quelques variantes) dans : [412] André Rouveyre, Le Reclus et le Retors, pp. 201-204. Elle fut reprise dans :

[472] Lettres, pp. 35-37.

[488] Divers, pp. 145-147.

[620] O.C. XII, pp. 562-563.

[1089] Correspondance André Gide - André Rouveyre, pp. 88-89.

Voir aussi : 456.

Lettre d'André Gide à André Rouveyre, 22 novembre 1924, pp. 239-241. Cette lettre fut publiée (moins le premier paragraphe) dans : [412] André Rouveyre, Le Reclus et le Retors, pp. 204-208. Elle sera reprise dans :

[472] Lettres, pp. 37-38.

[488] Divers, pp. 147-151.

[620] O.C. XII, pp. 563-566.

[1089] Correspondance André Gide-André Rouveyre, pp. 89-91.

Voir aussi : 456.

Lettre d'André Gide à André Rouveyre, vendredi, s.d., p. 241. Cette lettre avait été publiée dans : [412] André Rouveyre, Le Reclus et le Retors, pp. 208-209. Elle sera reprise dans :

[1089] Correspondance André Gide - André Rouveyre, p. 91.

Voir aussi : 456.

Claude Martin précise que cette lettre est du 28 novembre 1924.

Lettre d'André Gide à André Rouveyre, 14 décembre 1924, p. 241. Cette lettre avait été publiée dans : [412] André Rouveyre, Le Reclus et le Retors, p. 210. Elle sera reprise dans :

[1089] Correspondance André Gide - André Rouveyre, p. 92.

Voir aussi : 456.

427. "Le coup de feu" de Pouchkine, traduit du russe par André Gide et Jacques Schiffrin, Commerce, Cahier XVI, été 1928, pp. 53-81.

Publications subséquentes : [435] A.S. Pouchkine, Nouvelles

[573] A.S. Pouchkine, Récits.

428. "Lettres", Nouvelle revue française, 1er septembre 1928, pp. 305-315.

Lettre d'André Gide à Walter Rathenau, 25 juin 1921, pp. 305-306. Aussi publiée dans :

[472] Lettres, pp. 19-21.

[488] Divers, pp. 133-135.

[603] O.C. X, pp. 554-555.

Voir aussi : 456.

Lettre d'André Gide à Louis Laloy (non envoyée), 14 mai 1928, pp. 306-309.

Lettre d'André Gide à André Thérive (non envoyée), 14 mai 1928, pp. 309-314.

Aussi publiée en guise de préface à la traduction du premier acte de Hamlet [voir 468] et reprise dans :

[472] Lettres, pp. 93-103.

[488] Divers, pp. 188-198.

[655] O.C. XV, pp. 541-547.

[845] Préfaces, pp. 45-53.

Voir aussi : 456.

Lettre d'André Gide à ..., 17 avril 1928, pp. 314-315.
Aussi publiée dans :

[472] Lettres, pp. 91-92.

[488] Divers, pp. 186-188.

[655] O.C. XV, pp. 534-535.

Voir aussi : 456.

429. "Lettres", Nouvelle revue française, 1er octobre 1928, pp. 516-523.

Lettre d'André Gide à André Rouveyre, 10 août 1928, pp. 520-523.
Cette lettre sera aussi publiée dans :

[1089] Correspondance André Gide - André Rouveyre, pp. 124-127.

Voir aussi : 456.

430. "Montaigne", Commerce, hiver 1928, cahier XVIII, pp. 7-48.

Publications subséquentes : [454] Essai sur Montaigne,

[655] O.C. XV, pp. 1-31.

Tableau de la littérature française de Rutebeuf à Descartes, préface de Jean Giono, Paris, Gallimard, 1962, pp. 360-378.

431. "Lettres", Nouvelle revue française, 1er novembre 1928, pp. 609-615.

Lettre d'André Gide à Marcel Proust, s.d., pp. 609-610.
Cette lettre fut aussi publiée dans :

[434] Lettres, (tirage à part).

[488] Divers, pp. 210-212.

[571] O.C. VIII, pp. 377-378.

"Lettres inédites" [sic], L'Arche, février 1947, pp. 19-20.

[882] Marcel Proust, Lettres à André Gide, pp. 9-11.

On trouvera le texte original de la lettre ci-haut mentionnée dans :

[957] Philip Kolb, "An Enigmatic Proustian Metaphor", The Romantic Review, October 1953, pp. 187-197.

Ajoutons que, dans son Répertoire chronologique des lettres publiées d'André Gide, Claude Martin précise que cette lettre est du 11 janvier 1914.

Lettre d'André Gide à Marcel Proust, s.d., pp. 612-613. Cettre lettre fut aussi publiée dans :

[434] Lettres, (tirage à part).

[488] Divers, pp. 212-213.

[571] O.C. VIII, p. 379.

"Lettres inédites", [sic], L'Arche, février 1947, pp. 23-24.

[882] Marcel Proust, Lettres à André Gide, p. 12.

432. "Feuillets", Nouvelle revue française, 1er décembre 1928, pp. 801-808.

Publications subséquentes : [433] Feuillets, (il s'agit, en réalité, d'un tirage à part.)

[460] Un Esprit non prévenu (quelques paragraphes -- pp. 805-806 -- n'ont pas été repris.)

[488] Divers, pp. 68-80 (Id.).

Ces "feuillets" se trouvent également, dispersés, dans :

[653] Journal 1889-1939, pp. 715-716 ; p. 718.

PREFACE

Voir : 437.

LIVRES ET TIRAGES A PART

433. Feuillets, Paris, Nouvelle revue française, 1928, 8p.

Ce tirage à part des pages parues dans la Nouvelle revue française du ler décembre 1928 [voir 432] constitue une édition hors commerce.

434. Lettres, Paris, Nouvelle revue française, 1928, 7p.

Tirage à part des lettres à Marcel Proust, publiées dans la Nouvelle revue française du ler novembre 1928 [voir 431].

435. A. Pouchkine, Nouvelles, traduction de André Gide et de Jacques Schiffrin, Paris, Editions de la Pléiade, 1928, 183p.

Achevé d'imprimer le 29 octobre 1928.

TABLE DES MATIERES

Ces "nouvelles" seront repris dans l'édition de 1935 [voir 573], intitulée Récits. Ce dernier ouvrage, toutefois, renfermera deux nouvelles qui ne se trouvaient pas dans Nouvelles.

436. Le Retour du Tchad, suite du Voyage au Congo. Carnets de route, Paris, Nouvelle revue française, 1928, 253p.

Achevé d'imprimer le 24 mars 1928.

Publications préoriginales : 398; 401; 413; 415.

Publications subséquentes : [643] O.C. XIV, pp. 1-305.

[962] Journal 1939-1949, pp. 865-1046.

CORRESPONDANCE

437. LALOU (René), André Gide, Strasbourg, Joseph Heissler, 1928, 117p.

Achevé d'imprimer le 12 octobre 1928.

Lettre d'André Gide à François Le Grix [non envoyée], 10 mars 1923, pp. 7-10. Cette lettre est donnée en guise de préface.

Voir aussi : 414; 417; 419; 421; 423; 425; 426; 428; 429; 431.

1929

TEXTES DIVERS PUBLIES DANS LES REVUES, LES JOURNAUX ...

438. "Lettres", Nouvelle revue française, 1er janvier 1929, pp. 57-65.

Lettre d'André Gide à René Schwob, 17 novembre 1928, pp. 57-59.

Lettre d'André Gide à François Porché, janvier 1928, pp. 59-65. Cette lettre sera reprise dans les éditions subséquentes de Corydon, (pp. 189-198) et aussi dans :

[572] O.C. IX, pp. 321-328.

Voir aussi 456.

439. "The School of Women", Forum, vol. LXXXI, no 1, January 1929, pp. 10-15; pp. 59-64.

Publications subséquentes : "L'Ecole des femmes", Revue de Paris, 15 mars 1929, pp. 241-268.

[455] L'Ecole des femmes, pp. 7-83.

[846] Récits II, pp. 115-139.

[1003] Romans, pp. 1249-1278.

440. "The School of Women", Forum, vol. LXXXI, no 2, February 1929, pp. 118-123.

Publications subséquentes : "L'Ecole des femmes", Revue de Paris, 1er avril 1929, pp. 543-

[455] L'Ecole des femmes, pp. 85-129.

[846] Récits, II, pp. 141-154.

[1003] Romans, pp. 1279-1295.

441. "The School of Women", Forum, vol LXXXI, no 3, March 1929, pp. 188-192.

Publications subséquentes : "L'Ecole des femmes", Revue de Paris, 1er avril 1929, pp.

[455] L'Ecole des femmes, pp. 129-171.

[846] Récits II, pp. 154-167.

[1003] Romans, pp. 1295-1310.

442. "Pages retrouvées", Nouvelle revue française, 1er avril 1929, pp. 493-503.

Ces pages, dont sera fait un tirage à part [457], seront reprises dans :

[460] Un esprit non prévenu, pp. 71-100.

[488] Divers, pp. 81-101.

443. [Lettre d'André Gide à Fortunat Strowski], Comoedia, 17 avril 1929, p. 1.

Cette lettre, datée du 9 avril 1929, fut reprise dans :

[472] Lettres, pp. 53-54.

[488] Divers, pp. 157-158.

444. "Suivant Montaigne", Nouvelle revue française, 1er juin 1929, pp. 745-766.

Un tirage à part sera fait de cet article et sera daté de "août 1929", afin de ne pas "retirer la qualité d'édition originale à l'Essai sur Montaigne (achevé d'imprimer le 10 juin 1929)", explique Arnold Naville (Bibliographie des écrits d'André Gide, p. 76).

Publications subséquentes : [454] Essai sur Montaigne

[459] Suivant Montaigne

[655] O.C. XV, pp. 33-63 (var.).

445. "Simone Marye", L'Amour de l'Art, no 6, juin 1929, pp. 209-212.

Publication subséquente : [931] Lettres à un sculpteur. pp. 9-17.

446. "Dictées", Nouvelle revue française, 1er juillet 1929, pp. 15-22.

Publications subséquentes : [453] Dictées.

[488] Divers, pp. 107-121.

[655] O.C. XV, pp. 479-480 (premier paragraphe de la page 15, dans la N.R.F.):

pp. 489-492 (N.R.F., pp. 16-19);

pp. 493-494 (N.R.F., pp. 19-20);

pp. 494-497 (N.R.F., pp. 20-22). Il est à noter, ici, que le texte de la N.R.F. était daté du 7 février 1929; il l'est du 10 février 1929, dans O.C. XV.

Enfin, ces "dictées" furent partiellement reprises dans :

[653] Journal 1889-1939, pp. 871-872 (var.). (cf. N.R.F., p. 15).

Journal 1889-1939, pp. 894-896 (cf. N.R.F., pp. 16-19).

447. "Fautes d'impression", Les Nouvelles littéraires, 6 juillet 1929, p. 1.

448. "Cogitation", Le Manuscrit autographe, no 22, juillet-août 1929, p. 29.

449. [Pétition demandant la nomination de Jacques Copeau à la Comédie française], Les Nouvelles littéraires, 18 octobre 1929 et Comoedia, 18 octobre 1929.

Mentionnons, au nombre des signataires : Roger Martin du Gard, François Mauriac, Jean Giraudoux, Henri de Montherlant, Jean Schlumberger, Paul Claudel, Jean Cocteau, Paul Léautaud.

450. "Réponse à l'enquête sur Anatole France", Tambour, no 5, novembre 1929, p. 12.

451. "Hamlet", Echanges, no 1, décembre 1929, pp. 3-32.

Revue et corrigée, cette traduction sera reprise dans :

[468] W. Shakespeare, Le premier acte de Hamlet, prince de Danemark.

[735] Hamlet

[875] Théâtre complet, VII, pp. 9-44

452. "Lettres", Nouvelle revue française, 1er décembre 1929, pp. 759-766.

Lettre d'André Gide à Charles Du Bos (non envoyée), automne 1920, pp.759-762. Elle fut reprise dans :

[472] Lettres, pp. 13-18.

[488] Divers, pp. 127-133.

[603] O.C. X, pp. 547-551.

Voir aussi : 456.

Lettre à Madame X (non envoyée), 17 avril 1928, pp. 762-764. Claude Martin précise, dans son Répertoire chronologique des lettres d'André Gide, que cette lettre était en réalité destinée à Mme Emile Mayrisch. Elle a été reprise dans :

[472] Lettres, pp. 105-108.

[488] Divers, pp. 198-201.

[655] O.C. XV, pp. 535-537.

Voir aussi : 456.

Lettre à J.C. (non envoyée), 1928, pp. 764-765. Cette lettre d'André Gide était en réalité adressée à Jean Cocteau. Elle est aussi citée dans :

[472] Lettres, pp. 109-110.

[488] Divers, pp. 201-203.

[655] O.C. XV, pp. 547-548.

[1212] A.K. Peters, "Cocteau et Gide : lettres inédites", pp. 63-64.

Voir aussi : 456.

Dans Divers et dans O.C., la lettre sera publiée sous le titre de : "Lettre à X...".

Lettre d'André Gide à Henri Massis "(ça, c'est envoyé)", 21 octobre 1929, pp. 765-766. Elle fut aussi publiée dans :

[472] Lettres, pp. 111-114.

Voir aussi : 456.

LIVRES ET TIRAGES A PART

453. Dictées, Paris, Nouvelle revue française, 1929, 8p.

Tirage à part (hors commerce) du texte publié dans la N.R.F. du ler juillet 1929 [voir 446].

454. Essai sur Montaigne, Paris, J. Schiffrin, Ed. de la Pléiade, 1929, 145p.

Achevé d'imprimer le 10 juin 1929.

L'ouvrage renferme : "Montaigne" [voir : 430] et "Suivant Montaigne" [voir : 444].

Publication subséquente : [655] O.C. XV, pp. 1-31; 33-68.

455. L'Ecole des femmes, Paris, Nouvelle revue française, 1929, 175p.

Achevé d'imprimer le 16 avril 1929.

Publication préoriginale : voir 439; 440; 441.

Publications subséquentes : [846] Récits II, pp. 111-167.

[1003] Romans, pp. 1249-1310.

456. Lettres (I-VII), Paris, Nouvelle revue française, 1928-1929, (7 plaquettes), 15p., 10p., 15p., 11p., 8p., 9p., 8p.,

Ces sept tirages à part des "Lettres" publiées dans la N.R.F. constituent une édition hors commerce [voir 419; 423; 426; 428; 429; 438; 452].

457. Pages retrouvées, Paris, Nouvelle revue française, 1929, 11p.

Tirage à part du texte publié dans la N.R.F.du 1er avril 1929 [voir : 442].

Publications subséquentes : [460] Un Esprit non prévenu, pp. 71-100.

[488] Divers, pp. 81-101.

458. Robert. Supplément à l'Ecole des femmes, Paris, Nouvelle revue française, Librairie Gallimard, [1929], 91p.

Achevé d'imprimer le 27 décembre 1929.

Une lettre d'André Gide à Ernst Robert Curtius précède le roman. Elle est datée du 5 septembre 1929.

Publications subséquentes : [846] Récits II, pp. 169-199.

[1003] Romans, pp. 1311-1343.

459. Suivant Montaigne, Paris, Nouvelle revue française, 1929, 22p.

Cette édition hors commerce est, en réalité, un tirage à part du texte que publia la N.R.F. du ler juin 1929 [voir 444]. Afin "de ne pas retirer la qualité d'édition originale à l'Essai sur Montaigne (achevé d'imprimer le 10 juin 1929)", la présente édition sera datée de août 1929, explique Arnold Naville (Bibliographie des écrits de André Gide, p. 76).

460. Un esprit non prévenu, Paris, Editions Kra, 1929, 101p.

Achevé d'imprimer le 8 septembre 1929.

La première partie fut publiée, sous le titre de "Feuillets", dans : [414] André Gide, pp. 17-41.

La seconde partie, sous le titre de "Feuillets", parut dans la N.R.F., du ler décembre 1928 [432].

Le chapitre trois fut enfin publié, sous le titre de "Pages retrouvées" dans la N.R.F. du ler avril 1929 [442].

On trouvera quelques variantes.

Il est à noter que plusieurs fragments d'Un esprit non prévenu furent repris dans le Journal. Le texte entier sera repris dans [488] Divers, pp. 40-104. Précisons, cependant, que les quatre dernières pages de Divers (pp. 101-104) n'avaient pas été publiées dans l'édition originale d'Un esprit non prévenu.

CORRESPONDANCE

461. GUEHENNO, Jean, "Sur une lettre de M. André Gide", Europe, décembre 1929, pp. 588-592.

La lettre d'André Gide à Jean Guéhenno (pp. 588-589) fut vraisemblablement écrite en novembre 1929.

462. MAURIAC (François), Dieu et Mammon, Paris, Editions du Capitole, 1929, 218p.

Lettre d'André Gide à François Mauriac, 24 avril 1928, pp. 197-201. Cette lettre avait tout d'abord été publiée par André Gide dans :

[419] Nouvelle revue française,
1er juin 1928, pp. 724-726.

Publications subséquentes : [472] Lettres, pp. 73-77.

[488] Divers, pp. 173-176.

[655] O.C. XV, pp. 538-540

F. Mauriac, Oeuvres complètes, VII,
Paris, Fayard, 1951, pp. 330-331.
La lettre est ici datée du 7 mai 1928).

[1181] Correspondance André Gide -
François Mauriac. pp. 75-77.

Lettre d'André Gide à François Mauriac, 7 octobre [1927],
pp. 203-204.

Publications précédentes: [414] André Gide, pp. 191-192.

[419] Nouvelle revue française,
1er juin 1928, pp. 722-724.

Publications subséquentes : [472] Lettres, pp. 43-47.

[488] Divers, pp. 151-154.

[643] O.C. XIV, pp. 401-403.

F. Mauriac, Oeuvres complètes, VII,
Paris, Fayard, 1951, pp. 332-333.

[1181] Correspondance André Gide -
François Mauriac, pp. 73-75.

Voir aussi : 438; 443; 449; 450; 452.

1930

TEXTES DIVERS PUBLIES DANS LES REVUES, LES JOURNAUX...

463. "Lettre", Nouvelle revue française, 1er février 1930, pp. 194-197.

Lettre d'André Gide à Montgomery Belgion, 22 novembre 1929. Cette lettre fut tirée à part [471]. Elle fut ensuite publiée dans : [472] Lettres, pp. 115-122.

[488] Divers, pp. 203-209.

[655] O.C. XV, pp. 550-554.

464. "Deux préfaces", Nouvelle revue française, 1er mars 1930, pp. 319-322.

La première préface est la "Préface à une réédition d'André Walter (pp. 319-321), qui parut la même année [voir 467]. Cette préface sera reprise dans les éditions ultérieures des Cahiers et poésies d'André Walter. On la retrouve également dans :

[505] O.C. I , pp.199 -203.

La seconde préface était destinée à "la traduction allemande des Nourritures terrestres" (pp. 321-322).

Il y eut tirage à part de ces "deux préfaces" : [470].

465. "Confidence", Le Manuscrit autographe, mars-avril 1930, pp. 13-16.

Ce texte est daté de février 1920.

466. "Oedipe", Commerce, automne 1930, cahier XXV, pp. 7-83.

Publications subséquentes : [476] Nouvelle revue française, 1er février 1931, pp. 180-194.

[477] Nouvelle revue française, 1er mars 1931, pp. 255-386..

[490] Oedipe

[704] Théâtre, pp. 253-304 (var.).

[848] Théâtre complet IV, pp. 63-111 (var.).

PREFACES

467. Préface à Les Cahiers d'André Walter, Paris, Les Oeuvres représentatives, 1930, 299p.

Achevé d'imprimer le 25 avril 1930.

Préface : pp. 7-9.

Cette préface, qui parut aussi dans la Nouvelle revue française du 1er mars 1930 [voir 464], fut reprise dans :

[470] Deux préfaces

[505] O.C. I , pp. 199-203.

468. William Shakespeare, Le premier acte de Hamlet, prince de Danemark, traduit par André Gide, précédé de la lettre sur les traductions, Paris, Editions de "La Tortue", 1930, VIII-71p.

Achevé d'imprimer le 27 novembre 1929.

La traduction de ce premier acte avait précédemment été publiée dans : [451] Echanges, décembre 1929. Elle sera reprise, avec variantes, dans :

[735] Hamlet

[875] Théâtre complet VII, pp.9-44.

La "lettre sur les traductions" fut tout d'abord publiée dans : [428] Nouvelle revue française, 1er septembre 1928. Elle sera reprise dans :

[472] Lettres, pp. 93-103.

[488] Divers, pp. 188-198.

[655] O.C. XV, pp. 541-547.

[845] Préfaces, pp. 45-53.

[875] Théâtre complet VII, pp. 191-196.

LIVRES ET TIRAGES A PART

469. L'Affaire Redureau suivie de Faits-divers, Paris, Librairie Gallimard, 1930, 223p.

Achevé d'imprimer le 30 avril 1930.

TABLE DES MATIERES

Publications subséquentes :

<u>L'Affaire Redureau</u> : [1126] <u>Ne Jugez pas</u>, pp. 95-135.

<u>Faits-divers</u> : [1126] <u>Ne Jugez pas</u>, pp. 137-197.

470. <u>Deux préfaces</u>, Paris, Nouvelle revue française, 1930, 14p.

Ce tirage à part du texte publié dans la <u>N.R.F.</u> du 1er mars 1930 [voir : 464] constitue une édition hors commerce.

471. <u>Lettre</u>, Paris, Nouvelle revue française, 1930, 4p.

Ce tirage à part de la lettre à Montgomery Belgion, publiée dans la <u>N.R.F.</u> du 1er février 1930 [voir : 463], constitue une édition hors commerce.

472. <u>Lettres</u>, Liège, A la lampe d'Aladdin, 1930, 139p.

Achevé d'imprimer en mai 1930.

<u>TABLE DES MATIERES</u>

473. *La Séquestrée de Poitiers*, Paris, Librairie Gallimard, 1930, 159p.

Achevé d'imprimer le 15 avril 1930

Publication subséquente : [1126] *Ne Jugez pas*, pp. 199-266.

CORRESPONDANCE

474. Bibliothèque de feu M. Paul Souday, (Vente des 12 - 15 mars 1930 à l'Hôtel Drouot), Paris, G. Andrieux, 1930.

Fragment d'une lettre d'André Gide à Paul Souday, 28 juin 1911, p. 64. Aussi cité dans le Répertoire de Claude Martin [voir : 1190].

Fragment d'une lettre d'André Gide à Paul Souday, 5 août 1911, p. 64. Yvonne Davet cite des extraits de cette même lettre, plus longs d'une phrase et comportant des variantes [voir 850 , p. 180]. Aussi cité dans le Répertoire de Claude Martin [voir 1190].

Fragment d'une lettre d'André Gide à Paul Souday, février 1913, p. 64. Aussi cité dans le Répertoire de Claude Martin [voir : 1190].

Fragment d'une lettre d'André Gide à Paul Souday, 10 avril 1913, p. 64. Aussi cité dans le Répertoire de Claude Martin [voir : 1190].

Fragment d'une lettre d'André Gide à Paul Souday, 23 août 1915, pp. 64-65. Aussi cité dans le Répertoire de Claude Martin [voir : 1190].

Fragment d'une lettre d'André Gide à Paul Souday, 17 septembre 1916, p. 65. Aussi cité dans le Répertoire de Claude Martin [voir : 1190].

Fragment d'une lettre d'André Gide à Paul Souday, 9 octobre 1916, p. 65. Aussi cité dans le Répertoire de Claude Martin [voir 1190].

Fragment d'une lettre d'André Gide à Paul Souday, 6 juin 1917, p. 65. Cette lettre sera publiée in extenso dans le Bulletin des Amis d'André Gide, no 13, octobre 1971, pp. 6-8. Claude Martin en citera un fragment dans son Répertoire [voir : 1190].

Fragment d'une lettre d'André Gide à Paul Souday, mars 1918, p. 65. Aussi cité dans le Répertoire de Claude Martin [voir 1190].

Fragment d'une lettre d'André Gide à Paul Souday, 13 avril 1918, p. 68. Aussi cité dans le Répertoire de Claude Martin [voir : 1190].

Fragment d'une lettre d'André Gide à Paul Souday, 8 juin 1918, p. 66. Aussi cité dans le Répertoire de Claude Martin [voir 1190].

Fragment d'une lettre d'André Gide à Paul Souday, 10 novembre 1914, p. 67. Aussi cité dans le <u>Répertoire</u> de Claude Martin [voir : 1190].

Fragment d'une lettre d'André Gide à Paul Souday, 28 novembre 1921, p. 68. Aussi cité dans le <u>Répertoire</u> de Claude Martin [voir : 1190].

Fragment d'une lettre d'André Gide à Paul Souday, octobre 1923, p. 66. Aussi cité dans le <u>Répertoire</u> de Claude Martin [voir : 1190].

Fragment d'une lettre d'André Gide à Paul Souday, novembre 1923, p. 66. Aussi cité dans le <u>Répertoire</u> de Claude Martin [voir : 1190].

Fragment d'une lettre d'André Gide à Paul Souday, avril 1925, p. 66. Aussi cité dans le <u>Répertoire</u> de Claude Martin [voir : 1190].

Fragment d'une lettre d'André Gide à Paul Souday, 30 avril 1925, p. 68. Aussi cité dans le <u>Répertoire</u> de Claude Martin [voir : 1190].

Fragment d'une lettre d'André Gide à Paul Souday, 14 juillet 1927, pp. 66-67. Aussi cité dans le <u>Répertoire</u> de Claude Martin [voir : 1190].

Fragment d'une lettre d'André Gide à Paul Souday, 2 août 1927, p. 68. Aussi cité dans le <u>Répertoire</u> de Claude Martin [voir : 1190],

Fragment d'une lettre d'André Gide à Paul Souday, 21 avril 1928, p. 67. Aussi cité dans le <u>Répertoire</u> de Claude Martin [voir 1190].

Fragment d'une lettre d'André Gide à Paul Souday, 30 septembre 1928, p. 68. Aussi cité dans le <u>Répertoire</u> de Claude Martin [voir : 1190].

Fragment d'une lettre d'André Gide à Paul Souday, 7 avril 1929, p. 67. Aussi cité dans le <u>Répertoire</u> de Claude Martin [voir : 1190].

Fragment d'une lettre d'André Gide à Paul Souday, 21 mai 1929, p. 68. Aussi cité dans le <u>Répertoire</u> de Claude Martin [voir : 1190].

475. SEBASTIEN (Robert) et DE VOGT (Wsevolod), Rencontres. Cahiers de la Quinzaine, soirées franco-russes des 29 octobre 1929 - 26 novembre 1929 18 décembre 1929 - 28 janvier 1930. Douzième cahier de la vingtième série, 1930, 222p.

Lettre d'André Gide à [Wsevolod de Vogt ?], 8 décembre 1929, pp. 147-148.

Voir aussi : 463; 472.

1931

TEXTES DIVERS PUBLIES DANS LES REVUES, LES JOURNAUX ...

476. "Oedipe", Nouvelle revue française, 1er février 1931, pp. 180-194.

Publication précédente : [466] Commerce, automne 1930, pp. 7-30.

Publications subséquentes : [490] Oedipe

[704] Théâtre, pp. 253-268.

[848] Théâtre complet IV. pp. 63-77 (var.).

477. "Oedipe", Nouvelle revue française, 1er mars 1931, pp. 355-386.

Publication précédente : [466] Commerce, automne 1930, pp. 31-83.

Publications subséquentes : [490] Oedipe

[704] Théâtre, pp. 269-304.

[848] Théâtre complet IV, pp. 79-111 (var.).

478. [Traduction de] Arnold Bennett, "Une préface", Nouvelle revue française, 1er mars 1931, pp. 345-350.

479. "Arnold Bennett", Nouvelle revue française, 1er mai 1931, pp. 727-729.

Publication subséquente : [842] Eloges, pp. 49-55.

480. [Lettre à André Levinson sur Dostoievsky], Nouvelle revue française, 1er mai 1931, pp. 791-792.

Aussi publiée dans les Nouvelles littéraires, 2 mai 1931, sous le titre de "Autour de Dostoievsky".

481. [Lettre sur Dostoievsky], Nouvelle revue française, 1er juin 1931, pp. 960-961.

482. "Jeunesse", Nouvelle revue française, 1er septembre 1931, pp. 369-383.

Publications subséquentes : [641] Deux récits,

[655] O.C. XV, pp. 71-89.

[759] Jeunesse.

[872] Feuillets d'automne, pp. 19-36.

[962] Journal 1939-1949, pp. 1087-1098.

483. "Notes sur Chopin", La Revue musicale, décembre 1931, pp. 5-22.

Ce texte fut à nouveau publié dans la Revue internationale de musique, en 1938. On en fit alors un tirage à part qui constitue l'édition originale [voir 642].

Publications subséquentes : [655] O.C. XV, pp. 91-118. (La lettre de M. Edouard Ganche, écrite le 2 janvier 1932, semble être donnée ici pour la première fois -- pp. 116-118.)

En 1948, L'Arche fera paraître une nouvelle édition des "Notes sur Chopin". Cette dernière, qu' Arnold Naville désigne comme "Edition collective originale de luxe" (Bibliographie des écrits de André Gide, p. 119), groupera avec les "Notes sur Chopin" des fragments de journal et des "Feuillets" inédits. On y trouvera quelques variantes [voir 844].

484. [Hommage à Christian Beck], La Nervie, II, 1931, pp. 13-14.

Publications subséquentes : [847] Rencontres, pp. 65-70.

[872] Feuillets d'automne, pp. 128-131.

"Lettres à Christian Beck", Mercure de France, 1er juillet 1949, pp. 385-387.

[Les autres collaborateurs de ce numéro spécial de La Nervie (22p) étaient : Isi Collin, Maurice des Ombiaux, Albert Mockel, Eugène Montfort, Léon Paschal, Louis Piérard, Rachilde, Henri Vandeputte].

485. The Golden Book of Tagore, a homage to Rabindranath Tagore, from India and the world, in celebration of his seventieth birthday, edited by Ramananda Chatterjee. Calcutta, The Golden Book Committee, 1931, XXII-376p.

L'hommage d'André Gide se trouve à la page 88. Un extrait de ce texte sera publié dans Rabindranath Tagore, Paris, Bibliothèque nationale, 1961, pp. 55-66.

PREFACES

486. Préface à Antoine de Saint-Exupéry, Vol de Nuit, Paris, Gallimard, 1931, 182p.

Achevé d'imprimer le 31 mai 1931.

Préface de Gide : pp. 9-16.

Publications subséquentes : [845] Préfaces, pp. 55-61.

[872] Feuillets d'automne, pp. 209-213.

487. Lettre-préface à Yang Tchang Lomine, L'Attitude d'André Gide, Peiping, Université chinoise de Peiping, 1931, 144p.

Lettre d'André Gide à Yang Tchang Lomine, 12 janvier 1931, pp. 5-6.

Ce livre fut tout d'abord publié en 1930 : Lyon, Imprimerie Bosc frères & Riou, 1930, 128p., [sans achevé d'imprimer]. Cette édition ne renfermait aucune lettre inédite d'André Gide.

LIVRES

488. Divers, [Paris], Librairie Gallimard, 1931, 217p.

Achevé d'imprimer le 15 juin 1931.

TABLE DES MATIERES

à Marcel Proust [voir 431]	210-212
à Marcel Proust [voir 431]	212-213
Table	[215]

489. Jacques Rivière, Paris, Editions de la Belle page, 1931, 25p.

Achevé d'imprimer le 5 décembre 1931.

Publication préoriginale : voir 358.

Publication subséquente : [842] Eloges, pp. 27-36.

490. Oedipe, Paris, Editions de la Pléiade, 1931, 127p.

Publications préoriginales : voir 466; 476; 477.

Publications subséquentes : [704] Théâtre, pp. 253-304 (var.).

[848] Théâtre complet IV, pp. 63-111 (var.).

On trouvera des renseignements concernant les représentations de cette pièce dans : A. Naville, Bibliographie des écrits de André Gide, pp. 194-195.

491. 1889-1895, [Paris, A.N., 1931], 104p.

Sans achevé d'imprimer.

Ce texte fut repris dans les cinquante premières pages du [653] Journal 1889-1939, mais avec nombre de variantes, suppressions et ajouts. Arnold Naville précise : "Quelques passages n'ont été repris dans aucune édition du Journal" (op.cit., p. 85).

492. 1927-1928, [Paris, A.N., 1931], 124p.

Sans achevé d'imprimer.

Publication subséquente : [653] Journal 1889-1939, pp. 829-928 (nombre de variantes, de suppressions et d'ajouts).

Arnold Naville précise : "Certains passages n'ont été repris dans aucune édition du Journal" (op.cit., p. 84).

CORRESPONDANCE

493. CHAUVIERE (Claude), Colette, Paris, Firmin-Didot, 1931, 300p.

Lettre d'André Gide à Colette, 11 décembre 1920, p. 48.
Cette lettre fut aussi publiée dans :

Figaro littéraire, 24 janvier 1953.

Carrefour, 11 août 1954, p. 12.

Revue d'Histoire Littéraire de la France, mars-avril 1970, pp. 193-194.

494. DUJARDIN (Edouard), Le Monologue intérieur, Paris, Messein, 1931, 126(1)p.

Lettre d'André Gide à Edouard Dujardin, 4 juillet 1930, p. 22, p. 66 et p. 72.

Voir aussi : 480; 481; 487; 488.

1932

TEXTES DIVERS PUBLIES DANS LES REVUES, LES JOURNAUX ...

495. "Goethe", Nouvelle revue française, 1er mars 1932, pp. 368-377.

Un tirage à part fut publié : voir 504

Publications subséquentes : [847] Rencontres, pp. 79-95.

[872] Feuillets d'automne, pp. 145-156.

496. [Traduction de] Goethe, Le Second Faust (Fragment), Nouvelle revue française, 1er mars 1932, pp. 532-538.

497. "Pages de Journal", Nouvelle revue française, 1er juin 1932, pp. 985-1004.

Publications subséquentes : [539] Pages de journal 1929-1932, pp. 5-46 (var.).

[655] O.C. XV, pp. 222-225; pp. 235-236; p. 239; p. 241; pp. 243-244; p. 250; pp. 257-259; pp.262-267; p. 276; pp. 278-280; pp. 284-289; pp. 291-298; pp. 302-303; pp. 307-310 (de nombreuses variantes).

[653] Journal 1889-1949. pp. 946-948; p. 955; p. 957; pp. 959-960; p. 962; pp. 967-968; pp. 970-974; pp. 979-992; pp. 994-997 (de nombreuses variantes).

498. "Pages de Journal", Nouvelle revue française, 1er juillet 1932, pp. 32-42.

Publications subséquentes : [539] Pages de journal 1929-1932, pp. 47-67 (la note de la page 32, dans la N.R.F., n'a pas été reprise).

[655] O.C. XV, pp. 350-355; pp. 358-361; p. 364; pp. 372-373; pp. 378-379; pp. 381-382; pp. 384-385 (de nombreuses variantes).

[653] Journal 1889-1939, pp. 1022-1025; pp. 1027-1028 pp. 1030-1031; pp. 1036-1037. p. 1040; p. 1042; pp. 1044-1045 (de nombreuses variantes).

499. "Lettre à Félicien Challaye", Monde, 16 juillet 1932.

Cette lettre du 7 juillet 1932 fut aussi publiée dans :

Nouvelle revue française, 1er août 1932, p. 319.

[895] Littérature engagée. pp. 15-16.

[1105] Correspondance André Gide, Roger Martin du Gard, I, p. 720.

500. "Pages de Journal", Nouvelle revue française, 1er août 1932, pp. 161-172.

Publications subséquentes : [539] Pages de Journal 1929-1932, pp. 68-91 (var.).

[655] O.C. XV, pp. 385-403 (var.).

[653] Journal 1889-1939, pp. 1045-1056 (var.).

501. "Pages de Journal", Nouvelle revue française, 1er septembre 1932, pp. 362-371.

Publications subséquentes : [539] Pages de Journal 1929-1932, pp. 92-110.

[655] O.C. XV, p. 403; pp. 405-422 (var.).

[653] Journal 1889-1939, pp. 1057-1068; p. 1071 (var.).

502. "Pages de Journal", Nouvelle revue française, 1er octobre 1932, pp. 481-506.

Publications subséquentes : [539] Pages de Journal 1929-1932, pp. 111-159.

[653] Journal 1889-1939, pp. 1099-1104; pp. 1109-1132 (var.).

503. "Lettre à Henri Ghéon", Nouvelle revue française, 1er octobre 1932, pp. 632-634.

LIVRES ET TIRAGE A PART

504. Goethe, Paris, Nouvelle revue française, 1932, 11p.

Tirage à part du texte publié dans la Nouvelle revue française, 1er mars 1932, pp. 368-377.

Publications subséquentes : [847] Rencontres, pp. 79-95.

[872] Feuillets d'automne, pp. 145-156.

505. Oeuvres complètes, I, [Paris], Nouvelle revue française, [1932], XXIII-548p.

Aucun achevé d'imprimer [8 décembre 1932].

TABLES DES MATIERES

TABLES DES MATIERES

506. 1902-1905, [Paris, A.N., 1932], 100p.

Sans achevé d'imprimer.

Publication subséquente : [653] Journal 1889-1939, pp. 106-194 (var.).

Arnold Naville précise : "Certains passages n'ont été repris dans aucune édition du Journal; [....]" (p. 86). Il ajoute, par ailleurs : "Le tirage a été fait en deux fois : le 5 janvier 1932 pour les exemplaires 1 à 7 et le 26 janvier 1932 pour les exemplaires 8 à 13. D'un tirage à l'autre, 12 pages ont été récomposées, avec une légère différence" (Id.).

CORRESPONDANCE

507. SCHWOB (René), Le vrai drame d'André Gide, Paris, Grasset, 1932, 348p.

Achevé d'imprimer le 7 novembre 1932.

Fragment d'une lettre d'André Gide à René Schwob, [1930], p. 35. La lettre,dont ce fragment est tiré,sera citée en entier, dans :

[916] Lettres inédites sur l'inquiétude moderne pp. 103-105. (La lettre est alors datée du 30 décembre 1930).

Il est aussi fait mention d'une lettre d'André Gide à René Schwob, datée de juillet 1932, p. 225. Cette dernière n'est cependant pas citée.

Voir aussi : 499; 503; 505.

1933

TEXTES DIVERS PUBLIES DANS LES JOURNAUX, LES REVUES...

508. "Lettre à Armand Godoy", Le Manuscrit autographe, janvier 1933, p. 58.

Lettre du 30 avril 1929. Un long extrait de cette même lettre est cité dans : Anne FONTAINE, Armand Godoy, Paris, Grasset, 1959, pp. 121-122.

509. "A la jeunesse de l'U.R.S.S.", Izvestia, 4 février 1933.

Ce texte est daté du 21 janvier 1933.

Publications subséquentes : Lu, 31 mars 1933, p. 12.

Russie d'aujourd'hui, 15 mai 1933, p.16.

[895] Littérature engagée, pp. 26-27.

510. [Une protestation], Feuille rouge, no 2, [mars 1933].

Cette Feuille rouge avait été rédigée par l'Association des Ecrivains et Artistes Révolutionnaires contre la terreur en Allemagne, contre le traité de Versailles.

Le texte de Gide parut aussi dans :

L'Humanité, 6 mars 1933.

[895] Littérature engagée, p. 21.

511. "Fascisme", Marianne, 29 mars 1933, p. 4.

"Fascisme est l'allocution d'ouverture prononcée par André Gide le 21 mars 1933, salle du Grand-Orient, rue Cadet, à la manifestation organisée par l'Association des Ecrivains et Artistes Révolutionnaires, manifestation qu'il avait été invité à présider bien qu'il n'eût pas consenti à devenir membre de l'A.E.A.R.", (Littérature engagée, p. 20).

Publications subséquentes : Lu, 31 mars 1933, pp. 12-13.

Ceux qui ont choisi, s.l.n.d. [1933], pp. 6-9.

[539] Pages de journal 1929-1932, pp. 187-192.

[895] Littérature engagée, pp. 25-26.

512. Note : "Le Communisme et le problème de la guerre", Nouvelle revue française, 1er avril 1933, pp. 699-701.

513. "Feuillets", Nouvelle revue française, 1er mai 1933, pp. 720-727.

Des extraits de ces feuillets paraîtront dans Russie d'aujourd'hui, 15 juin 1933, p. 6.

Publications subséquentes : [539] Pages de journal 1929-1932, pp. 161-176.

[653] Journal 1889-1939, p. 1153; pp. 1157-1159 (les feuillets n'y sont publiés qu'en partie seulement).

514. "Lettre au Directeur de la Revue du Siècle", Revue du Siècle, no 3, juin 1933, p. 94.

Cette lettre du 22 avril 1933 fut aussi publiée dans :

[895] Littérature engagée, pp. 28-29.

515. "Les Caves du Vatican", L'Humanité, 12 juin 1933 - 30 juillet 1933.

Pour renseignements supplémentaires concernant les publications précédentes, voir : 251.

516. [Traduction de] Arden of Feversham (extrait), dans le Théâtre élizabethain, Cahiers du Sud, juin-juillet 1933, pp. 107-117.

Publication subséquente : Le Théâtre élizabethain, Paris Les Cahiers du Sud et Librairie José Corti, 1940, pp. 137-151.

517. [Télégramme de félicitations adressé à Dimitrov, Popov, Tanev et Torgler], L'Humanité, 15 octobre 1933.

Publication subséquente : [895] Littérature engagée, p. 41.

518. "En cet automne de 1933 ...", Regards, novembre 1933.

Publications subséquentes : L'Humanité, 5 novembre 1933, p. 1.

Lu, 10 novembre 1933, p. 15.

"Pages de Journal (1933)", Nouvelle revue française, 1er avril 1935, 508-509.

[602] Nouvelles pages de Journal (1932-1935), pp. 60-62.

[653] Journal 1889-1939, pp. 1182-1183.

[895] Littérature engagée, pp. 38-39.

519. "Traversée", Die Sammlung, I,Jahrgang, 3, Heft, November 1933, p. 127.

Publication subséquente : [572] O.C. IX, pp. 157-158.

520. "Lettres de jeunesse à Pierre Louys", L'Art et la Vie, automne 1933, pp. 7-8.

Lettres d'André Gide à Pierre Louys, 23 juin 1890, pp. 7-8.

Lettre d'André Gide à Pierre Louys, 7 juillet 1890, p. 8.

PREFACE

521. Lettre-préface au Catalogue de la première exposition de la Bibliothèque littéraire Jacques Doucet du 21 juin au 15 juillet, Paris, Bibliothèque Sainte-Geneviève, 1933, 31(5)p.

LIVRES

522. Oeuvres complètes, II, [Paris], Nouvelle revue française, 1933, XIII-496p.

Achevé d'imprimer le 5 janvier 1933.

TABLE DES MATIERES :

523. Oeuvres complètes, III, [Paris], Nouvelle revue française, 1933, XIV-564p.

Achevé d'imprimer le 20 mars 1933.

TABLE DES MATIERES :

QUELQUES LIVRES

SUPPLEMENT

APPENDICE

524. Oeuvres complètes, IV, [Paris], Nouvelle revue française, 1933, XIII-620p.

Achevé d'imprimer le 28 juin 1933,

TABLE DES MATIERES

"José-Maria de Hérédia" 441 - 446
[voir 141]

"La licence, la dépravation et les déclarations de M. le Sénateur Bérenger" 447 - 453
[voir 145]

"Le *De Profundis* d'Oscar Wilde" 455 - 467
[voir 138; 204]

APPENDICE

"Le *De Profundis* d'Oscar Wilde" 469 - 473
[voir 138; 204]

Journal (1903-1906) 475 - 611

Lettre à Scheffer 615 - 617

Table des matières 619

525. *Oeuvres complètes* V, [Paris], Nouvelle revue française, 1933, XI-424p.

Achevé d'imprimer le 18 octobre 1933.

TABLE DES MATIERES

Notices VII - XI

Le Retour de l'Enfant prodigue 1 - 27
[voir 148; 150]

"Dostoievsky d'après sa correspondance" 29 - 71
[voir 153; 156]

La Porte étroite 73 -241
[voir 183]

QUELQUES LIVRES

Jules Romains, *La Vie unanime* 245 - 249
[voir 160]

Valery Larbaud, *Poèmes par un riche amateur* 250 - 252
[voir 161]

André Rouveyre, *Le Gynécée* 253 - 254
[voir 163]

"Les Représentations russes au Chatelet" [voir 175]	309 - 313
Journal (10 mai 1906 - 2 mars 1909)	315 - 413
Lettre à Arthur Fontaine, 24 janvier 1909. Cette lettre sera publiée *in extenso* dans *Le Figaro littéraire*, 6 septembre 1952, p. 3 [voir 934]	417 - 419
Lettre à A. R., printemps 1909	419 - 420
Lettre à X ..., printemps 1909	420 - 421
Table des matières	423

CORRESPONDANCE

526. PIERRE-QUINT (Léon), *André Gide*, Paris, Stock, 1933, 346p.

[Une édition considérablement augmentée a paru en 1952, chez le même éditeur. Quoique cette édition ne renferme aucune lettre inédite, elle offre le compte-rendu de plusieurs entretiens avec Gide.

Etant donné que cette dernière édition est plus facilement accessible, nous y référons entre crochets].

Fragment de deux lettres d'André Gide, ne portant aucune date, à un destinataire non identifié, p. 38 [p. 23].

Fragment d'une lettre d'André Gide à Edouard Ducoté, s.d., p. 38 [p. 23].

Fragment d'une lettre d'André Gide à Paterne Berrichon, s.d. p. 76 [p. 48].

Il est à noter qu'aux pages 101, 136, 156, et 180 [pp. 68, 90, 102, 116] se trouvent des passages du *Journal* inédits au moment de la parution première de l'ouvrage.

526a. SCHREIBER (Lotte), Leben und Denken im Werk von André Gide, Berlin, Romanische Studien Heft, 34, 1933, 82p.

Lettre d'André Gide à Lotte Schreiber, s.d., p. 12.

Voir aussi : 508; 509; 514; 517; 520; 521; 522; 523; 524; 525.

1934

TEXTES DIVERS PUBLIES DANS LES JOURNAUX, LES REVUES ...

527. "Une lettre des écrivains Gide et Malraux au ministre de la propagande Goebbels", L'Humanité, 26 janvier 1934, p. 1.

Cette lettre en faveur de Dimitrof, Tanef et Popof est datée du 4 janvier 1934. Elle fut aussi publiée dans :

Lu, 2 février 1934, p. 9.

[895] Littérature engagée, pp. 41-42.

528. [Traduction de] L. Turek, La Vie et la mort de mon frère Rudolph, Commune, janvier - février 1934, pp. 582-589.

529. "Lettre au Rédacteur en chef de Comoedia", Comoedia, 26 mars 1934, p. 1.

Notons qu'une autre lettre d'André Gide est citée dans celle que nous mentionnons ci-dessus. Elle porte la date du 21 mai 1933 et elle est adressée au Comité antifasciste chargé d'oganiser le Congrès Européen Antifasciste. Ce Congrès s'était tenu, salle Pleyel, du 4 au 8 juin 1933.

Publications subséquentes : L'Humanité, 27 mars 1934, p. 4.

Lu, 6 avril 1934, p. 14.

[895] Littérature engagée, pp. 46-48.

530. "Deux lettres à Cholokhov", Commune, mars-avril 1934, pp. 853-855.

Lettres du 27 février 1934 et du 7 mars 1934.

Aussi publiées dans : Nouvelle revue française, 1er avril 1934, pp. 731-733.

531. "Perséphone", Nouvelle revue française, 1er mai 1934, pp. 745-761.

Publications subséquentes : [540] Perséphone

[704] Théâtre, pp. 305-327.

[848] Théâtre complet IV, pp. 113-138.

532. "Adresse aux jeunes gens de l'U.R.S.S. [pour servir de préface à la traduction en russe des Oeuvres complètes]", Lu, 1er juin 1934, p. 15.

Publication subséquente : Russie d'aujourd'hui, 1er août 1934, p.4.

533. "Gagnons au Parti de nouvelles forces", L'Humanité, 27 septembre 1934, p. 4.

Lettre d'André Gide à Marcel Cachin, 16 septembre 1934.

534. "Message au premier Congrès des écrivains soviétiques", Nouvelle revue française, 1er novembre 1934, pp. 749-750.

Publications subséquentes : Bulletin de l'Union pour la Vérité, avril-mai 1935, pp. 102-106.

André Gide et notre temps, Paris, Gallimard, [achevé d'imprimer le 8 juin 1935], pp. 17-18 (var.).

[895] Littérature engagée, pp. 55-56.

535. "Littérature et révolution", Commune, no 15, novembre 1934, pp. 161-165.

Publication subséquente : [895] Littérature engagée, pp. 56-61

536. Au Disque vert. Textes inédits de : Marcel Arland, Jean Cassou, Hermann Closson, Jean Cocteau, Arnold de Kerchove, Eric de Haulleville, Paul Desmeth, Henri Dommartin, Hélène H. Dubois, Paul Fierens, André Gide, Camille Goemans, Robert Guiette, Franz Hellens, Max Jacob, Marcel Jouhandeau, Lucien Jublou, René Lalou, Valery Larbaud, Mélot du Dy, Henri Michaux, Pierre Minet, O. J. Périer, René Purnal, A. Rolland de Renéville, Jules Supervielle, Jean Vaudal.
[Paris-Bruxelles, [Bruges, Imprimerie Sainte-Catherine], 1934, 299p.

Cet ouvrage collectif renferme des "Feuillets" d'André Gide (pp.13-18). Ces "Feuillets" sont datés de "Syracuse, février 1934". On les retrouve avec quelques variantes, dans :

[653] Journal 1889-1939, pp. 1200-1203.

LIVRES

537. Oeuvres complètes, VI, Edition augmentée de textes inédits établie par L. Martin-Chauffier, [Paris], Nouvelle revue française, 1934, XIII-474p.

Achevé d'imprimer le 19 avril 1934.

TABLE DES MATIERES

"Lectures" [Suarès et Jammes] 337 - 340
[voir 207]

"Les frères Karamazov" 341 - 348
[voir 212]

"Propositions" 349 - 356
[voir 220]

"Feuillets" 357 - 391
[Ces "Feuillets" seront repris, en partie et avec variantes, dans [653] Journal 1889-1939, pp. 340-355.)

Journal (25 ou 26 avril 1909 - 21 décembre 1911) 395 - 465

Lettre à Monsieur Deherme 469 - 470
[voir 216]

Lettre à Jean-Marc Bernard 470 - 472
[Un fragment de cette lettre du 21 septembre 1911 sera reproduit dans le catalogue André Gide, Paris, Bibliothèque nationale, 1970, p. 131]

Lettre à G[aston] S[auvebois], 17 février 1912. 472 - 474

Table des matières 475

538. Oeuvres complètes, VII, [Paris], Nouvelle revue française, 1934, XIII-583(3)p.

Achevé d'imprimer le 1er août 1934.

TABLE DES MATIERES

Notices VII - XIII

Souvenirs de la Cour d'assises 1 - 89
[voir 252]

Appendice : Réponse à une enquête 93 - 99
[voir 236]

Les Caves du Vatican 101 -404
[voir 251]

"Lettre dédicatoire des Caves du Vatican" 405 -408
[voir 251]

DIVERS

539. Pages de journal (1929-1932), Paris, Nouvelle revue française, 1934, 221p.

Achevé d'imprimer le 5 juin 1934.

TABLE DES MATIERES

"Fascisme" 187 - 192
[voir 510]

Lettres 193 - 201

Lettre d'André Gide à Henri Barbusse, 31 août 1933. Aussi publiée dans : 193 - 194
[895] Littérature engagée, pp. 39-40.

Lettre d'André Gide à L'Association des Ecrivains Révolutionnaires, 13 décembre 1932. Cette lettre sera reprise dans : 195 - 196
[895] Littérature engagée, p. 40.

Lettre d'André Gide au Bureau du Congrès mondial de la jeunesse, s.d. 197
Cette lettre sera reprise dans :
[895] Littérature engagée, p. 40.

Lettre d'André Gide à R. de B., 16 janvier 1934. Aussi publiée dans : 198 - 201
[895] Littérature engagée, pp. 44-46.

Lettre d'André Gide à la mère de Dimitrov, 29 janvier 1934. Aussi publiée dans : 202 - 203
[895] Littérature engagée, pp. 43-44.

540. Perséphone, Paris, Gallimard, 1934, 55p.

Achevé d'imprimer en avril 1934.

Publications subséquentes : [531] "Perséphone", Nouvelle revue française, 1er mai 1934.

[704] Théâtre, pp. 305-327.

[848] Théâtre complet IV, pp. 113-138.

CORRESPONDANCE

541. "Lettre à M. Pierrefeu", dans Oeuvres complètes, VII, [Paris], Nouvelle revue française, 1934, p. 563.

Publication subséquente : [653] Journal 1889-1939, p. 386.

542. GOUIRAN (Emile), André Gide. Essai de psychologie littéraire, Paris, Jean Crès, 1934, 259p.

Achevé d'imprimer le 15 février 1934.

Lettre d'André Gide à Jean Crès, 25 juillet 1933, pp. 5-6. Cette lettre sert de préface.

Voir aussi : 527; 529; 530; 533; 537; 538; 539.

1935

TEXTES DIVERS PUBLIES DANS LES REVUES, LES JOURNAUX ...

543. [Traduction de] A. S. Pouchkine, "Le Marchand de cercueils", Nouvelle Revue française, 1er janvier 1935, pp. 71-80.

Cette nouvelle fut traduite par André Gide, en collaboration avec Jacques Schiffrin. Elle sera ensuite reprise, la même année, dans :

[573] A.S. Pouchkine, Récits

544. "Lettre à Monsieur le Directeur des Reportages des Grandes Conférences de Paris", Reportages des Grandes Conférences de Paris, no 9, 2 mars 1935.

Publication subséquente : [895] Littérature engagée, pp. 77-78.

545. "Pages de Journal", Nouvelle revue française, 1er avril 1935, pp. 497-519.

Ces "Pages de Journal" renferment deux lettres d'André Gide.

Lettre à un ami non identifié, s.d., pp. 500-501. Cette lettre qui, dans Nouvelles pages de Journal (1932-1935), pp. 44-46, sera intitulée "Lettre à X...", était en réalité destinée à Jean Paulhan. Elle sera reprise, outre dans l'ouvrage que nous venons de mentionner, dans :

[895] Littérature engagée. pp. 36-38.

[1152]"Lettres à Jean Paulhan", N.R.F., ler janvier 1970, pp. 76-77. (var.).

Lettre à R.F., s.d. p. 502. Cette lettre sera reprise dans :

[602] Nouvelles pages de Journal (1932-1935), pp. 46-47.

[895] Littérature engagée, p. 36. (Dans ce dernier ouvrage, le destinataire est identifié comme étant Ramon Fernandez et la lettre est datée : juin 1933.)

Les "Pages de Journal" furent subséquemment publiées dans :

[602] Nouvelles pages de Journal (1932-1935), pp. 36-83.

[653] Journal 1889-1939, pp. 1173-1193 (var.).

546 "Sur une traduction de Pouchkine", Nouvelle revue française, ler avril 1935, pp. 629-632.

547. "Le Treizième arbre", Mesures, 15 avril 1935, pp. 97-129.

Publications subséquentes : [704] Théâtre, pp. 329-365.

[849] Théâtre complet V, pp. 135-168.

548. "Lettre à Jean Schlumberger", Bulletin de l'Union pour la Vérité, avril-mai 1935, pp. 102-106.

Cette lettre du ler mars 1935 fut aussi publiée dans :

Nouvelle revue française, ler juin 1935, pp. 946-948.

André Gide et notre temps, Paris, Gallimard, 1935 [achevé d'imprimer le 8 juin 1935], pp. 86-90.

[895] Littérature engagée, pp. 79-82.

549. "Pages de Journal", Nouvelle revue française, 1er mai 1935, pp. 657-670.

"Ce cahier retrouvé, est-il précisé dans une note, eût dû paraître avant les précédentes Pages de Journal du 1er avril".

Publications subséquentes : [602] Nouvelles pages de Journal (1932-1935), pp. 7-35 (var.).

[653] Journal 1889-1939, pp. 1134-1143 (var.).

550. "Pages de Journal", Nouvelle revue française, 1er juin 1935, pp. 861-873.

Publications subséquentes : [602] Nouvelles pages de Journal (1932-1935), pp. 84-109.

[653] Journal 1889-1939, pp. 1193-1205 (var.).

551. "Note : Le pavé de l'ours", Nouvelle revue française, 1er juin 1935, p. 957.

552. "Défense de la culture", Marianne, 26 juin 1935, pp. 1 et 4.

Ce discours, prononcé le 22 juin 1935, fut aussi publié dans :

Le Monde, 27 juin 1935.

Regards, 27 juin 1935.

Lu, 28 juin 1935.

Journal de Moscou, 29 juin 1935.

Il sera repris, plus tard, dans :

[895] Littérature engagée, pp. 85-96.

553. "Allocution d'ouverture du premier Congrès international des écrivains pour la défense de la culture", Le Monde, 27 juin 1935.

Cette allocution fut prononcée, le 21 juin 1935, à Paris, au Palais de la Mutualité.

Publication subséquente : [895] Littérature engagée, pp. 83-84.

554. "Pages de Journal", Nouvelle revue française, 1er juillet 1935, pp. 38-50.

La lettre d'Edouard Dujardin et le commentaire d'André Gide, cités en appendice dans la N.R.F. (p. 50), n'ont pas été repris ailleurs.

Publications subséquentes : [602] Nouvelles pages de Journal (1932-1935), pp. 110-134 (var.).

[653] Journal 1889-1939, pp. 1206-1217 (var.).

555. "Lettre à A. Thibaudet", Nouvelle revue française, 1er juillet 1935 p. 142.

Cette lettre est datée du 18 juin 1935.

556. "Pages de Journal", Nouvelle revue française, 1er août 1935, pp. 181-193.

Publications subséquentes : [602] Nouvelles pages de Journal (1932-1935), pp. 135-162.

[653] Journal 1889-1939, pp. 1217-1221 (dans cette édition, seules ont été reprises les pages 181-186 de la N.R.F.

La lettre à X..., janvier [19]35, pp. 191-193, fut reprise dans :

[602] Nouvelles pages de Journal (1932-1935), pp. 156-160.

[895] Littérature engagée, pp. 61-63.

557. [Lettre à Alfred Vallette], Mercure de France, 15 septembre 1935, pp. 663-664.

Publication subséquente : [602] Nouvelles pages de Journal (1932-1935), pp. 231-233.

558. "Les Nouvelles Nourritures", Commune, no 26, octobre 1935, pp. 134-144.

Ces fragments furent aussi publiés dans Lu, 25 octobre 1935, p. 17.

Publications subséquentes : [570] Les Nouvelles Nourritures

[1003] Romans, pp. 291-292;
pp. 272-275;
pp. 276-277;
pp. 267-269.

559. "Feuillets retrouvés (1920-1921)", Nouvelle revue française, 1er novembre 1935, pp. 715-730.

Publications subséquentes : [603] O.C. X, pp. 474-493.

[653] Journal 1889-1939, pp. 713-725.

560. Note : "Lectures : A propos de Tocqueville", Nouvelle revue française, 1er novembre 1935, pp. 788-790.

561. "Les Nouvelles Nourritures", Vendredi, 8 novembre 1935, p. 3.

On retrouvera ces fragments dans :

[570] Les Nouvelles Nourritures

[1003] Romans, pp. 283-284;
pp. 288-289;
p. 285;
pp. 257-258;
pp. 262-263;
pp. 263-264;
pp. 264-266;
pp. 280-281;
pp. 282-283;
pp. 293-294;
pp. 297-300.

562. "Adresse aux jeunes gens de l'U.R.S.S. en leur envoyant mes Nouvelles nourritures", Le Journal de Moscou, 15 novembre 1935, p. 2.

Publication subséquente : Commune, décembre 1935, pp. 388-390.

563. "Pages de Journal", Nouvelle revue française, 1er décembre 1935, pp. 801-812.

Publications subséquentes : [602] Nouvelles pages de Journal (1932-1935), pp. 163-183. (La lettre d'Henri Massis et le commentaire d'André Gide -- N.R.F., pp. 811-812 -- sont cités en appendice, pp. 227-229.)

[653] Journal 1889-1939, pp. 1221-1228.

564. "Alfred Vallette", Mercure de France, 1er décembre 1935, pp. 265-266.

565. [Au sujet de la publication des oeuvres de Alexandre Pouchkine], Journal de Moscou, 24 décembre 1935, p. 3.

566. André Gide et notre temps, Paris, Gallimard, 1935.

Achevé d'imprimer le 8 juin 1935.

Cet ouvrage renferme de nombreux propos d'André Gide.

567. Henri Barbusse, écrivain et révolutionnaire, Paris, Editions sociales internationales, 1935, 46p.

Le texte d'André Gide se trouve à la page 10.

AVANT-PROPOS

568. Avant-propos à Félicien Challaye, Souvenirs sur la colonisation, Paris, Librairie Picart, 1935, [XVIII] - 207 [3]p.

Aucun achevé d'imprimer.

Daté du 13 octobre 1935, le texte d'André Gide se trouve à la page [XIII].

569. Avant-propos à Henry Monnier, Morceaux choisis, Paris, Gallimard, 1935, XV-245p.

Aucun achevé d'imprimer.

Avant-propos de Gide : pp. VII - XV.

LIVRES

570. Les Nouvelles Nourritures, Paris, Gallimard, [1935], 165p.

Achevé d'imprimer le 22 octobre 1935.

Plusieurs fragments des Nouvelles Nourritures avaient précédemment été publiés dans :

[215] La Phalange, 20 mai 1911.

[262] L'Eventail, 15 décembre 1918.

[265] Littérature, mars 1919.

[308] Morceaux choisis, pp. 247-253.

[370] Caractères, p. 45.

[558] Commune, octobre 1935.

Sous le titre de "Nouvelles nourritures", quelques fragments seront publiés dans :

[603] O.C. X, pp. 457-467.

Ces "fragments" correspondent aux pages suivantes :

Les Nouvelles Nourritures, pp. 9-10;
p. 17;
p. 19;
pp. 26-29;
pp. 32-37;
pp. 55-56;
p. 52.

[1003] Romans, p. 253;
p. 255;
p. 256;
pp. 258-259;
pp. 260-261;
pp. 267-268;
p. 266.

Publication subséquente : [1003] Romans, pp. 251-300.

Voir aussi : 561.

571. Oeuvres complètes, VIII, [Paris], Nouvelle revue française, 1935, XXIV-382p.

Achevé d'imprimer le 26 février 1935.

TABLE DES MATIERES

572. Oeuvres complètes, IX [Paris], Nouvelle revue française, 1935, XII - 470p.

Achevé d'imprimer le 19 novembre 1935.

TABLE DES MATIERES

573. A.S. Pouchkine, Récits, traduits par André Gide et Jacques Schiffrin, Paris, Gallimard, 1935, 224p.

Ces récits sont :

Le Coup de pistolet
[voir 427]

La Tempête de neige

Le Marchand de cercueils
[voir 543]

Le Maître de poste

La Demoiselle paysanne

La Dame de pique
[voir 337]

A l'exception de "Le Marchand de cercueils" et de "La demoiselle paysanne", tous les autres récits avaient été publiés en 1928, dans Nouvelles [voir 435]

CORRESPONDANCE

574. Quatorze lettres (deux fois sept), [ouvrage écrit en collaboration et tiré à 28 exemplaires seulement, "au dépens d'un amateur pour l'enchantement de ses amis"], s.l.n.e., 1935, s.p.

Lettre d'André Gide à Paul Fort, Biskra, 12 décembre [1903].

575. De MASSOT (Pierre), Mon corps, ce doux démon, S.l.n.e., n.d. [1935], 67p.

Lettre d'André Gide à Pierre de Massot, [1934].

576. HARTLEY (Klever), Oscar Wilde. L'Influence française dans son oeuvre, Paris, Librairie du Recueil Sirey, 1935, 294p.

Fragment d'une lettre d'André Gide à Klever Hartley, ler novembre 1934, p. 277.

577. PELL (Elsie E.), André Gide. L'Evolution de sa pensée religieuse, Grenoble, Imprimerie Saint-Bruno, 1935, 216p.

L'ouvrage fut ensuite réédité : Paris, Didier, 1936, 216p. (Il ne porte aucune date d'achevé d'imprimer.) C'est à cette édition que nous allons référer ci-après.

Lettre d'André Gide à Elsie E. Pell, 28 janvier 1935, pp. 9-10.

Fragment d'une lettre d'André Gide à Elsie E. Pell, 4 juillet 1935, pp. 22-23.

Fragment d'une lettre d'André Gide à Elsie E. Pell, 26 janvier 1935, pp. 24-25.

Fragment d'une lettre d'André Gide à Elsie E. Pell, ler février 1935, pp. 29-30.

Fragments d'une lettre d'André Gide à Elsie E. Pell, 12 décembre 1934, p. 59 et p. 62.

Voir aussi : 544; 545; 548; 555; 556; 557.

1936

TEXTES DIVERS PUBLIES DANS LES REVUES, LES JOURNAUX...

578. "Union soviétique : Jeunesse du monde", Littérature internationale, no 1, [janvier] 1936, pp. 61-62.

579. "La Journée du 27 septembre", Commune, no 29, janvier 1936, pp. 540-545.

Publications subséquentes : [847] Rencontres, pp. 31-39.

[872] Feuillets d,automne, pp. 42-47.

[962] Journal 1939-1949, pp. 1102-1105.

[895] Littérature engagée, pp. 102-107.

580. "Pages de Journal", Nouvelle revue française, ler janvier 1936, pp. 5-16.

Publications subséquentes : [602] Nouvelles pages de Journal (1932-1935), pp. 184-208.

[653] Journal 1889-1939, pp. 1229-1237 (var.).

Ces "Pages de Journal" renferment une lettre [non envoyée] d'André Gide à Thierry Maulnier, s.d., pp. 12-13. Cette lettre sera reprise dans :

[602] Nouvelles pages de Journal (1932-1935), pp. 199-201.

[895] Littérature engagée, pp. 101-102. (Dans ce dernier ouvrage, la lettre est datée de la fin juillet 1935).

581. "Deux ans après le procès de Leipzig", Regards, 2 janvier 1936.

Extraits d'un discours prononcé par André Gide, le 23 décembre 1935, à la salle Wagram, à l'occasion du 2e anniversaire de l'acquittement de Dimitrov. Ce discours fut publié dans :

Pour Thaelmann, Paris, Editions universelles, 1936, 48p. (pp. 11-15).

[895] Littérature engagée, pp. 114-121 (publication intégrale).

582. [Quelques lignes d'André Gide], L'Avant-garde, 18 janvier 1936.

Ces quelques lignes sont citées en épigraphe au texte intitulé : "Donnons-leur l'instruction" [voir 584].

583. "Deux rencontres avec Romain Rolland", Vendredi 24 janvier 1936.

Publications subséquentes : Nouvelle revue française, ler mars 1936, pp. 457-458.

[895] Littérature engagée, pp. 124-126.

584. "Donnons-leur l'instruction", L'Avant-garde, 25 janvier 1936.

Publication subséquente : [895] Littérature engagée, pp. 122-123.

585. Note : "Correspondance", Nouvelle revue française, ler février 1936, pp. 301-303.

Lettre datée du 10 janvier 1936. Elle n'a aucun destinataire identifié.

586. "Rencontre à Tolède", Littérature internationale, no 3, [février] 1936, pp. 3-5.

Publications subséquentes : [847] Rencontres, pp. 41-49.

[895] Littérature engagée, pp. 107-113.

587. "Les Quatre éléments [de Chamson], Nouvelle revue française, 1er mars 1936, pp. 464-465.

588. "Un sujet d'enquête", La littérature internationale, no 6, [mars 1936], pp. 11-13.

Ce texte qui, semble-t-il, parut la première fois dans la revue Kolkhoznyé Rébiata, fut repris dans :

Commune, no 31, mars 1936, pp. 785-788.

Regards, 19 mars 1936.

Nouvelle revue française, 1er avril 1936. pp. 620-622.

[895] Littérature engagée, pp. 126-129.

589. "Pages de Journal", Nouvelle revue française, 1er mars 1936, pp. 331-338.

Publications subséquentes : [602] Nouvelles pages de Journal (1932-1935), pp. 209-224.

[653] Journal 1889-1939, pp. 1237-1243 (var.).

589a. "Billet à Angèle", Vendredi, 27 mars 1936.

Ce "billet" n'a pas été repris ailleurs.

590. "Billet à Angèle", Vendredi, 10 avril 1936, p. 3.

Daté du 24 mars 1936, ce billet parle de Henri Heine. Il n'a pas été repris ailleurs.

591. "Geneviève ou la confidence inachevée", Revue de Paris, 15 juin 1936, pp. 721-756.

Publications subséquentes : [601] Geneviève, pp. 7-99.

[846] Récits II, pp. 205-235.

[1003] Romans, pp. 1347-1385.

591a. "Discours prononcé sur la place rouge à Moscou pour les funérailles de Maxime Gorki", Izvestia, 21 juin 1936.

Ce discours fut prononcé le 20 juin 1936.

Publications subséquentes : La littérature internationale, Nos 7-8, [1936], pp. 6-8.

La Correspondance internationale, No 26, 1936.

Russie d'aujourd'hui, août 1936, p. 6.

Commune, no 36, août 1936, pp. 1428-1431.

[605] Retour de l'U.R.S.S., pp. 95 99.

[895] Littérature engagée, pp. 131-135.

Notons que le texte de ce discours ne sera plus repris dans les éditions du Retour de l'U.R.S.S. qui paraîtront après littérature engagée.

592. "Maxime Gorki vient de mourir...", Le Journal de Moscou. 23 juin 1936.

Publications subséquente: [895] Littérature engagée, pp. 130-131.

593. "Geneviève ou la confidence inachevée" (II), Revue de Paris, ler juillet 1936, pp. 13-39.

Publications subséquentes : [601] Geneviève, pp. 103-166.

[846] Récits, II, pp. 237-256.

[1003] Romans, pp. 1386-1412.

594. "Discours aux gens de Léningrad", Pravda, 8 juillet 1936.

Ce discours, prononcé le 2 juillet 1936, fut repris dans :

[605] Retour de l'U.R.S.S. pp. 105-108.

[895] Littérature engagée, pp. 138-141.

594a. [Déclaration d'André Gide], Pravda, 19 juillet 1936.

Aussi citée par A. Goulet, "Gide à travers la presse soviétique de 1932 à 1937", André Gide I, La Revue des lettres modernes, nos 223-227, Paris, Minard 1970, p. 165.

594b. Déclaration d'André Gide], Pravda, 31 juillet 1936.

Aussi citée par A. Goulet, "Gide à travers la presse soviétique de 1932 à 1937", André Gide I, La Revue des lettres modernes, nos 223-227, Paris, Minard, 1970, p. 165.

595. "La Couronne de Gorki", Commune, no 26, août 1936, p. 1451.

595a. [Lettre à Béria], Pravda, 3 août 1936.

Aussi citée par A. Goulet, "Gide à travers la presse soviétique de 1932 à 1937", André Gide I, La Revue des lettres modernes, nos 223-227, Paris, Minard, 1970, p. 166.

595b. Déclaration d'André Gide], Pravda, 19 août 1936.

Aussi citée par A. Goulet, "Gide à travers la presse soviétique de 1932 à 1937", André Gide I, La Revue des lettres modernes, nos 223-227, Paris, Minard, 1970, p. 165.

595c. [Télégramme d'adieu], Pravda, 25 août 1936.

Aussi cité par A. Goulet, "Gide à travers la presse soviétique de 1932 à 1937", André Gide I, La Revue des lettres modernes, nos 223-227, Paris, Minard, 1970, p. 167.

596. "Eugène Dabit", Nouvelle revue française, 1er octobre 1936, pp. 581-590.

Publications subséquentes : [842] Eloges, pp. 55-66.

[872] Feuillets d'automne, pp. 119-127.

597. "Lettre à M. Lucien Combelle, rédacteur en chef de Arts et Idées," Arts et Idées, novembre 1936, pp. 2-3.

Publications subséquentes : Nouvelle revue française, 1er novembre 1936, p. 918.

[918] L. Combelle, Je dois à André Gide, pp. 142-144.

598. "Avant-propos au livre : Retour de l'U.R.S.S.", Vendredi, 6 novembre 1936.

[605] Retour de l'U.R.S.S.

599. [Lettre au Pariser Tageszeitung], Pariser Tageszeitung, 25 novembre 1936.

600. [Télégramme d'André Gide], Pravda, 3 décembre 1936.

Ce télégramme, datant du mois d'août 1936, est cité dans un article de la Pravda. Il sera repris dans :

L'Humanité, 18 - 19 décembre 1936.

Léon-Pierre Quint, André Gide, Paris, Stock, 1952, pp. 536-537.

LIVRES

601. Geneviève, Paris, Nouvelle revue française, 1936, 167p.

Achevé d'imprimer en octobre 1936.

Publications préoriginales : 591; 593.

Publications subséquentes : [846] Récits II, pp. 201-257.

[1003] Romans, pp. 1345-1412.

602. Nouvelles pages de Journal (1932-1935), Paris, Nouvelle revue française, 1936, 241p.

Achevé d'imprimer le 25 juin 1936.

Publications préoriginales : 518; 545; 549; 550; 554; 555; 557; 563; 580; 589.

Les cinq lettres que renferme cet ouvrage avaient été publiées auparavant :

La lettre d'André Gide à X... (pp. 44-46), s.d., fut publiée dans la N.R.F., 1er avril 1935, pp. 500-501 [voir 545].

La lettre d'André Gide à R.F., s.d. (pp. 46-47) fut publiée dans la N.R.F., 1er avril 1935, p. 502. [voir 545].

La lettre d'André Gide à X... (pp. 156-160), janvier 1935, fut publiée dans la N.R.F. août 1935, pp. 191-193 [voir 556].

La lettre d'André Gide à Thierry Maulnier, s.d., (pp. 199-201) fut publiée dans la N.R.F. du 1er janvier 1936, pp. 12-13 [voir 580].

La lettre d'André Gide à Alfred Vallette, s.d., (pp. 231-233) fut publiée dans le Mercure de France du 15 septembre 1935, pp. 663-664 [voir 557].

603. Oeuvres complètes, X, [Paris], Nouvelle revue française, 1936, X-558p.

Achevé d'imprimer le 18 mars 1936.

TABLE DES MATIERES :

604. Oeuvres complètes, XI, [Paris], Nouvelle revue française, 1936, XII-402p.

Achevé d'imprimer le 25 septembre 1936.

TABLE DES MATIERES:

605. Retour de l'U.R.S.S., Paris, Gallimard, [1936], 124[3]p.

Achevé d'imprimer le 5 novembre 1936.

Publications préoriginales : 591a; 594; 598.

CORRESPONDANCE

606. LAMBERT (Henri), Souffles dans les ténèbres, Cagnes-sur-mer, L'auteur, 1936. s.p.

Lettre d'André Gide à Henri Lambert, 13 décembre 1935, s.p.

Voir aussi : 580; 585; 595a; 595c; 597; 599; 600.

1937

TEXTES DIVERS PUBLIES DANS LES JOURNAUX, LES REVUES...

607. "Il va de soi...", Vendredi, 22 janvier 1937.

Publications subséquentes : Le Populaire, 23 janvier 1937 (un extrait seulement).

[895] Littérature engagée, pp. 151-153.

608. "Billet à Angèle", Vendredi, 5 février 1937, p. 1.

Dans ce "billet", daté du 29 janvier 1937, il est question de Pouchkine et de Dostoievsky. Le texte ne semble pas avoir été repris.

609. "Pages de Journal", Nouvelle revue française, 1er avril 1937, pp. 538-549.

Publication subséquente : [653] Journal 1889-1939, pp. 1243-1252 (var.).

610. [Lettre à la revue Arts et Idées], Arts et Idées, avril 1937, p. 2.

Publication subséquente : [918] Lucien Combelle, Je dois à André Gide, pp. 144-145.

611. "Quelques écrits récents de Thomas Mann", Marianne, 22 septembre 1937, p. 5.

Publications subséquentes : [619] Préface à Thomas Mann, Avertissement à l'Europe, pp. 7-12.

[845] Préfaces, pp. 63-70.

[872] Feuillets d automne, pp. 214-219.

[895] Littérature engagée, pp. 189-194.

612. "Mise au point", La Flèche, 20 novembre 1937, p. 1.

Publication subséquente : [895] Littérature engagée, pp. 198-199.

613. "Pages de Journal", Nouvelle revue française, 1er décembre 1937, pp. 881-894.

Publication subséquente : [653] Journal 1889-1939, pp. 1263-1274 (var.).

614. "Quelques réflexions sur l'abandon du sujet dans les arts plastiques", Verve, no 1, décembre 1937, [4p.].

615. "Lettre ouverte à Gaston Bergery", La Flèche, 11 décembre 1937, p. 1.

Publication subséquente : [895] Littérature engagée, pp. 199-200.

616. "Lettre ouverte à Vendredi", Vendredi, 24 décembre 1937, p. 1.

Publication subséquente : [895] Littérature engagée, p. 207-208.

617. "Deux billets à Angèle", La Flèche, 25 décembre 1937, p. 1.

Ces billets sont datés du 20 et du 21 décembre 1937.

Publication subséquente : [895] Littérature engagée, p. 211-216.

618. Le Livre des charmes où sont cités quelques-uns des plus jolis textes écrits à la louange du Corps féminin par Salomon -- Docteur Mardrus -- Lucien -- Cyre de Foucault - Terence -- Adam de la Halle -- Henri Corneille Agrippa -- Jean Lemaire -- A. Niphus -- Pie II -- Boccace -- Clément Marot -- Ronsard -- Brantome -- Chollières -- François Villon-- Joachim du Bellay -- Saint-Evremond -- Hamilton -- André Chénier -- Théophile Gautier -- Théodore de Banville -- Baudelaire -- Verlaine -- Pierre Louys -- Henri de Régnier -- Colette -- Jules Romains -- Anatole France -- Roger Pillet -- André Gide.
Paris, Ed. La Bourdonnais, 1937, [60p., 29 pl. inclus].

Achevé d'imprimer le 21 mai 1937.

Le texte d'André Gide est extrait de Si le grain ne meurt. On le retrouvera dans :

[603] O.C. X, pp. 373-374.

[962] Journal 1939-1949, p. 567.

PREFACE

619. Préface à Thomas Mann, Avertissement à l'Europe, Paris, Gallimard, 1937, 61p.

Achevé d'imprimer le 27 octobre 1937.

Préface d'André Gide :pp. 7-12.

Publication préoriginale : Voir 611.

Publications subséquentes : [845] Préfaces, pp. 63-70.

[872] Feuillets d'automne, pp. 214-219.

[895] Littérature engagée, pp. 189-194.

LIVRES

620. Oeuvres complètes, XII, [Paris], Nouvelle revue française, 1937, VII-567p.

Achevé d'imprimer le 22 janvier 1937.

TABLE DES MATIERES :

621. Oeuvres complètes, XIII, [Paris], Nouvelle revue française, 1937, XII-491p.

Achevé d'imprimer le 5 novembre 1937.

TABLE DES MATIERES:

622. Retouches à mon Retour de l'U.R.S.S., Paris, Gallimard, 1937, 128p.

Achevé d'imprimer le 23 juin 1937.

Cet ouvrage renferme quelques lettres.

Lettre d'André Gide à X..., 10 décembre 1936.
Aussi publiée dans :

[895] Littérature engagée, pp. 141-142.

Lettre d'André Gide à A. Gulminelli, 28 décembre 1936.
Aussi publiée dans :

[895] Littérature engagée, pp. 143-145.

Lettre d'André Gide au "Club de la Jeunesse du 7e arrondissement", 5 janvier 1937.
Aussi publiée dans :

[895] Littérature engagée, pp. 146-147.

Lettre d'André Gide à Jean Guehenno, 17 février 1937.
Aussi publiée dans :

[895] _Littérature engagée_, pp. 155-156.

CORRESPONDANCE

623. _Soviet Kikô Shûsei_, [Traduction japonaise de _Retour de l'U.R.S.S._ par Horigoutchi Daigaku], Tokyo, Dauchi-Shobô, 1937.

Fac-similé d'une lettre d'André Gide à Nico Horogoutchi, 27 août 1937, s.p.

624. ISELER (Paul), _Les débuts d'André Gide vu par Pierre Louys, avec une lettre d'André Gide à l'auteur et de nombreuses lettres inédites de Pierre Louys à André Gide_, Paris, Editions du Sagittaire, 1937, 139p.

Achevé d'imprimer en juin 1937.

Lettre d'André Gide à Paul Iseler, 26 novembre 1931, pp. 9-12.

Lettre d'André Gide à Henri Albert, [1896], pp. 114-115.

Voir aussi : 610; 615; 616; 622.

1938

TEXTES DIVERS PUBLIES DANS LES REVUES, LES JOURNAUX ...

625. "Charles-Louis Philippe", Jean-Jacques, 1er janvier 1938, p. 1.

Publication subséquente : [842] Eloges, pp. 67-71.

626. "Présentation d'une lecture d'Amal de Rabindranath Tagore à la T.S.F.", Arts et Idées, février 1938, pp. 1-2.

627. "Voyage en littérature anglaise", Verve, no 2, mars-juin 1938, pp. 14-16.

628. "Les Juifs, Céline et Maritain", Nouvelle revue française, 1er avril 1938, pp. 630-636.

629. "Jef Last", Nouvelle revue française, 1er avril 1938, pp. 647-650.

Publications subséquentes : [639] Préface à Zuyderzée, pp. I-IV.

[847] Rencontres, pp. 57-63.

630. "Lettres inédites de R. de Gourmont et d'André Gide", Arts et Idées, avril 1938, pp. 3-5.

Lettre d'André Gide à Rémy de Gourmont, [1902], p. 4.
Cette lettre est aussi citée dans : Karl D. UITTI, La Passion littéraire de Remy de Gourmont, Paris, P.U.F., 1962, pp. 38-39.
Karl D. Uitti donne quelques variantes de cette lettre qu'il date de mars 1902.

631. "Pages retrouvées", Nouvelle revue française, 1er mai 1938, pp. 705-726.

Publication subséquente : [653] Journal 1889-1939, pp. 1277-1294 (var.).

632\. "Correspondance", Nouvelle revue française, ler juillet 1938, p. 155

633\. "Eugène Dabit", Nouvelle revue française, ler décembre 1938, pp. 61-67.

Publications subséquentes : [842] Eloges, pp. 55-56.

[872] Feuillets d'automne, pp. 119-127.

634\. "Francis Jammes", Nouvelle revue française, ler décembre 1938, pp. 881-904.

Publications subséquentes : [842] Eloges, pp. 73-91.

[872] Feuillets d'automne, pp. 78-90.

635\. "Printemps", Verve, no 5, [décembre 1938], pp. 1-5.

Publications subséquentes : La Guirlande des années, Paris, Flammarion, 1941, 93p. (pp.). Cet ouvrage fut écrit en collaboration avec Jules Romains, Colette et François Mauriac.

[847] Rencontres, pp. 17-30.

[872] Feuillets d'automne, pp. 9-19.

[962] Journal 1939-1949, pp. 1081-1087.

Voir aussi : 828a.

636\. "Feuillets tombés des Nouvelles nourritures", Arts et Idées, décembre 1938, pp. 1-5.

AVANT-PROPOS, PREFACES...

637\. Avant-propos à Shakespeare, Théâtre complet, "Bibliothèque de la Pléiade", Paris, N.R.F., 1938, 2 vol., XV-1306p. et 1357p.

Publication subséquente : [845] Préfaces, pp. 71-85.

638. [Notes en manière de préface] dans H. Fielding, Tom Jones, Histoire d'un enfant trouvé, précédée d'une notice biographique et littéraire sur Fielding par Walter Scott, avec quelques notes d'André Gide en manière de préface. Traduit de l'anglais par Defauconpret, Paris, Gallimard, 1938, XXVIII-688p.

"Notes en manière de préface" : pp. VI-IX.

Publication préoriginale : voir 621.

639. Préface à Jef Last, Zuyderzée, traduit du néerlandais par Eckman, Paris, Gallimard, 1938, pp. IV-254p.

Achevé d'imprimer en avril 1938.

Préface : pp. I-IV.

Publication préoriginale : voir 629.

Publication subséquente : [847] Rencontres, pp. 57-63.

640. Préface à Yvon, L'U.R.S.S. telle qu'elle est, Paris, Gallimard, 1938, 278p.

Achevé d'imprimer le 9 mars 1938.

Préface : pp. 7-15.

Publication subséquente : [895] Littérature engagée, pp. 161-173.

LIVRES

641. Deux récits,Paris, [J. Schiffrin], 1938, 73p.

Ces deux récits sont Jeunesse et Aqua Santa [sic]

Jeunesse :

Publication préoriginale : voir 482.

Publications subséquentes : [655] O.C. XV, pp. 71-89.

[759] Jeunesse

[872] Feuillets d'automne, pp. 19-36.

[962] Journal 1939-1949, pp. 1087-1098.

Acquasanta

Publications subséquentes : [847] Rencontres, pp. 121-135.

[872] Feuillets d'automne, pp. 48-58.

[962] Journal 1939-1949, pp. 1106-1112.

642. Notes sur Chopin, Bruxelles, Revue internationale de musique, 1938, 14p.

Ce tirage à part de la Revue internationale de musique constitue l'édition originale des Notes sur Chopin, selon Arnold Naville.

Publication préoriginale : voir 483.

Publications subséquentes : [655] O.C. XV, pp. 91-118. Les Notes sont ici augmentées d'une lettre d'Edouard Ganche, pp. 116-118).

[844] Notes sur Chopin, (Edition groupant, outre les Notes sur Chopin, des fragments de Journal et des Feuillets concernant Chopin).

643. Oeuvres complètes, XIV, Paris, Nouvelle revue française, 1938, XI-412 (2)p.

Achevé d'imprimer le 5 mars 1938.

TABLE DES MATIERES :

CORRESPONDANCE

644. BRASOL (Boris), Oscar Wilde. The Man - the Artist, London, Williams and Norgate Ltd, 1938, 425p.

Facsimilé d'une carte postale d'André Gide à Robert Harborough Sherard, 28 (?) novembre 1933, p. 256.

Voir aussi : 630; 632; 643.

1939

TEXTES DIVERS PUBLIES DANS LES REVUES, LES JOURNAUX ...

645. "Obsessions", Les Cahiers du Plateau, janvier 1939, p. 17.

646. Max Jacob", Aguedal, mai 1939, p. 16.

Ce texte sera à nouveau cité dans Aguedal, nouvelle série, nos 1-2, 1944, p. 9 [numéro spécial intitulé : "Tombeau de Max Jacob"]. On le retrouvera également, en italien, dans : "Un'ignorata pagina di Gide", Realta, Anno 5, no 27, maggio-giugno 1955, p. 1.

647. [Lettre à M. le Directeur d'Aguedal], Aguedal, mai 1939, p. 101.

Cette lettre est datée du 2 mai 1918.

648. [Fragment d'une lettre à Daniel Simond], Suisse romande, IIIe série, no 3, 15 juin 1939.

Cette lettre, datée du 20 octobre 1938, fut aussi publiée dans : Daniel Simond, Antipolitique, Lausanne, Bibliothèque des trois Collines, Roth, 1941, p. 132. On en trouvera le texte intégral dans Kevin O'Neill, "Deux lettres sur Nietzsche et Dostoievsky", Australian Journal of French Studies, January - August 1970, p. 17.

649. "Lettre à M. H. Dommartin", Nouvelle revue française, ler août 1939, p. 333.

AVANT-PROPOS, PREFACES ...

650. Avant-propos à Tableau de la littérature française, XVIIe - XVIIIe siècles, de Corneille à Chénier, Paris, Gallimard, 1939, 490p.

    Avant-propos de Gide : pp. 7-12.

651. Préface à Pierre Herbart, Le Chancre du Niger, Paris, Gallimard, 1939, 124[1]p.

    Achevé d'imprimer le 24 mars 1939.

    Préface d'André Gide : pp. 7-19.

652. Préface à Francis Jammes, Vers et Prose, Lausanne, La Guilde du Livre, 1939, 235[5]p.

    Sans achevé d'imprimer.

    Préface d'André Gide : pp. 7-17.

LIVRES

653. Journal 1889-1939, [Paris], Nouvelle revue française, Bibliothèque de la Pléiade, 1939, 1356p.

    Achevé d'imprimer le 20 mai 1939.

    Un second tirage, portant l'achevé d'imprimer au 22 mars 1940, renferme quelques corrections.

    Publications préoriginales et partielles : 16; 37; 40; 49; 51; 87; 151; 184; 188; 192; 195; 196; 197; 210; 270; 323; 432; 446; 491; 492; 497; 498; 500; 501; 502; 506; 513; 518; 545; 549; 550; 554; 556; 559; 563; 580; 589; 609; 613; 631.

Lettre [non envoyée] d'André Gide à Marcel Drouin, 29 juin 1907. p. 250.

Réponse à l'Enquête du Berliner Tageblatt, 25 janvier 1908, p. 259. [voir 151]

Lettre d'André Gide à Lucien Rolmer, [octobre 1909] p. 276.

Lettre d'André Gide à André Beaunier, 12 juillet 1914, pp. 436-437.

Fragment d'une lettre d'André Gide à Jacques Copeau, 17 juillet 1914, p. 440.

Lettre d'André Gide à André Ruyters, 16 septembre 1914, pp. 489-490.

Fragment d'une lettre d'André Gide à Edmund Gosse, 5 février 1916, pp. 536-537. Dans [1020] The Correspondance of André Gide and Edmund Gosse. (pp. 127-128), cette lettre sera datée du 6 février 1916.

Projets de lettre à Charles Maurras, 20 octobre 1916, pp. 574-575.

Lettre d'André Gide à Guillaume Lerolle, 29 octobre 1917, p. 635.

Lettre d'André Gide à Lady Rothermere, [7 janvier] 1918, p. 644.

Lettre d'André Gide à Henri Ghéon, [23 février] 1918. pp. 647-648.

Mention d'une lettre [non citée] d'André Gide à André Ruyters, p. 649. -- Cette lettre "assez importante" dont Gide "regrette de n'avoir pas pris copie", sera publiée dans : Kevin O'NEILL, "Deux lettres sur Nietzsche et Dostoievsky", Australian Journal of French Studies, January - August 1970, pp. 18-19.

Lettre d'André Gide à Paul Souday, [non envoyée], 28 octobre 1922, pp. 744-745.

Lettre d'André Gide à Suzanne Allégret, [non envoyée] 23 janvier 1923, pp. 754-755.

Lettre d'André Gide aux frères L., [non envoyée], 28 juillet 1929, p. 928. Cette lettre aurait été destinée aux frères Marius et Ary Leblond, selon Jean-Jacques Thierry qui la cite dans : [1003], Romans, p. 1595.

Lettre d'André Gide à Mademoiselle X..., 2 février 1931, p. 1029.

Lettre d'André Gide à Jean Giraudoux, [non envoyée], 12 novembre 1931, p. 1092.

La lettre à Jean de Pierrefeu (p. 386) avait précédemment paru dans [538] O.C. VII, p. 563 et celle à l'Association des Ecrivains et Artistes Révolutionnaires (pp. 1146-1147), du 13 décembre 1932, avait été publiée dans [539] Pages de Journal (1929-1932), pp. 195-196. Cette dernière lettre sera reprise dans [895] Littérature engagée, pp. 18-19.

654. Les pages immortelles de Montaigne, choisies et expliquées par André Gide, Paris, Editions Corréa, 1939, 234p.

Achevé d'imprimer le 15 mai 1939.

Présentation d'André Gide : pp. 7-44.

Publication préoriginale : voir 656.

655. Oeuvres complètes, XV, [Paris], Nouvelle revue française, 1939, XVI-555p.

Achevé d'imprimer le 23 mars 1939.

TABLE DES MATIERES

656. The Living Thoughts of Montaigne. Presented by André Gide. [Translation of the introductory essay by Dorothy Bussy. The selections from John Florio's translation of the Essais], New York and Toronto, Longmans & Co., 1939, 162p.
Aussi publié à Londres, Cassel & Co., 1939, 138p.

Dans sa lettre à H. Dommartin [voir 649], André Gide précisera que cet ouvrage fut composé en fonction des lecteurs américains et il déplorera le fait qu'il ait également été publié en France [voir 654]. Il semble que l'édition américaine ait précédé l'édition française.

CORRESPONDANCE

657. BENDZ (Ernst), André Gide et l'art d'écrire, Paris, Messageries du Livre, 1939, 159p.

Lettre d'André Gide à Ernst Bendz, 18 novembre 1933, pp. 45-46 et pp. 47-48.

658. SAINT-GEORGES de BOUHELIER, "Rencontre avec André Gide", Le Figaro, 18 novembre 1939.

SAINT-GEORGES de BOUHELIER cite une lettre qu'André Gide lui adressa, en janvier 1897. Claude Martin précise que cette lettre fut écrite le 10 janvier 1897, dans son Répertoire chronologique des lettres publiées d'André Gide, Paris, Minard, 1971.

Semblable hypothèse nous paraît douteuse, étant donné que Gide répond à un article de SAINT-GEORGES de BOUHELIER qui parut précisémment le 10 janvier 1897, dans Le Figaro. Or, cet article, il en prit connaissance après parution. C'est du moins ce que semble indiquer le début de la lettre : "Ma femme me renvoie à Bruxelles votre manifeste".
La lettre de Gide est également citée dans : Michel DECAUDIN, "Sur une lettre inédite de Gide à Saint-Georges de Bouhélier", Revue des Sciences humaines, juillet-septembre 1952, p. 274.

Voir aussi : 647; 648; 649; 653; 655.

1940

TEXTES DIVERS PUBLIES DANS LES REVUES, LES JOURNAUX...

659. "Lettres du Cameroun", Nouvelle revue française, 1er juin 1940, pp. 835-841.

De fait, André Gide n'a écrit que la présentation (p. 835).

660 "Feuillets", Nouvelle revue française, 1er décembre 1940, pp. 76-86.

Publications subséquentes : [784] Journal 1939-1942, p. 29; p. 22; p. 30; pp. 41-42 (var.). pp. 24-25 (var.); p. 23; pp. 82-83; pp. 73-74; pp. 80-82 (var.); pp. 56-57 (var.); p. 58 (var.); p. 59; pp. 59-60; p. 87 (var.); p. 83 (var.); pp. 85-86 (var.); p. 86 (var.).

[962] Journal 1939-1949, p. 20; pp. 20-21; p. 27 (var.); pp. 16-17 (var.); pp. 18-19 (var.); p. 22 (var.); p. 23; pp. 52-53; p. 47; pp. 51-52 (var.); pp. 36-37; p. 37 (var.); p. 38 (var.); pp. 38-39; pp. 55-56 (var.); p. 53 (var.); p. 54 (var.); p. 55. (var.).

661. "Lettre sur le langage", Cahiers du Sud, no 230, décembre 1940, pp. 552-556.

Lettre d'André Gide à Gabriel Audisio, 5 décembre 1940. Cette lettre fut aussi publiée dans : Amérique française, novembre 1941, pp. 31-34.

PREFACE

662. Préface à Choderlos de Laclos, Dangerous Acquaintances, London, The Nonesuch Press, 1940, XVIII-387p.

Aucun achevé d'imprimer.

Préface de Gide : pp. V-XI.

CORRESPONDANCE

663. MONNIER (Adrienne), "Souvenirs", Gazette des "Amis des livres", no 9, janvier 1940.

Lettre d'André Gide à Adrienne Monnier, 17 décembre 1916. Cette lettre sera aussi publiée dans :

[850] Yvonne Davet, Autour des Nourritures terrestres d'André Gide, pp. 158-159.

[986] "Le Souvenir d'Adrienne Monnier", p. 104.

Adrienne Monnier, Rue de l'Odéon, Paris Albin Michel, 1960, pp. 56-57.

664. RHODES (S.A.), "The Influence of Walt Whitman on André Gide", The Romanic Review, April 1940, pp. 156-171.

Lettre d'André Gide à l'auteur, [1931], pp. 157-158.

Voir aussi : 661

1941

TEXTES DIVERS PUBLIES DANS LES REVUES, LES JOURNAUX ...

665. "Feuillets", Nouvelle revue française, 1er février 1941, pp. 342-351.

Publications subséquentes : [784] Journal 1939-1942, p. 25; p. 37; p. 33 (var.); pp. 45-47 (var.); pp. 48-49 (var.); p. 50; p. 59 (var.); p. 98; p. 96; pp. 65-66 (var.); pp. 70-72; p. 72 (var.); pp. 93-94 (var.);p. 98 (var.). pp. 99-100 (var.).

[962] Journal 1939-1949, pp. 17-18; p. 25; p. 22 (var.); pp. 30-31 (var.); pp. 31-32 (var.); pp. 32-33; p. 38 (var.); p. 62; p. 61; p. 42; pp. 44-46 (var.); pp. 46-47; p. 59 (var.); p. 62 (var.); p. 63 (var.).

666. "Auguste Bréal", Le Figaro, 22 février 1941, p. 3.

667. "Sur une définition de la poésie", Poésie 41, no 3, février-mars 1941, pp. 3-8.

Publications subséquentes : [818] Poétique, pp. 7-17.

[870] Anthologie de la poésie française, pp. 47-51.

668. "Notre Afrique intérieure", Fontaine, no 13, mars 1941, pp. 274-275.

669. "Chardonne 1940", Le Figaro. 12 avril 1941, p. 3.

Jacques Chardonne, Voir la Figure. Réflexions sur ce temps, Paris Grasset, 1941 [a.i. 1er octobre 1941], pp.109-115.

Publications subséquentes : [713] Attendu que, pp. 11-20.

[715] Interviews imaginaires, (ed. suisse), pp. 15-22.

[716] Interviews imaginaires, (ed. américaine), pp. 213-226.

670. "Rimbaud", Poésie 41, no 6, octobre-novembre 1941, pp. 5-8.

Publications subséquentes : [842] Eloges, pp. 11-17.

[872] Feuillets d'automne, pp. 175-179.

671. "Interviews imaginaires", Le Figaro, 11 novembre 1941, p. 3.

Publications subséquentes : [713] Attendu que ...., pp. 31-36.

[715] Interviews imaginaires, (ed. suisse), pp. 23-29.

[716] Interviews imaginaires, (ed. américaine), pp. 13-21.

[714] Interviews imaginaires, (ed. française), pp. 9-16.

672. "Interviews imaginaires", Le Figaro, 15 novembre 1941, p. 3.

Publications subséquentes : [713] Attendu que ..., pp. 37-43.

[715] Interviews imaginaires, (ed. suisse), pp. 31-38.

[716] Interviews imaginaires, (ed. américaine), pp. 23-34.

[714] Interviews imaginaires, (ed. française), pp. 17-26.

673. "Interviews imaginaires", Le Figaro, 22 novembre 1941, p. 3.

Publications subséquentes : [713] Attendu que ..., pp. 44-51.

[715] Interviews imaginaires, (ed. suisse), pp. 39-47.

[716] Interviews imaginaires, (ed. américaine), pp. 35-48.

[714] Interviews imaginaires, (ed. française), pp. 27-37.

674. "Interviews imaginaires. Outrelouanges, injustes critiques", Le Figaro, 29 novembre 1941, p. 3.

Publications subséquentes : [713] Attendu que ..., pp. 52-59.

[715] Interviews imaginaires, (ed. suisse), pp. 49-57.

[716] Interviews imaginaires, (ed. américaine), pp. 49-57.

[714] Interviews imaginaires, (ed. française), pp. 39-49.

675. "Interviews imaginaires. Confiance en le deux cent unième", Le Figaro, 6 décembre 1941, p. 3.

Publications subséquentes : [713] Attendu que ..., pp. 60-65.

[715] Interviews imaginaires, (ed. suisse), pp. 59-64.

[716] Interviews imaginaires, (ed. américaine), pp. 59-67.

[714] Interviews imaginaires, (ed. française), pp. 49-55.

676. "Interviews imaginaires. Peuple et poésie", Le Figaro, 13 décembre 1941, p. 3.

Publications subséquentes : [713] Attendu que ..., pp. 66-74.

[715] Interviews imaginaires, (ed. suisse). pp. 65-74.

[716] Interviews imaginaires,(ed, américaine), pp. 69-83.

[714] Interviews imaginaires, (ed. française), pp. 57-68.

677. "Interviews imaginaires. Chardonne 41. Contes populaires", Le Figaro, 20 décembre 1941, p. 3.

Publications subséquentes : [713] Attendu que ..., pp. 75-79.

[715] Interviews imaginaires, (ed. suisse), pp. 75-80.

[716] Interviews imaginaires, (ed. américaine), pp. 85-92.

[714] Interviews imaginaires, (ed. française), pp. 69-75.

678. "Interviews imaginaires. Romans et genres littéraires", Le Figaro, 27 décembre 1941, p. 3.

Publications subséquentes : [713] Attendu que..., pp. 80-85.

[715] Interviews imaginaires, (ed. suisse), pp. 81-87.

[716] Interviews imaginaires (ed. américaine), pp. 93-112.

[714] Interviews imaginaires, (ed. française), pp. 77-84.

LIVRE

679. Découvrons Henri Michaux, [Paris], Gallimard, [1941], 55p.

Achevé d'imprimer en juillet 1941.

CORRESPONDANCE

680. MONDOR (Henri), Vie de Mallarmé, Paris, Gallimard, 1941.

Dépot légal : mars 1941.

Lettre d'André Gide à Stéphane Mallarmé, 5 février 1891, p. 596.
Cette lettre sera ensuite citée dans :

[972] Correspondance Paul Valéry - André Gide, p. 52.

[998] Jean Delay, La Jeunesse d'André Gide, II, p. 40.

[1164] André Gide, p. 37.

Lettre d'André Gide à Stéphane Mallarmé, [janvier 1897], p. 749.
Cette lettre sera reprise dans :

[972] Correspondance Paul Valéry-André Gide, p. 285.

Lettre d'André Gide à Stéphane Mallarmé, 21 janvier 1897, p. 751.

Lettre d'André Gide à Stéphane Mallarmé, 3 février 1897, p. 754.

Lettre d'André Gide à Stéphane Mallarmé, 9 mai 1897, p. 770.
Cette dernière lettre est aussi citée dans :

[972] Correspondance Paul Valéry-André Gide, p. 297.

1942

TEXTES DIVERS PUBLIES DANS LES REVUES, LES JOURNAUX ...

681. "Interviews imaginaires. Roman et genres littéraires" (suite), Le Figaro, 3 janvier 1942, p. 3.

Publications subséquentes : [713] Attendu que..., pp. 86-92.

[715] Interviews imaginaires, (ed. suisse) pp. 89-96.

[714] Interviews imaginaires, (ed. française), pp. 85-94.

682. "Interviews imaginaires. L'interviewer interviewé", Le Figaro, 10 janvier 1942, p. 3.

Publications subséquentes : [713] Attendu que ..., pp. 93-99.

[715] Interviews imaginaires, (ed. suisse), pp. 97-104.

[716] Interviews imaginaires, (ed. américaine), pp. 113-123.

[714] Interviews imaginaires, (ed. française), pp. 95-104.

683. "Introduction au théâtre de Goethe", Le Figaro, 17 janvier 1942, p. 3 .

Publications subséquentes : [703] Introduction à Goethe, Théâtre, pp. IX-XIV.

[713] Attendu que ..., pp. 103-111 (var.).

[716] Interviews imaginaires, (ed. américaine), pp. 127-140.

[845] Préfaces, pp. 87-98.

684. "Introduction au théâtre de Goethe", Le Figaro, 24 janvier 1942, p. 3.

Publications subséquentes : [703] Introduction à Goethe, Théâtre, pp. XIV-XVIII.

[713] Attendu que ..., pp. 112-118.

[716] Interviews imaginaires, (ed. américaine), pp. 140-150.

[845] Préfaces, pp. 100-109.

685. "Introduction au théâtre de Goethe", Le Figaro, 31 janvier 1942, p. 3.

Publications subséquentes : [703] Introduction à Goethe, Théâtre, pp. XVIII-XXI.

[713] Attendu que ...,pp. 118-123.

[716] Interviews imaginaires, (ed. américaine), pp. 150-157.

[845] Préfaces, pp. 109-114.

686. "Ma mère", Quatre-Vents, février 1942.

Publications subséquentes : [847] Rencontres, pp. 9-15.

[962] Journal 1939-1949, pp. 1099-1102.

[872] Feuillets d'automne, pp. 37-41.

Traduit en anglais, ce texte parut, sous le titre de "My Mother", dans New Writing and Daylight, Autumn 1944, pp. 73-75.

687. "Introduction au théâtre de Goethe", Le Figaro, 7 février 1942, p. 3.

Publications subséquentes : [703] Introduction à Goethe, Théâtre, pp. XXI-XXIV.

[713] Attendu que ... pp. 123-128.

[716] Interviews imaginaires, (ed. américaine), pp. 157-165.

[845] Préfaces, pp. 114-122.

688. "Interviews imaginaires. Retouches. La Position chrétienne et les autres", Le Figaro, 24 février 1942, p. 3.

Publications subsequentes : [713] Attendu que ..., pp. 129-134.

[715] Interviews imaginaires, (ed. suisse), pp. 105-113.

[714] Interviews imaginaires, (ed. française), pp. 105-111.

689. "Interviews imaginaires. Saint-Mallarmé l'ésotérique", Le Figaro, 14 mars 1942, pp. 3-4.

Publications subséquentes : [713] Attendu que ..., pp. 135-142.

[716] Interviews imaginaires, (ed. américaine), pp. 169-180.

[714] Interviews imaginaires, (ed. française), pp. 113-122.

690. "Interviews imaginaires. Métrique et prosodie", Le Figaro, 28 mars 1942, p. 3.

Publications subséquentes : [713] Attendu que ..., pp. 143-148.

[716] Interviews imaginaires, (ed. américaine), pp. 181-190.

[714] Interviews imaginaires, (ed. française), pp. 123-131.

691. "Interviews imaginaires. Métrique et prosodie" (II), Le Figaro, 7 avril 1942, p. 3.

Publications subséquentes : [713] Attendu que..., pp. 149-155.

[716] Interviews imaginaires, (ed. américaine), pp. 191-201.

[714] Interviews imaginaires, (ed. française), pp. 133-142.

692. "Interviews imaginaires. Métrique et prosodie" (III), Le Figaro, 11 avril 1942, p. 3.

Publications subséquentes : [713] Attendu que ..., pp. 156-162.

[716] Interviews imaginaires, (ed. américaine), pp. 201-211.

[714] Interviews imaginaires, (ed. française), pp. 143-151.

693. "Interviews imaginaires. Poésie encore et toujours", Le Figaro, 2 mai 1942, p. 3.

Publications subséquentes : [713] Attendu que ..., pp. 163-169.

[716] Interviews imaginaires, (ed. suisse), pp. 137-144.

[714] Interviews imaginaires, (ed. française), pp. 153-161.

694. "Interviews imaginaires. Aux grands mots les petits remèdes" (I), Le Figaro, 30 mai 1942, p. 3.

Publications subséquentes : [713] Attendu que ..., pp. 170-175.

[715] Interviews imaginaires, (ed. suisse), pp. 123-129.

[714] Interviews imaginaires, (ed. française), pp. 163-170.

695. "Trois rencontres avec Verlaine", Fontaine, no 22, juin 1942, pp. 116-118.

Publications subséquentes : [847] Rencontres, pp. 71-77.

[872] Feuillets d'automne, pp. 180-185.

696. "Interviews imaginaires. Aux grands mots les petits remèdes" (II), Le Figaro, 2 juin 1942, p. 3.

Publications subséquentes : [713] Attendu que ..., pp. 176-180.

[715] Interviews imaginaires, (ed. suisse), pp. 131-135.

[714] Interviews imaginaires, (ed. française), pp. 171-176.

697. "Notes sur l'interprétation du rôle de Phèdre. Conseils à une jeune actrice" (I), Le Figaro, 25 juillet 1942, pp. 3-4.

Publications subséquentes : [713] Attendu que..., pp. 185-192.

[714] Interviews imaginaires, (ed. française), pp. 180-190.

698. "Notes sur l'interprétation du rôle de Phèdre. Conseils à une jeune actrice" (II), Le Figaro, 28 juillet 1942, p. 3.

Publications subséquentes : [713] Attendu que ..., pp. 193-197.

[714] Interviews imaginaires, (ed. française), pp. 191-197.

699. "Conseils à une jeune actrice" (III), Le Figaro, 4 août 1942, p. 3.

Publications subséquentes : [713] Attendu que ..., pp. 198-202.

[714] Interviews imaginaires, (ed. française), pp. 198-204.

700. "Conseils à une jeune actrice" (IV), Le Figaro, 8 août 1942, p. 3.

Publications subséquentes : [713] Attendu que ..., pp. 203-210.

[714] Interviews imaginaires, (ed. française), pp. 205-214.

701. "Autour d'Iphigénie", Le Figaro, 29 août 1942, p. 3.

Publications subséquentes : [713] Attendu que ..., pp. 211-217.

[714] Interviews imaginaires, (ed. française), pp. 217-225.

702. [En collaboration], Rilke et la France, Paris, Plon et Nourrit, 1942, III-294p.

Les deux pages offertes par André Gide en hommage à Rilke (pp. 195-196) furent écrites à quatorze années d'intervalle. Le premier texte (p. 195), daté du 21 octobre 1941, est une lettre adressée à Daniel-Rops. Ce texte était jusqu'alors inédit. Le second (pp. 195-196) fut écrit le 9 février 1927. Ce texte est "inédit en France", indique-t-on dans le livre. De fait, après avoir été publié dans l'Inselschiff, 1926-1927 [voir 392], il fut repris dans le Manuscrit autographe de mai - juin 1927, p. 102. Il sera à nouveau repris dans Les Nouvelles littéraires du 2 janvier 1937.

Dans l'édition de Rilke et la France parue en 1943 (Paris et Bruxelles, Librairie Plon et Editions de Kogge, 1943, 322p. -- achevé d'imprimer le 20 mai 1943), les textes de Gide occupent respectivement les pages 215 et 215-216.

INTRODUCTION

703. Introduction à Goethe, Théâtre, "Bibliothèque de la Pléiade", Paris, Nouvelle revue française, 1942, XXIV-1342p.

Introduction d'André Gide : pp. IX-XXIV.

Publications préoriginales : 683; 684; 685; 687.

Publications subséquentes : [713] Attendu que..., pp. 103-128.

[716] Interviews imaginaires, (ed. américaine), pp. 127-165.

[845] Préfaces, pp. 87-122.

LIVRE

704. Théâtre, [Paris], Gallimard, 1942, 367p.

TABLE DES MATIERES

CORRESPONDANCE

705. KAAS-ALBARDA (Maria), André Gide et son journal, Arnhem, Van Loghum Slaterus, 1942, 140p.

Fragment d'une lettre d'André Gide à Maria Kaas-Albarda, 16 mars 1940, p. 127.

Voir aussi : 697; 702.

1943

TEXTES DIVERS PUBLIES DANS LES REVUES, LES JOURNAUX ...

706. "Eloge de la Suisse", Cahiers du Sud, [mars] 1943, pp. 15-17.

707. "Lettre à un jeune poète", Profil littéraire de la France, no 14, juillet 1943, pp. 14-16.

Cette lettre, nous assure Monsieur Kevin O'Neill, qui nous a écrit à ce sujet, est une galéjade. "Impossible de savoir qui l'a écrite, ni pourquoi. Elle n'est sûrement pas de Gide".

Comme il nous a été impossible de vérifier, nous donnons néanmoins la référence à titre d'information, tout en prévenant le lecteur qu'il est probable que ce texte ne soit pas de Gide.

708. "La délivrance de Tunis", La Syrie et l'Orient, [août 1943].

Dans "Quelques souvenirs sur André Gide" (Bulletin de la Faculté des lettres de Strasbourg, no 6, mars 1969, p. 341), Monsieur Jean Gaulmier écrit, après avoir cité deux lettres d'André Gide au sujet de ce texte : "Le journal Syrie et Orient eut donc la chance de présenter en préoriginale à ses lecteurs sous ce titre d'André Gide lui-même : La délivrance de Tunis le texte intéressant qui figure dans l'édition du Journal (Gallimard, 1950) aux pages 168 et suivantes". Monsieur Gaulmier précise que le texte publié dans La Syrie et l'Orient "présente quelques variantes de détail par rapport à l'édition Gallimard 1950".

Désireux de donner une référence précise, nous avons cherché en vain à nous procurer La Syrie et l'Orient. Monsieur Jean Gaulmier, que nous avons consulté, nous a aimablement répondu ce qui suit :

> "[...] je regrette de ne pouvoir préciser exactement le no de La Syrie et l'Orient où a paru l'extrait du Journal dont je parle dans mes souvenirs sur Gide. Il s'agissait d'un journal quotidien dont je n'ai pas la collection complète, et je crois bien que cette collection complète n'existe nulle part -- pas même au Liban où l'ambassade de France, après la guerre, n'a pris aucun soin des souvenirs de l'action de la France libre.
>
> C'est vraisemblablement dans un no d'août 1943 que cet article a paru, occupant (je m'en souviens fort bien) une page entière du quotidien".

Publications subséquentes : [716] Interviews imaginaires, (ed. américaine pp. 229-243.

[719] Combat, 9 janvier 1944.

[734] Chroniques interdites, pp. 32-39.

Les lettres françaises 18 novembre 1944.

[892] Journal 1942-1949, pp. 168-176.

[962] Journal 1939-1949, pp. 235-241.

709. "Interviews imaginaires. Les Ecrivains et les poètes des Etats-Unis d'Amérique", Fontaine, nos 27-28, [août 1943] pp. 127-130.

Publication subséquente : [757] Préface à Ecrivains et poètes des Etats-Unis, pp. 7-11.

Voir aussi : 736.

710. [Traduction en collaboration avec Madeleine Bosco de:] T.S. Eliot, "Little Gidding", Aguedal, décembre 1943, pp. 17-23.

711. "Pages de Journal", Fontaine, no 31, [1943], pp. 8-14.

Publication subséquente : [962] Journal 1939-1949, p. 71 (le fragment est ici daté du 28 février 41, alors que dans Fontaine, il était du 21 février.)
pp. 82-83;
p. 84;
p. 87.
(le fragment est ici daté du 19 juillet; dans Fontaine, il est du 18 juillet.)
pp. 92-93
p. 100.

712. "Du classicisme", Domaine français, no 1, [1943], pp. 257-262.

LIVRES

713 Attendu que ..., [Alger], Charlot, 1943, 240p.

"Le texte de ce volume, dans sa presque totalité, est compris dans l'une ou l'autre des trois éditions des Interviews imaginaires parues la même année" (A. Naville, Bibliographie des écrits d'André Gide, p. 99).

En guise d'avant-propos [p.9], André Gide écrivit ce qui suit :

"Les chroniques et divers articles réunis dans ce volume ont tous paru dans le Figaro (1). Je les redonne ici, selon l'ordre chronologique de leur publication dans ce vaillant journal, sans rien changer au texte, mais rétablissant parfois quelques mots qu'avait supprimés la censure (en particulier les noms de Heine et de Einstein).

Ces pages se ressentent du temps de guerre et du poids de l'occupation qui, plus ou moins, inclinait alors les esprits : d'où le titre de ce volume.

[..........]"

(1) "A l'exception pourtant de deux interviews imaginaires dont la publication paraissait alors inopportune et qui sont demeurées inédites jusqu'à ce jour, ainsi que les quelques pages d'appoint et de soutien que j'y ai jointes".

Ces deux interviews imaginaires furent à nouveau publiées dans L'Arche, no 11, novembre 1945, pp. 46-54 [voir 751 ;752]. Elles étaient alors suivies de feuillets (pp. 54-56) qui reprenaient les "quelques pages d'appoint et de soutien" dont il vient d'être question. Ces mêmes textes furent aussi repris dans :

[782] Deux interviews imaginaires suivies de feuillets (cet ouvrage renfermait, cependant, quelques feuillets inédits (pp. 52-55).

[872] Feuillets d'automne, pp. 247-266.

TABLE DES MATIERES

714. Interviews imaginaires, [Paris], Gallimard, [1943], 231p.

"Bien que l'achevé d'imprimer soit du 30 novembre 1942, le volume ne fut mis en vente qu'en 1943, après la parution de l'édition originale des Editions du Haut Pays" (A. Naville, Bibliographie des écrits de André Gide, pp. 97-98).

Rappelons que la composition des trois éditions d'Interviews imaginaires diffère.

TABLE DES MATIERES

715. Interviews imaginaires, Yverdon et Lausanne, Editions du Haut Pays, 1943, 151p.

Achevé d'imprimer le 15 mars 1943.

La composition de ce volume diffère de celle des deux autres éditions des Interviews imaginaires qui paraissent la même année.

TABLE DES MATIERES

716. Interviews imaginaires. La délivrance de Tunis; pages de Journal, mai 1943, New York, Panthéon Books, Inc., distributed by Jacques Schiffrin & Co., [1943], 247p.

Achevé d'imprimer le 2 novembre 1943.

La composition de cette édition diffère des précédentes.

TABLE DES MATIERES

[Ce texte sera repris dans [962] Journal 1939-1949 (pp. 235-241). La note qui se trouve à la page 237 des Interviews imaginaires a toutefois été enlevée].

CORRESPONDANCE

[Lettre à Claude Francis], voir : 713; 714.

717. MANN (Klaus), André Gide and the Crisis of Modern Thought, New York,

Creative Age Press, 1943, VIII-331p. [Aussi publié à : London, Dennis Dobson, 1948].

Photographie d'une lettre d'André Gide à l'auteur, 8 février 1940, s.p. (édition américaine); pp. 10-11 (édition anglaise).

718. SAINT-GEORGES DE BOUHELIER, Introduction à la vie de grandeur, Paris, Edouard Aubanel, 1943, 295p.

Lettre d'André Gide à Saint-Georges de Bouhélier, lundi soir, [1896], pp. 240-241. Dans Le Printemps d'une génération (Paris, Nagel, 1946, p. 320), Saint-Georges de Bouhélier datera cette lettre du 24 août 1896.

Voir aussi : 707.

1944

TEXTES DIVERS PUBLIES DANS LES REVUES, LES JOURNAUX ...

719. "La libération de Tunis", Combat, 9 janvier 1944, p. 8.

Publications précédentes : [708] La Syrie et l'Orient [août 1943].

[716] Interviews imaginaires, (ed. amé.), pp. 229-243 (var.).

Publications subséquentes : [784] Journal 1942-1949, pp. 168-176 (var.).

[962] Journal 1939-1949, pp. 235-241 (var.).

720. "Appel", L'Arche, no 1, février 1944, pp. 13-15.

721. "Pages de Journal", L'Arche, no 2, mars 1944, pp. 3-23.

Publications subséquentes : [738] Pages de journal 1939-1942.

[784] Journal 1939-1942, pp. 9-48 (var.). (L'avant-propos qui précédait les "Pages de Journal" est ici donné en appendice, à la page 199).

[962] Journal 1939-1949, pp. 9-32 (var.).

Le texte, publié dans Journal 1939-1942 et dans Journal 1939-1949, est de beaucoup plus complet que celui de L'Arche.

722. "Tombeau de Jean Giraudoux", L'Arche, no 2, mars 1944, pp. 105-107.

723. "Nouvelle pages de Journal", Lettres françaises, no 12, ler avril 1944, pp. 1-6.

"Les fragments datés du 23 et du 25 novembre 1940 ont déjà paru, précise une note, mais sous une forme un peu différente, dans le no de février 1941 de la N.R.F."

Publications subséquentes : [738] Pages de Journal 1939-1942, pp. 87-100.

[784] Journal 1939-1942

[962] Journal 1939-1949, pp. 62-69. (var.).

724. "Pages de Journal", L'Arche, no 3, avril-mai 1944, pp. 10-39.

Publications subséquentes: [738] Pages de Journal 1939-1942.

[784] Journal 1939-1942, pp. 49-100. (Le texte comporte plusieurs variantes et est augmenté de passages inédits.)

[962] Journal 1939-1949, pp. 32-63 (Id.).

725. "Pages de Journal", L'Arche, no 4, juin-juillet 1944, pp. 37-56.

Publications subséquentes : [738] Pages de Journal 1939-1942,

[784] Journal 1939-1942, pp. 100-158; pp. 169-177; pp. 188-195. Le texte comporte de nombreuses variantes et est augmenté de passages inédits.)

[962] Journal 1939-1949, pp. 63- 98; pp.104-109; pp.115-119. (Id.)

Voir aussi : [734] Chroniques interdites.

726. "Un serviteur de la France nouvelle : Pierre Viénot", La France libre, VIII, no 46, 15 août 1944, p. 231.

Publication subséquente : [737] Préface à Pierre Viénot, Ses Discours et messages.

727. "Robert ou l'intérêt général" (acte 1), L'Arche, no 5, août-septembre 1944, pp. 14-47.

Publications subséquentes : [874] Théâtre complet VI, pp. 9-42.

[895] Littérature engagée, pp. 224-250.

728. "Le message d'André Gide", Le Figaro, 10 septembre 1944, p. 1.

Lettre d'André Gide à Pierre Brisson, directeur du Figaro, datée du 29 août 1944.

729. "Pages de Journal", Le Figaro, 23 septembre 1944, pp. 1-2.

Publications subséquentes : [738] Pages de Journal 1939-1942,

[784] Journal 1939-1942, pp. 104-105; pp. 110-111; p. 116;

p. 118;
p. 123;
p. 126;
pp. 128-129;
p. 136;
pp. 139-140;
pp. 150-151;
p. 157.

[962] Journal 1939-1949, pp. 65-66;
pp. 68-69;
p. 72;
p. 73(var.);
p. 76;
p. 78;
p. 80;
p. 84;
pp. 86-87;
p. 93(var.);
p. 94;
p. 97 (var.).

730. "Robert ou l'intérêt général" (Acte II), L'Arche, no 6, octobre-novembre 1944, pp. 21-51.

Publications subséquentes : [874] Théâtre complet, VI, pp. 43-71.

[895] Littérature engagée, pp. 250-273.

731. Réponse à une enquête [du Sunday Times]", L'Arche, no 6, octobre-novembre 1944, pp. 129-132.

Ce texte a fort vraisemblablement paru dans le Sunday Times. Il nous fut cependant impossible de vérifier. Nous savons, par contre, qu'un large extrait de cette réponse sera publié, sous le titre de "D'une France nouvelle", dans Combat, 23 décembre 1944, p. 1.

732. "Rencontre à Sorrente", L'Arche, no 6, octobre-novembre 1944, pp. 133-135.

Publication subséquente : [847] Rencontres, pp. 51-56.

733. "Jeux de jeunes poètes", Labyrinthe, 15 octobre 1944, p. 8.

La notice dit :

"Voici quelques vers inédits d'André Gide, Pierre Louys, Paul Valéry, quatrains composés en collaboration lors d'un après-midi du mois de juillet 1894".

Suit ce texte :

"Gloire aux barbes de fer nocturnement éparses P.V.
Effarant leurs poils morts dans les bras étendus P.L.
Les sols de corps jonchés, au choc des métatarses A.G.
Ont vaporisé l'or des sables épandus P.V.

Gloire aux célestes mains ramasseuses des morts P.L.
Le sable sur les chairs a plu comme une cendre A.G.
D'étoiles pour mouler le fauve deuil des corps P.V.
Où va la blanche foule extatique, descendre P.L.

Un coucher de soleil pourpre et or se réflète A.G.
Dans, brut! -- le vieux cristal las d'or, qui fut un lac! P.V.
Et se propage en moire aux houles du ressac P.L.
Vers la nue où bleuit la lune violette A.G.

Ressusciter ce soir favori des colombes! P.V.
Faible exil déroulé des roses sur les eaux P.L.
Dont la couleur s'accroche en coulant, aux roseaux A.G.
Fidèles, ô mon coeur fini, toi qui succombes!" P.V.

734. Chroniques interdites II, Paris, Editions de Minuit, 1944, 93p.

"Ce volume publié aux dépens de quelques lettrés patriotes a été achevé d'imprimer sous l'oppression à Paris le 14 juillet 1944".

TABLE DES MATIERES :

Le texte d'André Gide était précédé de cette note :

"On trouvera ici quelques fragments du Journal récent d'André Gide.

La publication intégrale de ce Journal pour les années 1942 et 1943 ne nous était pas possible, pour les raisons strictement matérielles que l'on devine.

Nous avons conservé, dans le Journal de 1942, écrit à Nice avant le départ d'André Gide pour Tunis, tout ce qui se rapporte, de près ou de loin, aux évènements. Rien n'en a été coupé. Seules ont été supprimées les pages d'un caractère purement personnel ou familial.

Du Journal de 1943 nous publions tout ce qui nous est parvenu : le beau récit de la délivrance de Tunis".

Les "pages d'un caractère personnel", auxquelles il vient d'être fait allusion, concernaient surtout Catherine Gide. Ces pages paraîtront cependant dans les éditions subséquentes du Journal.

Le texte des Chroniques interdites sera aussi publié dans :

[725] "Pages de Journal", L'Arche juin-juillet 1944, pp. 47-50, (en partie seulement et avec variantes).

[784] Journal 1939-1942,
pp. 169-175 (var.);
pp. 177-180 (var.);
pp. 187-188 (var.).

[962] Journal 1939-1949,
pp. 104-107 (var.);
pp. 109-110 (var.);
p. 115 (var.).

Pour ce qui est de la "Délivrance de Tunis", voir : 708.

PREFACES

735. Lettre-préface à Shakespeare, Hamlet, édition bilingue, traduction nouvelle de André Gide, New York, Jacques Schiffrin, Pantheon Books, 1944, 286p.

Achevé d'imprimer le 10 décembre 1944.

Lettre-préface : pp. 7-9.

La lettre-préface sera ensuite citée dans :
[875] Théâtre complet VII, pp. 200-203.

Le texte de la traduction sera repris dans :
[875] Théâtre complet VII, pp. 5-180

736. Préface à Ecrivains américains d'aujourd'hui, Genève, Editions du Continent, 1944.

Cet ouvrage est signalé par Arnold Naville, dans sa Bibliographie (p. 132). Il nous fut malheureusement impossible de le consulter. Nous inclinons à penser que cette préface est la même que celle de la revue Fontaine : voir 709.

737. Préface à Pierre Vienot, Ses discours et messages, London, Harrison and Sons, [1944], 32p.

Publication préoriginale : voir 726.

LIVRE

738. Pages de journal 1939-1942, New York, Jacques Schiffrin, 1944, 172p.

Achevé d'imprimer le 15 juin 1944.

Publications préoriginales : 719; 721; 723; 724; 725; 729.

Trois autres éditions suivront cette édition américaine :

1o- [Alger], Charlot, 1944 (achevé d'imprimer le 30 septembre 1944), 113p.

2o- Yverson et Lausanne, Editions du Haut-Pays, 1945 (achevé d'imprimer le 5 avril 1945), 170p.

3o- Paris, Gallimard, 1946, 215p.

(Cette dernière édition est la plus complète. Outre des pages inédites, elle renferme un appendice et un index. C'est le texte de cette édition qui sera repris dans :

[962] Journal 1939-1949, pp. 9-119.

CORRESPONDANCE

Voir : 728.

1945

TEXTES DIVERS PUBLIES DANS LES JOURNAUX, LES REVUES ...

739. "Robert ou l'intérêt général" (Acte III), L'Arche, no 7, décembre 1944-janvier - février 1945, pp. 36-65.

Publications subséquentes : [874] Théâtre complet VI, pp. 73-102.

[895] Littérature engagée, pp. 273-296.

740. "La justice avant la charité", Combat, 7 et 8 janvier 1945, p. 1.

741. "Saint-Exupéry", Le Figaro, 1er février 1945, pp. 1-2.

742. "Justice ou charité", Le Figaro, 25 février 1945, pp. 1-2.

Publication subséquente : [872] Feuillets d'automne, pp. 232-235.

743. "Hommage à Henri Ghéon. In Memoriam", Gavroche, 14 juin 1945, p.4.

Publications subséquentes : [842] Eloges, pp. 93-99.

[872] Feuillets d'automne, pp. 114-118.

744. "Le Rayonnement de Paul Valéry", Le Figaro, 25 juillet 1945.

Publications subséquentes : [817] Paul Valéry, pp. VII-X.

[842] Eloges, pp. 127-132.

[872] Feuillets d'automne, pp. 91-94.

745. "Robert ou l'intérêt général" (Actes IV et V), L'Arche, no 8, août 1945, pp. 20-50.

Publications subséquentes [874] Théâtre complet VI, pp. 103-138.

[895] Littérature engagée, pp. 297-323.

746. "Avant-propos à Terre des Hommes (hebdomadaire), Terre des Hommes 29 septembre 1945, p. 1.

Publication subséquente : [845] Préfaces, pp. 123-128.

747. "Paul Valéry", L'Arche, no 10, octobre 1945, pp. 4-17.

Des extraits de ce texte paraîtront sous le titre de : "Réflexions et souvenirs", dans Terre des Hommes, 27 octobre 1945, p. 6 et dans Pages françaises, no 7, novembre 1945, pp. 11-14. Sous le titre de "Hommage à Paul Valéry", parut un fragment de la même étude dans Valeurs, no 4, janvier 1946, p. 116. Traduit en anglais par Dorothy Bussy, "Paul Valéry" sera publié dans New Writing and Daylight, 1946, pp. 98-108.

Publications subséquentes : [817] Paul Valéry, pp. XI-XXXII.

[872] Feuillets d'automne, pp. 95-113.

[842] Eloges, pp. 101-127.

748. [Avant-propos à] "Lettres de Paul Valéry à André Gide", L'Arche, no 10, octobre 1945, p. 18.

Cet avant-propos, suivi des mêmes lettres de Paul Valéry à André Gide, sera repris dans Pages françaises, no 9, janvier 1946, p. 3.

749. "Education", Terre des hommes, 13 octobre 1945, p. 8.

Un texte, portant le même titre, sera publié dans Cahiers des saisons, en novembre 1956, p. 146. Il nous fut impossible de vérifier s'il s'agissait du même texte.

750. "Feuillets retrouvés", Terre des hommes, 20 octobre 1945, p. 8.

751. "Deux interviews imaginaires (inédites en France)", L'Arche, no 11, novembre 1945, pp. 46-54.

Publication précédente : [713] Attendu que..., pp. 221-233.

Publications subséquentes : [782] Deux interviews imaginaires suivies de feuillets, pp. 11-38.

[872] Feuillets d'automne, pp. 247-259.

752. "Feuillets", L'Arche, no 11, novembre 1945, pp. 54-56.

Publication précédente : [713] Attendu que ..., pp. 235-238.

Publications subséquentes : [782] Deux interviews imaginaires suivies de feuillets, pp. 41-47.

[872] Feuillets d'automne, pp. 260-263.

753. "Les deux cortèges", Terre des hommes, 3 novembre 1945, p. 1.

754. "Existentialisme", Terre des hommes, 17 novembre 1945, p. 6.

Ce texte fut aussi publié dans Pages françaises, no 8, décembre 1945, pp. 64-65.

755. "André Malraux. L'Aventure humaine", Terre des hommes, no 10, 1er décembre 1945, p. 1.

Publications subséquentes : Pages françaises, no 9, janvier 1946, pp. 33-35.

L'Espoir des Alpes, 22 janvier 1949, p. 1.

756. "Henri Bosco", Terre des hommes, no 12, 15 décembre 1945, p. 5.

AVANT-PROPOS ET PREFACES

757. Préface à Ecrivains et poètes des Etats-Unis, Paris, Editions de la revue Fontaine, 1945, 217p.

Préface : pp. 7-11.

Publication préoriginale : voir 709.

758. Préface à Poussin, Paris, Au Divan, 1945.

Ce livre parut en septembre 1945.

La préface de Gide occupe les quatorze premières pages.

Sous le titre de "L'Enseignement de Poussin", cette préface sera publiée dans :

[847] Rencontres, pp. 97-120.

[872] Feuillets d'automne, pp. 157-173.

Voir aussi : 746; 748.

LIVRE

759. Jeunesse, Neuchâtel et Paris, Ides et Calendes, [1945], 55p.

Publications préoriginales : 482; 641; 655.

Publications subséquentes : [872] Feuillets d'automne, pp. 19-36.

[962] Journal 1939-1949, pp. 1087-1098.

1946

TEXTES DIVERS PUBLIES DANS LES REVUES, LES JOURNAUX ...

760. "Lettre à M. Taha Hussein Bey", Valeurs, no 4, janvier 1946, p. 129.

Cette lettre du 5 juillet 1945 servira de préface à la traduction arabe de la Porte étroite.

761. "Solidité de Ramuz", Lettres (Genève), no 6, [février 1946], pp. 59-60.

Publications subséquentes : A C.F. Ramuz, Hommage des Zofingiens, Lausanne, société suisse des étudiants de Zofingue, août 1947, p. 21.

[842] Eloges, pp. 133-135.

762. "Controverse sur la Symphonie pastorale. Une lettre d'André Gide", XXe Siècle, 28 février 1946, p. 1 et p. 5.

Dans son édition critique de La Symphonie pastorale (Paris, Minard 1970, p. 182), Claude Martin cite un long extrait de cette lettre adressée à la revue XXe Siècle.

763. "Allocution à Radio-Liban" [1er avril 1946], L'Orient, (Beyrouth), [1er avril 1946 ?].

Nous n'avons pas été en mesure de vérifier cette référence que donne Raymond Tahhan, dans André Gide et l'Orient, Paris, Abécé, 1963, p. 401.

Le texte de cette allocution sera repris dans :

[787] Souvenirs littéraires et problèmes actuels, pp. 11-13.

764. "Thésée", Les Cahiers de la Pléiade avril 1946, pp. 9-42.

Des extraits paraîtront dans Pages françaises, no 15, juillet 1946, pp. 30-33.

Publications subséquentes : [788] Thésée.

[846] Récits, II, pp. 541-587.

[1003] Romans, pp. 1413-1453.

765. "Pages de Journal", L'Arche, no 16, juin 1946, pp. 3-20.

Publications subséquentes : [892] Journal 1942-1949, pp. 8-31. (le texte est plus complet, ici).

[962] Journal 1939-1949, pp. 120-137 (Id.).

766. "Sur quelques points de grammaire", Le Littéraire, 27 juillet 1946, p.1.

Lettre d'André Gide à André Billy, 13 juillet 1946.

767. "Le Dialogue français", Le Littéraire, 31 août 1946, p. 1.

Publications subséquentes : Cornhill, no 24, Winter 1946, pp. 200-201.

Erasme, no 15,mars 1947, pp. 97-99.

768. "Souvenirs littéraires et problèmes actuels", L'Arche, nos 18-19, [août-septembre 1946], pp. 3-19.

Le texte de cette conférence prononcée dans la salle du cinéma Roxy, à Beyrouth, le 12 avril 1946 et ensuite à Bruxelles, en juin 1946, avait tout d'abord été publié sous forme de plaquette [voir 787]. Il sera repris dans :

[872] Feuillets d'automne, pp. 185-206.

769. "La leçon de Mallarmé", Le Soir, 12 septembre 1946, p. 1.

Publication précédente : [787] Souvenirs littéraires et problèmes actuels, pp. 24-29.

Publication subséquente : [872] Feuillets d'automne, pp. 186-189.

770. "Maurice Barrès et la littérature engagée", Le Soir, 18 septembre 1946, p. 1 et p. 3.

Publication précédente : [787] Souvenirs littéraires et problèmes actuels, pp. 30-42.

Publication subséquente : [872] Feuillets d'automne, pp. 190-196.

771. "Pages de Journal", L'Arche, no 20, octobre 1946, pp. 14-30.

Publications subséquentes : [892] Journal 1942-1949, pp. 31-55 (le texte est plus complet, ici).

[962] Journal 1939-1949, pp. 137-154 (Id.).

772. "Le monde sera sauvé par quelques-uns", Le Soir, 11 octobre 1946 p. 1.

Publication précédente : [787] Souvenirs littéraires et problèmes actuels, pp. 51-59 (var.).

Publication subséquente : [872] Feuillets d'automne, pp. 202-206 (var.).

773. "Le groupement littéraire qu'abritait le Mercure de France", Mercure de France, 1er juillet 1940 - 1er décembre 1946, pp. 168-171.

Le texte est daté du 1er octobre 1946.

Publication subséquente : [872] Feuillets d'automne, pp. 135-138.

774. "Défense de la langue française", Le Figaro, 10 décembre 1946, p. 1.

775. "Défense de la langue française", Le Littéraire, 28 décembre 1946, p. 1.

776. "Paul Valéry vivant. Premières lettres à Paul Valéry (1891)", Cahiers du Sud, [numéro spécial consacré à Paul Valéry], 1946, pp. 29-38.

Lettre d'André Gide à Paul Valéry, 26 janvier 1891, pp. 29-30. [972] (VAL., pp. 46-47).

Lettre d'André Gide à Paul Valéry, 1er mars 1891, pp. 31-34 [972] (VAL., pp. 55-60).

Lettre d'André Gide à Paul Valéry, 9 mars 1891, p. 35 [972] (VAL., pp. 66-67).

Lettre d'André Gide à Paul Valéry, [C.P. 23 juin 1891], pp. 36-38 [972] (VAL., pp. 99-102).

777. "Albert Mockel", Les Cahiers du Nord, nos 58-60, 1946, pp. 419-420.

778. "La Revue blanche", Labyrinthe, s.d., 1946.

Publication subséquente : [872] Feuillets d'automne, pp. 139-141.

Cette référence, donnée dans Feuillets d'automne, nous semble fausse. Du moins, nous n'avons pas retrouvé le texte en question dans Labyrinthe.

779. [Témoignage d'André Gide] dans le Catalogue de l'exposition Paul Valéry, préface de Jean Hytier, Paris, Bibliothèque littéraire Jacques Doucet, 1946, 20p.

Le témoignage d'André Gide occupe une page.

PREFACE

780. Préface à Jean Schlumberger, Saint-Saturnin, Zurich, Oprecht, 1946.

Publications subséquentes : [845] Préfaces, pp. 143-148.

Cahiers des Saisons, no 5, avril 1956, pp. 361-363.

LIVRES

781. Allocution prononcée à Pertisau le 18 août 1946, S.l., [Imprimerie nationale de France en Autriche], 1946, 12p.

782. Deux interviews imaginaires suivies de feuillets, [Paris], Charlot, 1946, 55p.

Achevé d'imprimer en juillet 1946.

Les deux interviews imaginaires avaient précédemment paru dans Attendu que [voir 713] et dans L'Arche, en novembre 1945 [voir 751]. Il en est de même des Feuillets (pp. 41-47) [voir 752].

Quant à la lettre d'André Gide à Mlle S. de Saint-Cyr, adressée le 15 août 1941, il ne semble pas qu'elle ait auparavant été publiée, pas plus que les Feuillets qui suivent cette lettre (pp. 52-55).

Ajoutons que le texte entier de cet ouvrage sera repris dans :

[872] Feuillets d'automne, pp. 247-266.

783. Fragment d'un opéra, S.l.n.e. [août 1946].

Dans son mémoire, *La Vieillesse d'André Gide (1946-1951) : Vie art, pensée*, présenté à Toulouse, en 1969, Monsieur Guy Dussaussois signale que cette édition fut tirée à sept exemplaires seulement et à l'insu de l'auteur. Avec quelques variantes, André Gide publiera cependant ce même texte dans :

[786] *Le Retour*, pp. 19-36.

784. *Journal 1939-1942*, [Paris], Gallimard, [1946], 215p.

Publications préoriginales :719; 721; 723; 724; 725; 729; 734.

Cette édition est plus complète que les précédentes [voir 738]. Outre des pages inédites du *Journal*, elle offre un appendice et un index.

Publication subséquente : [962] *Journal 1939-1949*, pp. 9-119.

785. *Lettres à Christian Beck*, Bruxelles, Editions de l'Altitude, 1946, 115p.

Cet ouvrage, tiré à 2 exemplaires seulement, fut achevé d'imprimer le 20 décembre 1946.

A l'exception d'une seule, toutes les lettres d'André Gide à Christian Beck, citées dans ce livre, furent reprises dans :

[857] "Lettres à Christian Beck", *Mercure de France*, juillet 1949, pp. 385-401.

[858] "Lettres à Christian Beck", *Mercure de France*, août 1949, pp. 616-637.

La seule lettre qui ne fut pas reprise est celle du 25 janvier 1905 (pp. 36-38). Elle se trouve cependant dans :

[960] Antonio Mor, *Tre lettere inedite di Gide*, pp. 10-12.

786. *Le Retour*, Neuchâtel et Paris, Ides et Calendes, [1946], 121p.

Achevé d'imprimer le 15 octobre 1946.

TABLE DES MATIERES

Le Retour fut repris dans : [821] Théâtre complet II, pp. 9-26.

Lettres d'André Gide :

Lettre d'André Gide à Raymond Bonheur, [4 juillet 1898], pp. 39-40.

Lettre d'André Gide à Raymond Bonheur, 29 juillet [1898], pp. 40-41.

Lettre d'André Gide à Raymond Bonheur, 8 septembre [1898], pp. 41-42.

Lettre d'André Gide à Raymond Bonheur, 20 septembre 1898, pp. 42-43.

Lettre d'André Gide à Raymond Bonheur, 15 novembre 1898, pp. 44-45.

Lettre d'André Gide à Raymond Bonheur, [3 décembre 1898] p. 45.

Lettre d'André Gide à Raymond Bonheur, [5 décembre 1898], pp. 46-47.

Lettre d'André Gide à Raymond Bonheur, 4 mars [1899], p. 47.

Lettre d'André Gide à Raymond Bonheur, [5 juin 1899], p. 48.

Lettre d'André Gide à Raymond Bonheur, [9 juin 1899], p. 48.

Lettre d'André Gide à Raymond Bonheur, [30 juillet 1899] p. 49.

Lettre d'André Gide à Raymond Bonheur,[28 septembre 1899], p. 50.

Lettre d'André Gide à Raymond Bonheur, [19 octobre 1899] p. 51.

Lettre d'André Gide à Raymond Bonheur, [24 octobre 1899] pp. 52-53.

Lettre d'André Gide à Raymond Bonheur, [29 novembre 1899], p. 54.

Lettre d'André Gide à Raymond Bonheur, [20 décembre 1899], pp. 54-55.

Lettre d'André Gide à Raymond Bonheur, [16 janvier 1900], p. 55.

Lettre d'André Gide à Raymond Bonheur, 12 mars 1900, pp. 56-57.

Lettre d'André Gide à Raymond Bonheur, [17 mai 1900], pp. 57-58.

Lettre d'André Gide à Raymond Bonheur, [20 juin 1900], pp. 58-59.

Lettre d'André Gide à Raymond Bonheur, [24 août 1900], p. 59.

Lettre d'André Gide à Raymond Bonheur, [20 mars 1901] p. 60.

Lettre d'André Gide à Raymond Bonheur, [15 avril 1901], pp. 60-62.

Lettre d'André Gide à Raymond Bonheur, [20 juin 1901], p. 62.

Lettre d'André Gide à Raymond Bonheur, [24 juin 1901], p. 63.

Lettre d'André Gide à Raymond Bonheur,[juillet 1901], pp. 63-64.

Lettre d'André Gide à Raymond Bonheur, 10 juillet 1901, pp. 64-65.

Lettre d'André Gide à Raymond Bonheur, [12 août 1901], pp. 65-66.

Lettre d'André Gide à Raymond Bonheur, 30 août [1901], pp. 66-67.

Lettre d'André Gide à Raymond Bonheur, 6 février 1902, p. 68.

Lettre d'André Gide à Raymond Bonheur, [8 mai 1902], p. 69.

Lettre d'André Gide à Raymond Bonheur, [6 octobre 1902], pp. 70-71.

Lettre d'André Gide à Raymond Bonheur, [28 octobre 1903], p. 71.

Lettre d'André Gide à Raymond Bonheur, [29 novembre 1902], pp. 71-72

Lettre d'André Gide à Raymond Bonheur, [3 mars 1903], p. 72.

Lettre d'André Gide à Raymond Bonheur, 6 mars [1903] p. 73.

Lettre d'André Gide à Raymond Bonheur, 3 [ou 4] mai 1903, pp. 74-75.

Lettre d'André Gide à Raymond Bonheur, 10 mai [1903], pp. 75-77.

Lettre d'André Gide à Raymond Bonheur, [2 juin 1903], pp. 77-78.

Lettre d'André Gide à Raymond Bonheur, 3 juin 1903, pp. 78-79.

Lettre d'André Gide à Raymond Bonheur, juin [?] 1903, pp. 79-80.

Lettre d'André Gide à Raymond Bonheur, 28 juin [1903], pp. 80-83.

Lettre d'André Gide à Raymond Bonheur, 7 octobre 1903, pp. 83-85.

Lettre d'André Gide à Raymond Bonheur, [8 mars 1904], p. 86.

Lettre d'André Gide à Raymond Bonheur, [17 avril 1904], p. 86.

Lettre d'André Gide à Raymond Bonheur, [avril 1904], p. 87.

Lettre d'André Gide à Raymond Bonheur, [12 mai 1904], pp. 87-88.

Lettre d'André Gide à Raymond Bonheur, [19 décembre 1904], p. 88.

Lettre d'André Gide à Raymond Bonheur, [12 janvier 1905], p. 89.

Lettre d'André Gide à Raymond Bonheur, [20 janvier 1905], p. 90.

Lettre d'André Gide à Raymond Bonheur, 1er février [1905], pp. 90-92.

Lettre d'André Gide à Raymond Bonheur, 22 novembre 1905, pp. 92-93.

Lettre d'André Gide à Raymond Bonheur, 28 mars 1906, p. 93.

Lettre d'André Gide à Raymond Bonheur, [28 mars 1906 (20 heures 30)], p. 94.

Lettre d'André Gide à Raymond Bonheur, 27 août 1906, pp. 94-95.

Lettre d'André Gide à Raymond Bonheur, 10 octobre 1906, pp. 95-95.

Lettre d'André Gide à Raymond Bonheur, [décembre 1906], p. 96.

Lettre d'André Gide à Raymond Bonheur, [20 avril 1907], p. 97.

Lettre d'André Gide à Raymond Bonheur,[1er octobre 1907], pp. 97-99.

Lettre d'André Gide à Raymond Bonheur, [12 décembre 1907], p. 99.

Lettre d'André Gide à Raymond Bonheur, [8 décembre 1908], p. 100.

Lettre d'André Gide à Raymond Bonheur, 1er juin [1909], pp. 100-101.

Lettre d'André Gide à Raymond Bonheur, [14 septembre 1909], p. 101.

Lettre d'André Gide à Raymond Bonheur, 2 janvier [1910], pp. 102-103.

Lettre d'André Gide à Raymond Bonheur, [7 novembre 1911] p. 103.

Lettre d'André Gide à Raymond Bonheur, 8 septembre 1916, pp. 104-105.

Lettre d'André Gide à Raymond Bonheur, [30 septembre 1919] pp. 105-106.

Lettre d'André Gide à Raymond Bonheur, 25 novembre 1925, pp. 106-107.

787. Souvenirs littéraires et problèmes actuels, avec deux présentations de G. Bounoure, Beyrouth, Les lettres françaises, 1946, 63p.

Achevé d'imprimer le 31 mai 1946.

TABLE DES MATIERES

"Souvenirs littéraires et problèmes actuels" est le titre de la conférence que prononça André Gide, dans la salle du Cinéma Roxy, à Beyrouth, le 12 avril 1946. Elle fut ensuite répétée à Bruxelles, en juin 1946.

Publications subséquentes : [768] L'Arche

[769; 770; 772] Le Soir (publication partielle).

[872] Feuillets d'automne, pp. 185-206.

788. Thésée, [New York], Jacques Schiffrin, [1946], 123p.

Achevé d'imprimer le 12 janvier 1946.

Le chapitre IX de cette édition sera supprimé dans la première édition courante publiée, la même année, chez Gallimard. Incidemment, cette dernière édition présente aussi d'autres variantes.

Publication préoriginale : 764.

Publications subséquentes : [846] Récits II, pp. 537-587.

[1003] Romans, pp. 1413-1453.

CORRESPONDANCE

789. Catalogue de l'Exposition André Gide, Alexandrie, Impr. Baganis, 1946.

Fragment d'une lettre d'André Gide à Claude Debussy, 15 novembre 1913, p. 19.

790. FAYER (Mischa Harry), Gide, Freedom and Dostoevsky, Burlington, [The Lane Press], 1946, 159p.

Lettre d'André Gide à l'auteur, 16 octobre 1945, pp. 1-2.

791. LEPOUTRE (Raymond), André Gide, Paris, Richard-Masse, 1946, 130p.

[Bien que l'achevé d'imprimer soit du 31 janvier 1947, la première page porte la date de 1946].

Lettre-préface d'André Gide, 9 juillet 1946, [p. 9].

792. SAINT-GEORGES DE BOUHELIER, Le Printemps d'une génération, Paris, Nagel, 1946, 350p.

Lettre d'André Gide à Saint-Georges de Bouhélier, 4 décembre 1896, p. 297.

La lettre d'André Gide à Saint-Georges de Bouhélier, du 24 août 1896 (p. 320), avait été publiée par Saint-Georges de Bouhélier, dans Introduction à la vie de grandeur [voir 718 pp. 240-241]. Elle était alors tout simplement datée de : Lundi soir, [1896].

Voir aussi : 760; 762; 776; 786.

1947

TEXTES DIVERS PUBLIES DANS LES REVUES, LES JOURNAUX ...

793. "Défense de la langue française" (III), Le Littéraire, 18 janvier 1947, p. 1.

794. "Défense de la langue française" (IV), Le Littéraire, 8 février 1947, p. 1.

795. "André Gide et Jean Cassou adhèrent au Comité de défense d'Henry Miller", Combat, 21 mars 1947, p. 2.

Lettre d'André Gide à Combat, datée de mars 1947.

796. "Défense de la langue française", (V), Le Littéraire, 29 mars 1947, pp.1-2.

797. "La leçon de Mallarmé", Erasme, no 16, avril 1947, pp. 145-146.

798. "Bernard Groethuysen", Les Cahiers de la Pléiade, avril 1947, pp. 123-124.

Publication subséquente : [842] Eloges, pp. 137-141.

799. "Rencontre avec l'écrivain arabe Taha Hussein", Le Littéraire, 12 avril 1947, pp. 1-2.

Publication subséquente : [812] Préface à Taha Hussein, Le livre des Jours, pp. I-IV.

800. "L'Art Bitraire", Combat, 4 et 5 mai 1947, p. 2.

Publications subséquentes : [815] L'Arbitraire

[847] Rencontres, pp. 137-144.

801. "Paris chasse Dullin", [témoignage d'André Gide], Combat, 22 mai 1947, p. 1.

802. "Lamiel", Caliban, 15 juin 1947, pp. 1-14.

Publications subséquentes : [814] Stendhal, Lamiel, pp. 7-36.

[845] Préfaces, pp. 149-179.

803. "Bemerkungen zum Werk Hermann Hesses", Neue Zurcher Zeitung, 2 juillet 1947.

Traduction allemande par Ferdinand Hardekopf de la préface d'André Gide à la traduction du Voyage en Orient [voir 811].

Cette préface sera aussi reprise dans :

Thomas Mann; André Gide; Hans Carossa; Hermann Hesse, St. Gallen, 1948, pp. 15-27.

Universitas, 2 (Sonderheft 1947), pp. 135-137 (fragment).

[845] Préfaces, pp. 181-189.

N.S.R. 20 (1952), pp. 190-191.

804. "Lettres de Francis Jammes et d'André Gide", Revue de Paris, septembre 1947, pp. 11-28.

Lettre d'André Gide à Francis Jammes, 6 août 1902, pp. 15-16. [841], (JAM., pp. 199-200).

Lettre d'André Gide à Francis Jammes, 10 mars 1904, pp. 16-17, [841], (JAM., pp. 209-210).

Lettre d'André Gide à Francis Jammes, 18 octobre 1904, p. 19, [841], (JAM., p. 218).

Lettre d'André Gide à Francis Jammes, 16 mai 1906, p. 20, [841], (JAM., pp. 237-238).

Lettre d'André Gide à Francis Jammes, 19 août 1906, pp. 21-22, [841], (JAM., pp. 239-240.

Lettre d'André Gide à Francis Jammes, 27 janvier 1909, pp. 24-25, [841], (JAM., pp. 255-257).

Lettre d'André Gide à Francis Jammes, [decembre] 1909, p. 25. [841], (JAM., p. 266.

Lettre d'André Gide à Francis Jammes, 2 janvier 1910, p. 26, [841], (JAM., p. 271).

Lettre d'André Gide à Francis Jammes, juin 1911, p. 28, [841], (JAM., pp. 278-279.

804a. "M. André Gide se voit décerner le prix Nobel de littérature", Feuille d'avis de Neuchâtel, 14 novembre 1947.

Cette page renferme un texte inédit de Gide qui sera repris plus tard sous le titre de "Neuchâtel" [voir 928].

805. "Tankefriheten grunden for varkultur. André Gide manar till kamp for individens hotade frihet", Svenska Dagbladet, 19 novembre 1947, p. 1. et p. 7.

Il s'agit de la lettre de remerciement qu'André Gide adressa au Comité Nobel. Elle fut publiée, en français, dans Le Figaro du 21 novembre 1947. Une traduction espagnole parut, le même mois, dans la revue Sur (pp. 151-152), sous le titre de : "Gratitud".

Publication subséquente : [1106] RMG II, pp. 554-555.

806. "Avant-propos", Présence africaine, novembre - décembre 1947, pp. 3-6.

807. "Quelques pensées attendues et inattendues", Caliban, décembre 1947, p. 74.

La plupart de ces pensées sont extraites du Journal.

808. [Lettre aux membres du Comité Nobel], Le Figaro, 11 décembre 1947.

Publication subséquente : [1106] RMG II, pp. 555-556.

809. "Une lettre d'André Gide à Roger Martin du Gard", Le Figaro littéraire, 13 décembre 1947, p. 1.

Lettre d'André Gide à Roger Martin du Gard, 27 novembre 1947, [1106] (RMG II, pp. 389-390).

D'après la lettre de Gide à Roger Martin du Gard, datée du 15 décembre 1947 (RMG II, pp. 388-389), il semble que celle qui avait été publiée dans le Figaro littéraire du 13 décembre 1947, l'ait précédemment été dans le Dagens Nyheter. Nous n'avons malheureusement pas été en mesure de vérifier.

INTRODUCTIONS, PREFACES ...

810. Introduction à William Blake, Paris, British Council et Galerie René Drouin, mars 1947, 42p.

811. Préface à Hermann Hesse, Voyage en Orient, Paris, Calmann-Lévy, 1947.

Préfaces : pp. 7-17.

Publication principale : voir : 803.

Publications subséquentes : [845] Préfaces, pp. 181-189.

[872] Feuillets d'automne, pp. 220-226.

Paru, no 50, janvier 1949, pp. 7-11.

812. Préface à Taha Hussein, Le Livre des jours, traduit de l'arabe par Jean Lecerf et Gaston Wiet, Paris, Gallimard, 1947, VI-286[4]p.

Achevé d'imprimer le 8 mai 1947.

Préface : pp. 1-IV. Cette préface est datée de février 1947.

Publication préoriginale : 799.

813. Préface à Francis Jammes, Clara d'Ellébeuse, Almaide d'Etremont, Pomme d'Anis, bois gravés de Henry Bischoff, Lausanne, Mermod, 1947, 291p.

Achevé d'imprimer le 30 avril 1947.

Préface : pp. 9-10. Le texte de Gide avait précédemment paru dans l'Ermitage de décembre 1901 [107].

814. Introduction à Stendhal, Lamiel, Paris, Editions du Livre français, 1947, 285p.

Achevé d'imprimer le 30 avril 1947.

[Introduction] : pp. 7-36.

Publication initiale : [802]

Publication subséquente : [845] Préfaces, pp. 149-179.

LIVRES

815. L'Arbitraire, Paris, [Tirage à part du Palimugre], 1947, [15]p.

Arnold Naville précise : "Le texte est daté de : Ponte Tresa, 1er avril 1947, mais la plaquette n'a paru qu'à la fin de l'année".

Publication préoriginale : [800]

Publication subséquente : [847] Rencontres, pp. 137-144.

816. Et nunc manet in te, [Neuchâtel], Richard Heyd, 1947, 129p.

Achevé d'imprimer le 3 avril 1947.

Publication subséquente : [962] Journal 1939-1949, pp. 1121-1160.

817. Paul Valéry, Paris, Domat, 1947, XCIII (3)p.

Achevé d'imprimer le 30 avril 1947.

TABLES DES MATIERES :

Lettre d'André Gide à Paul Valéry, 16 juillet 1894, pp. XLI-XLIII ([972] VAL., pp. 210-211).

Lettre d'André Gide à Paul Valéry, 11 novembre 1894, pp, XLIII-XLVI([972] VAL., pp. 218-220).

Lettre d'André Gide à Paul Valéry, [mai 95 ou 96], pp. XLVI-XLVIII ([voir 972] VAL., pp. 266-267). Robert Mallet indique la date suivante : [C.P. 19 mai 1896]; Claude Martin [1190] a retenu cette date.

Lettre d'André Gide à Paul Valéry, [5 octobre 1896], pp. XLVIII-L ([972] VAL., pp. 279-280). Robert Mallet précisera : [C.P. 4 octobre 1896] et Claude Martin lui donnera raison [1190].

818. Poétique, Neuchâtel et Paris, Ides et Calendes, [1947], 96p.

Achevé d'imprimer le 24 septembre 1947.

TABLE DES MATIERES

Avec quelques variantes, la préface à une anthologie servira de préface à l'Anthologie de la poésie française [870, pp. 7-39]. Notons, incidemment, qu'une citation d'André Malraux termine la préface dans Poétique; dans l'Anthologie, c'en est une de Saint-John Perse.

L'Appendice de Poétique fut aussi repris dans l'Anthologie (pp. 41-46), de même que "Sur une définition de la poésie" (pp. 47-51). L'Appendice comporte des variantes.

819. Le Procès, Paris, Gallimard, 1947, 221p.

Cette pièce, tirée du roman de Franz Kafka, d'après la traduction de Alexandre Vialatte, fut adaptée en collaboration avec Jean-Louis Barrault.

Publication subséquente : [876] Théâtre complet, VIII, pp. 7-117.

820. Théâtre complet, I, Lithographies de Maurice Brianchon, Neuchâtel et Paris, Ides et Calendes, [1947], 185[4]p.

Achevé d'imprimer le 13 juillet 1947.

TABLE DES MATIERES

821. Théâtre complet, II, Lithographies de Maurice Brianchon, Neuchâtel et Paris, Ides et Calendes, [1947], 181[4]p.

Achevé d'imprimer le 13 octobre 1947.

TABLE DES MATIERES

822. Théâtre complet, III, Lithographies de Maurice Brianchon, Neuchâtel et Paris, Ides et Calendes, [1947], 225[4]p.

Achevé d'imprimer le 22 novembre 1947.

TABLE DES MATIERES

CORRESPONDANCE

823. DAVET (Yvonne), "Autour des nourritures terrestres", L'Arche, nos 27-28, [juin] 1947, pp. 46-108.

[Il s'agit de la première partie de l'ouvrage qu'Yvonne Davet publiera, l'année suivante, sous le titre de Autour des Nourritures terrestres (pp. 9-77) [voir 850]. Nous indiquerons entre parenthèses, précédée du sigle DAV., la référence à ce dernier ouvrage ainsi que, le cas échéant, celle de l'ensemble où fut reprise telle ou telle lettre].

Lettre d'André Gide à Paul Valéry, 18 mai 1896, pp. 49-50, (DAV., pp. 16-17) et [972] (VAL., pp. 264-266). Dans ce dernier volume, la lettre est simplement datée de [mai 1896]. Claude Martin, dans son Répertoire [1190] maintient le 18 mai 1896.

Lettre d'André Gide à Paul Valéry, [C.P. 24 mai 1896], pp. 50-51 (DAV., pp. 17-18) et [972] (VAL., pp. 269-270).

Double d'une lettre d'André Gide à X..., s.d. p. 52 (DAV. pp. 18-19).

Fragment d'une lettre d'André Gide à Jacques-Emile Blanche, 28 octobre 1907, p. 53 (DAV., pp. 19-20).

Fragment d'une lettre d'André Gide à Jacques Doucet, janvier 1918, pp. 54-55 (DAV. p. 21).

Fragment d'une lettre d'André Gide à André Ruyters, septembre 1896, p. 55 (DAV., p. 22).

Fragment d'une lettre d'André Gide à Eugène Rouart, 28 septembre 1896, p. 55 (DAV., p. 22).

Fragment d'une lettre d'André Gide à Francis Jammes, [début de l'automne (?)] 1897, p. 58 (DAV., p. 25) et [841] (JAM., pp. 110-111). A ce dernier endroit, la lettre est datée de juin 1897. Claude Martin, pour sa part, situe la lettre en février 1897, dans son Répertoire [1190].

Fragment d'une lettre d'André Gide à Francis Jammes, 18 août 1896, p. 62 (DAV., pp. 29-30) et [841] (JAM., pp. 81-82).

Fragment d'une lettre d'André Gide à Francis Jammes, s.d. p. 64 (DAV., pp. 31-32) et [841] (JAM., p. 90). A ce dernier endroit, la lettre est datée de [octobre 1896]; Claude Martin, dans son Répertoire [1190], est plutôt d'avis qu'elle est de [novembre 1896].

Fragment d'une lettre d'André Gide à Francis Jammes, "très vraisemblablement des derniers jours de 1896 ou des premiers jours de janvier 1897", p. 65 (DAV., p. 32) et [841] (JAM., pp. 100-101). A ce dernier endroit, la lettre est datée de [début de février 1897], ainsi que dans le Répertoire de Claude Martin [1190].

Fragment d'une lettre d'André Gide à Francis Jammes, 6 août 1902, p. 69 (DAV., p. 36) et [841] (JAM., p. 200).

Fragment d'une lettre d'André Gide à Paul Valéry, [13 février] 1892, p. 72 (DAV., p. 40) et [972] (VAL., p. 146). A ce dernier endroit, la lettre est tout simplement datée de samedi [février 1892]. Claude Martin s'accorde ici avec Yvonne Davet.

Fragment d'une lettre d'André Gide à Paul Valéry, 31 août 1894, p. 73 (DAV., p. 40) et [972] (VAL., pp. 213-214). A ce dernier endroit, la lettre est du [3 septembre 1894]. Claude Martin [1190] donne raison à Yvonne Davet.

Fragment d'une lettre d'André Gide à Paterne Berrichon, 4 juin 1911, pp. 73-74 (DAV., p. 42). Ce fragment sera aussi cité dans: [998] Jean DELAY, La Jeunesse d'André Gide, II, p. 357.

Lettre d'André Gide à Marcel Drouin, 18 mars 1893, pp. 75-77 (DAV., pp. 44-46).

Lettre d'André Gide à Marcel Drouin, 3 décembre 1895, pp. 80-81 (DAV., pp. 49-50). G.W. Ireland cite un autre fragment de cette même lettre dans : [1172] André Gide. A Study of his Creative Writing, p. 181.

Fragment d'une lettre d'André Gide à Marcel Drouin, [hiver 1894-1895] pp. 84-85 (DAV., pp. 55-56). Dans son Répertoire [1190], Claude Martin situe cette lettre en octobre 1894.

Fragment d'une lettre d'André Gidee à Pierre Louys, 19 octobre 1894, p. 86 (DAV., p. 56). Jean Delay citera un passage beaucoup plus long de cette même lettre dans : [998] Jeunesse d'André Gide, II, pp. 388-389.

Fragment d'une lettre d'André Gide à Marcel Drouin, 9 novembre 1895, p. 86 (DAV., pp. 56-57). G.W. Ireland citera deux autres fragments de cette même lettre dans : [1172] André Gide. A Study of his Creative Writing, p. 134 et p. 181. Voir 880.

Mention d'une lettre d'André Gide à Marcel Drouin, 25 décembre 1895, p. 86 (DAV., 57). Elle sera citée plus loin : pp. 103-105 (DAV., pp. 73-75).

Lettre d'André Gide à Marcel Drouin, 30 mars 1898, pp. 90-92 (DAV. pp. 61-63). Voir 880.

Fragment d'une lettre d'André Gide à Christian Beck, 18 novembre 1906, p. 93 (DAV., 64). La lettre sera citée in extenso dans : [858].

Fragment d'une lettre d'André Gide à Christian Beck, 2 juillet 1907, p. 93 (DAV., pp. 64-65). La lettre sera citée in extenso dans : [858].

Fragment d'une lettre d'André Gide à Paul Valéry, 27 novembre 1893, p. 94. Cette lettre ne se trouve pas dans DAV. Elle sera, cependant, reprise dans : [972] (VAL., pp. 191-192).

Fragment d'une lettre d'André Gide à Paul Valéry, 26 décembre 1893, p. 94. Ce fragment ne parut point dans DAV. Dans [972] (VAL., p. 194), où elle fut reprise, la lettre dont ce fragment est extrait est tout simplement datée de [décembre 1893]. Claude Martin, dans son Répertoire [1190], la situe entre le 16 et le 20 décembre 1893.

Lettre d'André Gide à Marcel Drouin, 10 mai 1894, pp. 95-98 (DAV., pp. 65-68). On trouvera également de longs passages de cette lettre dans : [998] Jean Delay, La Jeunesse d'André Gide, II, pp. 318-320.

Lettre d'André Gide à Marcel Drouin, 5 décembre 1894, pp. 98-100 (DAV., pp. 68-70).

Fragment d'une lettre d'André Gide à Paul Valéry, 19 juin 1894, p. 100 (DAV., p. 70) et [972] (VAL., pp. 206-207). A ce dernier endroit, la lettre est datée de juillet 1894. Claude Martin, dans son Répertoire [1190], précise qu'elle est du 23 juin 1894.

Fragment d'une lettre d'André Gide à Paul Valéry, 16 juillet 1894, p. 100 (DAV., p. 70) et [972] (VAL., pp. 210-211). Cette lettre avait été publiée, in extenso, dans : [817], Paul Valéry.

Fragment d'une lettre d'André Gide à Paul Valéry, 31 août 1894, p. 101 (DAV., p. 71) et [972] (VAL., pp. 213-214). A ce dernier endroit, la lettre est du [3 septembre 1894]. Claude Martin, dans son Répertoire [1190], indique : 31 août 1894.

Fragment d'une lettre d'André Gide à Francis Jammes, [août 1894], p. 101 (DAV., p. 71) et [841] (JAM., pp. 35-36). A ce dernier endroit, la lettre est datée de : [automne 1894]. Dans le Répertoire [1190] de Claude Martin, elle est située en octobre 1894.

Lettre d'André Gide à Paul Valéry, 16 décembre 1895, (DAV., pp. 72-73) et [972] (VAL., pp. 254-255). A ce dernier endroit, la lettre est datée du 15 décembre 1895. Il en est de même dans le Répertoire [1190] de Claude Martin.

Lettre d'André Gide à Marcel Drouin, 25 décembre 1895, pp. 103-105 (DAV., pp. 73-75).

Fragment d'une lettre d'André Gide à Paul Valéry, 18 mai 1896, pp. 105-106, (DAV., pp. 75-76) et [972] (VAL., pp. 264-266).

824. ECKHOFF (Lorentz), André Gide, Oslo, A. Cammermeyer Forlag, 1947, [p. 85].

Photographie d'une lettre d'André Gide à l'auteur, 30 novembre 1926.

825. LACAZE (Jean), Chants de départs, Finham, Ed. Chantal, 1947, 123 [2]p.

Achevé d'imprimer le 10 juillet 1947.

L'ouvrage est précédé d'une lettre d'André Gide à Raymond Lacaze, père de Jean (pp. 9-14). Elle fut écrite en 1946. On la trouvera également dans :

[845] Préfaces, pp. 191-198.

[872] Feuillets d'automne, pp. 227-231.

[1015] Raymond Lacaze, Qu'on me pardonne d'en parler..., pp. XIII-XVI.

826. MONDOR (Henri), Les premiers temps d'une amitié. André Gide et Paul Valéry, Monaco, Editions du Rocher, 1947, 161p.

Achevé d'imprimer le 10 juin 1947.

Fragment d'une lettre d'André Gide à Paul Valéry, 16 janvier 1891, pp. 22-26 [972] (VAL., pp. 42-44). Notons qu'il ne s'agit pas de la première lettre d'André Gide à Paul Valéry, ainsi que le croyait alors Paul Mondor (p. 22).

Fragment d'une lettre d'André Gide à Paul Valéry, 24 février 1891 - 1er mars 1891,pp. 60-63; 122-125, [972] (VAL., pp. 55-61).

Fragment d'une lettre d'André Gide à Paul Valéry, [C.P. 8 mars 1891], pp. 67-79, [972] (VAL., pp. 63-66).

Fragment d'une lettre d'André Gide à Paul Valéry, [C.P. 21 mars 1891], pp. 71-72 [972] (VAL., pp. 69-70). Claude Martin, dans son Répertoire [1190] date cette lettre du 19 mars 1891.

Fragment d'une lettre d'André Gide à Paul Valéry, [29 mars 1891], pp. 74-75; 88-89, [972] (VAL., pp. 74-77).

Fragment d'une lettre d'André Gide à Paul Valéry, [2 juin 1891], p. 79, [972], (VAL., pp. 88-89).

Fragment d'une lettre d'André Gide à Paul Valéry, [23 juin 1891], pp. 99-100 [972] (VAL., pp. 99-102).

Fragment d'une lettre d'André Gide à Paul Valéry, [C.P. 9 juillet 1891], pp. 145-146, [972], (VAL., pp. 107-109).

Voir aussi : 795; 801; 804; 805; 808; 809.

1948

TEXTES DIVERS PUBLIES DANS LES REVUES, LES JOURNAUX ...

827. "Antonin Artaud", Combat, 19 mars 1948, p. 4.

Publications subséquentes : Revue 84, [avril 1948], pp. 150-151.

Adam International Review, vol. 182, May 1948, p. 3. (Le texte français est, à ce dernier endroit, accompagné d'une traduction anglaise de Barbara Hastings, pp. 3-4).

[842] Eloges, pp. 143-146.

[872] Feuillets d'automne, pp. 132-134.

828. "François-Paul Alibert", Revue française de l'élite, no 6, 25 mars 1948, pp. 59-61.

828a. "Printemps", Gazette de Neuchâtel, 27 mars 1948.

Ce texte d'une page était jusqu'alors inédit, selon Jean Nicollier ("Le Loir de Neuchâtel", Gazette de Lausanne, 18-19 février 1961, p. 17).

Il nous fut impossible de vérifier s'il s'agissait du même texte que celui qui parut en décembre 1938 [voir 635].

829. "A propos du Tancrède de Léon-Paul Fargue", Biblio-Hachette, avril 1948, p. 3.

830. "Correspondance Francis Jammes et André Gide (extraits)", Biblio-Hachette, avril 1948, pp. 4-5.

Lettre d'André Gide à Francis Jammes, mai 1893, p. 4. [841] (JAM., p. 33).

Lettre d'André Gide à Francis Jammes, 23 octobre 1895, p. 5, [841], (JAM., pp. 55-56).

Lettre d'André Gide à Francis Jammes, 3 mai 1910, p. 5, [841] (JAM., p. 273).

Notons qu'il ne s'agit vraisemblablement pas d'une publication préoriginale, puisque l'achevé d'imprimer de l'ensemble est du 14 janvier 1948.

831. "Courage", Combat. 28 avril 1948, p. 1.

Publication subséquente : [872] Feuillets d'automne, pp. 236-240.

832. "Vérité", Combat, 29 avril 1948, p. 1.

Publication subséquente : [872] Feuillets d'automne, pp. 241-244.

833. "Feuillets d'automne", La Table ronde, no 6, juin 1948, pp. 917-926.

Publications subséquentes : [872] Feuillets d'Automne, pp. 268-279.

[962] Journal 1939-1949, pp. 308-315.

834."Réflexions sur la poésie française", Le Figaro littéraire, 10 juillet 1948, p. 1 et p. 3.

Publication originale : [818] Poétique, pp. 21-44.

Publication subséquente : [870] Préface à l'Anthologie de la poésie française, pp. 7-19.

835. "Réflexions sur la poésie française" (II), Le Figaro littéraire, 17 juillet 1948, p. 1.

Publication originale : [818] Poétique, pp. 44-52.

Publication subséquente : [870] Préface à l'Anthologie de la poésie française, pp. 19-24.

836. "Réflexions sur la poésie française" (III), Le Figaro littéraire, 31 juillet 1948, p. 1 et p. 3.

Publication originale : [818] Poétique, pp. 62-76 (var.).

Publication subséquente : [870] Préface à l'Anthologie de la poésie française, pp. 28-35 (var.).

837. "Préface à Confession d'un pécheur justifié de James Hogg", La Table ronde, septembre 1948, pp. 1443-1450.

Publications subséquentes : [845] Préfaces, pp. 129-142.

[867] Préface à James Hogg, Confession du pécheur justifié, pp. VII-XVII.

838. Jean Vanden Eeckhoudt, [textes de André Gide, Simon Bussy, Albert Dasnoy, Paul Fierens, Melot du Dy, Victor Rousseau, Charles Van Den Borren, Pierre Gerome], Bruxelles, Editions de la Connaissance, 1948, 29p.

Achevé d'imprimer le 20 juin 1948.

Daté de mai 1947, le texte d'André Gide occupe la page [3].

INTRODUCTION ET PREFACE

839. Introduction à Jacques de Launay et Claude Murat, Jeunesse d'Europe, Paris, Editions France-Empire, 1948, 222p.

Aucun achevé d'imprimer.

Introduction : pp. 5-13.

840. Préface au Catalogue de l'Exposition Simon Bussy, Paris, Galerie Charpentier, 1948.

Publication subséquente : [1106] Correspondance André Gide-Roger Martin du Gard, II, pp. 556-557.

LIVRES

841. Correspondance Francis Jammes - André Gide (1893-1938), préface et notes par Robert Mallet, [Paris], Gallimard, [1948], 387p.

Achevé d'imprimer le 14 janvier 1948.

[Dans son Répertoire chronologique des lettres publiées d'André Gide (Paris, Minard, 1971), Claude Martin rectifie certaines dates proposées par Robert Mallet :

	Mallet	Martin
PP. 37-38	[fin de l'année 1894]	5 novembre 1894
PP. 53-54	[Début d'août] 1895	juillet 1895
P. 72	[Début de mai 1896]	30 avril 1896
P. 90	[octobre 1896]	novembre 1896
PP.102-103	[Fin février 1897]	mars 1897
P.134	[Fin de janvier 1898]	12 janvier 1898

On trouvera également de très précieuses rectifications dans : Justin O'Brien, "Additions to the Gide Bibliography", The Romanic Review, February 1952 et repris dans Contemporary French Literature [1191], pp. 180-183. Deux lettres d'André Gide à Francis Jammes et le fragment d'une troisième, absentes de l'ensemble, ont été publiés ailleurs. Yvonne Davet [voir 850] cite celle du 31 août 1897 (p. 111). Justin O'Brien, par ailleurs, révèle celle du 12 juin 1932, dans : "Gide et l'Antigyde", La Quinzaine littéraire, 1-15 avril 1968, p. 11 (article repris dans Contemporary French Literature [voir 1191]). Michel Decaudin cite enfin le fragment d'une autre lettre, apparemment de juillet 1898, dans La Crise des valeurs symbolistes [voir 1029]. Notons aussi, incidemment, qu'André Gide cita quelques lettres de Francis Jammes, dans la préface à Vers et Prose de Francis Jammes (Lausanne, La Guilde du Livre, 1939, pp. 7-17).

Lettre d'André Gide à Francis Jammes, [mai] 1893. p. 33. Voir 830.

Lettre d'André Gide à Francis Jammes, [automne 1894], pp. 35-36. Voir 823.

Lettre d'André Gide à Francis Jammes, [fin de l'année 1894], pp. 37-38.

Lettre d'André Gide à Francis Jammes, vendredi soir, [avril 1895] pp. 41-42.

Lettre d'André Gide à Francis Jammes, mardi [mai 1895] p. 45.

Lettre d'André Gide à Francis Jammes, [juin 1895], pp. 47-48.

Lettre d'André Gide à Francis Jammes, [Début d'août] 1895, pp. 53-54.

Lettre d'André Gide à Francis Jammes, 23 octobre 1895, pp. 55-56. Voir 830.

Lettre d'André Gide à Francis Jammes, [novembre 1895], pp. 59-60.

Lettre d'André Gide à Francis Jammes, 19 janvier [1896], pp. 62-63. Voir 850.

Lettre d'André Gide à Francis Jammes, 21 février 1896, pp. 65-66. Voir 850.

Lettre d'André Gide à Francis Jammes, [fin de février 1896], pp. 66-67. Voir 850.

Lettre d'André Gide à Francis Jammes, [début de mai 1896], p. 72. Voir 850.

Lettre d'André Gide à Francis Jammes, [début de juin 1896], pp. 73-74.

Lettre d'André Gide à Francis Jammes, [début de juillet 1896], pp. 77-78.

Lettre d'André Gide à Francis Jammes, 2 août 1896, p. 80.

Lettre d'André Gide à Francis Jammes, 18 août 1896, pp. 81-82. voir 823.

Lettre d'André Gide à Francis Jammes, 23 août 1896, p. 83.

Lettre d'André Gide à Francis Jammes,[octobre 1896], p. 90. Selon Yvonne Davet (<u>Autour des Nourritures terrestres</u> [850] p. 99), cette lettre serait du mois de septembre 1896; Claude Martin par contre, la situe en novembre 1896, dans son <u>Répertoire chronologique des lettres publiées d'André Gide</u> (Paris, Minard, 1971). Voir 823.

Lettre d'André Gide à Francis Jammes, 3 décembre [1896], p. 94 Voir 850.

Lettre d'André Gide à Francis Jammes, [début de février 1897], pp. 100-101. Voir 823.

Lettre d'André Gide à Francis Jammes, 20 février 1897, pp. 101-102. Voir 850.

Lettre d'André Gide à Francis Jammes, [fin de février 1897] pp. 102-103.

Lettre d'André Gide à Francis Jammes, 16 mars 1897, pp. 103-104.

Lettre d'André Gide à Francis Jammes, 22 avril 1897, p. 107.

Lettre d'André Gide à Francis Jammes, 27 mai 1897, pp. 109-110. Voir 850.

Lettre d'André Gide à Francis Jammes, [début de juin 1897] pp. 110-111. Voir 823; 850.

Lettre d'André Gide à Francis Jammes, 4 juillet [1897], pp. 113-114. Voir 850.

Lettre d'André Gide à Francis Jammes, [juillet 1897] pp. 115-116. Voir 850.

Lettre d'André Gide à Francis Jammes, [juillet 1897], p. 117. Voir 850.

Lettre d'André Gide à Francis Jammes, août [1897], pp. 120-121.

Lettre d'André Gide à Francis Jammes, [octobre 1897], pp. 125-126. Voir 850.

Lettre d'André Gide à Francis Jammes, [1er novembre 1897]. p. 127.

Lettre d'André Gide à Francis Jammes, 1er décembre 1897, pp. 129-130. Voir 850.

Lettre d'André Gide à Francis Jammes, [décembre 1897], pp. 131-132. Voir 850.

Lettre d'André Gide à Francis Jammes, 4 janvier 1898, pp. 133-134.

Lettre d'André Gide à Francis Jammes, [fin de janvier 1898], p. 134.

Lettre d'André Gide à Francis Jammes, 11 mars 1898, p. 135.

Lettre d'André Gide à Francis Jammes, 28 mars 1898, p. 136.

Lettre d'André Gide à Francis Jammes, 17 avril 1898, pp. 137-138.

Lettre d'André Gide à Francis Jammes, [avril 1898], pp. 139-140.

Lettre d'André Gide à Francis Jammes, 5 mai [1898], pp. 141-142.

Lettre d'André Gide à Francis Jammes, [début d'août 1898], pp. 143-144.

Lettre d'André Gide à Francis Jammes, 2 septembre 1898, pp. 147-148.

Lettre d'André Gide à Francis Jammes, [avril 1899], pp. 150-151.

Lettre d'André Gide à Francis Jammes, 21 juillet [1899], pp. 152-153.

Lettre d'André Gide à Francis Jammes, 26 août [1900], pp. 166-167.

Lettre d'André Gide à Francis Jammes, 14 octobre [1900], p. 169.

Lettre d'André Gide à Francis Jammes, juillet [1901], pp. 174-175.

Lettre d'André Gide à Francis Jammes, novembre 1901, pp. 178-179.

Lettre d'André Gide à Francis Jammes, décembre 1901, p. 181.

Lettre d'André Gide à Francis Jammes, décembre 1901, p. 182.

Lettre d'André Gide à Francis Jammes, décembre 1901, p. 183.

Lettre d'André Gide à Francis Jammes, 12 avril 1902, pp. 184-185.

Lettre d'André Gide à Francis Jammes, 7 mai 1902, pp. 187-188.

Lettre d'André Gide à Francis Jammes, [mai 1902], pp. 188-189.

Lettre d'André Gide à Francis Jammes, [12 juin 1902], pp. 194-195.

Lettre d'André Gide à Francis Jammes, 7 juillet [1902], p. 197.

Lettre d'André Gide à Francis Jammes, 6 août 1902, pp. 199-200.
Voir : 804; 823.

Lettre d'André Gide à Francis Jammes, 8 octobre [1903], pp. 205-206.

Lettre d'André Gide à Francis Jammes, 11 février [1904], pp. 208-209.

Lettre d'André Gide à Francis Jammes, 10 mars 1904, pp. 209-210.
Voir 804.

Lettre d'André Gide à Francis Jammes, [milieu de mars 1904]. p. 211.

Lettre d'André Gide à Francis Jammes, [fin d'août 1904], p. 214.

Lettre d'André Gide à Francis Jammes, 14 octobre 1904, pp. 214-216. Voir 850.

Lettre d'André Gide à Francis Jammes, 18 octobre 1904, p. 218. Voir: 804; 850.

Lettre d'André Gide à Francis Jammes, [13 décembre 1904], pp. 219-220.

Lettre d'André Gide à Francis Jammes, [fin de décembre 1904], pp. 224-226.

Lettre d'André Gide à Francis Jammes, [18 avril 1905], p. 226.

Lettre d'André Gide à Francis Jammes, [fin d'avril 1905], pp. 226-227.

Lettre d'André Gide à Francis Jammes, 5 mai [1905], p. 226.

Lettre d'André Gide à Francis Jammes, 27 juillet [1905], p. 228.

Lettre d'André Gide à Francis Jammes, [début d'octobre 1905], p. 229.

Lettre d'André Gide à Francis Jammes, 29 novembre 1905, pp. 230-231.

Lettre d'André Gide à Francis Jammes, 15 février 1906, pp. 232-233.

Lettre d'André Gide à Francis Jammes, [26 avril 1906], p. 234. Voir 850.

Lettre d'André Gide à Francis Jammes, 2 mai 1906, pp. 235-236.

Lettre d'André Gide à Francis Jammes, 7 mai 1906, p. 237. Voir 850.

Lettre d'André Gide à Francis Jammes, 16 mai 1906, pp. 237-238. Voir 804.

Lettre d'André Gide à Francis Jammes, 19 août 1906, pp. 239-240. Voir 804.

Lettre d'André Gide à Francis Jammes, [fin août 1906], pp. 242-243.

Lettre d'André Gide à Francis Jammes, [13 novembre 1906], p. 245.

Lettre d'André Gide à Francis Jammes, 8 décembre [1906], p. 245.

Lettre d'André Gide à Francis Jammes, [fin de mars 1907], p. 247.

Lettre d'André Gide à Francis Jammes, [21 janvier 1908], p. 250.

Lettre d'André Gide à Francis Jammes, 5 avril 1908, pp. 250-251.

Lettre d'André Gide à Francis Jammes, 9 janvier 1909, p. 253.

Lettre d'André Gide à Francis Jammes, 24 janvier 1909, pp. 254-255.

Lettre d'André Gide à Francis Jammes, 27 janvier 1909, pp. 255-257. Voir : 804.

Lettre d'André Gide à Francis Jammes, 19 février 1909, p. 258.

Lettre d'André Gide à Francis Jammes, 15 juin 1909, p. 260.

Lettre d'André Gide à Francis Jammes, 11 août 1909, p. 261.

Lettre d'André Gide à Francis Jammes, 26 octobre 1909, pp. 261-262.

Lettre d'André Gide à Francis Jammes, 3 novembre 1909, p. 262.

Lettre d'André Gide à Francis Jammes, 14 décembre [1909], pp. 263-264.

Lettre d'André Gide à Francis Jammes, [décembre 1909], p. 266. Voir : 804.

Lettre d'André Gide à Francis Jammes, Noel [1909], pp. 266-267.

Lettre d'André Gide à Francis Jammes, [28 décembre 1909], pp. 268-269.

Lettre d'André Gide à Francis Jammes, 29 décembre 1909, pp. 269-270.

Lettre d'André Gide à Francis Jammes, 2 janvier 1910, p. 271. Voir : 804.

Lettre d'André Gide à Francis Jammes, [3 janvier 1910], pp.271-272.

Lettre d'André Gide à Francis Jammes, 15 février 1910, p. 273.

Lettre d'André Gide à Francis Jammes, [3 mai 1910], p. 273.
Voir 830.

Télégramme d'André Gide à Francis Jammes, [9 février 1911], p. 274.

Lettre d'André Gide à Francis Jammes, 19 juin 1911, pp .276-277.

Lettre d'André Gide à Francis Jammes, [juin 1911], pp. 278-279.
Voir 804.

Lettre d'André Gide à Francis Jammes, [octobre 1911], pp. 281-282.

Lettre d'André Gide à Francis Jammes, [juin 1915], p. 283.

Lettre d'André Gide à Francis Jammes, 22 décembre 1931, pp. 286-287.

Lettre d'André Gide à Francis Jammes, 24 décembre 1931, pp. 287-288.

Lettre d'André Gide à Francis Jammes, 4 novembre 1935, p. 290.

Lettre d'André Gide à Francis Jammes, 6 juillet 1938, p. 291.

Télégramme d'André Gide à Mme Francis Jammes, 3 novembre 1938, p. 291.

Lettre d'André Gide à Francis Jammes, 28 août 1897, pp. 299-301. Cette lettre fut publiée dans Le Spectateur catholique, no 9, septembre 1897, pp. 141-142, sous le titre de : "Réponse à la lettre du Faune" [voir 45].

Lettre d'André Gide à Louis Comte, [novembre 1897], pp. 302-304.

Lettre d'André Gide à Arthur Fontaine, 26 février 1911, pp. 313-314.

Fragment de la lettre d'André Gide à Christian Beck, 2 juillet 1907, pp. 352-353. Cette lettre se trouve aussi dans : "Lettres à Christian Beck", [voir 858, pp. 620-622].

Lettre d'André Gide à Francis Jammes, 24 avril 1923, pp. 363-364. Cette lettre fut tout d'abord publiée dans les Nouvelles littéraires du 28 avril 1923 [voir 334].

842. Eloges, Neuchâtel et Paris, Ides et Calendes, [1948], 150p.

Achevé d'imprimer le 16 juillet 1948.

TABLE DES MATIERES

843. Les Caves du Vatican. Farce en trois actes. Neuchâtel et Paris, Ides et Calendes, [1948], 137p.

Achevé d'imprimer le 3 juillet 1948.

Dans sa notice au cinquième tome du Théâtre complet [849], Richard Heyd précise, au sujet de la présente édition des Caves du Vatican : " A la demande de l'auteur, il en a été tiré exceptionnellement, hors commerce, treize exemplaires nominatifs sur papier de Chine. L'achevé d'imprimer de ces treize exemplaires est le même que celui du présent ouvrage" (p. 174).

Voir aussi : 893.

844. Notes sur Chopin, Paris, L'Arche, 1948, 133p.

Achevé d'imprimer le 15 octobre 1948.

TABLE DES MATIERES

On retrouvera les "fragments du Journal", dans :

Notes sur Chopin	[653] Journal 1889-1939
p. 61	p. 44
p. 62	p. 66
p. 63	pp. 85 - 86
p. 64	pp. 245 - 246
p. 65	p. 259
p. 66	p. 356
p. 67	p. 693
p. 68	pp. 695 - 696
p. 69	p. 704
p. 70	pp. 705 - 706
pp. 71 - 72	p. 857
pp. 73 - 75	pp. 873 - 874
pp. 76 - 77	pp. 892 - 893
p. 77	p. 893
pp. 78 - 81	pp. 914 - 916
p. 82	p. 949
pp. 83 - 85	pp. 954 - 955
pp. 86 - 87	p. 987
p. 88	p. 988
pp. 89 - 90	pp. 1196-1197
pp. 91 - 93	p. 1308
pp. 94 - 95	p. 1329
pp. 96 - 99	pp. 1330-1331.

Notons qu'il y a, dans ces divers fragments du Journal, de multiples variantes.

Précisons enfin qu'une édition originale de luxe des Notes sur Chopin fut publiée la même année. Bien que la table des matières fût identique, l'ouvrage ne renfermait que 117 pages.

845. Préfaces, Neuchâtel et Paris, Ides et Calendes, [1948], 204p.

Achevé d'imprimer le 28 avril 1948.

TABLE DES MATIERES

846. Récits, romans, soties. Edition illustrée de soixante aquarelles et gouaches par André Derain; Raoul Dufy; H. Beaurepaire; Edy Legrand; Jean Hugo; Pierre Roy; Touchagues; Y. Brayer; Fontanarosa; Van Dongen; G. D'Espagnat; Jacques Thevenet; Christian Bérard; Clavé; Grau Sala; A. Dignimont; M. Prassinos; et d'un portrait de l'auteur par A. Dunoyer de Segonzac,
Paris, Gallimard, 1948, 2 vol., 603p. et 605p.

Achevé d'imprimer le 30 septembre 1948.

TABLE DES OUVRAGES CONTENUS DANS LE TOME PREMIER :

TABLE DES OUVRAGES CONTENUS DANS LE TOME DEUXIEME :

847. Rencontres, Neuchâtel et Paris, Ides et Calendes, [1948], 148p.

Achevé d'imprimer le 26 avril 1948

TABLE DES MATIERES

VI-	Jef Last [voir 629]	57 - 63
VII-	Christian Beck [voir 484]	65 - 70
VIII-	Trois rencontres avec Verlaine [voir 695]	71 - 77
IX-	Goethe [voir 495]	79 - 95
X-	L'Enseignement de Poussin [voir 758]	97 - 120
XI-	Acquasanta [voir 641]	121 - 135
XII-	L'Art Bitraire [voir 800]	137 - 144

848. Théâtre complet IV, lithographies de Maurice Brianchon, Neuchâtel et Paris, Ides et Calendes, [1948], 165p.

Achevé d'imprimer le 20 janvier 1948.

TABLE DES MATIERES

[Traduction de] Amal et la lettre du Roi [voir 322]	7 - 56
Oedipe [voir 490]	57 - 111
Perséphone [voir 531]	113 - 138
Proserpine [voir 79]	139 - 153
"Notice" [de Richard Heyd]	157 - 160

849. Théâtre complet V, lithographies de Maurice Brianchon, Neuchâtel et Paris, Ides et Calendes, [1948], 175 [4]p.

Achevé d'imprimer le 3 juillet 1948.

TABLE DES MATIERES

Notons que pour Les Caves du Vatican, il s'agit de l'édition originale.

CORRESPONDANCE

850. DAVET (Yvonne), Autour des Nourritures terrestres. Histoire d'un livre, Paris, Gallimard, 1948, 252p.

La première partie de ce livre avait été publiée, l'année précédente, dans L'Arche, sous le titre de "Le Cinquantenaire des Nourritures terrestres" [voir 823]. Nous avons énuméré les lettres que renfermait cette première partie dans notre inventaire de 1947. Que le lecteur veuille bien s'y référer. Nous ne ferons mention ici, à moins d'avis contraire, que des lettres d'André Gide inédites au moment de la parution du présent ouvrage. Exception fut faite, cependant, pour les lettres d'André Gide à Francis Jammes.

Fragment d'une lettre d'André Gide à Marcel Drouin, [1896], pp. 86-86. Claude Martin, dans son Répertoire chronologique des lettres publiées d'André Gide (Paris, Minard, 1971), situe cette lettre en janvier 1896.

Fragment d'une lettre d'André Gide à Henri Drain, 18 juillet 1932, pp. 89-90.

Fragment d'une lettre d'André Gide à Francis Jammes, 19 janvier 1896, p. 91 [841] (JAM., p. 63).

Fragment d'une lettre d'André Gide à Francis Jammes, 21 février 1896, p. 94 [841] (JAM., p. 65).

Fragment d'une lettre d'André Gide à Francis Jammes, [fin de février 1896], p. 95 [841] (JAM., pp. 66-67).

Fragment d'une lettre d'André Gide à Francis Jammes, ["qui date vraisemblablement de la fin d'avril ou des tout premiers jours de mai"], p. 99. Dans l'ensemble de la correspondance Gide - Jammes [841], p. 72, la lettre est datée du [début de mai 1896]. Claude Martin (op.cit.) précise qu'elle fut écrite le 30 avril 1896.

Fragment d'une lettre d'André Gide à Francis Jammes, [septembre 1896], p. 99. Dans l'ensemble de la correspondance Gide -Jammes [841], p. 90, la lettre est de [octobre 1896]; de l'avis de Claude Martin (op.cit), elle serait de [novembre 1896].

Fragment d'une lettre d'André Gide à Francis Jammes, 3 décembre 1896, p. 100 [841] (JAM., p. 94).

Fragment d'une lettre d'André Gide à Francis Jammes, 20 février 1897, p. 100 [841] (JAM., pp. 101-102).

Fragment d'une lettre d'André Gide à Francis Jammes, [février 1897], p. 100. Cette lettre, dont sont citées trois lignes seulement, ne semble pas avoir été reprise par Robert Mallet dans son édition de l'ensemble de la correspondance d'André Gide et de Francis Jammes.

Fragment d'une lettre d'André Gide à Francis Jammes, s.d., p. 100. Dans l'ensemble de la correspondance Gide - Jammes [841], pp. 110-111, la lettre est datée du [début de juin 1897]; Claude Martin (op.cit.), par contre, croit qu'elle est plutôt de février 1897. Quoi qu'il en soit, la date attribuée par Robert Mallet est manifestement fausse : d'une part, la lettre vient de Paris et Gide ne s'y trouvait pas en juin 1897; d'autre part, il est question des épreuves des Nourritures terrestres à corriger. Or, le livre était déjà paru, en juin 1897.

Fragment d'une lettre d'André Gide à Paul Valéry, 27 avril 1897, p. 101 [972], (VAL., pp. 293-294).

Fragment d'une lettre d'André Gide à Francis Jammes, 27 mai 1897, p. 102 [841] (JAM., pp. 109-110).

Fragments d'une lettre d'André Gide à Francis Jammes, 4 juillet 1897, p. 104 et p. 120 [841] (JAM., p. 113).

Fragment d'une lettre d'André Gide à Francis Jammes, ["dans la première quinzaine de juillet"] 1897, p. 106 [841] (JAM., pp. 115-116).

Fragment d'une lettre d'André Gide à Francis Jammes, s.d., p. 108, [841] (JAM., p. 125).

Fragment d'une lettre d'André Gide à Francis Jammes, s.d. pp. 110-111. Dans l'ensemble de la correspondance [841] p. 117, la lettre est datée de [juillet 1897].

Fragment d'une lettre d'André Gide à Francis Jammes, 31 août 1897, p. 111. Cette lettre ne semble pas avoir été reprise dans l'ensemble de la correspondance Gide -Jammes.

Fragments d'une lettre d'André Gide à Francis Jammes, 1er décembre 1897, p. 115 et p. 168, [841] (JAM., p. 130).

Fragment d'une lettre d'André Gide à Francis Jammes, s.d. p. 116, [841] (JAM., p. 132).

Fragment d'une lettre d'André Gide à Paul Valéry, [mars 1893] p. 118, [972] (VAL., p. 181).

Fragment d'une lettre d'André Gide à Paul Valéry, 24 janvier 1896, p. 118, [972] (VAL., p. 257).

Fragment d'une lettre d'André Gide à Paul Valéry, 26 octobre 1896, p. 119. Dans l'ensemble de la correspondance Gide -Valéry [972], p. 282, aucune date n'est précisée; on indique seulement [C.P. octobre 1896]. Claude Martin n'est pas davantage précis dans son *Répertoire chronologique des lettres publiées d'André Gide* (Paris, Minard, 1971).

Fragment d'une lettre d'André Gide à Paul Valéry, 12 janvier 1898, pp. 148-149, [972] (VAL., pp. 305-307). Cette lettre avait déjà été publiée dans *Paul Valéry*, Paris, Domat, 1947, pp. L-LIV.

Fragment d'une lettre d'André Gide à J. D., 12 décembre 1932, p. 150. Dans "Mécislas Golberg, Emmanuel Signoret et André Gide", *The Romanic Review*, October 1967, p. 187, Pierre Aubery identifie J.D. comme étant José David. Ajoutons que cette même lettre sera aussi citée dans l'ensemble de la correspondance Gide-Valéry [972], p. 292, mais que, à ce dernier endroit, on a imprimé par erreur "refugié politique" au lieu de "réfugié polonais".

Lettre d'André Gide à Paul Valéry, 28 octobre 1899, pp. 170-171, [972] (VAL., pp. 362-363).

Fragment d'une lettre d'André Gide à Francis Jammes, 14 octobre 1904, pp. 171-172 [841] (JAM., pp. 214-215).

Fragment d'une lettre d'André Gide à Francis Jammes, 18 octobre 1904, pp. 175-175 [841] (JAM., p. 218).

Fragment d'une lettre d'André Gide à Francis Jammes, 26 avril 1906, p. 175 [841] (JAM., p. 234).

Fragment d'une lettre d'André Gide à Francis Jammes, 6 mai 1906, p. 176. Dans l'ensemble de cette correspondance [841], p. 237, la lettre est datée du 7 mai 1906. Il en est de même dans le *Répertoire chronologique des lettres publiées d'André Gide*, de Claude Martin.

Lettre d'André Gide à la Librairie Plon, début de mai 1923, p. 177.

Fragment d'une lettre d'André Gide à Thomas Mann, 13 janvier 1930, p. 178.

Fragment d'une lettre d'André Gide à André Thérive, 26 novembre 1929, p. 178.

Fragment d'une lettre d'André Gide à Paul Souday, 5 août 1911, p. 180. Ce fragment avait été publié, en partie, dans : *Biblio-thèque de Paul Souday*, [voir 474], p. 64. Il sera repris dans : Claude MARTIN, *Répertoire chronologique des lettres publiées d'André Gide*, Paris, Minard, 1971, s.p.

Lettre d'André Gide à une "jeune fille" non identifiée, 17 juillet 1928, pp. 183-184.

Fragment d'une lettre d'André Gide à Mme A.V., 14 décembre 1935, p. 206.

Fragment d'une lettre d'André Gide à Paul Valéry, 21 octobre 1898, pp. 207-208. Dans l'ensemble de cette correspondance [972], pp. 338-340 et dans Martin (*op.cit.*) la lettre est datée du 22 octobre 1898.

Fragment d'une lettre d'André Gide à Albert Samain, [décembre 1898], pp. 208-209.

Fragment d'une lettre d'André Gide à Marcel Drouin, [1898], p. 210.

Fragment d'une lettre d'André Gide à Arthur Fontaine, 17 juillet [1899], pp. 220-221. Cette lettre fut publiée, *in extenso*, dans : "Lettres de Gide à Arthur Fontaine", *Le Figaro littéraire*, 6 septembre 1952, p. 3, [voir 934].

851. MONDOR (Henri), L'Heureuse rencontre de Valéry et Mallarmé, Lausanne, La Guilde du livre, 1948, 123(3)p.

Achevé d'imprimer le 15 mars 1948.

Fragment d'une lettre d'André Gide à Paul Valéry, [février 1891], pp. 55-56. Dans [972] (VAL., pp. 46-47), la lettre est du 26 janvier 1891.

Fragment d'une lettre d'André Gide à Paul Valéry, 8 février 1891, pp. 57-58. Dans [972] (VAL., p. 50), la lettre est simplement datée de [février 1891]. Claude Martin, dans son Répertoire chronologique des lettres publiées d'André Gide (Paris, Minard, 1971), précise qu'elle est du 1er février 1891.

Fragment d'une lettre d'André Gide à Paul Valéry, [fin juin 1891], pp. 79-80. Dans [972] (VAL., pp. 99-102), cette lettre est datée du [C.P. 23 juin 1891].

Fragment d'une lettre d'André Gide à Paul Valéry, [début de juillet 1892], p. 84. Dans [972] (VAL., p. 107), cette lettre est datée du [C.P. 9 juillet 1891].

Fragment d'une lettre d'André Gide à Paul Valéry, 25 juillet [1892], p. 85 [972] (VAL., pp. 166-167).

Fragment d'une lettre d'André Gide à Paul Valéry, [s.d.], p. 91. Dans [972] (VAL., pp. 169-170), la lettre est datée de [août 1892]. Claude Martin pour sa part (op.cit.) la situe entre le 8 et le 24 août 1892.

Fragment d'une lettre d'André Gide à Paul Valéry, [1er octobre 1891], pp. 96-97. Dans [972] (VAL., pp. 129-130), la lettre est datée de [septembre 1891]. Il en est de même dans l'ouvrage de Claude Martin.

Lettre d'André Gide à Stéphane Mallarmé, 22 mai 1897, p. 117.

852. WOLFF (Erica), A French-Autralian Writer : Paul Wenz, Parkville, University of Melbourne, 1948.

Fragment d'une lettre d'André Gide à Erica Wolff, 10 février 1947, p. 23 et p. 56.

Voir aussi : 830.

1949

TEXTES DIVERS PUBLIES DANS LES JOURNAUX, LES REVUES ...

853. [Auguste Strindberg], Adam International Review, vol. 191-192, January 1949, p. 2.

854. "Hommage à Copeau", Les Nouvelles littéraires, 10 février 1949, p. 1.

855. "Marcel Drouin", La Table ronde, no 17, mai 1949, pp. 707-724.

Publication subséquente : [868] Préface à Marcel Drouin, La Sagesse de Goethe, pp. 9-46 (var.).

856. "Pages de Journal", Revue 84, nos 8 et 9, [juillet] 1949, pp. 208-212.

Publications subséquentes : [914] Egypte 1939.

[962] Journal 1939-1949, pp. 1057-1062 (fragments seulement).

857. "Lettres à Christian Beck" (I), Mercure de France, juillet 1949, pp. 385-401.

[Ces lettres avaient déjà paru dans Lettres à Christian Beck, [voir 785], ouvrage tiré à 21 exemplaires seulement. Comme ce dernier ouvrage est quasiment inaccessible, nous faisons également l'inventaire des lettres publiées dans le Mercure de France. Notons, cependant, que la lettre d'André Gide à Christian Beck, du 25 janvier 1905 [785] (pp. 36-38) ne fut pas reprise dans le Mercure de France. Elle se trouve, par contre, dans : [960] Antonio Mor, Tre lettere inedite di Gide, pp. 10-12].

Lettre d'André Gide à Christian Beck, s.d., pp. 387-388. Dans son Répertoire chronologique des lettres publiées d'André Gide (Paris, Minard, 1971), Claude Martin a classé cette lettre en 1895.

Lettre d'André Gide à Christian Beck, [1895], pp. 388-389. Claude Martin précise (op.cit.) : août 1895.

Lettre d'André Gide à Christian Beck, 3 juin 1897, p. 389.

Lettre d'André Gide à Christian Beck, 13 avril 1899, p. 390.

Lettre d'André Gide à Christian Beck, s.d. p. 391. Claude Martin (op.cit.) situe cette lettre entre le 24 et le 30 juillet 1899.

Lettre d'André Gide à Christian Beck, [1899], p. 392. Claude Martin (op.cit.) date cette lettre de juin 1899.

Lettre d'André Gide à Christian Beck, 18 février 1900, pp. 392-393.

Lettre d'André Gide à Christian Beck, 8 octobre 1900, p. 393.

Lettre d'André Gide à Christian Beck, s.d. p. 394. [Cette lettre ne semble pas avoir été répertoriée par Claude Martin (op.cit.)].

Lettre d'André Gide à Christian Beck, s.d., pp. 394-395. [Cette lettre ne semble pas avoir été répertoriée par Claude Martin].

Lettre d'André Gide à Christian Beck, s.d., p. 395. [Cette lettre ne semble pas avoir été répertoriée par Claude Martin].

Lettre d'André Gide à Christian Beck, mercredi matin, pp. 395-396. [Cette lettre ne semble pas avoir été répertoriée par Claude Martin].

Lettre d'André Gide à Christian Beck, 23 juin, pp. 396-397. Claude Martin (op.cit.) précise : 23 juin [1902].

Lettre d'André Gide à Christian Beck, 4 mai 1903, p. 398.

Lettre d'André Gide à Christian Beck, 6 septembre 1903, pp. 398-399.

Lettre d'André Gide à Christian Beck, 29 avril 1906, pp. 399-401.

Lettre d'André Gide à Christian Beck, 19 mai 1906, p. 401.

Lettre d'André Gide à Christian Beck, 11 octobre 1906, p. 402.

858. "Lettres à Christian Beck", Mercure de France, août 1949, pp. 616-637.

[Voir note à la référence précédente].

Lettre d'André Gide à Christian Beck, 18 novembre 1906, p. 617-618.

Lettre d'André Gide à Christian Beck, 23 décembre [1906], p. 618.

Lettre d'André Gide à Christian Beck, 21 février 1907, p. 619.

Lettre d'André Gide à Christian Beck, 27 février 1907, p. 619.

Lettre d'André Gide à Christian Beck, 1er avril 1907, p. 620.

Lettre d'André Gide à Christian Beck, 2 juillet 1907, pp. 620-622.

Lettre d'André Gide à Christian Beck, 17 décembre 1907, pp. 622-623.

Lettre d'André Gide à Christian Beck, 21 décembre 1907, pp. 623-624.

Lettre d'André Gide à Christian Beck, Noël 1907, p. 624.

Lettre d'André Gide à Christian Beck, fin décembre 1907, pp. 624-625.

Lettre d'André Gide à Christian Beck, 13 février 1908, p. 625.

Lettre d'André Gide à Christian Beck, 28 février 1908, p. 625.

Lettre d'André Gide à Christian Beck, 6 avril 1908, p. 626.

Lettre d'André Gide à Christian Beck, 12 octobre 1908, p. 627.

Lettre d'André Gide à Christian Beck, [1909], p. 627.

Lettre d'André Gide à Christian Beck, 15 juillet 1909, p. 628.

Lettre d'André Gide à Christian Beck, 21 septembre 1909, p. 628.

Lettre d'André Gide à Christian Beck, 16 octobre 1909, p. 629.

Lettre d'André Gide à Christian Beck, Rouen, s.d., p. 630. [Claude Martin ne semble pas avoir répertorié cette lettre].

Lettre d'André Gide à Christian Beck, [1909], p. 630. Claude Martin (op.cit.) date cette lettre de novembre 1909.

Lettre d'André Gide à Christian Beck, 1 décembre 1909, p. 631.

Lettre d'André Gide à Christian Beck, 2 janvier 1910, p. 631.

Lettre d'André Gide à Christian Beck, 29 janvier 1910, pp. 631-632.

Lettre d'André Gide à Christian Beck, [1910], pp. 632-633. Claude Martin (op.cit.) est d'avis que cette lettre fut écrite entre le 9 et le 24 janvier 1910.

Lettre d'André Gide à Christian Beck, [1910], p. 633. Selon Claude Martin (op.cit), cette lettre aurait été écrite entre le 9 et le 24 janvier 1910.

Lettre d'André Gide à Christian Beck, [1910], pp. 633-634. [Cette lettre ne semble pas avoir été répertoriée par Claude Martin (op.cit.)].

Lettre d'André Gide à Christian Beck, 24 mars 1911, p. 634.

Lettred'André Gide à Christian Beck, 26 janvier, pp. 634-635. [Cette lettre ne semble pas avoir été répertoriée par Claude Martin (op.cit.)].

Lettre d'André Gide à Christian Beck, s.d., p. 635. [Cette lettre ne semble pas avoir été répertoriée par Claude Martin (op.cit.)].

Lettre d'André Gide à Christian Beck, s.d., p. 636. [Cette lettre ne semble pas avoir été répertoriée par Claude Martin (op.cit.)].

Lettre d'André Gide à Christian Beck, 25 juin , pp. 636-637. [Cette lettre ne semble pas avoir été répertoriée par Claude Martin (op.cit.)].

859. "La Correspondance entre Claudel et Gide", Le Figaro littéraire, 22 octobre 1949, p. 1 et pp. 5-6.

Lettre d'André Gide à Paul Claudel, 8 décembre 1905, p. 5 [871], (CLA., pp. 58-59).

Lettre d'André Gide à Paul Claudel, 17 décembre 1905, p. 5, [871] (CLA., p. 60).

Lettre d'André Gide à Paul Claudel, 7 novembre 1906, p. 5 [871] (CLA., pp. 67-68).

Lettre d'André Gide à Paul Claudel, 7 janvier 1911, p. 6, [871] (CLA., p. 159).

860. "La Correspondance entre Claudel et Gide", Le Figaro littéraire, 29 octobre 1949, p. 5.

Lettre d'André Gide à Paul Claudel, 10 décembre 1911, p. 5 [871] (CLA., pp. 185-186).

Lettre d'André Gide à Paul Claudel, 7 janvier 1912, p. 5 [871] (CLA., pp. 188-189).

861. [Jugement sur le cinéma soviétique], dans : Corrado Terzi, "Il documentario scientifico nell'Unione Sovietica", Sequenze, novembre 1949, p. 28.

862. "La Correspondance entre Claudel et Gide", Le Figaro littéraire, 5 novembre 1949, pp. 5-7.

Lettre d'André Gide à Paul Claudel, 7 mars 1914, p. 5 [871] (CLA., pp. 217-218).

Lettre d'André Gide à Paul Claudel, 8 mars 1914, p. 5 [871] (CLA., p. 219).

Lettre d'André Gide à Paul Claudel, 16 mars 1914, p. 5 [871] (CLA., pp. 223-224).

Lettre d'André Gide à Paul Claudel, 19 mars 1914, p. 5 [871] (CLA., pp. 225-226).

Lettre d'André Gide à Paul Claudel, mai 1925, p. 7 [871] (CLA., p. 242).

863. "Feuillets retrouvés", Le Figaro littéraire, 26 novembre 1949, p. 1 et p. 4.

864. "Lettre d'André Gide à Julien Green", Biblio-Hachette, décembre 1949, pp. 15-19.

Cette lettre, datée du 28 juillet 1934, fut aussi citée dans : Livres de France, février 1967, p. 13.

865. "Adagio", La Table ronde, décembre 1949, pp. 1827-1832.

866. RODDMAN, (Philip), "Gide's Hamlet", Partisan Review, February 1949, pp. 213-220.

[Nous signalons cet article, car il renferme des propos d'André Gide qui ne furent jamais publiés ailleurs].

AVANT-PROPOS, PREFACES...

867. Avant propos à : James Hogg, Confession du pécheur justifié, Paris, Charlot, 1949, XVII-317p.

Achevé d'imprimer le 1er septembre 1949.

Avant-propos : pp. VII-XVII.

Publications préoriginales : [837] "Préface à Confession du pécheur justifié de James Hogg", pp. 1443-1450.

[845] Préfaces, pp. 129-142.

868. Préface à : Marcel Drouin, La Sagesse de Goethe, Paris, Gallimard, 1949, 231[9]p.

Achevé d'imprimer le 15 septembre 1949.

Préface : pp. 9-46.

Publication préoriginale : voir 855.

Le texte est daté de janvier 1949.

869. Préface à : James Joyce - Sa vie - son oeuvre - son rayonnement, octobre-novembre 1949, Paris VIe, La Hune.

[L'Exposition et le catalogue ont été réalisés avec la collaboration de Pierre Faucheux, André Noel et Johnny Friedlander; introduction générale de Bernard Gheerbrant].

Le texte de Gide (s.p.) est daté du 27 juillet 1949.

Item 103 : Fragment d'une lettre d'André Gide à James Joyce, 30 avril 1931.

Item 562 : Exemplaire de La Symphonie pastorale (ed. originale), enrichi d'une dédicace d'André Gide à James Joyce.

LIVRES

870. Anthologie de la poésie française, [Paris], Librairie Gallimard, Bibliothèque de la Pléiade, [1949], 846p.

TABLE DES MATIERES

871. Correspondance Paul Claudel - André Gide (1899-1926) Préface et notes par Robert Mallet, [Paris], Gallimard, 1949, 400p.

Achevé d'imprimer le 17 novembre 1949.

[Dans son Répertoire chronologique des lettres publiées d'André Gide (Paris, Minard, 1971), Claude Martin rectifie certaines dates proposées par Robert Mallet :

	Mallet	Martin
pp. 58 - 59	[8 décembre 1905]	7 décembre 1905
p. 130	[mars 1910]	21 mars 1910
pp. 172 - 173	[printemps 1911]	[mai?] 1911
pp. 242 - 243	[mai 1925]	[13 mai 1925]

[Dans "Additions to the Gide Bibliography", <u>The Romanic Review</u>, XLIII, February 1952, pp. 34-53, Justin O'Brien a corrigé quelques notes de Robert Mallet, en plus de fournir parfois des précisions supplémentaires. Cet article fut repris dans : Justin O'Brien, <u>Contemporary French Literature</u> [1191], pp. 173-198].

Lettre d'André Gide à Paul Claudel, 25 septembre 1905, pp. 50-51.

Lettre d'André Gide à Paul Claudel, [8 décembre 1905], pp. 58-59.
Voir : 859.

Lettre d'André Gide à Paul Claudel, [17 décembre 1905], p. 60.
Voir : 859.

Lettre d'André Gide à Paul Claudel, 7 novembre 1906, pp. 67-68.
Voir : 859.

Lettre d'André Gide à Paul Claudel, 14 mars [1907], pp. 72-73.

Lettre d'André Gide à Paul Claudel, 20 juin 1907, pp. 74-76.

Lettre d'André Gide à Paul Claudel, 24 octobre 1907, pp. 77-78.

Lettre d'André Gide à Paul Claudel, 17 janvier 1908, pp. 79-80.

Lettre d'André Gide à Paul Claudel, juillet 1908, pp. 86-87.

Lettre d'André Gide à Paul Claudel, 17 octobre 1908, pp. 89-90.

Lettre d'André Gide à Paul Claudel, 9 janvier 1909, pp. 93-95.

Lettre d'André Gide à Paul Claudel, 31 janvier 1909, pp. 97-98.

Lettre d'André Gide à Paul Claudel, 24 février [1909], pp. 99-100.

Lettre d'André Gide à Paul Claudel, 19 avril 1909, pp. 100-101.

Lettre d'André Gide à Paul Claudel, 18 juin 1909, pp. 103-104.

Lettre d'André Gide à Paul Claudel, 19 juillet 1909, pp. 109-110.

Lettre d'André Gide à Paul Claudel, Noel 1909, p. 112.

Lettre d'André Gide à Paul Claudel, [Début de janvier 1910], pp. 114-115.

Lettre d'André Gide à Paul Claudel, 8 janvier 1910, p. 116.

Lettre d'André Gide à Paul Claudel, 15 février 1910, pp. 119-120.

Lettre d'André Gide à Paul Claudel, 23 février 1910, pp. 122-124.

Lettre d'André Gide à Paul Claudel, 12 mars 1910, pp. 127-128.

Lettre d'André Gide à Paul Claudel, [mars 1910], p. 130.

Lettre d'André Gide à Paul Claudel, [17 avril 1910], p. 131.

Lettre d'André Gide à Paul Claudel, 14 juin 1910, pp. 138-139.

Lettre d'André Gide à Paul Claudel, [juin 1910], pp. 142-144.

Lettre d'André Gide à Paul Claudel, 27 juin [1910], pp. 145-146.

Lettre d'André Gide à Paul Claudel, 6 août 1910, pp. 148-149.

Lettre d'André Gide à Paul Claudel, 7 janvier 1911, p. 159.
Voir : 859.

Lettre d'André Gide à Paul Claudel, 22 février 1911, pp. 161-164.

Lettre d'André Gide à Paul Claudel, [février 1911], p. 165.

Lettre d'André Gide à Paul Claudel, 9 mars 1911, pp. 167-168.

Lettre d'André Gide à Paul Claudel, 1er avril 1911, p. 170.

Lettre d'André Gide à Paul Claudel, [printemps 1911], pp. 171-172.

Lettre d'André Gide à Paul Claudel, 16 juin 1911, pp. 176-177.

Lettre d'André Gide à Paul Claudel, 20 juin [1911] p. 179.

Lettre d'André Gide à Paul Claudel, 14 août 1911, pp. 181-182.

Lettre d'André Gide à Paul Claudel, 10 décembre 1911, pp. 185-186. Voir : 860.

Lettre d'André Gide à Paul Claudel, 7 janvier 1912, pp. 188-189.
Voir : 860.

Lettre d'André Gide à Paul Claudel, 25 juillet [1912], p. 201.

Lettre d'André Gide à Paul Claudel, 7 mars 1914, pp. 217-218.
Voir : 862.

Lettre d'André Gide à Paul Claudel, 8 mars 1914, p. 219.
Voir : 862.

Lettre d'André Gide à Paul Claudel, 16 mars 1914, pp. 223-224. Voir : 862.

Lettre d'André Gide à Paul Claudel, 19 mars 1914, pp. 225-226. Voir : 862.

Brouillon d'une lettre d'André Gide à Francis Jammes, [fin mars 1914], pp. 230-231. Ce brouillon n'est pas dans l'ensemble de la correspondance Gide - Jammes.

Lettre d'André Gide à Paul Claudel, [Paris, mai 1925], pp. 242-243. Voir : 862.

Lettre d'André Gide à Paul Claudel, 15 juin 1926, pp. 244-245.

Lettre d'André Gide à Francis Jammes, 25 décembre 1909, pp. 301-302. Dans [841] JAM., (pp. 269-270), cette même lettre est datée du 29 décembre 1909.

Lettre d'André Gide à Francis Jammes, 2 janvier 1910, p. 302; [841] JAM., p. 271.

Lettre d'André Gide à Francis Jammes, [3 janvier 1910], p. 303 [841] JAM., pp. 271-272.

Lettre d'André Gide à Francis Jammes, [9 février 1911], p. 329; [841] JAM., p. 274.

Lettre d'André Gide au Journal Le Temps, 19 septembre 1913, p. 358. Nous n'avons pas retrouvé cette lettre dans Le Temps.

Lettre d'André Gide à Francis Jammes, 15 novembre 1913, p. 360. Cette lettre n'est pas citée dans l'ensemble Gide-Jammes [841] et Claude Martin (op.cit.) n'en fait pas mention.

872. Feuillets d'automne, précédés de quelques récents écrits, Paris, Mercure de France, 1949, 285p.

Achevé d'imprimer le 25 mai 1949.

TABLE DES MATIERES

"La Journée du 27 septembre" [voir 579]	42 - 47
"Acquasanta" [voir 641]	48 - 58
"Dindiki" [voir 375]	59 - 70
"Joseph Conrad" [voir 345a]	73 - 77
"Francis Jammes" [voir 634]	78 - 90
"Le Rayonnement de Paul Valéry" [voir 744]	91 - 94
"Paul Valéry" [voir 747]	95 - 113
"Henri Ghéon" [voir 743]	114 - 118
"Eugène Dabit" [voir 596; 633]	119 - 127
"Christian Beck" [voir 484]	128 - 131
"Antonin Artaud" [voir 827]	132 - 134
"Le Mercure de France" [voir 773]	135 - 139
"La Revue blanche" [voir 778]	139 - 141
"Goethe" [voir 495]	145 - 156
"L'Enseignement de Poussin" [voir 758]	157 - 173
"Lautréamont" [voir 369]	174
"Rimbaud" [voir 670]	175 - 179

873. Robert ou l'intérêt général, Neuchâtel et Paris, Ides et Calendes, [1949], 143p.

Achevé d'imprimer le 14 mai 1949.

Il s'agit, en réalité, d'un tirage à part, hors commerce, de treize exemplaires, sur papier de Chine, du texte paru dans le sixième volume du Théâtre complet [voir 874].

Publications préoriginales : voir : 727; 730; 739; 745.

Publication subséquente : [895] Littérature engagée, pp. 219-323.

874. Théâtre complet VI, lithographies de Maurice Brianchon, Neuchâtel et Paris, Ides et Calendes, [1949], 143[4]p.

Achevé d'imprimer le 14 mai 1949.

TABLE DES MATIERES

Publications préoriginales : voir 727; 730; 739; 745.

Quelques extraits de Robert ou l'intérêt général furent publiés dans Pages françaises, août-septembre 1945, pp. 79-93.

Publication subséquente : [895] Littérature engagée, pp. 219-323.

Tirage à part : voir 873.

875. Théâtre complet VII, lithographies de Maurice Brianchon, Neuchâtel et Paris, Ides et Calendes, [1949], 203[3]p.

Achevé d'imprimer le 8 juin 1949.

TABLE DES MATIERES

Publications précédentes de Hamlet : voir 451, 468, 735.

876. Théâtre complet VIII, lithographies de Maurice Brianchon, Neuchâtel et Paris, Ides et Calendes, [1949], 124 [3]p.

Achevé d'imprimer le 21 juin 1949.

Ce volume renferme Le Procès, pièce en deux parties tirée du roman de Franz Kafka, d'après la traduction de Alexandre Vialatte. L'adaptation fut faite en collaboration avec Jean-Louis Barrault.

TABLE DES MATIERES

Richard Heyd précise : "Le présent volume reproduit le texte de la pièce tel qu'il parut dans l'édition originale publiée par Gaston Gallimard en 1947. Seules quelques modifications ont été apportées dans les jeux de scène par Jean-Louis Barrault" (p. 125).

Le notice de Richard Heyd renferme une lettre d'André Gide à "un ami", 12 décembre 1947, pp. 124-125.

CORRESPONDANCE

877. Catalogue de la Vente de la bibliothèque Gide d'Arnold Naville Genève, Kundig, 1949.

Des fragments de quatre lettres d'André Gide y sont cités :

Fragment d'une lettre à Edouard Ducoté, ler octobre 1903, (no 224).

Fragment d'une lettre à Paul Fort, 27 juin 1911, (no 225).

Fragment d'une lettre à Charles Salomon, 16 janvier 1921, (no 226).

Fragment d'une lettre à Daniel Hirsch, 24 avril 1924, (no 227).

Ces fragments ont été cités dans : Claude MARTIN, Répertoire chronologique des lettres publiées d'André Gide, Paris, Minard, 1971, s.p.

878. [Reproduction d'une photographie d'André Gide à Oxford], Adam, no 200, novembre 1949.

Sur la photographie se lit la dédicace suivante :

"Pour Miron Grindea, j'inscris volontiers mon nom sur cette excellente photo en souvenir d'Oxford et bien cordialement" André Gide.

879. JEAN-AUBRY (Georges), Valery Larbaud. Sa vie et son oeuvre. La Jeunesse (1881-1920). Monaco, Editions du Rocher, 1949, 313p.

Lettre d'André Gide à Valery Larbaud, 2 mai 1905, p. 100.

Lettre d'André Gide à Valery Larbaud, 30 juillet [1908]. pp. 120-121.

Lettre d'André Gide à Valery Larbaud, 30 octobre 1908, p. 125.

Fragment d'une lettre d'André Gide à Valery Larbaud, [début de 1909], p. 126. Dans son Répertoire chronologique des lettres publiées d'André Gide (Paris, Minard, 1971), Claude Martin situe cette lettre entre le 9 et le 24 janvier 1909.

Fragment d'une lettre d'André Gide à Valery Larbaud, 17 juin 1909, p. 131.

Mention d'une lettre d'André Gide à Valery Larbaud, 11 décembre 1909. Cette date est vraisemblablement erronée. En effet, après avoir cité une lettre de Larbaud, datée du 6 novembre 1909, Jean-Aubry poursuit:"L'acceptation fut prompte; cinq jours plus tard, André Gide avisait l'auteur que ...", ce qui laisserait supposer que la lettre de Gide date du 11 novembre et non du 11 décembre.

Fragment d'une lettre d'André Gide à Valéry Larbaud, s.d. [1909], p. 131. De l'avis de Claude Martin (op.cit,), cette lettre aurait été écrite entre le 4 et le 14 juillet 1909.

Fragment d'une lettre d'André Gide à Valery Larbaud, s.d. [fin 1909], p. 136. Claude Martin (op.cit.) classe cette lettre entre le 3 et le 16 novembre 1909.

Fragment d'une lettre d'André Gide à Valery Larbaud, 15 avril 1910, p. 143.

Mention de deux lettres [non citées] d'André Gide à Valery Larbaud: la première du 12 juin 1910 et la seconde, du mois de juillet, p. 144.

Mention d'une lettre d'André Gide à Valery Larbaud [non citée], 1er août 1910, pp. 144-145.

Fragment d'une lettre d'André Gide à Valery Larbaud, 14 novembre 1910, p. 146.

Mention d'une lettre d'André Gide à Valery Larbaud, [non citée], 8 janvier 1911, p. 148.

Fragment d'une lettre d'André Gide à Valery Larbaud, 9 mars 1911, p. 156.

Fragment d'une lettre d'André Gide à Valery Larbaud, [1911], p. 158. Selon Claude Martin (op.cit.), cette lettre aurait été écrite entre le 9 et le 24 mars 1911.

Fragment d'une lettre d'André Gide à Valery Larbaud, 23 avril 1911, p. 161.

Fragment d'une lettre d'André Gide à Valery Larbaud, 25 mai [1911], p. 164.

Fragment d'une lettre d'André Gide à Valery Larbaud, [fin mai 1911], p. 165.

Fragment d'une lettre d'André Gide à Valery Larbaud, 19 juin 1911, p. 175.

Mention d'une lettre d'André Gide à Valery Larbaud, 27 juin 1911, p. 174.

Fragment d'une lettre d'André Gide à Valery Larbaud, 25 juillet 1911, p. 180.

Lettre d'André Gide à Valery Larbaud, 11 août 1911, p. 181.

Fragment d'une lettre d'André Gide à Valery Larbaud, [septembre 1911], p. 181.

Fragment d'une lettre d'André Gide à Valery Larbaud, [novembre 1911], p. 190.

Fragment d'une lettre d'André Gide à Valery Larbaud, [fin 1911], p. 190. Claude Martin (op.cit.) situe cette lettre en novembre 1911.

Fragment d'une lettre d'André Gide à Valery Larbaud, 13 janvier 1912, p. 198.

Fragment d'une lettre d'André Gide à Valery Larbaud, 19 février 1912, pp. 192-193.

Lettre d'André Gide à Valery Larbaud, 11 mars 1912, p. 195.

Fragment d'une lettre d'André Gide à Valery Larbaud, [mars 1912], p. 198.

Fragment d'une lettre d'André Gide à Valery Larbaud, [mars ou avril 1912], p. 200. Claude Martin (op.cit.) opte pour le mois de mars.

Fragment d'une lettre d'André Gide à Mme Nicolas Larbaud, [mère de Valery Larbaud], 4 mai 1912, pp. 202-203.

Mention d'une lettre d'André Gide à Valery Larbaud, [non citée] 6 mai 1912, p. 204.

Fragment d'une lettre d'André Gide à Valery Larbaud,[mai 1912], p. 206.

Carte postale d'André Gide à Valery Larbaud, 10 avril 1913, p. 226.

Fragment d'une lettre d'André Gide à Valery Larbaud, 14 juin 1913, p. 228.

Fragment d'une lettre d'André Gide à Valery Larbaud, ler septembre 1913, p. 232.

Mention d'une lettre d'André Gide à Valery Larbaud, [non citée], 15 novembre 1913, p. 232.

Mention d'une lettre d'André Gide à Valery Larbaud, [non citée], 17 novembre 1913, p. 232.

Lettre d'André Gide à Valery Larbaud, 23 mars 1914, p. 237.

Mention d'une lettre d'André Gide à Valery Larbaud [non citée], [janvier 1915]. p. 244.

Mention d'une lettre d'André Gide à Valery Larbaud, [non citée], 26 janvier 1916, pp. 249-250.

Fragment d'une lettre d'André Gide à Valery Larbaud, fin février 1918, p. 268.

880. LANG (Renée), André Gide et la pensée allemande, Paris, LUF, 1949; Plon, 1955, 218p.

Fragment d'une lettre d'André Gide à Jacques Schiffrin, 18 juin 1942, p, 177.

Lettre d'André Gide à Renée Lang, 10 juin 1946, pp. 178-180.

Fragment d'une lettre d'André Gide à Renée Lang, 27 décembre 1946, p. 181.

Fragment d'une lettre d'André Gide à Marcel Drouin, 30 mars 1898, pp. 182-183. Cette lettre avait été citée dans : Yvonne DAVET, Autour des Nourritures terrestres. Histoire d'un livre, [voir 823; 850], pp. 61-63.

Fragment d'une lettre d'André Gide à Marcel Drouin, [fin 1895], p. 184. Cité par Yvonne DAVET, dans Autour des Nourritures terrestres. Histoire d'un livre [voir 850] pp. 56-57, ce fragment est alors daté du 9 novembre 1895.

Lettre d'André Gide à Renée Lang, 3 octobre 1947, p. 185.

Fragment d'une lettre d'André Gide à Renée Lang, 3 octobre 1947, p. 186. Augmenté d'une phrase, ce fragment sera cité dans [930], RIL., pp. 258-259. Il le sera à nouveau dans : "Lettera d'André Gide a Renée Lang", Inventario, Anno 4, No 2, marzo - aprile 1952, p. 7; A. FONGARO, Bibliographie d'André Gide en Italie, Firenze et Paris, Edizioni Sansoni Antiquariato et librairie Didier, 1966, p. 49. La date du 3 octobre 1941 que porte la lettre, publiée dans ce dernier livre, est manifestement une coquille.

881. NOBECOURT (René-Gustave), Les Nourritures normandes d'André Gide, préface de Thierry Maulnier, Paris, Editions Médicis, 1949.

Fragment d'une lettre d'André Gide à Maxime X..., [février 1894], p. 179. Jean-Jacques THIERRY citera cette lettre, _in extenso_, dans : "Autour d'Isabelle", juillet 1958, p. 533. Il identifiera alors Maxime comme étant Maxime de Langenhagen et il datera la lettre de Biskra 1893. Claude Martin, par ailleurs, dans son _Répertoire chronologique des lettres publiées d'André Gide_, (Paris, Minard, 1971), classera cette même lettre parmi celles qui furent écrites en février 1895.

Fragment d'une lettre d'André Gide à René-Gustave Nobécourt, 4 janvier 1948, p. 170.

882. PROUST (Marcel), _Lettres à André Gide_, Neuchâtel et Paris, Ides et Calendes, 1949, 122p.

Lettre d'André Gide à Marcel Proust, [janvier 1914], pp. 9-11. Publications précédentes, voir : 431.

On trouvera le texte original de cette lettre dans : Philippe Kolb, "An Enigmatic Proustian Metaphor", _The Romanic Review_, October 1953, pp. 187-197. Dans son _Répertoire chronologique des lettres publiées d'André Gide_ (Paris, Minard, 1971), Claude Martin précise que cette lettre est du 11 janvier 1914.

Lettre d'André Gide à Marcel Proust, [janvier 1914], p. 12. Publications précédentes, voir 431.

Lettre d'André Gide à Marcel Proust, 14 juin 1922, pp. 89-91. A notre connaissance, cette lettre n'avait jamais été publiée auparavant.

Voir aussi : 857; 858; 859; 860; 862; 864; 871.

1950

TEXTES DIVERS PUBLIES DANS LES JOURNAUX, LES REVUES ...

883. [Lettre à Giancarlo Vigorelli], La Fiera letteraria, 1er janvier 1950, p. 1.

Cette lettre du 26 décembre 1949 est aussi citée dans :

[1086] A. Fongaro, Bibliographie d'André Gide en Italie, pp. 48-49.

884. "André Gide en 1930 félicitait ainsi l'auteur Edouard Bourdet", Le Figaro, 25-26 février 1950, p. 6.

Lettre d'André Gide à Edouard Bourdet, 1930.

885. [Lettres d'André Gide à Jean Cocteau], Empreintes, mai-juillet 1950, pp. 109-110.

Lettre d'André Gide à Jean Cocteau, 2 juin 1918, p. 109 [1169] (COC., pp. 68-69).

Lettre d'André Gide à Jean Cocteau, 30 mars 1937, p. 110 [1169] (COC., p. 176).

886. "Réponse à l'enquête : "Que pensez-vous de Maupassant?", Les Nouvelles littéraires, 3 août 1950, p. 1.

887. "La faim de Knut Hamsun", Revue 84, no 15, octobre 1950, pp. 58-61.

Publication subséquente : [891] Préface à Knut Hamsun, La faim, pp. V-VII.

888. "Don d'un arbre", Les Cahiers de la Pléiade, été-automne 1950, pp. 23-27.

889. "Pour les 80 ans d'un réfractaire", Le Figaro, 23 octobre 1950, p. 1.

Lettre en hommage à Ivan Bounine.

PREFACES

890. [Preface to the First Edition of Corydon in English], New York, Farrar, Straus and Co., 1950, pp. XI-XIV.

Cette préface paraîtra, en français, dans : Corydon, préface d'Elisabeth Porquerol, Lausanne, La Guilde du Livre, 1971, 260p.

891. Préface à Knut Hamsun, La Faim, Paris, Terre des hommes, 1950, 251p.

Préface : pp. V-VII.

Publication préoriginale : voir 887.

LIVRES

892. Journal 1942-1949, Paris, Gallimard, 1950, 334(2)p.

Achevé d'imprimer le 10 février 1950.

Publication précédente : 708; 765; 771.

Publication subséquente : [962] Journal 1939-1949, pp. 120-343. Notons que la note/ (p. 33) n'a pas été reprise dans Journal 1939-1949 (p. 139) et que le texte qui, dans ce dernier ouvrage, est daté du "28 (ou 29) mai" (pp. 341-342), ne se trouvait pas dans Journal 1942-1949.

893. Les Caves du Vatican [pièce en trois actes et dix-neuf tableaux tirée de la sotie du même auteur], Paris, Gallimard, 1950, 236p.

Achevé d'imprimer le 30 novembre 1950.

Cette version est de beaucoup plus complète que celle de l'édition de 1948 [voir 843].

894. Lettres de Charles Du Bos et réponses d'André Gide, Paris, Corréa, 1950, 212p.

Achevé d'imprimer le 9 juin 1950.

Lettre d'André Gide à Charles Du Bos, 29 mai 1915, p. 18.

Lettre d'André Gide à Charles Du Bos, 14 janvier 1921, pp. 27-29.

Lettre d'André Gide à Charles Du Bos, 22 mars 1921, p. 30.

Lettre d'André Gide à Charles Du Bos, [1921], p. 31.

Lettre d'André Gide à Charles Du Bos, [1921], pp. 32-33.

Lettre d'André Gide à Charles Du Bos, 23 juillet 1921, p. 34.

Lettre d'André Gide à Charles Du Bos, [1921], p. 35.

Lettre d'André Gide à Charles Du Bos, [1921], p. 39.

Lettre d'André Gide à Charles Du Bos, 4 novembre 1922, p. 48.

Lettre d'André Gide à Charles Du Bos, février 1923, p. 52.

Lettre d'André Gide à Charles Du Bos, 1er janvier 1924, pp. 61-62.

Lettre d'André Gide à Charles Du Bos, 27 février 1924, p. 65.

Lettre d'André Gide à Charles Du Bos, 21 mars 1924, p. 66.

Lettre d'André Gide à Charles Du Bos,[1924], pp. 74-75.

Lettre d'André Gide à Charles Du Bos, 21 novembre 1924, p. 78.

Lettre d'André Gide à Charles Du Bos, [1925], p. 89.

Lettre d'André Gide à Charles Du Bos, 30 août 1925, pp. 90-91.

Lettre d'André Gide à Charles Du Bos, juin 1926, p. 98.

Lettre d'André Gide à Charles Du Bos, 2 juillet 1926, pp. 105-106.

Lettre d'André Gide à Paul Desjardins, [1926], pp. 107-108.

Lettre d'André Gide à Charles Du Bos, 14 novembre 1926, p. 109.

Lettre d'André Gide à Charles Du Bos, 1er février 1927, p. 110.

Lettre d'André Gide à Charles Du Bos, 5 mai 1927, pp. 120-122.

Lettre d'André Gide à Charles Du Bos, [1927], p. 126.

Lettre d'André Gide à Charles Du Bos, 20 février 1928, p. 129.

Lettre d'André Gide à Charles Du Bos, 15 mars 1928, pp. 133-134.

Lettre d'André Gide à Charles Du Bos, 14 juin 1928, pp. 137-138.

Lettre d'André Gide à Charles Du Bos, 17 juin 1928, pp. 139-140.

Lettre d'André Gide à Charles Du Bos, 26 juin 1928, pp. 143-144

Lettre d'André Gide à Charles Du Bos, 28 septembre 1928, pp. 147-148.

Lettre d'André Gide à Charles Du Bos, 3 octobre 1928, p. 159

Lettre d'André Gide à Charles Du Bos, 5 octobre 1928, pp. 161-162.

Lettre d'André Gide à Charles Du Bos, décembre 1928, p. 165.

Lettre d'André Gide à Charles Du Bos, 2 janvier 1929, p. 169.

Lettre d'André Gide à Charles Du Bos, 10 avril 1929, pp. 178-180.

Lettre d'André Gide à Charles Du Bos, 15 avril 1929, p. 185.

Lettre d'André Gide à Charles Du Bos, 5 juin 1929, pp. 187-188.

895. Littérature engagée, textes réunis et présentés par Yvonne Davet, Paris, Gallimard, 1950, 361p.

Achevé d'imprimer le 14 avril 1950.

TABLE DES MATIERES

CORRESPONDANCE

896. ADAMOV (Arthur), La Parodie. L'Invasion, Paris, Charlot, 1950, 181p.

Lettre d'André Gide à Arthur Adamov, s.d., pp. 9-10. Dans son Répertoire chronologique des lettres publiées d'André Gide, Claude Martin date cette lettre d'octobre 1949.

897. JALOUX (Edmond), Les Saisons littéraires (1904-1914), Fribourg, Ed. de la librairie de l'Université, 1950, 325p.

Lettre d'André Gide à Edmond Jaloux, 14 juillet 1941, pp. 295-296.

Lettre d'André Gide à Edmond Jaloux, 18 septembre 1941, pp. 296-297.

898. SCHLUMBERGER (Jean), Eveils, Paris, Gallimard, 1950, 250p.

Lettre d'André Gide à Jean Schlumberger, juin 1902, pp. 151-152.

Lettre d'André Gide à Jean Schlumberger, décembre 1903, p. 154.

899. SOUCHON (Paul), Emmanuel Signoret, incarnation du Poète, Paris, La Couronne littéraire, 1950, 266p.

Fragment d'une lettre d'André Gide à Emmanuel Signoret, s.d. [25 juillet 1899], p. 184.

Voir aussi : 883; 884; 885; 886; 889; 894; 895.

1951

TEXTES DIVERS PUBLIES DANS LES REVUES, LES JOURNAUX ...

900. "Qui sauvera l'humanité en crise?", Yomiuri Shimbun, 15 janvier 1951.

Lettre d'André Gide à Mitsuo Nakamura, 2 janvier 1951. La lettre est publiée en japonais. Elle fut reprise, sous le titre de : "Réponse aux intellectuels japonais", dans : Tembô. avril 1951 et Ningen, avril 1951.

En français, elle paraîtra dans France, mars 1951. Traduite en anglais, on la retrouvera dans :

[927] "Two Declarations by André Gide" Partisan Review, July-August 1951.

Elle est enfin citée, dans le texte original, dans : Bulletin des Amis d'André Gide, no 19, juillet 1973, pp. 5-7.

901. "Lettre d'André Gide à Henri Corbière", Les Nouvelles littéraires, 22 février 1951, p. 1.

Cette lettre ne porte aucune date.

902. [Lettre d'André Gide à Jean Schlumberger], Réforme, 3 mars 1951, p. 7.

Cette lettre du 7 décembre 1921 fut reprise dans : Jean Schlumberger, Oeuvres, VII, Paris, Gallimard, 1962, pp. 183-184.

903. "Reflections on being eighty", [traduit par Dorothy Bussy], Picture Post, (London), March 3, 1951, pp. 34-37.

904. "Deux lettres inédites d'André Gide", Revue de la Pensée française, avril 1951, pp. 16-17.

Lettre d'André Gide à X ...., 18 mai 1944, p. 16.

Lettre d'André Gide à Paul Léautaud, [1930]. pp. 16-17.

905. "Léon Blum jugé par son ami André Gide", Rivarol, 5 avril 1951, p. 1.

Il s'agit, en réalité, d'un extrait du Journal, daté du 24 janvier 1914. On le retrouvera dans :

[538] O.C. VII, pp. 573-577.

[653] Journal 1889-1939, pp. 396-398.

906. "Lettre à Umberto Campagnolo", Comprendre, no 3, mai 1951, pp. 123-124.

Cette lettre du 28 janvier 1951 fut aussi publiée dans : Liberté de l'Esprit, no 24, octobre 1951, p. 236; Circulaire du Cercle André Gide, no 64, 24 novembre 1964. En anglais, elle parut dans :

[927] "Two Declarations by André Gide", Partisan Review, July-August 1951, pp. 399-400.

907. "Letter to the Columbia Review,", Columbia Review, Spring 1951, pp. 4 et 6.

Lettre d'André Gide à la Columbia Review, 22 janvier 1951.

908. "Hommage à Colette", Le Point, mai 1951, p. 4.

Publication subséquente : Biblio-Hachette, octobre 1954, p. 6.

909. "Pages", Hommage à André Gide, Nouvelle revue française, novembre 1951, pp. 371-377.

910. "A propos de la Symphonie pastorale", Hommage à André Gide, Nouvelle revue française, novembre 1951, pp. 377-380.

911. "Lettres d'Italie à Marcel Drouin", Hommage à André Gide, Nouvelle revue française, novembre 1951, pp. 380-392.

Lettre d'André Gide à Marcel Drouin, Rome, [s.d.], pp. 381-383. Claude Martin, dans son Répertoire chronologique des lettres publiées d'André Gide, date cette lettre de janvier 1896.

Lettre d'André Gide à Marcel Drouin, Rome, 2 mars 1898, pp. 383-384.

Lettre d'André Gide à Marcel Drouin, Orvieto, 26 mars 1898, 384-390.

Lettre d'André Gide à Marcel Drouin, Venise, [18 avril 1898], pp. 390-392.

911a. "Quelques Lettres à Paul Valéry", Hommage à André Gide, Nouvelle revue française, novembre 1951, pp. 393-407.

Lettre d'André Gide à Paul Valéry, Vendredi soir, 16 janvier 1891, pp. 393-395 [972] (VAL., pp. 42-44) [Publication précédente : voir 826].

Lettre d'André Gide à Paul Valéry, Rouen, le [?] mars-avril, dimanche de Pâques, pp. 396-399, [972] (VAL., pp. 74-77) --- dans VAL., la lettre est datée du 29 mars 1891.

Lettre d'André Gide à Paul Valéry, Maison des Pères Blancs, Biskra, [C.P. 1893], pp. 399-400, [972], (VAL., p. 194).

Lettre d'André Gide à Paul Valéry, [C.P. 27 novembre 93], pp. 400-401, [972] (VAL., pp. 191-192).

Lettre d'André Gide à Paul Valéry, [C.P. juillet 98], pp. 401-402, [972], (VAL., p. 319).

Lettre d'André Gide à Paul Valéry, [C.P. 4 octobre 96],pp. 402-403 [972] (VAL., pp. 279-280).

Lettre d'André Gide à Paul Valéry, Cuverville, 4 juillet [1914], pp. 404-405, [972] (VAL., pp. 434-435).

Lettre d'André Gide à Paul Valéry, 13 juin 1917, pp. 405-406, [972], (VAL., pp. 446-447).

Lettre d'André Gide à Paul Valéry, dimanche matin, p. 406, [972], (VAL., pp. 499-500).

912. "Deux fragments de Et Nunc manet in te", Hommage à André Gide, Nouvelle revue française, novembre 1951, pp. 416-418.

913. "Saul au Vieux-Colombier, juin 1922", Revue d'histoire du théatre, III, 1951, pp. 266-267.

Lettre d'André Gide à Jacques Copeau, 20 juin 1922.

LIVRES

914. Egypte 1939, S.l., n.d. [1951], 81p.

Achevé d'imprimer le 16 juin 1951.

Des fragments de cette édition hors commerce furent publiés dans :

[856] Revue 84

Publication subséquente : [962] Journal 1939-1949, pp. 1047-1077. Plusieurs passages ont été ici supprimés. Le seul texte intégral est celui de la plaquette.

915. Prométhée, traduction par André Gide, lithographies de Henry Moore, Paris, H. Jonquières et P.A. Nicaise, 1951, 64[5]p.

La couverture porte le millésime 1950. L'ouvrage fut cependant achevé d'imprimer en mars 1951.

CORRESPONDANCE

916. Lettres inédites sur l'inquiètude moderne [Jacques et Raissa Maritain, André Gide, Paul Claudel, René Schwob, Aldous Huxley, Elie Faure], commentaire introductif par Pierre Angel, préface de Maurice Mignon, Paris, Editions universelles, 1951, 207p.

Lettre d'André Gide à René Schwob, 14 août 1920, pp. 91-92.

Lettre d'André Gide à René Schwob, 23 août 1920, p. 93.

Lettre d'André Gide à René Schwob, 7 novembre 1920, p. 94.

Lettre d'André Gide à René Schwob, 16 février 1921, pp. 94-95.

Lettre d'André Gide à René Schwob, 1 mai 1923, pp. 95-96.

Lettre d'André Gide à René Schwob, 6 février 1923, p. 97.

Lettre d'André Gide à René Schwob, 1er août 1923, pp. 98-99.

Lettre d'André Gide à René Schwob, 4 décembre 1923, p. 99

Lettre d'André Gide à René Schwob, 13 décembre 1924, pp. 100-101.

Lettre d'André Gide à René Schwob, 13 mars 1925, p. 101 .

Lettre d'André Gide à René Schwob, 14 mars 1927, p. 102.

Lettre d'André Gide à René Schwob, 26-30 décembre 1930, pp. 103-105. Le post-scriptum de cette lettre avait été publié dans : René SCHWOB, _Le vrai drame d'André Gide_, Paris, Grasset, 1932, p. 35, [voir 507].

Lettre d'André Gide à René Schwob, 31 décembre 1930, p. 105.

Lettre d'André Gide à René Schwob, 6 janvier 1931, p. 106.

Lettre d'André Gide à René Schwob, 13 février 1931, p. 107.

Lettre d'André Gide à René Schwob, 14 mars 1931, pp. 107-108.

Lettre d'André Gide à René Schwob, 12 octobre 1931, pp. 109-110.

Lettre d'André Gide à René Schwob, 23 février 1932, pp. 111-112.

Lettre d'André Gide à René Schwob, 15 avril 1932, pp. 112-113.

Lettre d'André Gide à René Schwob, [septembre 1932], pp. 113-114. Claude Martin situe cette lettre entre le 15 et le 27 septembre 1932, dans le _Répertoire chronologique des lettres publiées d'André Gide_ (Paris, Minard, 1971).

Lettre d'André Gide à René Schwob, 17 octobre 1932, p. 114.

Lettre d'André Gide à René Schwob, 18 novembre 1932 pp. 115-116.

Lettre d'André Gide à René Schwob, 21 mai 1933, pp. 116-117.

Lettre d'André Gide à René Schwob, 26 mars 1937, p. 117.

Lettre d'André Gide à René Schwob, 1er mai 1939, p. 118.

Lettre d'André Gide à René Schwob, 25 février 1941, p. 119.

Lettre d'André Gide à René Schwob, 19 février 1945, pp. 119-120.

917. BOIS (Jacques), "André Gide et l'objection de conscience", Le Christianisme social, avril 1951, pp. 315-317.

Lettre d'André Gide à Jacques Bois, 27 juillet 1935, p. 316.

918. COMBELLE (Lucien), Je dois à André Gide, Paris, Editions F. Chambriand, 1951, 151p.

Lettre d'André Gide à Lucien Combelle, 21 janvier 1945. pp. 103-105.

Lettre d'André Gide à Lucien Combelle, 24 septembre 1947, pp. 107-109.

Lettre d'André Gide à Lucien Combelle, 5 janvier 1948, pp. 111-112.

Lettre d'André Gide à Lucien Combelle, 9 décembre 1949, pp. 113-114.

Lettre d'André Gide à Lucien Combelle, 16 octobre 1936, pp. 142-144. Cette lettre parut tout d'abord dans : Arts et Idées, novembre 1936, pp. 2-3 [voir 597].

Lettre d'André Gide à Arts et Idées, avril 1937, pp. 144-145. Elle fut tout d'abord publiée dans Arts et Idées, avril 1937, p. 2 [voir 610].

919. DROUIN (Dominique), "1904-1914", Nouvelle revue française, 1er novembre 1951, pp. 166-177.

Lettre d'André Gide à Jeanne Drouin, 20 février 1898, pp. 166-167.

Lettre d'André Gide à Marcel Drouin, juillet 1901, pp. 170-172.

920. GIONO (Jean), "Lundi", Nouvelle revue française, 1er novembre 1951, pp. 205-219.

Lettre d'André Gide à Jean Giono, 18 juillet 1935, p. 215.

921. GUERARD (Albert J.), André Gide, Cambridge, Harvard University Press, 1951, XVII-263p.

Lettre d'André Gide à Albert J. Guerard, 16 mai 1947, pp. 240-242.

Lettre d'André Gide à Albert J. Guérard, 18 décembre 1950, p. 242.

922. HESSE (Hermann), _Erinnerung an André Gide_, St. Gall, H. Tschudyn Verlag, 1951, p. 6.

Lettre d'André Gide à Hermann Hesse, 1933. Cette lettre fut aussi publiée dans : H. HESSE, "Souvenirs d'André Gide", _Nouvelle revue française_, 1er novembre 1951, pp. 17-18.

923. LAGERKWIST (Par), _Barabbas_, Paris, Stock, 1951.

Lettre d'André Gide à Lucien Maury, octobre 1950, pp. 11-13.

924. LANG (Renée), "Rilke and Gide : Their Reciprocal Translations", _Yale French Studies_, VII, 1951, pp. 98-105.

[Traduit en italien, cet article a paru sous le titre de :"Rilke, Gide e le loro traduzioni reciproche", dans _Inventario_, IV, no 2, mars - avril 1952, pp. 72-78].

Fragment d'une lettre d'André Gide à Rainer Maria Rilke, 24 mars 1914, [930] (RIL., pp. 107-108).

Fragment de la lettre d'André Gide à Rainer Maria Rilke, 22 juillet 1914, [930] (RIL., pp. 116-117).

Fragment de la lettre d'André Gide à Rainer Maria Rilke, 19 décembre 1921, [930] (RIL., pp. 174-175).

925. MAURIAC (Claude), "Gide et Balzac", _Liberté de l'Esprit_, no 23, juillet septembre 1921, pp. 213-214.

[Il nous fut impossible de consulter cette revue].

926. MAURIAC (Claude), _Conversations avec André Gide_, Paris, Albin Michel, 1951, 283p.

Achevé d'imprimer le 6 novembre 1951.

Lettre d'André Gide à Claude Mauriac, [2 novembre 1938], pp. 19-20. Claude Martin, dans le _Répertoire chronologique des lettres publiées d'André Gide_ (Paris, Minard, 1971), date cette lettre du 1er novembre 1938.

Lettre d'André Gide à Claude Mauriac, [8] novembre 1938, p. 20.

Fragment d'une lettre d'André Gide à Claude Mauriac, [27] juillet 1939, p. 200.

Fragment d'une lettre d'André Gide à François Mauriac, s.d., pp. 200-201. Dans [1181] (MAU., pp. 93-94), la lettre est datée du 22 juillet 1939.

Fragment d'une lettre d'André Gide à Claude Mauriac, [27] juillet 1939, p. 201.

Lettre d'André Gide à Claude Mauriac, 16 septembre 1939, pp. 235-236.

Lettre d'André Gide à François Mauriac, 26 septembre 1939, p. 236, [1181] (MAU., p. 96).

Fragment d'une lettre d'André Gide à Claude Mauriac, [26 septembre 1939], p. 236.

Fragment d'une lettre d'André Gide à Claude Mauriac, 14 octobre 1939, pp. 236-237.

Fragment d'une lettre d'André Gide à Claude Mauriac, 12 novembre 1939, pp. 237-238.

Fragment d'une lettre d'André Gide à Claude Mauriac, 19 décembre 1939, p. 238.

Fragment d'une lettre d'André Gide à Claude Mauriac, 23 décembre 1939, pp. 238-239.

Fragment d'une lettre d'André Gide à Claude Mauriac, 8 février 1940, p. 239.

Fragment d'une lettre d'André Gide à Claude Mauriac, 11 mars 1940, p. 240.

Fragment d'une lettre d'André Gide à Claude Mauriac, 12 mars 1940, p. 241.

Fragment d'une lettre d'André Gide à Claude Mauriac, 1er avril 1940, pp. 241-242.

Fragment d'une lettre d'André Gide à Claude Mauriac, 27 avril 1940, pp. 247-248.

Lettre d'André Gide à Claude Mauriac, 31 mai 1940, p. 248.

Lettre d'André Gide à Claude Mauriac, 12 juin 1940, p. 249.

Lettre d'André Gide à François Mauriac, 3 juillet 1940, pp. 249-250, [1181] (MAU., p. 99).

Lettre d'André Gide à Claude Mauriac, 13 juillet 1940, pp. 250-251.

Lettre d'André Gide à Claude Mauriac, 14 août 1940, pp. 251-253.

Lettre d'André Gide à Claude Mauriac, 25 novembre 1940, p. 253.

Lettre d'André Gide à Claude Mauriac, 11 juillet 1941, pp. 253-254.

Lettre d'André Gide à Claude Mauriac, 28 juillet 1941, p. 254.

Lettre d'André Gide à François Mauriac, [29 juillet 1941], pp. 254-255, [1181] (MAU., p. 100).

Lettre d'André Gide à François Mauriac, 6 octobre 1941, p. 255 [1181] (MAU., p. 100).

Lettre d'André Gide à François Mauriac, 13 décembre 1941, p. 256. [1181] (MAU., p. 101).

Lettre d'André Gide à Claude Mauriac, 17 avril 1941, pp. 256-257. Claude Martin (_op.cit._) a rectifié : 17 avril 1942.

Lettre d'André Gide à Claude Mauriac, 3 février 1945, pp. 266-267.

Lettre d'André Gide à Claude Mauriac, 4 août 1945, pp. 278-280.

Lettre d'André Gide à Claude Mauriac, 6 août 1945, pp. 280-281.

Lettre d'André Gide à Claude Mauriac, 28 septembre 1947, p. 282.

Lettre d'André Gide à Claude Mauriac, 3 octobre 1947, pp. 282-283.

Lettre d'André Gide à Claude Mauriac, 6 avril 1950, p. 283.

927 O'BRIEN (Justin), "Two Declarations by André Gide", [with introductory notes by Justin O'Brien], _Partisan Review_, July - August 1951, pp. 395-400.

Lettre d'André Gide à Mitsuo Nakamura, 2 janvier 1951 [voir 900].

Lettre d'André Gide à Umberto Campagnolo, 28 janvier 1951 [voir 906].

Voir aussi : 900; 901; 902; 904; 906; 907; 911.

1952

TEXTES DIVERS PUBLIES DANS LES JOURNAUX, LES REVUES ...

928. "Neuchâtel, Revue de Belles-lettres, no 6, novembre-décembre 1952, p. 40.

Ce texte a été publié, la première fois, dans la Feuille d'avis de Neuchâtel du 14 novembre 1947. Voir 804a.

LIVRES

929. Ainsi soit-il ou les jeux sont faits, [Paris] Gallimard, 1952, 198p.

Achevé d'imprimer le 28 janvier 1952.

Publication subséquente : [962] Journal 1939-1949, pp. 1161-1243

930. Correspondance Rainer Maria Rilke - André Gide (1909-1926), introduction et commentaires par Renée Lang, Paris, Corréa, 1952, 268p.

Achevé d'imprimer en novembre 1952.

On trouvera intérêt à consulter l'édition allemande qui offre une version corrigée de l'édition française : Briefwechsel Rainer Maria Rilke - André Gide : 1909 bis 1926. Eingeleitet und mit Anmerkungen von Renée Lang, Deutsche Verlags, Anstalt Stuttgart Insel Verlag, Wiesbaden, 1957.

Lettre d'André Gide à Rainer Maria Rilke, 16 octobre 1910, p. 43. Voir : 940.

Lettre d'André Gide à Rainer Maria Rilke, 31 octobre 1910, p. 46

Lettre d'André Gide à Rainer Maria Rilke, 29 novembre 1910, pp. 49-52.

Lettre d'André Gide à Mme Emile Mayrisch, 14 janvier 1911, p. 53.

Lettre d'André Gide à Mme Emile Mayrisch, 19 février 1911 p. 55.

Lettre d'André Gide à Rainer Maria Rilke, [fin mai 1911], p. 58. voir : 940.

Fragment d'une lettre d'André Gide à Mme Emile Mayrisch, 4 juillet 1911, p. 61.

Lettre d'André Gide à Rainer Maria Rilke, [8 mars 1913], p. 71.

Lettre d'André Gide à Rainer Maria Rilke, [novembre 1913], p. 75.

Lettre d'André Gide à Rainer Maria Rilke, [début janvier 1914], p. 80. Claude Martin précise, dans son _Répertoire chronologique des lettres publiées d'André Gide_, (Paris, Minard, 1971), que cette lettre est du 5 janvier 1914.

Lettre d'André Gide à Rainer Maria Rilke, 14 février 1914, pp. 93-94. Voir : 943.

Lettre d'André Gide à Rainer Maria Rilke, [17 février 1914], pp. 97-98. Voir : 943.

Lettre d'André Gide à Rainer Maria Rilke, [25 février 1914], p. 105.

Lettre d'André Gide à Rainer Maria Rilke, [28 février 1914], p. 106.

Lettre d'André Gide à Rainer Maria Rilke, 23 mars 1914, p. 107.

Lettre d'André Gide à Rainer Maria Rilke, 24 mars 1914, pp. 107-108. Voir : 924.

Lettre d'André Gide à Rainer Maria Rilke, 22 juillet 1914, pp. 116-117. Voir : 924.

Lettre d'André Gide à Romain Rolland, 11 janvier 1916, pp. 126-127. Cette lettre est aussi citée dans F. J. Harris, _André Gide and Romain Rolland : Two Men Divided_, New Brunswick, N.J., Rutgers University Press 1973, pp. 35-36.

Lettre d'André Gide à Romain Rolland, 25 janvier 1916, pp. 131-132. Cette lettre est aussi citée dans F. J. Harris, _André Gide and Romain Rolland : Two Men Divided_, New Brunswick, N.J. Rutgers University Press, 1973, pp. 36-37.

Lettre d'André Gide à Rainer Maria Rilke, 11 février 1921, pp. 143-144.

Lettre d'André Gide à Rainer Maria Rilke, 16 avril 1921, p. 148.

Lettre d'André Gide à Rainer Maria Rilke, 13 mai 1921
pp. 154-155. Voir : 941; 958.

Lettre d'André Gide à Rainer Maria Rilke, 11 juillet [1921],
p. 165.

Lettre d'André Gide à Rainer Maria Rilke, 29 août 1921,
pp. 170-171.

Lettre d'André Gide à Rainer Maria Rilke, 19 décembre 1921,
pp. 174-175. Voir : 924; 941; 943; 958.

Lettre d'André Gide à Rainer Maria Rilke, 25 avril 1922,
pp. 185-186.

Lettre d'André Gide à Rainer Maria Rilke, 2 juin 1922, pp. 190-
191.

Lettre d'André Gide à Rainer Maria Rilke, 8 novembre 1922,
pp. 198-199.

Lettre d'André Gide à Rainer Maria Rilke, 17 novembre 1922,
pp. 202-203.

Lettre d'André Gide à Rainer Maria Rilke, 27 novembre 1922,
pp. 204-206. Voir : 943.

Lettre d'André Gide à Rainer Maria Rilke, 31 décembre 1922,
pp. 208-209.

Lettre d'André Gide à Rainer Maria Rilke, 28 avril 1923, p. 212.

Lettre d'André Gide à Rainer Maria Rilke, 2 juin 1923, p. 215.

Lettre d'André Gide à Rainer Maria Rilke, 13 juillet 1923,
pp. 216-217.

Lettre d'André Gide à Rainer Maria Rilke, 1er novembre 1923,
pp. 220-221.

Lettre d'André Gide à Rainer Maria Rilke, 15 décembre 1923,
pp. 228-230.

Lettre d'André Gide à Rainer Maria Rilke, 29 mai 1924,
pp. 234-235.

Lettre d'André Gide à Rainer Maria Rilke, [janvier 1925],
pp. 236-237.

Lettre d'André Gide à Rainer Maria Rilke, [18 février 1925],
p. 241.

Lettre d'André Gide à Rainer Maria Rilke, 6 juillet 1926, pp. 244-245. Voir : 935; 941.

Lettre d'André Gide à Mme Baladine Klossowska, 1er janvier 1927, p. 250.

Fragment d'une lettre d'André Gide à Renée Lang, 3 octobre 1947 pp. 258-259. Voir : 880.

931. Lettres à un sculpteur, Paris, Marcel Sautier, 1952, 54 [6]p.

Achevé d'imprimer le 8 novembre 1952.

L'Avant-propos d'André Gide avait été publié, sous le titre de "Simone Marye", dans L'Amour de l'art, en juin 1929 [voir 445]

Lettre d'André Gide à Simone Marye, 20 juillet 1929, pp. 21-22.

Lettre d'André Gide à Simone Marye, 23 juillet 1929, pp. 23-24.

Lettre d'André Gide à Simone Marye, 27 juillet 1935, pp. 25-26.

Lettre d'André Gide à Simone Marye, 11 janvier 1938, pp. 27-28.

Lettre d'André Gide à Simone Marye, 24 avril 1938, p. 29.

Lettre d'André Gide à Simone Marye, 1er décembre 1938, pp. 30-31.

Lettre d'André Gide à Simone Marye, 17 janvier 1940, pp. 32-34.

Lettre d'André Gide à Simone Marye, 22 janvier 1940, p. 35.

Lettre d'André Gide à Simone Marye, 5 janvier 1945, pp. 36-38.

Lettre d'André Gide à Simone Marye, 17 avril 1945, pp. 39-40.

Lettre d'André Gide à Simone Marye, 20 juin 1946, pp. 41-42.

Lettre d'André Gide à Simone Marye, 21 novembre 1946, p. 45.

Lettre d'André Gide à Simone Marye, 3 décembre 1946, pp. 46-48.

Lettre d'André Gide à Simone Marye, 7 janvier 1947, pp. 49-50.

Lettre d'André Gide à Simone Marye, 7 juillet 1948, p. 52.

Lettre d'André Gide à Frédéric Dupont, 18 janvier 1951, pp. 53-54.

CORRESPONDANCE

932. "Lettre à Maurice Maeterlinck", Biblio-Hachette, mai-juin 1952, p. 4.

Lettre d'André Gide à Maurice Maeterlinck, [1896].

933. "Lettres à Charles Péguy et à André Bourgeois", L'Amitié Charles Péguy, feuillets mensuels, no 28, août 1952, p. 13 et p. 29.

Lettre d'André Gide à Charles Péguy, 11 février 1910, p. 13. [1005] (PEG., p. 24).

Lettre d'André Gide à André Bourgeois, 11 février 1910, p. 13. [1005] (PEG., p. 24).

Lettre d'André Gide à Charles Péguy [C.P. 10 juin 1911], p. 29. [1005] (PEG., p. 27).

934. "Lettres à Arthur Fontaine", Le Figaro littéraire, 6 septembre 1952, p. 3.

Lettre d'André Gide à Arthur Fontaine, janvier 1899, p. 3.

Lettre d'André Gide à Arthur Fontaine, 17 juillet 1899, p. 3. Cette lettre avait été citée dans : Yvonne DAVET, Autour des Nourritures terrestres. Histoire d'un livre [voir 850], pp. 220-221.

Lettre d'André Gide à Arthur Fontaine, 8 juillet 1902, p. 3.

Lettre d'André Gide à Arthur Fontaine, 24 janvier 1909, p. 3. Un fragment de cette lettre fut publié dans : [525],O.C. V, pp. 417-419.

935. "Lettre à Rainer Maria Rilke", Les Lettres, nos 14, 15, 16, [1952], p. 45.

Lettre d'André Gide à Rainer Maria Rilke, 6 juillet 1926 [930] (RIL., pp. 244-245).

[Dans ce même numéro de la revue Les Lettres, Renée Lang publia un article intitulé : "Rilke et Gide" (pp. 148-160), qui renfermait des fragments de lettres d'André Gide].

936. CHAAMBA (Abdallah), Le Vieillard et l'enfant, s.l.n.e.n.d. [1952].

Lettre d'André Gide à François Augiéras, 30 mars 1950, p. 74.

Lettre d'André Gide à François Augiéras, 31 juillet 1950, p. 75.

Ces deux mêmes lettres ont été reprises dans : François AUGIERAS, Une adolescence au temps du Maréchal, Paris, Christian Bourgois, 1968, p. 230 et p. 237. Notons, cependant, que la lettre du 31 juillet 1950 est datée du 27 juillet 1950, dans ce dernier ouvrage.

937. DE BOISDEFFRE (Pierre), Barrès parmi nous, Paris, Amiot-Dumont, 1952.

Fragment d'une lettre d'André Gide à Pierre de Boisdeffre, 22 mars 1949, pp. 172-173.

938. DECAUDIN (Michel), "Sur une lettre inédite de Gide à Saint-Georges de Bouhélier", Revue des sciences humaines, juillet - septembre 1952 pp. 273-277.

Lettre d'André Gide à Saint-Georges de Bouhélier, 19 novembre 1939, p. 276.

939. KRUGER (Paul), Correspondance de Georg Brandes, lettres choisies et annotées par Paul Kruger, Copenhague, Rosenkilde og Bagger, 1952, I, LXXVII-527p.

Lettre d'André Gide à Georg Brandes, 5 août 1926, p. 495. Cette lettre sera également citée dans :

[1089] Correspondance Gide-Rouveyre, p. 258.

940. LANG (Renée), "Autour de Cahiers de Malte Laurids Brigge", La Table ronde, novembre 1952, pp. 118-124.

Lettre d'André Gide à Rainer Maria Rilke, 16 octobre 1910, p. 121 [930] (RIL., p. 43).

Lettre d'André Gide à Rainer Maria Rilke, [fin mai 1911], pp. 122-123 [930] (RIL., p. 58).

941. LANG (Renée), "Rilke, Gide et Valéry", Preuves, no 21, novembre 1952, pp. 15-22.

Fragment d'une lettre d'André Gide à Rainer Maria Rilke, 13 mai 1921, [930] (RIL., pp. 154-155).

Fragment d'une lettre d'André Gide à Rainer Maria Rilke, 19 décembre 1921, [930](RIL., pp. 174-175).

Fragment d'une lettre d'André Gide à Rainer Maria Rilke, 6 juillet 1926, [930] (RIL., pp. 244-245).

942. LANG (Renée), "Svelata l'amicizia fra Rilke e Gide", Giovedi, 11 décembre 1952, p. 9.

[Quelques fragments de lettres d'André Gide à Rainer Maria Rilke sont cités dans ce court article].

943. LANG (Renée), "Lettres inconnues de Gide et de Rilke", Carrefour, s.d., no 425, pp. 11-12.

Lettre d'André Gide à Rainer Maria Rilke, 14 février 1914 [930] (RIL., pp. 93-94).

Lettre d'André Gide à Rainer Maria Rilke, 17 février 1914, [930] (RIL., pp. 97-98).

Lettre d'André Gide à Rainer Maria Rilke, 19 décembre 1921, [930] (RIL., pp. 174-175).

Lettre d'André Gide à Rainer Maria Rilke, 27 novembre 1922, [930] (RIL., pp. 204-206).

944. LE POVREMOYNE (Jean), "Quand André Gide, propriétaire terrien à Cuverville-en-Caux, défendait ses hétraies ... d'après une lettre inédite d'André Gide", La Revue de Rouen, janvier - février 1952, pp. 24-26.

Lettre d'André Gide à M. Crochemore, 13 octobre 1947.

945. LIME (Maurice), Gide tel je l'ai connu, Paris, Julliard, 1952, 178p.

[Maurice Lime est le pseudonyme de Maurice Kirsch].

Lettre d'André Gide à Maurice Lime, 19 septembre 1935, p. 15. Un fragment de cette lettre sera publié dans Autographen, Auktion um 9 und 10 juni 1970. J. A. Stargardt, Marburg, Katalog 593, p. 30, no 96. Il sera repris dans le Bulletin des Amis d'André Gide, no 18, avril 1973, p. 17.

Lettre d'André Gide à Maurice Lime, vendredi soir, s.d., p. 15. Dans son Répertoire chronologique des lettres publiées d'André Gide, Claude Martin précise que cette lettre est du 4 octobre 1935.

Lettre d'André Gide à Maurice Lime, [octobre 1935], p. 21. Claude Martin (op.cit.) date cette lettre du 19 octobre 1935.

Lettre d'André Gide à Maurice Lime, s.d., p. 38. Un fragment de cette lettre sera cité dans Autographen. Auktion um 9 und 10 juni 1970. J.A. Stargardt, Marburg, Katalog 593, p. 30, no 107. Il sera repris dans le Bulletin des Amis d'André Gide, no 18, avril 1973, pp. 19-20.

Lettre d'André Gide à Maurice Lime, mardi matin, s.d., pp. 43-44. Claude Martin (op.cit.) précise que cette lettre est du 29 octobre 1935.

Lettre d'André Gide à Maurice Lime, 20 novembre 1935 pp. 59-60.

Lettre d'André Gide à Maurice Lime, 11 décembre 1935, p. 67.

Lettre d'André Gide à Maurice Lime, dimanche, s.d., pp. 72-73. Claude Martin (op. cit.) précise que cette lettre fut écrite entre le 14 et le 30 décembre 1935.

Lettre d'André Gide à Maurice Lime, 14 janvier 1936, pp. 80-82.

Lettre d'André Gide à Maurice Lime, 4 février 1936, p. 90.

Lettre d'André Gide à Maurice Lime, 3 mars [1936], p. 97.

Lettre d'André Gide à Maurice Lime, 4 juin 1936, p. 109. Un fragment de cette lettre sera aussi cité dans Autographen. Auktion um 23 und 24 mai 1967. J.A. Stargardt, Marburg, Katalog 580, p. 26, no 88. Aussi repris dans le Bulletin des Amis d'André Gide, no 18, avril 1973, p. 18.

Lettre d'André Gide à Maurice Lime, 11 février 1937, p. 115.

Lettre d'André Gide à Maurice Lime, dimanche, s.d., p. 119. Claude Martin (op. cit.) situe cette lettre au début d'avril 1937.

Lettre d'André Gide à Maurice Lime, 28 juillet 1937, p. 120.

Un fragment de cette lettre est cité dans Autographen. Auktion-katalog, J.A. Stargardt, Marburg, 13 und 14 mai 1965, Katalog 572, pp. 22-23, no 80. Aussi cité dans le Bulletin des Amis d'André Gide, no 18, avril 1973, p. 17.

Lettre d'André Gide à Maurice Lime, 24 avril 1938, pp. 128-130.

Lettre d'André Gide à Maurice Lime, 9 novembre 1938, pp. 141-142.

Lettre d'André Gide à Maurice Lime, 14 avril 1947, p. 160.

Lettre d'André Gide à Maurice Lime, 3 mai 1947, pp. 160-161.

946. ROLLAND, Romain, Journal des années de guerre (1914-1919), texte établi par Marie Romain Rolland, préface de Louis Martin-Chauffier, Paris, Ed. Albin Michel, 1952, XXIII-1908[6]p.

Achevé d'imprimer en décembre 1952.

Fragment d'une lettre d'André Gide à Romain Rolland, s.d., pp. 92-93. La lettre sera citée in extenso dans : Frederick John HARRIS, André Gide and Romain Rolland : Two Men Divided, New Brunswick, N.J. Rutgers University Press, 1973, pp. 21-22. Dans ce dernier ouvrage, la lettre est datée du 16 octobre 1914.

Mention d'une lettre d'André Gide à Romain Rolland, 10 novembre 1914. La lettre est citée in extenso dans : Frederick John HARRIS, op.cit., pp. 29-30.

Lettre d'André Gide à Romain Rolland, 11 janvier 1916, p. 664. Cette lettre fut citée in extenso, la même année, dans l'édition de la correspondance André Gide - Rainer Maria Rilke [voir 930 pp. 126-127]. On la retrouvera également dans : Frederick John HARRIS, op.cit., pp. 35-36.

Voir aussi : 930.

1953

CORRESPONDANCE

947. "Lettres d'André Gide à François Mauriac", La Table ronde, no 61, janvier 1953, pp. 91-106.

Lettre d'André Gide à François Mauriac, 15 avril 1912, p. 91, [1181] (MAU., p. 61).

Lettre d'André Gide à François Mauriac, 29 décembre 1921, pp. 91-92, [1181] (MAU., pp. 64-65).

Lettre d'André Gide à François Mauriac, 1er juillet 1922, pp. 92-93, [1181] (MAU., p. 69).

Lettre d'André Gide à François Mauriac, 4 février 1929, pp. 93-94, [1181] (MAU., pp. 79-80).

Lettre d'André Gide à François Mauriac, 11 août 1933, p. 94, [1181] (MAU., p. 87).

Lettre d'André Gide à François Mauriac, 14 décembre 1937, p. 95, [1181] (MAU., p. 89).

Lettre d'André Gide à François Mauriac, 22 juillet 1939, pp. 96-97, [1181] (MAU., pp. 93-94).

Lettre d'André Gide à François Mauriac, 17 août 1939, p. 97, [1181] (MAU., p. 95).

Lettre d'André Gide à François Mauriac, 4 octobre 1939, p. 98, [1181] (MAU., pp. 96-97).

Lettre d'André Gide à François Mauriac, 3 juillet 1940, pp. 99-100, [1181] (MAU., p. 99).

Lettre d'André Gide à François Mauriac, 6 octobre 1941, p. 100, [1181] (MAU., p. 100).

Lettre d'André Gide à François Mauriac, 13 décembre 1944, pp. 100-101, [1181] (MAU., pp. 101-102).

Lettre d'André Gide à François Mauriac, 1er décembre 1946, pp. 101-102, [1181] (MAU., pp. 106-107).

Lettre d'André Gide à François Mauriac, 21 juin 1948, pp. 102-103 [1181] (MAU., pp. 107-108).

Lettre d'André Gide à François Mauriac, 5 juillet 1949, p. 103 [1181] (MAU., pp. 109-110).

Lettre d'André Gide à François Mauriac, 13 novembre 1949, p. 104 [1181] (MAU., pp. 111-112).

Lettre d'André Gide à François Mauriac, 11 décembre 1949, pp. 104-106 [1181] (MAU., pp. 113-114).

Lettre d'André Gide à François Mauriac, 12 décembre 1950, p. 106 [1181] (MAU., p. 116).

948. [Lettre à Pierre Lafille], Le Monde, 13 janvier 1953.

Lettre du 21 décembre 1950.

949. Figueras [avec la collaboration d'André Gide, Jean Cocteau, Raoul Dufy, Jean Cassou, et alt.], Manresa, Ramon Torra, S.C., Impremta de Sant Josep, 1953. [Achevé d'imprimer en avril 1953].

Lettre d'André Gide à Alfred Figueras, 19 mars 1949, [p. 1].

950. "Lettre à René Boylesve", Le Disque vert, novembre-décembre 1953, pp. 85-87.

Lettre datée de Cuverville, le 24 octobre 1912.

951. BELLI (Carlo), "Vannicola", La Nazione italiana, 14 juillet 1953, p. 7.

Lettre d'André Gide à Giuseppe Vannicola, 21 mai 1907.

952. BOISSIEU (Jean), "François-Paul Alibert et la Fontaine de Nîmes", Reflets de la Provence et de la Méditerranée, no 2, septembre-octobre 1953, s.p.

Lettre d'André Gide à François-Paul Alibert, 2 décembre 1909.

953. BONGS (Rolf), Das Antlitz André Gides, Dusseldorf, Droste-Verlag, 1953, 95p.

Photographie d'une lettre d'André Gide à Rolf Bongs, 14 janvier 1947, [p. 53].

954. BORNECQUE (Jacques-Henry), "Le Rayonnement de Maurice Denis", Le Monde, 13 novembre 1953, p. 7.

L'auteur cite quelques fragments de lettres d'André Gide à Maurice Denis, Seul. semble-t-il, un fragment daté de [1898] n'a pas été repris dans le Journal de Maurice Denis. On trouvera, en effet, celui d'avril 1901 dans le Journal [999] (p. 87).

Précisons qu'un brouillon de la lettre de [juin 1902], au sujet de L'Immoraliste, où se trouvent de nombreuses variantes, fut publié dans le Bulletin d'information de l'Association des Amis d'André Gide du 15 janvier 1971 [voir 1183].

955. DAVET (Yvonne), "L'Acte gratuit, étiquette provisoire", Club, été 1953, pp. 11-12.

Lettre d'André Gide à Frédéric Lefèvre, 19 avril 1931. On trouvera un plus long extrait de cette même lettre dans :

[1003] Romans, pp. 1568-1569.

956. DUBOURG (Maurice), Eugène Dabit et André Gide, Paris, Maurice Pernette, 1953, 63p.

Lettre d'André Gide à Eugène Dabit, 17 juillet 1935, pp. 10-11.

Lettre d'André Gide à Eugène Dabit, s.d., [février 1927], p. 14.

Lettre d'André Gide à Eugène Dabit, 12 mai 1936, p. 21.

Lettre d'André Gide à Eugène Dabit, 15 mai 1936, p. 22.

Lettre d'André Gide à Eugène Dabit, 14 mars 1927, pp. 29-30.

Lettre d'André Gide à Eugène Dabit, 6 novembre 1927, pp. 30-31.

Lettre d'André Gide à Eugène Dabit, 23 novembre 1927, pp. 32-33. Un fragment de cette lettre fut cité dans le Bulletin no 58 de la librairie de l'Abbaye, no 44. La lettre est alors datée du 23 octobre 1927. Claude Martin mentionne les deux dates, dans son Répertoire chronologique des lettres publiées d'André Gide, comme s'il s'agissait de deux lettres distinctes. En réalité, c'est la même.

Lettre d'André Gide à Eugène Dabit, 7 juin 1928, p. 34.

Lettre d'André Gide à Eugène Dabit, 11 août 1928, pp. 34-35.

Lettre d'André Gide à Eugène Dabit, 4 septembre 1929, pp. 35-38.

Lettre d'André Gide à Eugène Dabit, 19 novembre 1929, pp. 38-39.

Lettre d'André Gide à Eugène Dabit, 5 janvier 1930, pp. 39-40.

Lettre d'André Gide à Eugène Dabit, 12 septembre 1930, pp. 40-41.

Lettre d'André Gide à Eugène Dabit, 8 novembre 1931, pp. 41-42.

Lettre d'André Gide à Eugène Dabit, 20 février 1932, p. 42.

Lettre d'André Gide à Eugène Dabit, 26 novembre 1932, pp. 43-44.

Lettre d'André Gide à Eugène Dabit, 15 février 1934, p. 44.

Lettre d'André Gide à Eugène Dabit, 16 juillet 1934, p. 45.

957. KOLB (Philip), "An Enigmatic Proustian Metaphor", The Romanic Review, October 1953, pp. 187-197.

Texte original de la lettre d'André Gide à Marcel Proust, [janvier 1914]. Cette lettre avait tout d'abord été publiée dans :

[431] "Lettres", N.R.F., 1er novembre 1928, pp. 609-610.

[488] Divers, pp. 210-212.

Lettres inédites" [sic], L'Arche, février 1947, pp. 19-20.

[882] M. Proust, Lettres à André Gide, Neuchâtel et Paris, Ides et Calendes, 1949, pp. 9-11.

Dans son Répertoire chronologique des lettres publiées d'André Gide, Claude Martin date cette lettre du 11 janvier 1914.

958. LANG (Renée), Rilke, Gide et Valéry, Boulogne-sur-Seine, Ed. de la Revue Prétexte, 1953, 80p.

Achevé d'imprimer le 12 juillet 1953.

Fragment d'une lettre d'André Gide à Rainer Maria Rilke, 13 mai 1921, pp. 24-25. Cette lettre avait précédemment été publiée dans :

[930] Correspondance Gide- Rilke, pp. 154-155.

Fragments d'une lettre d'André Gide à Rainer Maria Rilke, 19 décembre 1921, pp. 33-34. Cette lettre avait précédemment été publiée dans :

[930] Correspondance Gide - Rilke, pp. 174-175.

Pour une étude plus approfondie des relations entre Rilke, Gide et Valéry, on consultera l'édition italienne de ce même ouvrage. Précisons que les changements concernent plutôt Rilke et Valéry que Gide.

Le texte italien fut tout d'abord publié dans Amor di Libro VI, 1958, pp. 67-74; Ibid., pp. 139-146; Ibid.; pp. 215-222; VII, 1959, pp. 33-44; Ibid., pp. 103-110; Ibid., pp. 169-173; Ibid., pp. 235-242; VIII, 1960, pp. 29-35. Sous forme de livre, tiré à 330 exemplaires seulement et en édition de luxe, l'ouvrage est intitulé : Rilke, Gide e Valéry nel carteggio inedite, Biblioteca degli Eruditi e dei Bibliofili, XL, Firenze, Ed. Sansoni, 1960.

959. LANOIZELEE (Louis), Charles-Louis Philippe : l'homme, l'écrivain, Paris, M. Pernette, 1953, 151p.

Lettre d'André Gide à Marguerite Audoux, 28 décembre 1909, p. 109. Une partie de cette même lettre sera citée par Louis LANOIZELEE, dans Marguerite Audoux, Paris, Plaisir du Bibliophile, 1954, p. 68. Elle est alors tout simplement datée de décembre 1909. Elle sera enfin reprise dans : François TALVA, "Marguerite Audoux et André Gide", Les Cahiers bourbonnais et du Centre, no 46, 2e trimestre 1968, p. 291.

960. MOR (Antonio), Tre lettere inedite di Gide, Genova, Tipografia Edizioni Scientifiche, s.d. [mais 1953].

Lettre d'André Gide à Christian Beck, 25 janvier 1905. Cette lettre fut citée dans [785] Lettres à Christian Beck, mais elle ne fut pas reprise dans le Mercure de France [857].

Lettre d'André Gide à Christian Beck, 11 novembre 1909. Un fragment de cette même lettre fut aussi cité par Antonio Mor, dans "Christian Beck" (suite), Lettres romanes, novembre 1953, p. 315.

Billet d'André Gide à Kathleen Spiers, [veuve de Christian Beck]. 26 mars 1916.

Dans sa présentation (pp. 3-9), Antonio Mor cite l'article d'André Gide consacré à Christian Beck [voir 484]

961. TEXIER (Jean), "Quelques lettres d'André Gide à Maurice Beaubourg", <u>Nouvelle nouvelle revue française</u>, 1er avril 1953, pp. 756-767.

Lettre d'André Gide à Maurice Beaubourg, [janvier 1900], pp. 759-762.

Lettre d'André Gide à Maurice Beaubourg, 14 juillet 1899, pp. 762-763.

Lettre d'André Gide à Maurice Beaubourg, 1er septembre 1900, pp. 764-766.

Lettre d'André Gide à Maurice Beaubourg, [20 décembre 1920], pp. 766-767.

1954

LIVRES

962. Journal 1939-1949. Souvenirs, Paris, Gallimard, "Bibliothèque de la Pléiade", 1954, 1280p.

Achevé d'imprimer le 17 juillet 1954.

TABLE DES MATIERES :

CORRESPONDANCE

963. "Miszellen. Zwei Unbekannte Briefe von André Gide", Romanische Forschungen. vol. LXV, 1954, no 3-4, pp. 411-414.

Lettre d'André Gide à Marcel Drouin, 16 mars 1898, pp. 411-413.

Lettre d'André Gide à Marcel Drouin, 27 juin 1901, pp. 413-414.

964. "Une lettre inédite d'André Gide à Lucien Jean", Bulletin des Amis de Charles-Louis Philippe, no 12, 1954, pp. 73-74.

Lettre du 18 septembre 1902.

965. "La Correspondance intime d'André Gide et de Paul Valéry. La naissance d'une amitié de cinquante ans", Le Figaro littéraire, 18 décembre 1954, p. 1 et pp. 7-8.

Lettre d'André Gide à Paul Valéry, avril 1891, p. 7, [972]

(VAL. pp. 74-77). La lettre est datée du 29 mars 1891, à ce dernier endroit.

Lettre d'André Gide à Paul Valéry, 12 avril 1891, p. 7 [972] (VAL., pp. 77-79).

Lettre d'André Gide à Paul Valéry, mai 1891, p. 7, [972] (VAL., pp. 81-82).

Lettre d'André Gide à Paul Valéry, 12 mai 1891, p. 8 [972] (VAL., pp. 83-85).

Lettre d'André Gide à Paul Valéry, 9 juillet 1891, p. 8, [972] (VAL., pp.107-109).

966. "La correspondance intime d'André Gide et de Paul Valéry", _Le Figaro littéraire_, 25 décembre 1954, pp. 7-8.

Lettre d'André Gide à Paul Valéry, [C.P. 9 septembre 1891], p. 7, [972] (VAL., pp. 123-124).

Lettre d'André Gide à Paul Valéry, [septembre 1891], p. 7, [972] (VAL., pp. 127-128).

Lettre d'André Gide à Paul Valéry, [septembre 1891], p. 7, [972] (VAL., pp. 129-130).

Lettre d'André Gide à Paul Valéry, [début d'octobre 1891], p. 7, [972] (VAL., p. 130).

Lettre d'André Gide à Paul Valéry, [7 octobre 1891], p. 7, [972] (VAL., pp. 131-132).

Lettre d'André Gide à Paul Valéry, [15 novembre 1891] p. 8, [972] (VAL., pp. 136-138).

Lettre d'André Gide à Paul Valéry, [décembre 1891] p. 8, [972] (VAL., pp. 141-142).

Lettre d'André Gide à Paul Valéry, [24 août 1893], p. 8, [972] (VAL., pp. 184-185).

Lettre d'André Gide à Paul Valéry, [mars 1894], p. 8, [972] (VAL., pp. 200-201).

967. _Oeuvres de André Gide[...] provenant de la bibliothèque Michel Bolloré_, Paris, G. Blaizot, 1954.

Fragment d'une lettre d'André Gide à Romain Coolus, 16 mai 1901, no 22. Ce fragment est cité par Claude Martin, dans Répertoire chronologique des lettres publiées d'André Gide, Paris, Minard, 1971, s.p.

968. LANOIZELEE (Louis), Marguerite Audoux. Sa vie - son oeuvre, préface de René Bonnet, Paris, Plaisir du bibliophile, Maurice Pernette, 1954, 166p.

Lettre d'André Gide à Marguerite Audoux, décembre 1909, p. 68. Cette lettre avait été citée par Louis LANOIZELEE, dans Charles-Louis Philippe : l'homme, l'écrivain [voir 959], p. 109. Dans ce dernier ouvrage, elle était datée du 28 décembre 1909 et était reproduite in extenso. Elle sera reprise dans : François TALVA, "Marguerite Audoux et André Gide", Les Cahiers Bourbonnais et du Centre, no 46, 2e trimestre 1968, p. 291.

Lettre d'André Gide à Marguerite Audoux, 20 décembre 1910, pp. 75-76.

Lettre d'André Gide à Madame Charles Philippe, ler mars 1910, p. 71. Cette lettre sera aussi citée dans : Vincent DETHARE, Images et pélerinages littéraires, Paris, Editions du Vieux Colombier, 1962, pp. 141-142.

Lettre d'André Gide à Madame Charles Philippe, 8 avril 1910, p. 72. Cette lettre sera aussi citée dans : Vincent DETHARE, Images et pélerinages littéraires, Paris, Editions du Vieux Colombier, 1962, p. 142.

Lettre d'André Gide à Madame Tournayre, 6 décembre 1910, p. 72. Cette lettre sera aussi citée dans : Vincent DETHARE, Images et pélérinages littéraires, Paris, Editions du Vieux Colombier, 1962, pp. 142-143.

969. LEVY (Jacques), Journal et correspondance, fragments précédés d'une étude sur "Les Faux-Monnayeurs d'André Gide et l'expérience religieuse", avec deux lettres inédites d'André Gide, préface par le R.P. Morelli, o.p., Grenoble, Ed. des Cahiers de l'Alpe, 1954, 300p.

Lettre d'André Gide à Jacques Lévy, 25 juillet 1939, pp. 36-37.

Lettre d'André Gide à Mademoiselle Reclus, 16 mars 1948, pp. 37-38.

970. MALAQUAIS (Jean), Les Javanais, Paris, Corréa, 1954, 320p.

Lettre -- utilisée en guise de préface -- d'André Gide à Jean Malaquais, 13 mai 1938, pp. 7-8.

971. VAN HAELEN (Jan), "Une lettre d'André Gide", Le Livre et l'estampe, Bruxelles, no 1, 1er décembre 1954, pp. 13-17.

Brouillon d'une lettre d'André Gide à André Maurois, datée du 26 juillet 1939.

1955

LIVRES

972. Correspondance Paul Valéry - André Gide (1890-1942), préface et notes par Robert Mallet, Paris, Gallimard, 1955, 558p.

Achevé d'imprimer le 23 avril 1955.

[Dans son Répertoire chronologique des lettres publiées d'André Gide (Paris, Minard, 1971), Claude Martin corrige quelques dates et en précise nombre d'autres :

	Mallet	Martin
p. 50	[février 1891]	1er février 1891
pp. 52-54	[février 1891]	11 février 1891
pp. 69-70	[C.P. 21 mars 1891]	19 mars 1891
pp. 141-142	[décembre 1891]	4 décembre 1891
p. 146	[février 1892]	13 février 1892
p. 177	[novembre 1892]	25 novembre 1892
pp. 186-187	[septembre 1893]	août 1893
pp. 206-207	[juillet 1894]	23 juin 1894

pp. 213-214	[3 septembre 1894]	31 août 1894
pp. 239-240	[mai 1895]	28 mai 1895
p. 240	[mai 1895]	29 mai 1895
p. 240	[C.P. 30 mai 1895]	29 mai 1895
p. 243	[9 juillet 1895]	8 juillet 1895
p. 248	[C.P. 3 octobre 1895]	2 octobre 1895
p. 250	[C.P. 10 octobre 1895]	8 octobre 1895
pp. 264-266	[mai 1896]	18 mai 1896
pp. 286-287	[avril 1897]	mars 1897
pp. 289-290	[avril 1897]	16 avril 1897
pp. 293-294	[C.P. 29 avril 1897]	27 avril 1897
pp. 314-315	[C.P. 15 mars 1898]	13 mars 1898
p. 352	[fin de septembre 1899]	1er octobre 1899
p. 367	[C.P. décembre 1899]	1er décembre 1899
p. 390	[C.P. 6 avril 1902]	5 avril 1902
p. 393	[C.P. octobre 1902]	23 octobre 1902
p. 400	[C.P. juillet 1903]	26 juillet 1903
p. 401	[C.P. juillet 1903]	28 juillet 1903
p. 413	[C.P. 11 novembre 1907]	10 novembre 1907
p. 421	[C.P. 1910]	août 1910
p. 424	[C.P. 5 juin 1912]	4 juin 1912
p. 444	[C.P. 17 juillet 1915]	18 juillet 1915
pp. 449-450	[C.P. 21 juin 1917]	18 juin 1917
pp. 483-484	[printemps 1921]	9 mai 1921
p. 486	mardi[1921]	5 juillet 1921
pp. 490-491	[octobre 1922]	19 octobre 1922

pp. 502-503 [1926] [début juillet 1926]

Lettre d'André Gide à Paul Valéry, [21 décembre 1890] p. 39.

Lettre d'André Gide à Paul Valéry, [24 décembre 1890] p. 40.

Lettre d'André Gide à Paul Valéry, [C.P. 16 janvier 1891] pp. 42-44. Voir : 826; 911a.

Lettre d'André Gide à Paul Valéry, 26 janvier 1891, pp. 46-47. Dans _L'Heureuse rencontre de Valéry et Mallarmé_ (Lauzanne, La Guilde du Livre, 1948, pp. 55-56), Henri Mondor a cité un fragment de cette lettre, en le datant de février 1891. Voir : 776; 851.

Lettre d'André Gide à Paul Valéry, [février 1891], p. 50. Claude Martin précise,dans le _Répertoire chronologique des lettres publiées d'André Gide_ (Paris, Minard, 1971), que cette lettre est du ler février 1891. Notons aussi que, dans _L'Heureuse rencontre de Valéry et Mallarmé_ (Lausanne, La Guilde du Livre, 1948, pp. 57-58), Henri Mondor citait un fragment de la présente et le datait du 8 février 1891. Voir : 851.

Lettre d'André Gide à Paul Valéry, [février 1891], pp. 52-54. Claude Martin (_op.cit_), précise que cette lettre est du 11 février 1891.

Lettre d'André Gide à Paul Valéry, ler mars [1891], pp. 55-61. A cette lettre, est joint le début d'une lettre précédente, non expédiée, d'André Gide à Paul Valéry. Elle était du 24 [février 1891]. Voir : 776; 826.

Lettre d'André Gide à Paul Valéry, [C.P. 8 mars 1891] pp. 63-66. Voir : 826.

Lettre d'André Gide à Paul Valéry, 9 mars 1891, pp. 66-67. Voir : 776.

Lettre d'André Gide à Paul Valéry, [C.P. 21 mars 1891] pp. 69-70. Claude Martin (_op.cit_) précise que cette lettre fut écrite le 19 mars 1891. Voir : 826.

Lettre d'André Gide à Paul Valéry, [29 mars 1891], pp. 74-77. Voir : 826; 911a; 965.

Lettre d'André Gide à Paul Valéry, [12 avril 1891], pp. 77-79. Cette lettre est signée André Walter. Voir : 965.

Lettre d'André Gide à Paul Valéry, [mai 1891], pp. 81-82. Voir : 965.

Lettre d'André Gide à Paul Valéry, [C.P. 12 mai 1891], pp. 83-85. Voir : 965.

Lettre d'André Gide à Paul Valéry, Mardi soir [C.P. 12 mai 1891], p. 85.

Lettre d'André Gide à Paul Valéry, [2 juin 1891], pp. 88-89. Cette lettre est signée André Walter. Voir : 826.

Lettre d'André Gide à Paul Valéry, [5 juin 1891], p. 90.

Lettre d'André Gide à Paul Valéry, [C.P. 11 juin 1891], pp. 91-93.

Lettre d'André Gide à Paul Valéry, [C.P. 17 juin 1891], pp. 95-99.

Lettre d'André Gide à Paul Valéry, [C.P. 23 juin 1891], pp. 99-102. Voir : 776; 826; 851.

Lettre d'André Gide à Paul Valéry, 29 juin 1891. pp. 104-107.

Lettre d'André Gide à Paul Valéry, [C.P. 9 juillet 1891], pp. 107-109. Dans l'Heureuse rencontre de Valéry et Mallarmé (Lausanne, La Guilde du Livre, 1948, p. 84), Henri Mondor a cité un fragment de cette lettre, en le datant du [début de juillet 1892]. Voir : 826; 851; 965.

Lettre d'André Gide à Paul Valéry, 14 et 15 juillet [1891], pp. 110-112.

Lettre d'André Gide à Paul Valéry, 31 juillet 1891, pp. 113-114. Cette lettre est signée André Walter.

Lettre d'André Gide à Paul Valéry, [8 août 1891], pp. 114-115.

Lettre d'André Gide à Paul Valéry, [début d'août 1891] pp. 117-119.

Lettre d'André Gide à Paul Valéry, [C.P. 28 août 1891] pp. 120-121. Cette lettre est signée André Walter.

Lettre d'André Gide à Paul Valéry, [C.P. 9 septembre 1891], pp. 123-124. Cette lettre est signée André Walter. Voir :

Lettre d'André Gide à Paul Valéry, [septembre 1891], pp. 127-128. Cette lettre est signée André Walter. Voir : 966.

Lettre d'André Gide à Paul Valéry, [septembre 1891], pp. 129-130. Dans L'Heureuse rencontre de Valéry et Mallarmé (Lausanne, La Guilde du Livre, 1948, pp. 96-97), Henri Mondor a cité un fragment de cette lettre. Il l'a alors daté du [1er octobre 1891]. Claude Martin, pour sa part, a repris la date proposée par Robert Mallet. Voir : 851; 966.

Lettre d'André Gide à Paul Valéry, [début d'octobre 1891], p. 130 Voir : 966.

Lettre d'André Gide à Paul Valéry, 7 octobre 1891, pp. 131-132. Voir : 966.

Carte postale d'André Gide à Paul Valéry, [15 octobre 1891], p.132.

Lettre d'André Gide à Paul Valéry, [3 novembre 1891], pp. 133-135. Cette lettre est signée André Walter.

Lettre d'André Gide à Paul Valéry, [15 novembre 1891], pp. 136-138. Voir : 966.

Lettre d'André Gide à Paul Valéry, [28 novembre 1891], pp. 139-140.

Lettre d'André Gide à Paul Valéry, [décembre 1891], pp. 141-142. Cette lettre est signée André Walter. Claude Martin (op.cit) en précise la date : 4 décembre 1891. Voir : 966.

Lettre d'André Gide à Paul Valéry, 24 décembre [1891], pp. 144.

Lettre d'André Gide à Paul Valéry, [début de 1892], p. 144.

Lettre d'André Gide à Paul Valéry, [début de janvier 1892], p. 145.

Lettre d'André Gide à Paul Valéry, [janvier 1892], p. 145.

Lettre d'André Gide à Paul Valéry, [février 1892], p. 146. A l'instar d'Yvonne Davet [voir p. 40], Claude Martin (op.cit.) date cette lettre du 13 février 1892. Voir : 823.

Lettre d'André Gide à Paul Valéry, [C.P. 2 mars 1892], pp. 147-149.

Lettre d'André Gide à Paul Valéry, [C.P. 13 mars 1892], pp. 151-152.

Lettre d'André Gide à Paul Valéry, [C.P. 21 mars 1892], pp. 153-154.

Lettre d'André Gide à Paul Valéry, [C.P. 12 avril 1892], p. 156.

Lettre d'André Gide à Paul Valéry, [C.P. 26 avril 1892], pp. 156-157.

Lettre d'André Gide à Paul Valéry, [5 mai 1892], pp. 160-161.

Lettre d'André Gide à Paul Valéry, [C.P. 11 juin 1892], pp. 162-163.

Lettre d'André Gide à Paul Valéry, [C.P. 25 juin 1892] p. 164.

Lettre d'André Gide à Paul Valéry, [C.P. 12 juillet 1892], pp. 165-166.

Lettre d'André Gide à Paul Valéry, 25 juillet [1892], pp. 166-167. Voir : 851.

Lettre d'André Gide à Paul Valéry, [août 1892] pp. 169-170. Claude Martin (*op.cit.*) situe cette lettre entre le 8 et le 24 août 1892. Voir : 851.

Lettre d'André Gide à Paul Valéry, [septembre 1892], pp. 172-173.

Lettre d'André Gide à Paul Valéry, [C.P. 18 octobre 1892], pp. 174-175.

Lettre d'André Gide à Paul Valéry, [fin d'octobre 1892] p. 175.

Lettre d'André Gide à Paul Valéry, [novembre 1892], p. 177. Claude Martin (*op.cit.*) précise la date : 25 novembre 1892.

Lettre d'André Gide à Paul Valéry, [février 1893], p. 180.

Lettre d'André Gide à Paul Valéry, [mars 1893], pp. 180-181. Claude Martin (*op.cit.*) est d'avis que la présente fut écrite plus tard que le 20 mars 1893. Voir : 850.

Lettre d'André Gide à Paul Valéry, [24 août 1893], pp. 184-185. Voir : 966.

Lettre d'André Gide à Paul Valéry, [septembre 1893], pp. 186-187. D'après Claude Martin (*op.cit.*), cette lettre serait plutôt d'août 1893.

Lettre d'André Gide à Paul Valéry, [octobre 1893], p. 189.

Lettre d'André Gide à Paul Valéry, [27 novembre 1893], pp. 191-192 Voir : 823; 911a.

Lettre d'André Gide à Paul Valéry, [décembre 1893], p. 194. Selon Claude Martin (*op.cit.*) cette lettre aurait été écrite entre le 16 et le 20 décembre 1893. Voir : 823; 911a.

Lettre d'André Gide à Paul Valéry, [février 1894], pp. 197-198.

Lettre d'André Gide à Paul Valéry, [Biskra, mars 1894], pp. 200-201. Voir : 966.

Lettre d'André Gide à Paul Valéry, [28 mai 1894] pp. 204-205.

Lettre d'André Gide à Paul Valéry, [juillet 1894], pp. 206-207. Yvonne Davet cite cette lettre dans : Autour des Nourritures terrestres. Histoire d'un livre [voir 850 p. 70] et la date du [19 juin 1894]. Claude Martin (op.cit.) croit, pour sa part, qu'elle est du 23 juin 1894. Voir : 823.

Lettre d'André Gide à Paul Valéry, 16 juillet 1894, pp. 210-211. Voir : 817 823.

Lettre d'André Gide à Paul Valéry, [6 août 1894], p. 212.

Lettre d'André Gide à Paul Valéry, [3 septembre 1894], pp. 213-214. Yvonne Davet (op.cit. p. 40 et p. 71) indique que cette lettre est du 31 août 1894. Claude Martin (op.cit.) reprend cette dernière date. Voir : 823.

Lettre d'André Gide à Paul Valéry, 11 novembre 1894, pp. 218-220. Voir : 817.

Lettre d'André Gide à Paul Valéry, [C.P. 21 novembre 1894], pp. 221-222.

Lettre d'André Gide à Paul Valéry, 2 décembre 1894, pp. 223-224.

Lettre d'André Gide à Paul Valéry, 6 décembre 1894, pp. 225-226.

Lettre d'André Gide à Paul Valéry, 28 décembre 1894, pp. 227-228.

Lettre d'André Gide à Paul Valéry, [C.P. janvier 1895], pp. 230-231. Claude Martin (op.cit.) situe cette lettre entre le 3 et 6 janvier 1895.

Lettre d'André Gide à Paul Valéry, [C.P. 27 janvier 1895], pp. 231-232.

Lettre d'André Gide à Paul Valéry, [mars 1895], pp. 233-236. Claude Martin (op. cit.) mentionne cette lettre entre le 3 et le 5 avril 1895.

Télégramme d'André Gide à Paul Valéry, [mai 1895], p. 237.

Lettre d'André Gide à Paul Valéry, [mai 1895] pp. 237-238.

Lettre d'André Gide à Paul Valéry, [mai 1895], pp. 239-240. Claude Martin (op.cit.) précise la date : 28 mai 1895.

Télégramme d'André Gide à Paul Valéry, [mai 1895], p. 240. Claude Martin (op.cit.) précise la date : 29 mai 1895.

Lettre d'André Gide à Paul Valéry, [C.P. 30 mai 1895], p. 240. Claude Martin (op.cit.) précise : 29 mai 1895.

Lettre d'André Gide à Paul Valéry, [C.P. 31 mai 1895], p. 241.

Lettre d'André Gide à Paul Valéry,[20 juin 1895], p. 242.

Télégramme d'André Gide à Paul Valéry, [22 juin 1895], p. 242.

Lettre d'André Gide à Paul Valéry, [24 juin 1895], p. 243.

Lettre d'André Gide à Paul Valéry, [9 juillet 1895], p. 243. Claude Martin (op.cit.) corrige la date : 8 juillet 1895.

Lettre d'André Gide à Paul Valéry, [29 juillet 1895], p. 244.

Lettre d'André Gide à Paul Valéry, [C.P. 15 août 1895], pp. 244-245.

Lettre d'André Gide à Paul Valéry, [C.P. septembre 1895], pp. 246-247.

Lettre d'André Gide à Paul Valéry, [C.P. 3 octobre 1895], p. 248. Claude Martin (op.cit.) corrige la date : 2 octobre 1895.

Lettre d'André Gide à Paul Valéry, [C.P. 10 octobre 1895], p. 250. Claude Martin (op.cit.) rectifie la date : 8 octobre 1895.

Lettre d'André Gide à Paul Valéry, [C.P. 25 octobre 1895], p. 250.

Lettre d'André Gide à Paul Valéry, [C.P. 15 décembre 1895], pp. 254-255. Yvonne Davet (op.cit pp. 72-73) date cette lettre du 16 décembre 1895; Claude Martin (op.cit) donne, ici, raison à Robert Mallet. Voir : 823.

Lettre d'André Gide à Paul Valéry, 24 janvier [1896], pp. 257-258. Voir : 850.

Lettre d'André Gide à Paul Valéry, 25 mars [1896], pp. 260-262.

Lettre d'André Gide à Paul Valéry, [mai 1896], pp. 264-266. Yvonne Davet (op.cit. pp. 75-76) précise la date : 18 mai 1896. Claude Martin (op.cit.) reprend cette date. voir : 823.

Lettre d'André Gide à Paul Valéry, [C.P. 19 mai 1896], pp. 266-267. Dans André Gide, Paul Valéry, (Paris, Domat, 1947, pp. XLVI-XLVIII), cette lettre ne porte qu'une date très approximative : [mai 1895 ou 1896]. Voir : 817.

Lettre d'André Gide à Paul Valéry, [C.P. 24 mai 1896], pp. 269-270. Voir : 823.

Lettre d'André Gide à Paul Valéry, [juillet 1896], p. 271.

Lettre d'André Gide à Paul Valéry, [C.P. 29 août 1896], pp. 273-274.

Lettre d'André Gide à Paul Valéry, 14 septembre 1896, pp. 276-277.

Lettre d'André Gide à Paul Valéry, [fin de septembre 1896], p.278.

Lettre d'André Gide à Paul Valéry, [C.P. 4 octobre 1896], pp. 279-280. Dans André Gide, *Paul Valéry*, Paris, Domat, 1947, pp. XLVIII-L, cette lettre était datée du 5 octobre 1896. Claude Martin (*op.cit.*) fait mention de la lettre le 4 octobre 1896. Voir : 817; 911a.

Lettre d'André Gide à Paul Valéry, [C.P. octobre 1896], p. 282. Yvonne Davet (*op.cit.* p. 119) précise que cette lettre est du 26 octobre 1896. Voir : 850.

Lettre d'André Gide à Paul Valéry, [C.P. 3 janvier 1897], p. 284.

Lettre d'André Gide à Paul Valéry, [C.P. 20 janvier 1897], pp. 284-285. Voir : 680.

Lettre d'André Gide à Paul Valéry, [février 1897], pp. 286-287. Claude Martin (*op.cit.*) indique que cette lettre fut écrite en mars 1897.

Lettre d'André Gide à Paul Valéry, [C.P. 19 mars 1897], pp. 288-289.

Lettre d'André Gide à Paul Valéry, [avril 1897]. pp. 289-290. Claude Martin (*op.cit.*) précise que cette lettre est du 16 avril 1897.

Lettre d'André Gide à Paul Valéry, [C.P.29 avril 1897], pp. 293-294. Yvonne Davet (*op.cit.* p. 101) date la présente du 27 avril 1897; Claude Martin (*op.cit.*) fait de même. Voir :

Lettre d'André Gide à Paul Valéry, 21 [mai 1897], p. 296. Voir:680.

Lettre d'André Gide à Paul Valéry, [C.P. 4 juin 1897], p. 299.

Lettre d'André Gide à Paul Valéry, 7 janvier 1898, pp. 302-303.

Lettre d'André Gide à Paul Valéry, 12 janvier 1898, pp. 305-307. Voir : 817; 850.

Lettre d'André Gide à Paul Valéry, 18 janvier 1898, pp. 310-311.

Lettre d'André Gide à Paul Valéry, [C.P. 15 mars 1898], pp. 314-315. Claude Martin (op.cit.) précise que cette lettre est du 13 mars 1898.

Lettre d'André Gide à Paul Valéry, [C.P. mai 1898],p. 317.

Lettre d'André Gide à Paul Valéry, 9 mai 1898, p. 318.

Lettre d'André Gide à Paul Valéry, [C.P. juillet 1898], p. 319. Claude Martin (op.cit.) précise que cette lettre fut écrite entre le 4 et 10 juillet 1898. Voir : 911a

Lettre d'André Gide à Paul Valéry, [C.P. 10 juillet 1898], pp. 322-323.

Lettre d'André Gide à Paul Valéry, [C.P. 26 juillet 1898], p. 325.

Lettre d'André Gide à Paul Valéry, [C.P. 27 juillet 1898], p. 327.

Lettre d'André Gide à Paul Valéry, 20 août 1898, pp. 328-329.

Lettre d'André Gide à Paul Valéry, 8 septembre [1898], pp. 329-330.

Lettre d'André Gide à Paul Valéry, [C.P. 11 septembre 1898], p. 331. Cette lettre semble avoir été oubliée par Claude Martin (op.cit.)

Lettre d'André Gide à Paul Valéry, [C.P. septembre 1898], pp. 333-334. Claude Martin (op.cit.) situe cette lettre après le 20 septembre 1898.

Lettre d'André Gide à Paul Valéry, [octobre 1898], p. 336.

Lettre d'André Gide à Paul Valéry, 22 octobre 1898, pp. 338-340. Yvonne Davet (op.cit. pp. 207-208) date cette lettre du 21 octobre 1898; Claude Martin (op.cit.) retient le 22 octobre 1898. Voir : 850.

Lettre d'André Gide à Paul Valéry, [C.P. novembre 1898], p. 342.

Lettre d'André Gide à Paul Valéry, 11 avril 1899, pp. 344-345.

Lettre d'André Gide à Paul Valéry, 11 juillet [1899], pp. 348-349.

Lettre d'André Gide à Paul Valéry, 24 juillet [1899], pp. 350-351.

Lettre d'André Gide à Paul Valéry, [fin de septembre 1899], p. 352. Claude Martin (*op.cit.*) date cette lettre du ler octobre 1899.

Lettre d'André Gide à Paul Valéry, 19 octobre 1899, pp. 357-358. Voir : 817; 975.

Lettre d'André Gide à Paul Valéry, 28 octobre 1899, pp. 362-363. Voir : 850; 975.

Lettre d'André Gide à Paul Valéry, [22 novembre 1899], p. 366.

Lettre d'André Gide à Paul Valéry, [C.P. décembre 1899], p. 367. Claude Martin (*op.cit.*) précise que cette lettre est du ler décembre 1899.

Lettre d'André Gide à Paul Valéry, [C.P. janvier 1900], p. 367.

Lettre d'André Gide à Paul Valéry, [C.P. 19 juillet 1900], p. 369.

Lettre d'André Gide à Paul Valéry, [C.P. 31 août 1900], pp. 371-372.

Lettre d'André Gide à Paul Valéry, 15 octobre 1900, pp. 372-373.

Lettre d'André Gide à Paul Valéry, 21 octobre [1900] pp. 375-376. Voir : 817.

Lettre d'André Gide à Paul Valéry, 26 décembre [1900], pp. 377-378.

Lettre d'André Gide à Paul Valéry, [C.P. 28 mars 1901], p. 380.

Lettre d'André Gide à Paul Valéry, [C.P. avril 1901], p. 381. Claude Martin (*op.cit.*) fait mention de cette lettre après le 24 avril 1901.

Lettre d'André Gide à Paul Valéry, [C.P. 5 juillet 1901], pp. 384-385.

Lettre d'André Gide à Paul Valéry, 27 août [1901], p. 387.

Lettre d'André Gide à Paul Valéry, [C.P. 23 septembre 1901], p. 389.

Lettre d'André Gide à Paul Valéry, [C.P. 22 septembre 1901], pp. 389-390.

Lettre d'André Gide à Paul Valéry, [C.P. 6 avril 1902], p. 390. Claude Martin (*op.cit.*) précise que cette lettre fut écrite le 5 avril 1902.

Lettre d'André Gide à Paul Valéry, [C.P. mai 1902] pp. 391-392.

Lettre d'André Gide à Paul Valéry, [C.P. octobre 1902], p. 393. Claude Martin (op.cit.) précise que cette lettre est du 23 octobre 1902.

Lettre d'André Gide à Paul Valéry, 2 juillet [1903], p. 397.

Lettre d'André Gide à Paul Valéry, 9 juillet [1903], pp. 399-400.

Lettre d'André Gide à Paul Valéry, [C.P. juillet 1903], p. 400. Claude Martin (op.cit.) précise que cette lettre est du 26 juillet 1903.

Lettre d'André Gide à Paul Valéry, [C.P. juillet 1903], p. 401. Claude Martin (op.cit.) date cette lettre du 28 juillet 1903.

Lettre d'André Gide à Paul Valéry, 17 [août 1906], pp. 409-410.

Lettre d'André Gide à Paul Valéry, [C.P. 17 novembre 1906], p. 412.

Lettre d'André Gide à Paul Valéry, 10 octobre [1907], p. 412.

Lettre d'André Gide à Paul Valéry, [C.P. 19 octobre 1907], p. 413.

Lettre d'André Gide à Paul Valéry, [C.P. 11 novembre 1907], p. 413. Claude Martin (op.cit.) précise que cette lettre fut écrite le 10 novembre 1907.

Lettre d'André Gide à Paul Valéry, [C.P. janvier 1908] p. 413.

Lettre d'André Gide à Paul Valéry, 10 mars 1908, pp. 414-415.

Lettre d'André Gide à Paul Valéry, [C.P. 16 mars 1908], p. 415.

Lettre d'André Gide à Paul Valéry, [juillet 1908], pp. 417-418.

Carte postale d'André Gide à Paul Valéry, [C.P. 4 juillet 1909] pp. 419-420.

Lettre d'André Gide à Paul Valéry, 24 novembre 1909, p. 420.

Carte postale d'André Gide à Paul Valéry, [C.P. 1910] p. 421. Claude Martin (op.cit.) croit que cette carte fut envoyée en août 1910.

Lettre d'André Gide à Paul Valéry, 24 janvier 1912, p. 422.

Lettre d'André Gide à Paul Valéry, [C.P. 31 mai 1912], p. 423.

Lettre d'André Gide à Paul Valéry, [C.P. 5 juin 1912], p. 424. Claude Martin (op.cit.) précise que cette lettre est du 4 juin 1912.

Lettre d'André Gide à Paul Valéry, 10 juillet [1912], pp. 424-425.

Lettre d'André Gide à Paul Valéry, 15 octobre 1912, p. 430.

Lettre d'André Gide à Paul Valéry, 4 juillet [1914], pp. 434-435. Voir : 911a.

Lettre d'André Gide à Paul Valéry, 18 juillet [1914], p. 437.

Lettre d'André Gide à Paul Valéry, 26 juillet [1914], pp. 439-440.

Lettre d'André Gide à Paul Valéry, 4 octobre 1914, pp. 440-444.

Lettre d'André Gide à Paul Valéry, [C.P. 17 juillet 1915], p.444. Claude Martin (op.cit.) rectifie : 18 juillet 1915.

Lettre d'André Gide à Paul Valéry, 20 janvier 1917, pp. 444-445.

Lettre d'André Gide à Paul Valéry, 13 juin 1917, pp. 446-447. Voir : 911a.

Lettre d'André Gide à Paul Valéry, [C.P. 21 juin 1917], pp. 449-450. Claude Martin (op.cit.) précise : 18 juin 1917.

Lettre d'André Gide à Paul Valéry, [C.P. 28 juin 1917], p. 450.

Lettre d'André Gide à Paul Valéry, 1er novembre 1917, pp. 457-458.

Lettre d'André Gide à Paul Valéry, [C.P. 5 novembre 1917], pp. 458-459.

Lettre d'André Gide à Paul Valéry, 5 janvier 1918, p. 460.

Lettre d'André Gide à Paul Valéry, 16 janvier 1918, pp. 461-462.

Lettre d'André Gide à Paul Valéry, 27 février 1918, p. 462.

Lettre d'André Gide à Paul Valéry, 4 mars 1918, pp. 464-465.

Lettre d'André Gide à Paul Valéry, 12 mars 1918, p. 467.

Lettre d'André Gide à Paul Valéry, 5 mai 1918, pp. 467-469. Voir: 817.

Lettre d'André Gide à Paul Valéry, 8 mai 1918, p. 471.

Lettre d'André Gide à Paul Valéry, 27 mai [1919], pp. 474-475.

Lettre d'André Gide à Paul Valéry, 6 octobre 1919, p. 476.

Lettre d'André Gide à Paul Valéry, 7 janvier 1920, p. 477.

Lettre d'André Gide à Paul Valéry, 16 septembre 1920, pp. 480-481.

Lettre d'André Gide à Paul Valéry, [2 octobre 1920], pp. 481-483.

Lettre d'André Gide à Paul Valéry, [printemps 1921], pp. 483-484. Claude Martin (op.cit.) précise : 9 mai 1921.

Lettre d'André Gide à Paul Valéry, mardi [1921], p. 486. Claude Martin (op.cit). précise : 5 juillet 1921.

Lettre d'André Gide à Paul Valéry, 22 juillet 1922, pp. 487-488.

Lettre d'André Gide à Paul Valéry, [octobre 1922], pp. 490-491. Claude Martin (op.cit.) précise : 19 octobre 1922.

Lettre d'André Gide à Paul Valéry, 25 octobre 1922, pp. 491-492.

Lettre d'André Gide à Paul Valéry, 9 [octobre 1923], p. 495.

Lettre d'André Gide à Paul Valéry, 9 août [1924], pp. 496-497.

Lettre d'André Gide à Paul Valéry, [C.P. 25 octobre 1924], pp. 497-498.

Lettre d'André Gide à Paul Valéry, 26 décembre 1924, pp. 498-499.

Lettre d'André Gide à Paul Valéry, [28 décembre 1924], pp. 499-500. Dans "Quelques lettres à Paul Valéry", Hommage à André Gide, Nouvelle revue française, novembre 1951, p. 406, cette lettre ne portait aucune autre date que : "dimanche matin". Claude Martin (op.cit.) a repris celle du 28 décembre 1924.

Lettre d'André Gide à Paul Valéry, [C.P. 11 janvier 1925], pp. 500-501.

Lettre d'André Gide à Paul Valéry, 5 [mai 1925], p. 501.

Lettre d'André Gide à Paul Valéry, 12 janvier 1926, p. 502.

Lettre d'André Gide à Paul Valéry, [1926], pp. 502-503. Claude Martin (op.cit.) fait mention de cette lettre au début juillet 1926.

Lettre d'André Gide à Paul Valéry, 9 octobre 1927, p. 506.

Lettre d'André Gide à Paul Valéry, 21 décembre 1928, p. 507.

Lettre d'André Gide à Paul Valéry, 23 janvier 1931, p. 511.

Lettre d'André Gide à Paul Valéry, ler août 1931, p. 512.

Lettre d'André Gide à Paul Valéry, 15 septembre 1932, pp. 513-514.

Lettre d'André Gide à Paul Valéry, ler août 1933, p. 516.

Lettre d'André Gide à Paul Valéry, 7 octobre 1934, p. 516.

Lettre d'André Gide à Paul Valéry, 5 février 1940, pp. 518-519.

Lettre d'André Gide à Paul Valéry, 10 avril 1941, p. 521.

Carte familiale d'André Gide à Paul Valéry, 18 juillet 1941, pp. 521-522.

Lettre d'André Gide à Paul Valéry, 15 août 1941, pp. 522-523.

Lettre d'André Gide à Paul Valéry, 21 août 1941, pp. 523-524.

Lettre d'André Gide à Paul Valéry, [22 août 1941], pp. 524-525.

Lettre d'André Gide à Paul Valéry, 10 septembre 1941, p. 525.

Lettre d'André Gide à Paul Valéry, 21 septembre 1941, p. 526.

Lettre d'André Gide à Paul Valéry, 5 février 1942, p.526.

Lettre d'André Gide à Paul Valéry, 25 juin [1942], p. 527.

973. Lettres au Docteur Schuermans (1920-1928), Bruxelles, Raoul Simonson, 1955, 64p. [édition hors commerce].

Lettre d'André Gide à Willy Schuermans, 4 novembre 1920, pp. 9-10.

Lettre d'André Gide à Willy Schuermans, 14 novembre 1920, pp. 11-12

Lettre d'André Gide à Willy Schuermans, 19 novembre 1920, p. 13.

Lettre d'André Gide à Willy Schuermans, 2 février 1921, pp. 14-15.

Lettre d'André Gide à Willy Schuermans, 13 mai [1921]. pp. 16-17.

Lettre d'André Gide à Willy Schuermans, 19 août [1921], pp. 18-19.

Télégramme d'André Gide à Willy Schuermans, 22 août 1921, p. 20.

Lettre d'André Gide à Willy Schuermans, 2 septembre 1921, p. 21

Lettre d'André Gide à Willy Schuermans, 9 septembre 1921, p. 22.

Lettre d'André Gide à Willy Schuermans, 29 septembre 1921, p. 23.

Télégramme d'André Gide à Willy Schuermans, 30 septembre 1921, p. 24.

Lettre d'André Gide à Willy Schuermans, 8 octobre 1921, p. 25.

Lettre d'André Gide à Willy Schuermans, 30 octobre 1921, p. 26.

Lettre d'André Gide à Willy Schuermans, 10 novembre 1921, pp. 27-28.

Lettre d'André Gide à Willy Schuermans, 2 décembre 1921, pp. 29-30.

Lettre d'André Gide à Willy Schuermans, 13 décembre 1921, p. 31.

Lettre d'André Gide à Willy Schuermans, 29 [décembre], 1921, p. 32. La lettre est datée du 29 janvier 1921, ce qui est apparemment une erreur. Entre parenthèses, on a corrigé et on a écrit : décembre. La correction est peut-être de la main du Docteur Schuermans lui-même.

Lettre d'André Gide à Willy Schuermans, 9 janvier 1922, p. 33.

Lettre d'André Gide à Willy Schuermans, 30 janvier 1922, p. 34.

Lettre d'André Gide à Willy Schuermans, 7 février 1922, p. 35.

Lettre d'André Gide à Willy Schuermans, 21 février 1922, p. 36.

Lettre d'André Gide à Willy Schuermans, ler avril 1922, p. 37.

Lettre d'André Gide à Willy Schuermans, 7 avril 1922, p. 38.

Lettre d'André Gide à Willy Schuermans, 28 octobre 1922, pp. 39-42.

Lettre d'André Gide à Willy Schuermans, 3 novembre [1922], p. 43.

Lettre d'André Gide à Willy Schuermans, 14 décembre [1922], p. 44.

Lettre d'André Gide à Willy Schuermans, 4 décembre 1923, pp. 45-46.

Lettre d'André Gide à Willy Schuermans, 10 décembre 1923, p. 47.

Lettre d'André Gide à Willy Schuermans, 7 juin [1924], p. 48.

Lettre d'André Gide à Willy Schuermans, 3 juillet [1924], p. 49.

Lettre d'André Gide à Willy Schuermans, [s.d.] p. 50. Claude Martin précise, dans son Répertoire chronologique des lettres publiées d'André Gide (Paris, Minard 1971), que cette lettre est de juillet 1924.

Lettre d'André Gide à Willy Schuermans, 12 novembre 1924, pp.51-53.

Lettre d'André Gide à Willy Schuermans, 2 avril 1925, pp. 54-55.

Lettre d'André Gide à Willy Schuermans, 15 février 1927, pp. 56-57.

Lettre d'André Gide à Willy Schuermans, 4 juin 1928, pp. 58-59.

Lettre d'André Gide à Willy Schuermans, 13 août 1928, p. 60.

974. Rilke, Gide et Verhaeren, correspondance inédite recueillie et présentée par C.Bronne, Paris, Messein, 1955, 90p.

Lettre d'André Gide à Emile Verhaeren, 10 mars 1895, p. 46.

Lettre d'André Gide à Emile Verhaeren, [janvier 1896] p. 50.

Lettre d'André Gide à Emile Verhaeren, [début janvier 1900], p. 58. Claude Martin précise, dans son Répertoire chronologique des lettres publiées d'André Gide (Paris, Minard, 1971), que cette lettre est du 9 janvier 1900.

Lettre d'André Gide à Emile Verhaeren, [1910], pp. 60-63.

Lettre d'André Gide à Emile Verhaeren, [mercredi], p. 70. Claude Martin (op.cit.) précise que cette lettre est du 16 février 1910.

Lettre d'André Gide à Emile Verhaeren, 27 juin [1910], pp. 72-73.

Lettre d'André Gide à Emile Verhaeren, jeudi, pp. 74-75. Dans le catalogue Emile Verhaeren, rédigé par Livia Stijns, précédé d'une préface de Julien Cain et d'une introduction de Lucien Christophe, (Paris, Bibliothèque nationale, 1955, p. 40), il est fait mention de cette lettre. Elle ne porte, cependant, aucune date. Claude Martin (op.cit.), pour sa part, la datera du 7 juillet 1910.

Lettre d'André Gide à Emile Verhaeren, 9 avril 1912, pp. 79-80.

Lettre d'André Gide à Emile Verhaeren, 25 janvier 1914, p. 82. Un fragment de cette lettre sera publié dans Présence d'André Gide, catalogue rédigé par Jean Warmoes, avant-propos de

Carlo Bronne, Bruxelles, Bibliothèque royale Albert ler, 1970, pp. 74-75, no 213.

Lettre à Emile Verhaeren, 3 juin 1916, p. 85.

CORRESPONDANCE

975. "Lettres", Nouvelle revue française, ler janvier 1955, pp. 22-38.

    Lettre d'André Gide à Paul Valéry, 19 octobre 1899, pp. 26-28 [972] (VAL., pp. 357-358).

    Lettre d'André Gide à Paul Valéry, 28 octobre 1899, pp. 33-34 [972] (VAL., pp. 362-363).

976. "Remembrances", L'Essor, 18 avril 1955, p. 19.

    Lettre d'André Gide à Alexandre Fichet, 28 mai 1950.

977. "Un exercice préparatoire", Cahiers des quatre saisons, no 1, août 1955, pp. 65-66.

    Lettre adressée, le 2 avril 1933, à un élève non identifié de Première Supérieure.

978. "Lettre d'André Gide à Jean Cocteau", Biblio-Hachette, octobre 1955, p. 8.

    Lettre du 2 juin 1918. Elle avait précédemment été publiée dans Empreintes, mai-juillet 1950, p. 109. Elle sera reprise dans :

    [1169] Lettres à André Gide avec quelques réponses d'André Gide, pp. 68-69.

979. BAYROU (Pierre), Solitudes d'Anglars, Rodez, Subervie, 1955, 151p.

    Lettre d'André Gide à Pierre Bayrou, 8 juin 1941, s.p. [pp.9-10]. Cette lettre sera utilisée en guise de préface.

980. DAVIES (John C.), L'Oeuvre critique d'Albert Thibaudet, Genève et Lille, Droz et Giard, 1955, 206p.

Fragment d'une lettre d'André Gide à Albert Thibaudet, 2 décembre 1910, p. 42.

981. MARTIN DU GARD (Roger), "Souvenirs autobiographiques et littéraires", Oeuvres complètes, I, Collection de la Pléiade, Paris, Gallimard, 1955, pp. XLI-CXLII.

Lettre d'André Gide à Roger Martin du Gard, 3 septembre 1942, pp. CXIV-CXV [1106] (RMGII, pp. 265-266).

Lettre d'André Gide à Roger Martin du Gard, 11 février 1945, pp. CXXIV-CXXV [1106] (RMGII, pp. 312-313).

Lettre d'André Gide à Roger Martin du Gard, 5 avril 1945, p. CXXV [1106] (RMGII, pp. 317-318).

Lettre d'André Gide à Roger Martin du Gard, 29 avril 1945, p. CXXVI [1106] (RMGII, pp. 320-321).

Lettre d'André Gide à Roger Martin du Gard, 13 mars 1947, p. CXXXI [1106] (RMGII, pp. 364-365).

Lettre d'André Gide à Roger Martin du Gard, 19 octobre 1948, CXXXVIII [1106](RMGII, pp. 429-430).

Lettre d'André Gide à Roger Martin du Gard, 4 juin 1949, p. CXXXIX, [1106] (RMGII, p. 451).

Lettre d'André Gide à Roger Martin du Gard, 22 juin 1949, p. CXLI, [1106] (RMGII, p. 453).

982. SIMON (Pierre-Henri), Témoins de l'homme, Paris, A. Colin, 1955, 197p.

Fragment d'une lettre d'André Gide à Pierre-Henri Simon, 11 décembre 1946, p. 45.

Voir aussi : 972; 973; 974.

1956

TEXTES DIVERS PUBLIES DANS LES REVUES, LES JOURNAUX...

983. "Conseils au jeune écrivain", Nouvelle revue française, 1er août 1956, pp. 225-234.

984. "Education", Cahiers des saisons, novembre 1956, p. 146.

Il s'agit vraisemblablement du texte qui fut publié dans Terre des Hommes, le 13 octobre 1945 [voir 749]. Il nous fut malheureusement impossible de vérifier.

985. "The French Language", dans : John Morris (ed.), From the Third Programme A Ten-Years' Anthology, London, Nonesuch Press, 1956, VIII-339p.

Daté du 6 juillet 1947, le texte de Gide occupe les pages 199-204.

CORRESPONDANCE

986. "Lettres d'André Gide à Adrienne Monnier", dans Le Souvenir d'Adrienne Monnier, Mercure de France, 1er janvier 1956, pp. 104-109.

Lettre d'André Gide à Adrienne Monnier, 17 décembre 1916, p. 104. Cette lettre avait précédemment été publiée dans :

[633] Adrienne Monnier, "Souvenirs", Gazette des Amis des livres, no 9, janvier 1940.

[850] Yvonne Davet, Autour des Nourritures terrestres, pp. 158-159.

La lettre ci-haut mentionnée fut enfin reprise dans :

Adrienne Monnier, Rue de l'Odéon, Paris, Albin Michel, 1960, pp. 56-57.

Lettre d'André Gide à Adrienne Monnier, 24 avril 1931, pp. 105-106. Un extrait de cette lettre sera publié dans :

[1032] Georges Markow-Totevy, "André Gide et James Joyce", Mercure de France, février 1960, p. 278.

Lettre d'André Gide à Adrienne Monnier, 24 janvier 1935, p. 106.

Lettre d'André Gide à Adrienne Monnier, 15 avril 1938, pp. 106-107.

Lettre d'André Gide à Adrienne Monnier, 4 mars 1942, p. 107.

987. Catalogue de la Librairie Maurice Bazy, [1956?].

Fragment d'une lettre d'André Gide à X..., [1902], no 578. Aussi cité dans le Bulletin des Amis d'André Gide, no 16, juillet 1972, pp. 16-17.

Lettre d'André Gide à X..., 1934, no 579. Aussi citée dans le Bulletin des Amis d'André Gide, no 16, juillet 1972, p. 17.

988. Catalogue de la vente de la Collection Alfred Dupont, première partie, Hôtel Drouot, 11-12 décembre 1956.

Fragment d'une lettre d'André Gide à Henri Albert, 4 septembre 1896. Ce fragment est aussi cité dans le Bulletin des Amis d'André Gide, no 17, octobre 1972, p. 9.

Fragment d'une lettre d'André Gide à Henri Vandeputte, 23 septembre 1910. Ce fragment est aussi cité dans le Bulletin des Amis d'André Gide, no 17, octobre 1972, pp. 9-10.

Fragment d'une lettre d'André Gide à X..., ler janvier 1938. Ce fragment est aussi cité dans le Bulletin des Amis d'André Gide, no 17, octobre 1972, p. 10.

989. CAPRIER (Christian), "Gide, lecteur bénévole", La Table ronde, février 1956, pp. 47-49.

Fragment d'une lettre d'André Gide à Christian Caprier, décembre 1934, p. 46.

Fragment d'une lettre d'André Gide à Christian Caprier, s.d., p. 47.

Fragment d'une lettre d'André Gide à Christian Caprier, juillet 1937, pp. 47-48.

Fragment d'une lettre d'André Gide à Christian Caprier, octobre 1937, p. 48.

Fragment d'une lettre d'André Gide à Christian Caprier, mars 1939, pp. 48-49.

990. CHONEZ (Claudine), Giono par lui-même, Paris, Editions du Seuil, 1956.

Lettre d'André Gide à Jean Giono, 29 mars 1929, s.p. [p. 39].

991. DELAY (Jean), La Jeunesse d'André Gide, Paris Gallimard, 1956, vol. 1, 602p.

[A moins d'avis contraire, nous ne mentionnons ici que les lettres ou fragments de lettres inédits au moment de la parution de l'ouvrage].

Fragments d'une lettre d'André Gide à sa mère, 10 octobre 1893, p. 102 et p. 106.

Fragment d'une lettre d'André Gide à sa mère, 24 décembre 1893, p. 142.

Fragment d'une lettre d'André Gide à sa mère, 22 juin 1890, p. 232 et pp. 458-459.

Fragment d'une lettre d'André Gide à Jeanne Rondeaux, [juin 1885], p. 313.

Lettre d'André Gide à Jeanne Rondeaux, [janvier 1884], pp. 316-317.

Fragments d'une lettre d'André Gide à Jeanne Rondeaux, [hiver 1893], pp. 321-323.

Fragment d'une lettre d'André Gide à Jeanne Rondeaux, 25 janvier 1886, pp. 347-348.

Fragment d'une lettre d'André Gide à sa mère, 18 mars 1890, p. 355; p. 418; p. 426.

Fragment d'une lettre d'André Gide à Jeanne Rondeaux, [1886], p. 355.

Fragment d'une lettre d'André Gide à Jeanne Rondeaux, [septembre 1887], pp. 383-384. Cette lettre est signée Hippolite Durillon.

Fragment d'une lettre d'André Gide à sa mère, 12 janvier 1891, pp. 386-387.

Fragment d'une lettre d'André Gide à Jeanne Rondeaux, 27 septembre [1888], pp. 406-407.

Fragment d'une lettre d'André Gide à Jeanne Rondeaux, [septembre 1888], p. 407.

Fragment d'une lettre d'André Gide à sa mère, 17 octobre 1894, p. 414.

Fragment d'une lettre d'André Gide à Jeanne Rondeaux, [1889], pp. 416-417.

Fragments d'une lettre d'André Gide à sa mère, 23 mars 1890, p. 426 et pp. 440-441.

Fragment d'une lettre d'André Gide à sa mère, [1890], p. 428.

Fragment d'une lettre d'André Gide à sa mère, [14 mars 1890], pp. 434-436.

Fragments d'une lettre d'André Gide à sa mère, 16 mars 1890, pp. 436-438.

Fragment d'une lettre d'André Gide à sa mère, 28 mai 1890, pp. 447-448.

Fragments d'une lettre d'André Gide à sa mère, 30 mai 1890, p. 448 et p. 453.

Fragments d'une lettre d'André Gide à sa mère, 31 mai 1890, pp. 449-450.

Fragment d'une lettre d'André Gide à sa mère, 2 juin 1890, p. 450.

Fragment d'une lettre d'André Gide à sa mère, 1er juin 1890, p. 451.

Fragments d'une lettre d'André Gide à sa mère, 6 juin 1890, pp. 451-452 et pp. 454-455.

Fragment d'une lettre d'André Gide à Jeanne Rondeaux, 8 juin 1890, p. 452.

Fragment d'une lettre d'André Gide à sa mère, 10 juin 1890, p. 453.

Fragment d'une lettre d'André Gide à sa mère, 29 juin 1890, p. 455.

Fragment d'une lettre d'André Gide à sa mère, 16 juin 1890, p. 458.

Fragment d'une lettre d'André Gide à sa mère, 30 juin 1890, p. 459.

Fragment d'une lettre d'André Gide à sa mère, [juin-juillet 1890]. pp. 459-460.

Fragment d'une lettre d'André Gide à sa mère, 19 octobre 1890, pp. 469-470.

Fragment d'une lettre d'André Gide à Jeanne Rondeaux, 23 novembre 1890, pp. 471-472.

Fragments d'une lettre d'André Gide à Albert Démarest, janvier 1892, p. 480 et p. 488.

Fragment d'une lettre d'André Gide à sa mère, 20 janvier 1891, p. 488.

992. SCHLUMBERGER (Jean), Madeleine et André Gide, Paris, Gallimard, 1956, 251p.

Lettre d'André Gide à Madeleine Rondeaux, s.d., pp. 81-85. Claude Martin, dans son Répertoire chronologique des lettres publiées d'André Gide (Paris, Minard, 1971), date cette lettre de novembre 1892. Ajoutons qu'un fragment de cette même lettre fut publié dans le catalogue André Gide, Paris, Bibliothèque nationale, 1970, p. 66.

Lettre d'André Gide à Madeleine Rondeaux, s.d., pp. 86-88. Claude Martin (op.cit.) croit que cette lettre fut écrite en octobre 1892. Un fragment en sera publié dans le catalogue André Gide, Paris, Bibliothèque nationale, 1970, p. 66.

Brouillon d'une lettre d'André Gide à Albert Démarest, juin 1895, pp. 113-114.

Fragment d'une lettre d'André Gide à Albert Démarest, 19 août 1895, pp. 120-121. Un extrait de ce fragment sera cité par Jean DELAY, dans La Jeunesse d'André Gide, vol. II, p. 512, [voir 998]. Un autre extrait sera publié dans le catalogue André Gide, Paris, Bibliothèque nationale, 1970, p. 67.

Fragment d'une lettre d'André Gide à Jacques Copeau, [fin juin 1913], p. 156.

Fragment d'une lettre d'André Gide à François-Paul Alibert, 17 janvier 1914, pp. 171-172.

Lettre d'André Gide à Jean Schlumberger, 25 novembre 1918, p. 183.

Fragment d'une lettre d'André Gide à Pierre Louÿs, s.d., p. 214.

1957

CORRESPONDANCE

993. "Lettres d'André Gide à Roger Martin du Gard", Nouvelle revue française, 1er janvier 1957, pp. 189-192.

Lettre d'André Gide à Roger Martin du Gard, octobre 1921, p. 189 [1105] (RMG I, p. 175).

Lettre d'André Gide à Roger Martin du Gard, 18 février 1937, pp. 189-190, [1106] (RMG II, pp. 92-93).

Lettre d'André Gide à Roger Martin du Gard, 17 mai 1937, p. 190 [1106] (RMG II, pp. 103-104).

Lettre d'André Gide à Roger Martin du Gard, 29 mai 1937, p. 191 [1106] (RMG II, pp. 104-106). A ce dernier endroit, la lettre est datée du 27 mai 1937.

Lettre d'André Gide à Roger Martin du Gard, 23 avril 1938, p. 191 [1106] (RMG II, p. 135).

Lettre d'André Gide à Roger Martin du Gard, 7 mai 1938, p. 191 [1106] (RMG II, p. 138).

Lettre d'André Gide à Roger Martin du Gard, 21 août 1938, p. 192 [1106] (RMG II, pp. 147-148).

994. "Lettres de Nice", Cahiers des saisons, no 11, juin-juillet 1957, pp. 366-369.

Lettre d'André Gide à Henri Thomas, 17 octobre [1939], p. 366.

Lettre d'André Gide à Henri Thomas, 4 décembre [1939], pp. 366-367.

Lettre d'André Gide à Henri Thomas, 5 février 1940, pp. 367-368.

Lettre d'André Gide à Henri Thomas, 8 février 1940, p. 368.

995. Bulletin d'autographes de la librairie Charavay, [1957 ou 1958?].

Fragment d'une lettre d'André Gide à un ami, 15 juin 1905. Aussi cité dans : Bulletin des Amis d'André Gide, no 16, juillet 1972, p. 16.

Fragment d'une lettre d'André Gide à X..., 11 décembre 1918. Aussi cité dans : Bulletin des Amis d'André Gide, no 16, juillet 1972. p. 16.

996. Catalogue de la Librairie Gallimard, no 28, 1957, no 175.

Fragment d'une lettre d'André Gide à Frédéric Lefèvre, 28 juillet 1923. Aussi cité dans : Claude MARTIN, Répertoire chronologique des lettres publiées d'André Gide, Paris, Minard, 1971, s.p.

997. Colpach [ouvrage hors commerce, écrit en collaboration], Luxembourg, Les Amis de Colpach, 1957.

Fragment d'une lettre d'André Gide à Madame Théo Van Rysselberghe, [1903], pp. 69-71.

Lettre d'André Gide à Madame Emile Mayrisch, 9 novembre 1910, p. 75.

Lettre d'André Gide à Robert Stumper, 5 juin 1937, p. 90.

Lettre à Madame Emile Mayrisch, 14 janvier 1911, pp. 93-94. Cette lettre est aussi citée dans [930] (RIL., p. 53).

Lettre d'André Gide à Madame Emile Mayrisch, 9 février 1911, p. 94.

Lettre d'André Gide à Madame Emile Mayrisch, 19 février 1911, p. 95. Cette lettre est aussi citée dans [930] (RIL., p. 55).

Lettre d'André Gide à Madame Emile Mayrisch, 3 août 1911, pp. 95-96.

Lettre d'André Gide à Madame Emile Mayrisch, 12 août 1911, pp. 96-97.

Lettre d'André Gide à Madame Emile Mayrisch, 25 juillet 1913, pp. 97-98.

Lettre d'André Gide à Madame Emile Mayrisch, 21 juin 1919,pp. 98-99.

Lettre d'André Gide à Madame Emile Mayrisch, 18 novembre 1919, p. 99.

Lettre d'André Gide à Madame Emile Mayrisch, 6 septembre 1920, p. 100.

Lettre d'André Gide à Madame Emile Mayrisch, 10 février 1921, pp. 100-101.

Lettre d'André Gide à Madame Emile Mayrisch, 10 mars 1921, pp. 101-102.

Lettre d'André Gide à Madame Emile Mayrisch, 2 mai 1921, pp. 102-104.

Lettre d'André Gide à Madame Emile Mayrisch, 20 mai 1921, p. 104.

Lettre d'André Gide à Madame Emile Mayrisch, 19 février 1922, p. 105.

998. DELAY (Jean), La Jeunesse d'André Gide, Paris, Gallimard, 1957, vol. II.

[A moins d'avis contraire, nous ne mentionnons ici que les lettres ou fragments de lettres inédits au moment de la parution de l'ouvrage].

Fragments d'une lettre d'André Gide à sa mère, 27 mai 1892, p. 34; pp. 128-129; p. 166; pp. 170-171.

Fragment d'une lettre d'André Gide à sa mère, 17 mai 1892, p. 35.

Lettre d'André Gide à Stéphane Mallarmé, 5 février 1891, p. 40. Cette lettre avait précédemment été citée par Henri MONDOR, dans Vie de Mallarmé [voir no 680].

Fragment d'une lettre d'André Gide à sa mère, 31 mai 1894, p. 49.

Fragment d'une lettre d'André Gide à Pierre Louÿs, septembre 1891, p. 59.

Fragment d'une lettre d'André Gide à Maurice Quillot, juillet 1891, p. 68.

Fragment d'une lettre d'André Gide à Pierre Louÿs, [décembre (?) 1891], p. 69.

Fragment d'une lettre d'André Gide à Jeanne Rondeaux, [1891], pp. 95-96.

Fragment d'une lettre d'André Gide à Jeanne Rondeaux, 17 juin 1892, p. 97.

Fragments d'une lettre d'André Gide à Jeanne Rondeaux, [août 1892], p. 113 et pp. 176-177. Jean Schlumberger avait cité un plus long extrait de cette même lettre dans Madeleine et André Gide. [voir no 992] pp. 89-92.

Fragment d'une lettre d'André Gide à sa mère, 18 mars 1890, p. 129.

Fragments d'une lettre d'André Gide à sa mère 30 janvier 1895, p. 141; pp. 450-452; p. 547.

Fragment d'une lettre d'André Gide à Albert Démarest, janvier 1892, p. 146.

Fragment d'une lettre d'André Gide à sa mère, 10 mars 1892, p. 153.

Fragments d'une lettre d'André Gide à sa mère 22 mars 1892, p. 153; p. 154; p. 167.

Fragment d'une lettre d'André Gide à Pierre Louÿs, 13 mai 1892, p. 154.

Fragment d'une lettre d'André Gide à sa mère, 29 mars 1892, p. 154

Fragments d'une lettre d'André Gide à sa mère, 26 mars 1892, p. 155; p. 162; pp. 164-165.

Fragment d'une lettre d'André Gide à sa mère, 18 mai 1892, p. 155.

Fragments d'une lettre d'André Gide à sa mère, 30 mars 1892, pp. 162-163; p. 164; p. 166.

Fragments d'une lettre d'André Gide à sa mère, 24 mars 1892, pp. 163-164; p. 167.

Fragment d'une lettre d'André Gide à sa mère, 14 mai 1892, p. 166.

Fragments d'une lettre d'André Gide à sa mère, 25 mars 1892, pp. 167-169.

Fragment d'une lettre d'André Gide à Pierre Louÿs, 16 juillet 1892, p. 175.

Fragment d'une lettre d'André Gide à Pierre Louÿs, 19 juillet 1892, p. 175.

Fragment d'une lettre d'André Gide à Pierre Louÿs, 27 juillet 1892, p. 175.

Fragment d'une lettre d'André Gide à un ami, [septembre 1894], pp. 175-176; p. 552.

Fragment d'une lettre d'André Gide à sa mère, août 1892, p. 178.

Fragment d'une lettre d'André Gide à Pierre Louÿs, 30 septembre 1892, p. 179.

Fragment d'une lettre d'André Gide à Pierre Louÿs, 14 octobre 1892, pp. 180-181.

Fragment d'une lettre d'André Gide à Jeanne Rondeaux, novembre 1892, pp. 187-188.

Fragment d'une lettre d'André Gide à Pierre Louÿs, 30 juillet 1892, p. 194.

Fragment d'une lettre d'André Gide à Pierre Louÿs, 2 août 1892, p. 195.

Fragment d'une lettre d'André Gide à Pierre Louÿs, 4 février 1893, p. 219.

Fragment d'une lettre d'André Gide à Pierre Louÿs, 3 mars 1893, p. 219.

Fragment d'une lettre d'André Gide à Pierre Louÿs, 20 mars 1893, p.220.

Fragment d'une lettre d'André Gide à sa mère, 18 octobre 1893, p. 222; p. 278; p. 280.

Fragment d'une lettre d'André Gide à un ami, 30 mars 1893, p. 222.

Lettre d'André Gide à sa mère, 29 mai 1893, pp. 227-228.

Fragment d'une lettre d'André Gide à sa mère, mai 1893, pp. 228-229.

Fragment d'une lettre d'André Gide à Jeanne Rondeaux, [novembre 1891], p. 255.

Fragment d'une lettre d'André Gide à Marcel Drouin, 30 mai 1898, p. 257. Il y a une coquille, ici. C'est _mars_ qu'il convient de lire et non _mai_. Cette lettre fut citée par Yvonne DAVET, _Autour des Nourritures terrestres. Histoire d'un livre_ [voir no 850, pp. 61-63].

Fragment d'une lettre d'André Gide à sa mère, 17 octobre 1894, p. 259; p. 373; p. 388; p. 393.

Fragment d'une lettre d'André Gide à sa mère, 8 octobre 1893, p. 275.

Fragment d'une lettre d'André Gide à Jeanne Rondeaux, janvier 1894, p. 278.

Fragment d'une lettre d'André Gide à sa mère, 22 octobre 1893, p. 287.

Fragment d'une lettre d'André Gide à sa mère, 1er et 3 novembre 1893, p. 288.

Fragment d'une lettre d'André Gide à sa mère, 27 octobre 1893, pp. 288-289.

Fragment d'une lettre d'André Gide à sa mère, [novembre 1893], p. 289.

Fragments d'une lettre d'André Gide à sa mère, 14 novembre 1893, pp. 289-291.

Fragments de lettres d'André Gide à Albert Démarest, 12 et 14 novembre 1893, pp. 291-292.

Fragment d'une lettre d'André Gide à sa mère, 24 novembre 1893, p. 293.

Fragment d'une lettre d'André Gide à sa mère, 30 novembre 1893, p. 293.

Fragment d'une lettre d'André Gide à un ami, novembre 1893, p. 294.

Fragment d'une lettre d'André Gide à Albert Démarest, novembre 1893, pp. 294-295.

Fragment d'une lettre d'André Gide à Jeanne Rondeaux, 23 novembre 1893, pp. 295-296.

Fragments d'une lettre d'André Gide à Pierre Louÿs, 1er février 1894, p. 296 et p. 301.

Fragment d'une lettre d'André Gide à Jeanne Rondeaux, [1893], pp. 296-298.

Fragment d'une lettre d'André Gide à sa mère, 20 décembre 1893, pp. 297-298.

Fragment d'une lettre d'André Gide à sa mère, 26 janvier 1894, pp. 301-302.

Fragments d'une lettre d'André Gide à Jeanne Rondeaux, février 1894, pp. 302-303; pp. 307-308.

Fragment d'une lettre d'André Gide à sa mère, 3 février 1894, p. 302.

Fragment d'une lettre d'André Gide à Albert Démarest, mars 1894, p. 305.

Fragment d'une lettre d'André Gide à un ami, 30 mars 1894, pp. 312-313.

Fragment d'une lettre d'André Gide à sa mère, 19 avril 1894, p. 315 et p. 428.

Fragmentsd'une lettre d'André Gide à Albert Démarest, avril 1894, p. 316.

Fragments d'une lettre d'André Gide à sa mère, 12 mai 1894, p. 316 et p. 324.

Fragment d'une lettre d'André Gide à sa mère, 13 avril 1894, p. 316.

Fragment d'une lettre d'André Gide à sa mère, 22 avril 1894, p. 317.

Fragments d'une lettre d'André Gide à sa mère, 25 avril 1894, p. 317; p. 323.

Fragments de lettres d'André Gide à sa mère, 22 et 28 mai 1894, p. 318.

Fragment d'une lettre d'André Gide à sa mère, 16 avril 1894, p. 321.

Fragments d'une lettre d'André Gide à sa mère, 4 mai 1894 p. 321; p. 322; p. 323.

Fragment d'une lettre d'André Gide à sa mère, 6 mai 1894, p. 322.

Fragments d'une lettre d'André Gide à sa mère, 30 avril 1894, pp. 322-323.

Fragment d'une lettre d'André Gide à sa mère, 19 mai 1894, p. 324.

Fragment d'une lettre d'André Gide à sa mère, 23 mai 1894, pp. 324-325.

Fragments d'une lettre d'André Gide à sa mère, 28 mai 1894, pp. 325-326; 326-327. Un court extrait de cette lettre sera publié dans le catalogue André Gide, Paris, Bibliothèque nationale, 1970, p. 59.

Fragment d'une lettre d'André Gide à sa mère, 9 juin 1894, p. 328.

Fragment d'une lettre d'André Gide à sa mère, 15 juin 1894, pp. 328-329.

Fragment d'une lettre d'André Gide à sa mère, 17 juin 1894, pp. 329-330.

Fragment d'une lettre d'André Gide à sa mère, 23 juin 1894, pp. 329-330.

Fragments d'une lettre d'André Gide à sa mère, 27 juin 1894, p. 331; pp. 332-333.

Fragment d'une lettre d'André Gide à sa mère, 29 juin 1894, p. 336.

Fragment d'une lettre d'André Gide à sa mère, 4 juillet 1894, pp. 337-338.

Fragments d'une lettre d'André Gide à Jeanne Rondeaux, juillet 1894, pp. 338-339; 342-343.

Fragments d'une lettre d'André Gide à sa mère, 8 juillet 1894, p. 338; pp. 341-343.

Fragment d'une lettre d'André Gide à sa mère, 6 juillet 1894, pp. 339-341.

Fragment d'une lettre d'André Gide à sa mère, 7 juillet 1894, p. 341.

Fragment d'une lettre d'André Gide à Paul-Albert Laurens, 20 juillet 1894, pp. 345-346.

Lettre d'André Gide à Athman, 20 juillet 1894, pp. 346-347.

Fragments d'une lettre d'André Gide à sa mère, 20 août 1894, p. 352; pp. 354-355.

Fragment d'une lettre d'André Gide à sa mère, 31 août 1894, pp. 355-356.

Fragment d'une lettre d'André Gide à sa mère, 4 septembre 1894, p. 357.

Fragments d'une lettre d'André Gide à sa mère, 11 septembre 1894, pp. 357-358; p. 364.

Fragment d'une lettre d'André Gide à sa mère, 13 ou 14 septembre 1894, p. 359.

Fragment d'une lettre d'André Gide à sa mère, 15 septembre 1894, pp. 359-360.

Fragments de lettres d'André Gide à sa mère, 18 et 23 septembre 1894, p. 361.

Fragment d'une lettre d'André Gide à sa mère, 23 septembre 1894, pp. 361-362.

Fragments d'une lettre d'André Gide à sa mère, 22 septembre 1894, pp. 365-366. Claude Martin a publié cette lettre en entier dans son édition critique de La Symphonie pastorale, Paris, Minard, 1971, pp. 142-146.

Fragment d'une lettre d'André Gide à un ami, 5 octobre 1894, p. 367.

Fragments d'une lettre d'André Gide à sa mère, 30 septembre 1894, pp. 368-369.

Brouillon d'une lettre d'André Gide à Madeleine Rondeaux, ler octobre 1894, p. 370.

Fragment d'une lettre d'André Gide à Maurice Quillot, avril 1894, p. 372.

Fragment d'une lettre d'André Gide à sa mère, 28 septembre 1894, p. 375.

Fragments d'une lettre d'André Gide à sa mère, [2 octobre 1894] pp. 376-378. Claude Martin cite cette lettre, en entier, dans son édition critique de La Symphonie pastorale, Paris, Minard, 1971, pp. 146-154.

Fragment d'une lettre d'André Gide à sa mère, 3 octobre 1894, p. 379.

Fragments d'une lettre d'André Gide à sa mère, 18 octobre 1894, p. 380 et p. 392.

Fragment d'une lettre d'André Gide à sa mère, 26 octobre 1894, p. 382.

Fragment d'une lettre d'André Gide à sa mère, 8 novembre 1894, p. 383.

Fragment d'une lettre d'André Gide à sa mère, 13 novembre 1894, p. 383.

Fragment d'une lettre d'André Gide à sa mère, 20 novembre 1894, p. 383.

Fragments d'une lettre d'André Gide à sa mère, 22 novembre 1894, p. 383; p. 389; p. 395.

Fragment d'une lettre d'André Gide à sa mère, 3 décembre 1894, p. 383.

Fragments d'une lettre d'André Gide à sa mère, 6 décembre 1894, pp. 383-384; p. 390; p. 397.

Fragments d'une lettre d'André Gide à sa mère, 11 décembre 1894, p. 384; p. 388; pp. 397-398; p. 440.

Fragment d'une lettre d'André Gide à sa mère, 29 novembre 1894, p. 385.

Fragment d'une lettre d'André Gide à sa mère, 3 novembre 1894, p. 388.

Fragment d'une lettre d'André Gide à Pierre Louÿs, 19 octobre 1894, p. 389.

Fragment d'une lettre d'André Gide à sa mère, 31 octobre 1894, p. 393.

Fragment d'une lettre d'André Gide à sa mère, 24 novembre 1894, p. 395.

Fragment d'une lettre d'André Gide à Eugène Rouart, 20 mai 1894, p. 401.

Fragment d'une lettre d'André Gide à sa mère, 13 décembre 1894, p. 425.

Fragment d'une lettre d'André Gide à sa mère, 28 décembre 1894, p. 427.

Fragments d'une lettre d'André Gide à sa mère, 1er janvier 1895, p. 427; pp. 429-430; p. 432.

Fragment d'une lettre d'André Gide à sa mère, 13 janvier 1895, p. 428.

Fragments d'une lettre d'André Gide à sa mère, 17 janvier 1895, pp, 429-430; p. 432.

Fragment d'une lettre d'André Gide à sa mère, 18 janvier 1895, pp. 432-433.

Fragments d'une lettre d'André Gide à sa mère, 19 janvier 1895, pp. 433-434; pp. 435-436.

Fragments d'une lettre d'André Gide à sa mère, 20 janvier 1895, p. 436; pp. 445-446.

Fragment d'une lettre d'André Gide à sa mère, 23 janvier 1895, pp. 436-437.

Fragments d'une lettre d'André Gide à sa mère, 24 janvier 1895, pp. 438-439; p. 488.

Fragments d'une lettre d'André Gide à sa mère, 28 janvier 1895, p. 439; p. 446; p. 448; p. 450.

Fragments d'une lettre d'André Gide à sa mère, 25 janvier 1895, pp. 439-440; p. 441; p. 446.

Fragment d'une lettre d'André Gide à sa mère, 31 janvier 1895, pp. 457-458.

Fragment d'une lettre d'André Gide à sa mère, 2 février 1895, pp. 458-460.

Fragments d'une lettre d'André Gide à sa mère, 8 février 1895, pp. 460-462; p. 547.

Fragment d'une lettre d'André Gide à sa mère, 19 février 1895, pp. 466-467.

Fragments d'une lettre d'André Gide à sa mère, 25 février 1895, p. 466; p. 469.

Fragments d'une lettre d'André Gide à sa mère, 6 mars 1895, pp. 469-470; p. 477.

Fragment d'une lettre d'André Gide à sa mère, 10 mars 1895, p. 470.

Fragment d'une lettre d'André Gide à sa mère, 14 mars 1895, pp. 470-472.

Fragment d'une lettre d'André Gide à sa mère, 15 mars 1895, pp. 473-475.

Fragment d'une lettre d'André Gide à sa mère, 17 mars 1895, pp. 476-477.

Fragments d'une lettre d'André Gide à un ami, 3 avril 1895, pp. 482-483; p. 484; p. 485; p. 622; p. 657.

Lettre d'André Gide à sa mère, 3 avril 1895, pp. 486-487.

Brouillon d'une lettre d'André Gide à Madeleine Rondeaux, 21 octobre 1894, p. 488.

Lettre d'André Gide à sa mère, 5 avril 1895, pp. 492-494; p. 622 et p. 653.

Fragments d'une lettre d'André Gide à Albert Démarest, juin ou juillet 1895, pp. 508-509.

Fragment d'une lettre d'André Gide à Albert Demarest, juin 1895, p. 510.

Fragment d'une lettre d'André Gide à Albert Démarest, 19 août 1895, p. 512.

Fragment d'une lettre d'André Gide à un ami, octobre 1894, p. 522.

Fragment d'une lettre d'André Gide à R.F. [Ramon Fernandez?], [1934], p. 549. M. Vivier [voir 1002] croit plutôt que le destinataire de cette lettre était Léon Pierre-Quint.

Fragment d'une lettre d'André Gide à Marcel Drouin, 10 mars 1894, p. 542.

Fragment d'une lettre d'André Gide à Albert Démarest, [1894], p. 542.

Fragments d'une lettre d'André Gide à Albert Démarest, mars 1894, p. 545.

Fragment d'une lettre d'André Gide à Maurice Quillot, 19 juillet 1892, p. 552.

Fragment d'une lettre d'André Gide à Jeanne Rondeaux, octobre 1895, p. 557.

Fragment d'une lettre d'André Gide à sa mère, 9 octobre 1893, p. 558.

Fragment d'une lettre d'André Gide à un ami, avril 1895, p. 615.

Fragment d'une lettre d'André Gide à Marcel Drouin, s.d. p. 622.

Fragment d'une lettre d'André Gide à un ami, 5 octobre 1895, p. 623.

Fragment d'une lettre d'André Gide à sa mère, 27 mars 1895, p. 630.

Fragments d'une lettre d'André Gide à sa mère, novembre 1894, pp. 641-642; p. 646.

Fragment d'une lettre d'André Gide à Marcel Drouin, [1896], p. 656.

Fragment d'une lettre d'André Gide à Pierre Louÿs, 30 juillet 1892, p. 666.

999. DENIS (Maurice), Journal (1884-1904), Paris, La Colombe, 1957.

Lettre d'André Gide à Maurice Denis, [août 1892], pp. 104-105. Claude Martin précise, dans son Répertoire chronologique des lettres publiées d'André Gide (Paris, Minard, 1971), que cette lettre est du 8 août 1892.

Lettre d'André Gide à Maurice Denis, juin 1893, pp. 108-109.

Lettre d'André Gide à Maurice Denis, [fin mars - tout début d'avril 1898], pp. 141-143. La seconde partie de cette lettre est datée du 3 avril 1898.

Lettre d'André Gide à Maurice Denis, [1899], p. 153.

Lettre d'André Gide à Maurice Denis, avril 1901, p. 168. Claude Martin (op.cit.) précise : 22 avril 1901.

Lettre d'André Gide à Maurice Denis, [avril 1901], p. 169. Claude Martin précise (op.cit.) : 24 avril 1901.

1000. DENIS (Maurice), Journal (1905-1920), Paris, La Colombe, 1957.

Lettre d'André Gide à Maurice Denis, 29 juin 1907, pp. 64-65.

Lettre d'André Gide à Maurice Denis, 7 décembre 1907, pp. 87-88.

Lettre d'André Gide à Maurice Denis, 1er mars 1908, p. 98.

Lettre d'André Gide à Maurice Denis, fin avril 1909, pp. 111-112.

Lettre d'André Gide à Maurice Denis, 28 juin 1919, pp. 213-214.

1001. JASINSKI (Béatrice W.), "Gide et Vielé-Griffin : documents inédits", Modern Philology, vol. LV, no 2, Novembre 1957, pp. 103-123.

Fragment d'une lettre d'André Gide à Francis Viélé-Griffin, 9 mars 1891. p. 104.

Fragment d'une lettre d'André Gide à Francis Vielé-Griffin, 25 avril 1891, p. 104.

Fragment d'une lettre d'André Gide à Francis Vielé-Griffin, 29 avril 1891, pp. 104-105.

Fragment d'une lettre d'André Gide à Francis Vielé-Griffin, [fin janvier ou février 1892], p. 105.

Fragment d'une lettre d'André Gide à Francis Vielé-Griffin, [mi juillet 1892], pp. 105-106.

Fragment d'une lettre d'André Gide à Francis Vielé-Griffin, [avril 1893?], p. 106.

Fragment d'une lettre d'André Gide à Francis Vielé-Griffin, Biskra [hiver 1893-1894], p. 106.

Lettre d'André Gide à Francis Vielé-Griffin, [été 1895], pp. 106-107. Claude Martin, dans son Répertoire chrologique des lettres publiées d'André Gide (Paris, Minard, 1971) situe cette lettre entre le 8 et le 29 juillet 1895.

Fragment d'une lettre d'André Gide à Francis Vielé-Griffin, [été 1897], p. 107. Claude Martin (op.cit.) date cette lettre du mois d'août.

Fragment d'une lettre d'André Gide à Francis Vielé-Griffin, [début janvier 1898], pp. 107-108. Claude Martin (op.cit.) estime que cette lettre fut écrite entre le 7 et le 12 janvier 1898.

Fragment d'une lettre d'André Gide à Francis Vielé-Griffin, [janvier - février 1899], p. 108.

Fragment d'une lettre d'André Gide à Francis Vielé-Griffin, [1899], p. 109. Claude Martin (op.cit.) date cette lettre de février 1899.

Fragments de deux billets d'André Gide à Francis Vielé-Griffin, [automne 1898 - fin 1899], p. 109.

Lettre d'André Gide à Francis Vielé-Griffin, 17 février 1900, p. 110.

Lettre d'André Gide à Francis Vielé-Griffin, 21 février 1900, p. 110.

Billet d'André Gide à Francis Vielé-Griffin, 22 février 1900, p. 110.

Billet d'André Gide à Francis Vielé-Griffin, 11 juin 1900, p. 111.

Lettre d'André Gide à Francis Vielé-Griffin, 26 juillet [1900], p. 111.

Lettre d'André Gide à Francis Vielé-Griffin, [juin 1901], pp. 111-112.

Fragment d'une lettre d'André Gide à Francis Vielé-Griffin, [septembre 1902], p. 112.

Billet d'André Gide à Francis Vielé-Griffin, 13 avril 1902, p. 113.

Fragments d'une lettre d'André Gide à Francis Vielé-Griffin, 2 avril 1903, p. 113.

Fragment d'une lettre d'André Gide à Francis Vielé-Griffin, 6 février 1908. p. 114.

Fragment d'une lettre d'André Gide à Francis Vielé-Griffin, 12 février 1908, p. 114.

Fragments d'une lettre d'André Gide à Francis Vielé-Griffin, [seconde quinzaine d'avril, ou mai 1909], pp. 114-115. Claude Martin (op.cit.) situe la lettre en mai 1909.

Fragment d'une lettre d'André Gide à Francis Vielé-Griffin, 2 janvier 1912, p. 116. Martin (op.cit.) corrige la coquille : 2 janvier 1910.

Fragment d'une lettre d'André Gide à Francis Vielé-Griffin, 6 janvier 1910, pp. 116-117.

Fragment d'une lettre d'André Gide à André Royère, 6 janvier 1910, p. 117.

Fragments d'une lettre d'André Gide à Francis Vielé-Griffin, 23 juin 1911, pp. 118-119.

Fragment d'une lettre d'André Gide à Francis Vielé-Griffin, 8 ou 9 janvier 1910, p. 118.

Fragment d'une lettre d'André Gide à Francis Vielé-Griffin, 12 février 1911, p. 120.

Fragment d'un billet d'André Gide à Francis Vielé-Griffin, [mi-février 1911], p. 120.

Fragment d'un billet d'André Gide à Francis Vielé-Griffin, 6 mai 1910, p. 120.

Fragment d'une lettre d'André Gide à Francis Vielé-Griffin, 9 mai 1910, p. 120.

Fragment d'une lettre d'André Gide à Francis Vielé-Griffin, dimanche [1911], pp. 120-121.

Carte postale d'André Gide à Francis Vielé-Griffin, 10 avril 1912, p. 121.

Fragment d'une lettre d'André Gide à Francis Vielé-Griffin, 23 juin 1911, p. 121.

Fragment d'une lettre d'André Gide à Francis Vielé-Griffin, 25 juin 1912, p. 121.

Mention d'une lettre d'André Gide à Francis Vielé-Griffin, 15 juin 1923, p. 122.

Mention d'une lettre d'André Gide à Francis Vielé-Griffin, 4 avril 1924, p. 122.

Mention d'une lettre d'André Gide à Francis Vielé-Griffin, 25 décembre 1922, p. 122.

Mention d'une lettre d'André Gide à Francis Vielé-Griffin, 17 avril 1930, p. 122.

Fragments d'une lettre d'André Gide à Francis Vielé-Griffin, 11 mai 1931, p. 122.

Fragment d'une lettre d'André Gide à Francis Vielé-Griffin, 15 juin 1923, p. 122.

Fragment d'une lettre d'André Gide à Francis Vielé-Griffin, 1930, p. 122.

1002. VIVIER (M.), "Sur une lettre inédite d'André Gide", La Nation française, no 84, 15 mai [1957], p. 8.

Lettre d'André Gide à X..., [1934]. M. Vivier croit que le destinataire était Léon Pierre-Quint. Jean Delay, qui cite cette même lettre [voir 998, p. 549], croit qu'il s'agit plutôt de R.F. [Ramon Fernandez?].

1958

LIVRE

1003. Romans, récits et soties, oeuvres lyriques, introduction par Maurice Nadeau, notices et bibliographie par Yvonne Davet et Jean-Jacques Thierry, "Bibliothèque de la Pléiade", Paris, Gallimard, 1958, XL-1615p.

Achevé d'imprimer le 28 octobre 1958.

TABLE DES MATIERES

On trouvera, cités dans les différentes notices, plusieurs fragments de lettres d'André Gide :

Fragments d'une lettre d'André Gide à Albert Thibaudet, 28 août 1927, p. 1496 et p. 1574.

Fragment d'une lettre d'André Gide à Marcel Drouin, [1899], p. 1509.

Fragment d'une lettre d'André Gide à Paul Valéry, [été 1892], p. 1560. Cette lettre ne semble pas avoir été publiée dans l'ensemble de la correspondance Gide-Valéry [972].

Fragment d'une lettre d'André Gide à F.L. [Frédéric Lefèvre], 19 avril 1931, pp. 1568-1569. Une partie de cette lettre avait été citée par Yvonne DAVET dans : "L'Acte gratuit, étiquette provisoire", Club, été 1953 [voir no 955].

Fragment d'une lettre d'André Gide à Albert Thibaudet, 21 mars 1930, p. 1569.

CORRESPONDANCE

1004. [Fragment d'une lettre d'André Gide à Mme Dieudonné], Circulaire des Amis de Charles-Louis Philippe, no 4, 1er juin 1958.

1005. Correspondance André Gide - Charles Péguy (1905-1912), présentée par Alfred Suffrey, Cahiers de l'Amitié Charles Péguy, no 65, juin 1958, pp. 3-28. [Un tirage à part fut publié, la même année, par l'imprimerie de Persan-Beaumont].

Lettre d'André Gide à André Bourgeois, [C.P. 1er novembre 1906], p. 21.

Lettre d'André Gide à Charles Péguy, [C.P. 31 mars 1907] p. 21.

Lettre d'André Gide à André Bourgeois, [C.P. 2 mai 1907], p. 22.

Lettre d'André Gide à Charles Péguy, 15 février 1908, pp. 22-23.

Lettre d'André Gide à Charles Péguy, [C.P. 24 janvier 1910], pp. 23-24.

Lettre d'André Gide à André Bourgeois, 11 février 1910, p. 24. Voir : 933.

Lettre d'André Gide à Charles Péguy, 11 février [1910], p. 24. Voir : 933.

Lettre d'André Gide à Charles Péguy, 10 juillet 1910, pp. 24-25. Un très court extrait de cette lettre sera publié dans le Bulletin des Amis de Charles-Louis Philippe, no 16, 2e série, 1958, p. 249.

Lettre d'André Gide à Charles Péguy, [C.P. 8 novembre 1910], p. 25. Un fragment de cette même lettre fut aussi publié dans : Théodore Alajouanine, "Un extrait d'une lettre d'André Gide à Charles Péguy à propos de Charles-Louis Philippe", Bulletin des Amis de Charles-Louis Philippe, no 25, décembre 1967, p. 25.

Lettre d'André Gide à Charles Péguy, [C.P. 8 février 1911] p. 26. Une ligne de cette lettre sera citée dans le Bulletin des Amis de Charles-Louis Philippe, no 16, 2e série, 1958, p. 249.

Lettre d'André Gide à André Bourgeois, [C.P. 24 mars 1911], p. 26.

Lettre d'André Gide à Charles Péguy, [C.P. 10 juin 1911], p. 27.
Voir :

Lettre d'André Gide à Charles Péguy, 30 juin 1911 p. 27.
Un fragment de cette lettre fut aussi publié dans : Bulletin des Amis de Charles-Louis Philippe, no 16, 2e série, 1958, p. 249.

Lettre d'André Gide à André Bourgeois, 4 juillet [1911], p. 27.

Lettre d'André Gide à Charles Péguy, [C.P. 25 VII.12] p. 28.

1006. Catalogue de la vente de la Collection Alfred Dupont, troisième partie, Hôtel Drouot, 3-4 décembre 1958.

Fragment d'une lettre d'André Gide à un ami, 4 août 1896. Aussi cité dans le Bulletin des Amis d'André Gide, no 17, octobre 1972, p. 10.

Fragment d'une lettre d'André Gide à X..., 29 mars 1901. Aussi cité dans le Bulletin des Amis d'André Gide, no 17, octobre 1972, pp. 10-11.

Fragment d'une lettre d'André Gide à X..., s.d. Aussi cité dans le Bulletin des Amis d'André Gide, no 17, octobre 1972, p. 11.

Fragment d'une lettre d'André Gide à X..., [20 mars 1914]. Aussi cité dans le Bulletin des Amis d'André Gide, no 17, octobre 1972, p. 11.

Fragment d'une lettre d'André Gide à X..., 25 décembre [?]. Aussi cité dans le Bulletin des Amis d'André Gide, no 17, octobre 1972. p. 11.

Fragment d'une lettre d'André Gide à X..., s.d. Aussi cité dans le Bulletin des Amis d'André Gide, no 17, octobre 1972, p. 11.

Fragment d'une lettre d'André Gide à Henri Vandeputte, 20 janvier 1910. Aussi cité dans le Bulletin des Amis d'André Gide, no 17, octobre 1972, pp. 11-12.

1007. Catalogue de la vente de la Bibliothèque du Docteur Lucien Graux, huitième partie, Hôtel Drouot, 11-12 décembre 1958.

Fragment d'une lettre d'André Gide à Edmond Picard, 22 novembre [1902]. Aussi cité dans le Bulletin des Amis d'André Gide, no 17, octobre 1972, p. 12.

1008. Catalogue de la Librairie Gallimard, Paris, no 29, 1958, p. 23.

Fragment d'une lettre d'André Gide à Eugène Rouart, 13 août 1912. Aussi cité dans : Claude Martin, Répertoire chronologique des lettres publiées d'André Gide, Paris, Minard, 1971, s.p.

1009. ALDEN (Douglas W.), Jacques de Lacretelle, an Intellectual Itinerary, New Brunswick, New Jersey, Rutgers University Press, 1958.

La lettre d'André Gide à Jacques de Lacretelle, citée dans une traduction anglaise [pp. 206-207], est ici datée du 6 septembre 1931. Dans "Souvenirs d'un romancier", Revue des Deux Mondes, 1er juin 1959, pp. 401-402, Jacques de Lacretelle citera la même lettre sans préciser aucune date, toutefois.

1010. DE LA LONDE (Loic), "Le Menez-Hom, succédané du Parnasse", Les Cahiers de l'Iroise, juillet-septembre 1958, p. 176.

Lettre d'André Gide à José-Maria de Heredia, [septembre 1892].

1011. DE LUPPE (Robert), "Au nom de cinq amis, le très jeune André Gide obtient audience de E.M. de Vogue", Le Figaro littéraire, 11 janvier 1958.

Lettre d'André Gide à Eugène Melchior de Vogue, [février] 1890.

1012. FERNANDAT (René), "Mallarmé, Gide et Jean-Marc Bernard", Le Monde, 3 mars 1958.

Lettre d'André Gide à Jean-Marc Bernard, 24 février 1914.

1013. FRANK (André), Georges Pitoeff, Paris, L'Arche, 1958, 159p.

Lettre d'André Gide à Georges Pitoeff, 26 juillet 1922, pp. 64-65.

Lettre d'André Gide à Georges Pitoeff, 22 novembre (?) 1931, pp. 131-132.

1014. JOUHANDEAU (Marcel), Correspondance avec André Gide, Paris, Marcel Sautier, 1958, 91p.

Lettre d'André Gide à Marcel Jouhandeau, 8 octobre 1922 p. 9.

Lettre d'André Gide à Marcel Jouhandeau, 3 janvier 1924, p. 10.

Lettre d'André Gide à Marcel Jouhandeau, 9 janvier 1924, p. 11.

Lettre d'André Gide à Marcel Jouhandeau, 14 octobre 1924, p. 12.

Lettre d'André Gide à Marcel Jouhandeau, 31 octobre 1924, p. 13.

Lettre d'André Gide à Marcel Jouhandeau, [1924-1925?], pp. 14-15. Claude Martin précise, dans son Répertoire chronologique des lettres publiées d'André Gide, (Paris, Minard, 1971), que cette lettre fut écrite en août 1924.

Lettre d'André Gide à Marcel Jouhandeau, août [1925?], pp. 16-17. Claude Martin (op.cit.) croit que cette lettre est plutôt de 1924.

Lettre d'André Gide à Marcel Jouhandeau, 3 février 1925, pp. 17-18.

Lettre d'André Gide à Marcel Jouhandeau, s.d. [mercredi], p. 19.

Lettre d'André Gide à Marcel Jouhandeau, s.d. pp. 19-20. Claude Martin (op.cit.) croit que cette lettre est de [juillet 1926].

Lettre d'André Gide à Marcel Jouhandeau, 18 juillet 1926, pp. 20-21. Claude Martin (op.cit.) rectifie la date : 17 juillet 1926.

Lettre d'André Gide à Marcel Jouhandeau, 8 août 1926, p. 21.

Lettre d'André Gide à Marcel Jouhandeau, 30 décembre 1926, pp. 21-23.

Lettre d'André Gide à Marcel Jouhandeau, 10 janvier 1927, p. 23.

Lettre d'André Gide à Marcel Jouhandeau, 6 juillet 1927, p. 24.

Lettre d'André Gide à Marcel Jouhandeau, dimanche, s.d. p. 25. Claude Martin (op.cit.) précise que cette lettre est du [11 janvier 1925].

Lettre d'André Gide à Marcel Jouhandeau, [1929], p. 26. Claude Martin (op.cit.) est d'avis que cette lettre est du [19 novembre 1929].

Lettre d'André Gide à Marcel Jouhandeau, 23 novembre 1929, pp. 26-27.

Lettre d'André Gide à Marcel Jouhandeau, 17 mars 1930, p. 27.

Lettre d'André Gide à Marcel Jouhandeau, 3 juin 1930, pp. 28-32.

Lettre d'André Gide à Marcel Jouhandeau, 1er juillet 1931, p. 32.

Lettre d'André Gide à Marcel Jouhandeau, 30 novembre 1931, p. 33.

Lettre d'André Gide à Marcel Jouhandeau, [fin 1931], p. 34. Claude Martin (op.cit.) précise que cette lettre est du mois de décembre 1931.

Lettre d'André Gide à Marcel Jouhandeau, 1er mars 1932, p. 35.

Lettre d'André Gide à Marcel Jouhandeau, 3 novembre 1932, pp. 35-36.

Lettre d'André Gide à Marcel Jouhandeau, 1er février 1933, pp. 36-37.

Lettre d'André Gide à Marcel Jouhandeau, 24 mars 1933, pp. 37-38.

Lettre d'André Gide à Marcel Jouhandeau, 14 avril 1933, p. 38.

Lettre d'André Gide à Marcel Jouhandeau, 26 novembre 1933, p. 39.

Lettre d'André Gide à Marcel Jouhandeau, 18 juin 1938, p. 39.

Lettre d'André Gide à Marcel Jouhandeau, 29 octobre 1938, pp. 39-40.

Lettre d'André Gide à Marcel Jouhandeau, 7 novembre 1938, pp. 40-41.

Lettre d'André Gide à Marcel Jouhandeau, 4 décembre 1938, p. 41.

Lettre d'André Gide à Marcel Jouhandeau, 25 juillet 1939, pp. 41-42.

Lettre d'André Gide à Marcel Jouhandeau, 27 septembre 1946, p. 43.

1015. LACAZE (Raymond), Qu'on me pardonne d'en parler ..., Rodez, Editions Subervie, 1958, LII-192p.

Outre la lettre-préface qu'André Gide écrivit pour l'ouvrage de Jean LACAZE, Chants de départs (Finham, Ed. Chantal, 1947) --

lettre-préface reprise dans Préfaces (Paris et Neuchâtel, Ides et Calendes, 1948, pp. 191-198) et dans Feuillets d'automne (Paris, Mercure de France, 1949, pp. 227-232) -- le livre de Raymond LACAZE, père de Jean, renferme les lettres suivantes :

Lettre d'André Gide à Raymond Lacaze, 10 novembre 1944, pp. IV-V.

Lettre d'André Gide à Raymond Lacaze, 27 novembre 1944, p. VI.

Lettre d'André Gide à Raymond Lacaze, 1er février 1946, p. VIII.

Lettre d'André Gide à Raymond Lacaze, 12 août 1947, pp. XVI-XVII.

1016. LAMBERT (Jean), Gide familier, Paris, Julliard, 1958, 203p.

Lettre d'André Gide à Jean Lambert, 3 février 1942, pp. 83-84.

Lettre d'André Gide à Jean Lambert, 25 août 1939, pp. 94-95.

1017. THIERRY (Jean-Jacques), "Autour d'Isabelle", Mercure de France, juillet 1958, p. 553.

Lettre d'André Gide à Maxime de Langenhagen, datée de Biskra, 1893. D'après R.-G. NOBECOURT, qui cite un passage de cette même lettre dans Les Nourritures normandes d'André Gide [voir 881, p. 179], Gide aurait écrit à Maxime, en février 1894. Dans son Répertoire chronologique des lettres publiées d'André Gide (Paris, Minard, 1971), Claude Martin classera cette lettre parmi celles de février 1895.

Voir aussi : 1003.

1959

TEXTES DIVERS PUBLIES DANS LES REVUES, LES JOURNAUX ...

1018. [Fragment inédit de La Porte étroite], cité par Pierre Mazars, "La Nouvelle revue française naissait il y a cinquante ans", Le Figaro littéraire, 21 février 1959, p. 6.

1019. "Lettre d'André Gide à Jacques de Lacretelle", Biblio-Hachette, no 6, juillet 1959, p. 4.

La lettre d'André Gide est du 9 mars 1928.

LIVRE

1020. The Correspondence of André Gide and Edmund Gosse (1904-1928), edited with translation, introduction and notes, by Linette F. Brugmans, New York, New York University Press, 1959, 220p. [Aussi : London, Peter Owen Ltd., 1960, 220p].

Lettre d'André Gide à Edmund Gosse, 14 juillet 1909, pp. 46-47.

Lettre d'André Gide à Edmund Gosse, 9 septembre 1909, p. 51.

Lettre d'André Gide à Edmund Gosse, 10 mars 1910, p. 55

Lettre d'André Gide à Edmund Gosse, 4 avril 1910, p. 56.

Lettre d'André Gide à Edmund Gosse, 10 avril 1910, pp. 56-57.

Lettre d'André Gide à Edmund Gosse, 21 juillet 1911, p. 60.

Lettre d'André Gide à Edmund Gosse, 26 juillet 1911, p. 62.

Lettre d'André Gide à Edmund Gosse, 11 août 1911, p. 64.

Lettre d'André Gide à Edmund Gosse, 4 septembre 1911, pp. 66-67.

Lettre d'André Gide à Edmund Gosse, 8 octobre 1911, pp. 68-69.

Lettre d'André Gide à Edmund Gosse, 31 décembre 1911, pp. 72-73.

Lettre d'André Gide à Edmund Gosse, 11 janvier 1912, pp. 74-75.

Lettre d'André Gide à Edmund Gosse, 11 juin 1912, pp. 76-77.

Lettre d'André Gide à Edmund Gosse, 12 août 1912, pp. 80-81.

Lettre d'André Gide à Edmund Gosse, 28 novembre 1912, pp. 83-84.

Lettre d'André Gide à Edmund Gosse, décembre 1912, p. 87.

Lettre d'André Gide à Edmund Gosse, 25 décembre 1912, p. 87.

Lettre d'André Gide à Edmund Gosse, 10 février 1913, pp. 88-89.

Lettre d'André Gide à Edmund Gosse, 25 avril 1913, pp. 92-93.

Lettre d'André Gide à Edmund Gosse, 4 mai 1913, pp. 96-97.

Lettre d'André Gide à Edmund Gosse, 18 mai 1913, p. 98.

Lettre d'André Gide à Edmund Gosse, 20 mai 1913, p. 99.

Lettre d'André Gide à Edmund Gosse, 29 juin 1913, pp. 101-102.

Lettre d'André Gide à Edmund Gosse, 8 janvier 1914, pp. 106-107.

Lettre d'André Gide à Edmund Gosse, 10 novembre 1914, p. 113.

Lettre d'André Gide à Edmund Gosse, 29 décembre 1914, pp. 115-116.

Lettre d'André Gide à Edmund Gosse, 5 juin 1915, p. 119.

Lettre d'André Gide à Edmund Gosse, 7 juillet 1915, p. 121.

Lettre d'André Gide à Edmund Gosse, 19 juillet 1915, p. 122.

Lettre d'André Gide à Edmund Gosse, 23 janvier 1916, p. 123.

Lettre d'André Gide à Edmund Gosse, 6 février 1916, pp. 127-128.
Voir : 653

Lettre d'André Gide à Edmund Gosse, 3 juillet 1916, pp. 130-131.

Lettre d'André Gide à Edmund Gosse, 27 juillet 1916, pp. 136-137.

Lettre d'André Gide à Edmund Gosse, 20 septembre 1916, p. 143.

Lettre d'André Gide à Edmund Gosse, 21 décembre 1916, pp. 147-148.

Lettre d'André Gide à Edmund Gosse, 23 décembre 1916, p. 150.

Lettre d'André Gide à Edmund Gosse, 26 octobre 1917, pp. 151-152.

Lettre d'André Gide à Edmund Gosse, 10 juin 1918. p. 155.

Lettre d'André Gide à Edmund Gosse, 31 juillet 1918, pp. 157-158.

Lettre d'André Gide a Edmund Gosse, 9 août 1918, p. 160.

Lettre d'André Gide à Edmund Gosse, 25 août 1918, p. 161.

Lettre d'André Gide à Edmund Gosse, 30 août 1918, pp. 162-163.

Lettre d'André Gide à Edmund Gosse, 4 septembre 1918, p. 164.

Lettre d'André Gide à Edmund Gosse, 23 août 1920, p. 166.

Lettre d'André Gide à Edmund Gosse, 16 janvier 1921, pp. 167-168.

Lettre d'André Gide à Edmund Gosse, 12 septembre 1924, pp. 171-172.

Lettre d'André Gide à Edmund Gosse, 26 octobre 1924, pp. 174-175.

Lettre d'André Gide à Edmund Gosse, 15 janvier 1925, p. 177.

Lettre d'André Gide à Edmund Gosse, 25 octobre 1925, p. 178.

Lettre d'André Gide à Edmund Gosse, 27 juillet 1926, pp. 179-180.

Lettre d'André Gide à Edmund Gosse, 22 décembre 1926, pp. 184-185.

Lettre d'André Gide à Edmund Gosse, 30 décembre 1926, p. 187.

Lettre d'André Gide à Edmund Gosse, 16 janvier 1927, pp. 189-190. Voir : 423.

Lettre d'André Gide à Edmund Gosse, 8 avril 1928, pp. 192-194.

Lettre d'André Gide à Philip Gosse, 4 février 1929, p. 203.

Lettre d'André Gide à Philip Gosse, 8 février 1929, pp. 203-204.

Lettre d'André Gide à Philip Gosse, 22 février 1929, p. 204.

Lettre d'André Gide à Philip Gosse, 11 mars 1930. p. 204.

Lettre d'André Gide à Philip Gosse, 14 avril 1930, pp. 204-205.

[Sept lettres d'Edmund Gosse à André Gide sont citées dans : E. Charteris, The Life and Letters of Sir Edmund Gosse, London, Harper and Brothers, 1931. L'ouvrage ne renferme cependant aucune lettre d'André Gide. Ajoutons que quatre autres lettres d'Edmund Gosse à André Gide, jusqu'alors inédites, ont été publiées dans : Paul F. Mattheisen, "More on Gosse and Gide", Notes and Queries, October 1963, pp. 377-379].

CORRESPONDANCE

1021. Beaux livres et autographes, Hôtel Drouot, 12-13-19 février 1959.

Fragment d'un billet d'André Gide à Henri de Régnier, [1909]. Aussi cité dans le Bulletin des Amis d'André Gide, no 17, octobre 1972, p. 12.

Fragment d'un billet d'André Gide à X... [1909]. Aussi cité dans le Bulletin des Amis d'André Gide, no 17, octobre 1972, p. 12.

Fragment de deux lettres d'André Gide à Edmond Jaloux, [1909]. Aussi cité dans le Bulletin des Amis d'André Gide, no 17, octobre 1972, p. 12.

1022. Catalogue de la Librairie Les Argonautes, Paris, juin 1959.

Fragment d'une lettre d'André Gide à Jean-Paul Sartre, 10 décembre 1949. Ce fragment est aussi cité dans : Claude MARTIN, Répertoire chronologique des lettres publiées d'André Gide,(Paris, Minard, 1971), s.p.

1023. Catalogue de la vente de la Bibliothèque du Docteur Lucien Graux, neuvième partie, Hôtel Drouot, 26 juin 1959.

Fragment d'une lettre d'André Gide à X..., s.d. Aussi cité dans le Bulletin des Amis d'André Gide, no 17, octobre 1972, p. 12.

1024. De LACRETELLE (Jacques), "Souvenirs d'un romancier", Revue des Deux Mondes, 1er juin 1959, pp. 392-403.

Lettre d'André Gide à Jacques de Lacretelle, s.d., pp. 401-402. Cette même lettre est datée du 6 septembre 1931, dans : Douglas ALDEN, Jacques de Lacretelle. An Intellectual Itinerary, New Brunswick, New Jersey, Rutgers University Press, 1958, pp. 206-207.

1025. DENIS (Maurice), Journal (1921-1943), Paris, La Colombe, 1959, 265p.

Lettre d'André Gide à Maurice Denis, 13 mai 1924, p. 42.

Lettre d'André Gide à Maurice Denis, 30 juin 1928, p. 94.

1026. LEAUTAUD (Paul), Journal littéraire, VII, Paris, Mercure de France, 1959, 382p.

Lettre d'André Gide à Paul Léautaud, 16 février 1929, pp. 368-369. Cette lettre, signée Victor Chassepot, n'est qu'une plaisanterie à l'endroit de l'auteur de Passe-Temps.

1027. MAZARS (Pierre), "La Nouvelle revue française naissait il y a cinquante ans", Le Figaro littéraire, 21 février 1959, p. 6.

Fragment d'une lettre d'André Gide à Jean Schlumberger, [1909].

Voir aussi : 1019; 1020.

1960

CORRESPONDANCE

1028. Catalogue de la Librairie Charavay, novembre 1960.

Fragment d'une lettre d'André Gide à Alfred Vallette, 19 avril 1907. Aussi cité dans le Bulletin des Amis d'André Gide, no 15, avril 1972, p. 26.

Fragment d'une lettre d'André Gide à Rachilde, 9 août 1909. Aussi cité dans le Bulletin des Amis d'André Gide, no 15, avril 1972, pp. 26-27.

Fragment d'une lettre d'André Gide à Pierre de Lanux, 8 juin 1910. Aussi cité dans le Bulletin des Amis d'André Gide, no 15, avril 1972, p. 27.

Fragment d'une lettre d'André Gide à Eugène Rouart, [avril 1901]. Aussi cité dans le Bulletin des Amis d'André Gide, no 15, avril 1972, p. 27.

1029. DECAUDIN (Michel), La Crise des valeurs symbolistes. Vingt ans de poésie française (1895-1914), Toulouse, Editions Privat, 1960, 532p.

Mention d'une lettre d'André Gide à A.-Ferdinand Hérold, 21 décembre 1894, p. 53.

1030. DECAUDIN (Michel), Le Dossier d'"Alcools", Genève, Droz, 1960.

Lettre d'André Gide à Guillaume Apollinaire, mai 1913, p. 43.

1031. LANG (Renée), "André Gide und Goethe", Neue Zurcher Zeitung, 4 décembre 1960.

Le même article fut aussi publié dans Rheinischer Merkur, 24 février 1961.

Fragment d'une lettre d'André Gide à Ernst Curtius, 28 juillet 1930.

Fragment d'une lettre d'André Gide à Jean Guéhenno, 5 octobre 1929.

1032. MARKOW-TOTEVY (Georges), "André Gide et James Joyce", *Mercure de France*, 1er février 1960, pp. 272-290.

Lettre d'André Gide à James Joyce, 30 avril 1931, pp. 277-278. Cette lettre est aussi citée dans : R. ELLMANN (ed.), *Letters of James Joyce*, vol. III, New York, The Viking Press, 1966, p. 218.

Fragment d'une lettre d'André Gide à Adrienne Monnier, 24 avril 1931, p. 278. La lettre, dont cet extrait est tiré, avait été publiée *in extenso* dans : *Le Souvenir d'Adrienne Monnier*, *Mercure de France*, 1er janvier, 1956, pp. 105-106.

Lettre d'André Gide à Louis Gillet, 7 juin 1942, p. 285.

1033. PREZZOLINI (Giuseppe), *Il Tempo della Voce*, Milano- Firenze, Vallecchi, 1960.

Lettre d'André Gide à Guiseppe Prezzolini, 14 avril 1913, p. 317. Aussi citée dans : A. FONGARO, *Bibliographie d'André Gide en Italie*, Firenze et Paris, Edizioni Sansoni Antiquariato et Librairie Marcel Didier, 1966, p. 50.

1034. REDON (Ari), *Lettres de Gauguin, Gide, Huysmans, Jammes, Mallarmé, Verhaeren à Odilon Redon*, Paris, José Corti, 1960, 314p.

Lettre d'André Gide à Odilon Redon, [mai 1894], p. 250.

Lettre d'André Gide à Odilon Redon, [1896], p. 251.

Lettre d'André Gide à Odilon Redon, mai 1901, p. 251.

Lettre d'André Gide à Odilon Redon, février 1903, p. 252.

1035. REYNAUD (Jacques), *Henri Ghéon (1875-1944)*, Paris, Association des Amis d'Henri Ghéon, 1960, 46p.

Lettre d'André Gide à Henri Ghéon, 23 janvier 1921, p. 28.

1036. STRAVINSKY (Igor) & CRAFT (Robert), Memories and Commentaries, London, Faber & Faber, 1960, 183p. Ce livre fut traduit par Francis Ledoux, sous le titre de Souvenirs et commentaires, Paris, Gallimard, 1963. C'est à la version française que nous référons.

Lettre d'André Gide à Igor Stravinsky, 20 janvier 1933, p. 186.

Lettre d'André Gide à Igor Stravinsky, 8 février 1933, pp. 187-188.

Lettre d'André Gide à Igor Stravinsky, 24 février 1933, pp. 188-189.

Lettre d'André Gide à Igor Stravinsky, 8 août 1933, p. 190.

Lettre d'André Gide à Igor Stravinsky, 28 mai 1934, p. 191.

1961

CORRESPONDANCE

1037. "Lettre d'André Gide à Charles-Louis Philippe", Nouvelle revue française, 1er septembre 1961, pp. 582-583.

Lettre datée de Cuverville, le 17 octobre 1904.

1038. Catalogue de la vente de la Bibliothèque de Monsieur X..., Hôtel Drouot, 28 avril 1961.

Fragment d'une lettre d'André Gide à X..., s.d. Aussi cité dans le Bulletin des Amis d'André Gide, no 17, octobre 1972, pp. 12-13.

1039. Rabindranath Tagore (1861-1941), Catalogue de l'exposition Tagore à la Bibliothèque nationale, précédé d'une préface de Julien Cain et d'une introduction de Jean Filliozat, Paris, Bibliothèque nationale 1961, VII[6]-152p.

Lettre d'André Gide à Muni, 19 décembre 1948, p. 77.

Ce catalogue renferme aussi un extrait de l'hommage que Gide rendit à Tagore en 1931 [voir 485].

1040. CATALA (J.-A.), Le Béarn de Charles de Bordeu, Pau, Collet et Marrimpouey, 1961.

Lettre d'André Gide à Charles de Bordeu, 5 octobre 1896, pl. XVIII-XXI et p. 213.

1041. MALLET (Robert), Francis Jammes, Paris, Mercure de France, 1961.

Lettre d'André Gide à Francis Jammes, 21 juin 1896, [?], p. 100. Cette lettre ne semble pas avoir été citée dans l'ensemble de la correspondance Gide-Jammes [841].

Lettre d'André Gide Mme Victor Jammes, 9 avril 1900, p. 191.

1042. MALLET (Robert), Le Jammisme, Paris, Mercure de France, 1961.

Lettre d'André Gide à Francis Jammes, juillet 1898, p. 222. Cette lettre ne semble pas avoir été citée dans l'ensemble de la correspondance Gide-Jammes [841].

Lettre d'André Gide à Francis Jammes, 20 juin 1898, p. 224. Cette lettre ne semble pas avoir été citée dans l'ensemble de la correspondance Gide-Jammes [841].

1962

CORRESPONDANCE

1043. "Lettre inédite d'André Gide à Eugène Rouart", Bulletin des Amis de Charles-Louis Philippe, no 20, décembre 1962, p. 507.

Cette lettre fut vraisemblablement écrite en juin 1908.

1044. Maurice Barrès, catalogue rédigé par Jacques Lethève et René Rancoeur, préface de Julien Cain, Paris, Bibliothèque nationale, 1962.

Fragment d'une lettre d'André Gide à Maurice Barrès, 18 août 1891, no 114, p. 21.

Fragment d'une lettre d'André Gide à Maurice Barrès, juin 1906, no 279, p. 52. La lettre ne porte aucune date dans le catalogue; Claude Martin lui donne cependant celle de juin 1906, dans son Répertoire chronologique des lettres publiées d'André Gide (Paris, Minard, 1971).

Fragments de lettres d'André Gide à Maurice Barrès, 8 et 18 mars 1910, no 296, p. 54. La lettre du 8 mars 1910 sera citée dans le Bulletin des Amis de Charles-Louis Philippe, no 21, décembre 1963, pp. 35-36.

[Le Bulletin des lettres du 15 février 1963 citera des extraits de la correspondance Gide-Barrès, tirés du Catalogue. Ajoutons, à titre d'information, que Jean-Pierre Lacassagne cite de nombreuses lettres de Maurice Barrès à André Gide dans le Bulletin de la Faculté des lettres de Maurice Barrès à André Gide dans le Bulletin de la Faculté des Lettres de Strasbourg, mars 1969, pp. 349-360].

1045. Léon Blum, préface de Julien Cain, Paris, Bibliothèque nationale, 1962, VII [2], 38p.

Mention d'une lettre d'André Gide à Léon Blum, [1901], p. 8.

Notons que le catalogue renferme aussi un fragment de lettre de Pierre Louys à Gide [fin décembre 1889] (p.5), ainsi que des extraits de deux lettres de Léon Blum à Gide : [8 décembre 1895] (p. 8) et 15 février 1898 (p. 12). Enfin, y est citée la dédicace que Gide écrivit sur l'exemplaire de Paludes destiné à Blum (p. 8).

1046. Maurice Maeterlinck (1862-1949), Paris, Bibliothèque nationale, 1962, VIII -34p.

Fragment d'une lettre d'André Gide à Maurice Maeterlinck, [1896], p. 28.

1047. DETHARE (Vincent), Images et pélérinages littéraires, Paris, Editions du Vieux Colombier, 1962, 188p.

Fragment d'une lettre d'André Gide à la mère de Charles-Louis Philippe, [janvier 1910], p. 123.

Fragment d'une lettre d'André Gide à la mère de Charles-Louis Philippe, 8 janvier 1910, p. 124.

Lettre d'André Gide à la mère de Charles-Louis Philippe, ler mars 1910, pp. 141-142. Cette lettre avait précédemment été publiée dans : Louis LANOIZELEE, Marguerite Audoux [voir 968, p. 71].

Lettre d'André Gide à la mère de Charles-Louis Philippe, 8 avril 1910, p. 142. Cette lettre avait été publiée dans : Louis LANOIZELEE, Marguerite Audoux [voir 968, p. 72].

Lettre d'André Gide à Madame Tournayre (soeur de Charles-Louis Philippe), 6 décembre 1910, pp. 142-143. Cette lettre avait été publiée dans : Louis LANOIZELEE, Marguerite Audoux, [voir 968, p. 72].

Lettre d'André Gide à Madame Pajault [nièce de Charles-Louis Philippe], 21 novembre 1935, p. 125.

1048. GRINDEA (Miron), (ed.), "The Amazon of Letters. A World Tribute to Natalie Clifford Barney", Adam International Review, XXIX, no 299, 1962, p. 29.

Photographie d'une carte postale d'André Gide à Natalie Clifford Barney, datée seulement de "vendredi soir".

1049. HYTIER (Jean), André Gide, translated by Richard Howard, London, Constable and Company Ltd, 1962.

Un fragment d'une lettre d'André Gide à Jean Hytier est citée sur la couverture du livre

1963

LIVRE

1050. Correspondance André Gide -André Suarès (1908-1920), préface et notes de Sidney D. Braun, Paris, Gallimard, 1963, 111p.

Achevé d'imprimer le 30 juillet 1963.

[Dans son catalogue André Suarès (Paris, Musée Antoine Bourdelle, 1968), François Chapon rectifie certaines notes de Sidney D. Braun].

Lettre d'André Gide à André Suarès, [14 décembre 1908], pp. 30-31.
Voir : 1053.

Lettre d'André Gide à André Suarès 7 janvier 1909, p. 31.
Dans son catalogue André Suarès (Paris, Musée Antoine Bourdelle, 1968, François Chapon précise au sujet de la présente : "[...] Cette lettre ne concerne pas, comme le croit le commentateur, Visite à Pascal qui ne parut en volume qu'au mois d'octobre de la même année. [...] Les termes de cette lettre-ci paraissent convenir au livre Sur la mort de mon frère :[...]" (p. 29).
Voir : 1053.

Lettre d'André Gide à André Suarès, 27 février 1909, p. 32.
Voir : 1053.

Lettre d'André Gide à André Suarès, 18 mars [1909], pp. 34-35.

Lettre d'André Gide à André Suarès, 24 novembre 1909, pp. 38-39.

Lettre d'André Gide à André Suarès, 1er janvier 1910, pp. 40-41.

Lettre d'André Gide à André Suarès, 6 novembre 1910, pp. 45-46.

Lettre d'André Gide à André Suarès, 9 novembre 1910, p. 48.

Lettre d'André Gide à André Suarès, 12 novembre 1910, pp. 48-49.

Lettre d'André Gide à André Suarès, 6 décembre 1910, pp. 49-50.

Lettre d'André Gide à André Suarès, 10 février 1911, pp. 52-53.

Lettre d'André Gide à André Suarès, 13 février 1911, pp. 54-55.

Lettre d'André Gide à André Suarès, 7 mars 1911, p. 57.

Lettre d'André Gide à André Suarès, 21 février 1912, p. 59.

Lettre d'André Gide à André Suarès, 2 avril [1912], p. 60.

Lettre d'André Gide à André Suarès, 18 juin 1912, p. 61.

Lettre d'André Gide à André Suarès, 1er juillet [1912], pp. 63-64.

Lettre d'André Gide à André Suarès. [été 1912], pp. 65-66. **Sidney D. Braun commente : "Quoiqu'il n'y ait, ici, aucune** indication de date, la référence à Prométhée mal enchaîné et à Chesterton [...] suggère que la lettre a dû être écrite entre le 8 juillet et le 2 août 1912, alors que Suarès se trouvait, comme il l'a indiqué lui-même, au bord de la mer" (p. 100). Claude Martin, dans son Répertoire chronologique des lettres publiées d'André Gide (Paris, Minard 1971), situe la lettre en juillet 1912. Voir :

Lettre d'André Gide à André Suarès, 11 août 1912, p. 70.

Lettre d'André Gide à André Suarès, [24 mars 1913], p. 71.

Lettre d'André Gide à André Suarès, 14 mars [1915], pp. 74-76.

Lettre d'André Gide à André Suarès, [février 1920], pp. 77-78.

CORRESPONDANCE

1051. Catalogue de la vente de la Bibliothèque d'un Amateur, troisième partie, Hôtel Drouot, 26 -27 février 1963.

Fragment d'une lettre d'André Gide à Louis Aragon, 26 septembre 1934. Aussi mentionné dans le Bulletin des Amis d'André Gide, no 17, octobre 1972, p. 13.

Fragment d'une lettre d'André Gide à Jean Royère, 18 mars 1910. Aussi cité dans le Bulletin des Amis d'André Gide, no 17, octobre 1972, p. 13.

Fragment d'une lettre d'André Gide à Eugène Rouart, s.d. Aussi cité dans le Bulletin des Amis d'André Gide, no 17, octobre 1972, p. 13.

Fragment d'une lettre d'André Gide à Eugène Rouart, 21 janvier 1927. Aussi cité dans le Bulletin des Amis d'André Gide, no 17, octobre 1972, p. 13.

Fragment d'une lettre d'André Gide à Eugène Rouart, 24 août 1933. Aussi cité dans le Bulletin des Amis d'André Gide, no 17, octobre 1972, p. 13.

1052. "Pour une aide effective", dans Sylvia Beach,1887-1962, Mercure de France, août-septembre 1963, p. 130.

Lettre d'André Gide à Sylvia Beach, 27 octobre 1935.

1053. "Lettres inédites Gide et Suarès", Revue de Paris, octobre 1963, pp. 10-15.

[Bien que l'achevé d'imprimer de la Correspondance André Gide-André Suarès (1908-1920) soit du 30 juillet 1963, les pages de la Revue de Paris constituent néanmoins une publication "préoriginale", semble-t-il].

Lettre d'André Gide à André Suarès, [14 décembre 1908], pp. 10-11 [1050] (SUA., pp. 30-31).

Lettre d'André Gide à André Suarès, 7 janvier 1909, p. 11 [1050] (SUA., p. 31).

Fragment d'une lettre d'André Gide à André Suarès, 27 février 1909, p. 11 [1050] (SUA., p. 32).

1054. Catalogue de la Librairie Bernard Loliée, novembre 1963.

Fragment d'une lettre d'André Gide à Albert Mockel, 23 août 1891. Aussi cité dans le Bulletin des Amis d'André Gide, no 15, avril 1972, p. 26.

Fragment d'une lettre d'André Gide au Comte de Guerne, s.d. [1896-1902]. Aussi cité dans le Bulletin des Amis d'André Gide, no 15, avril 1972, p. 26.

1055. [Lettre d'André Gide à Richard Heyd], Circulaire du Cercle André Gide, Bruxelles, no 33, 20 novembre 1963.

Lettre du 31 octobre 1946.

1056. "Lettres à Barrès", Bulletin des Amis de Charles-Louis Philippe, no 21, décembre 1963, pp. 35-37.

Lettre d'André Gide à Maurice Barrès, 8 mars 1910, pp. 35-36. Un fragment de cette lettre avait été publiée dans le catalogue Maurice Barrès [voir 1044, p. 54].

Lettre d'André Gide à Maurice Barrès, juin 1911, p. 37.

1057. Autographen. Auktionskatalog. J.A. Stargardt, Marburg, 3 und 4 dezember 1963. Katalog 565, p. 25, no 106.

Fragment d'une lettre d'André Gide à X..., s.d. Aussi cité dans le Bulletin des Amis d'André Gide, no 18, avril 1973, p. 16.

1058. BARNEY (Natalie), Traits et portraits suivi de L'Amour défendu, Paris, Mercure de France, 1963, 209p.

Une lettre d'André Gide à Natalie Barney, 12 décembre 1950, p. 155.

1059. FRATEILI (Arnaldo), Dall'Aragno al Rosati. Ricordi di vita letteraria, Milano, Bompiani, 1963.

Lettre d'André Gide à Arnaldo Frateili, 3 septembre 1922, p. 17. Aussi citée dans : A. FONGARO, Bibliographie d'André Gide en Italie, Firenze et Paris, Edizioni Sansoni Antiquariato et Librairie Marcel Didier, 1966, pp. 50-51.

Voir aussi : 1050.

1964

LIVRE

1060. Correspondance André Gide - Arnold Bennett. Vingt ans d'amitié littéraire (1911-1931), Introduction et notes par Linette F. Brugmans, Genève et Paris, Droz et Minard, 1964, 224p.

Lettre d'André Gide à Arnold Bennett, [27 octobre 1913], p. 69.

Lettre d'André Gide à Arnold Bennett, [27 octobre 1913?], p. 71.

Lettre d'André Gide à Arnold Bennett, [Fin 1912 ou 1913?], p. 71.

Lettre d'André Gide à Arnold Bennett, 2 mars 1914, p. 72.

Lettre d'André Gide à Arnold Bennett, 7 juin 1914, p. 74.

Lettre d'André Gide à Arnold Bennett, 14 juin 1914, p. 75.

Lettre d'André Gide à Arnold Bennett, ler août [1914], p. 76.

Lettre d'André Gide à Arnold Bennett, 17 septembre [1914], pp. 78-79.

Lettre d'André Gide à Arnold Bennett, [août 1915], pp. 84-85.

Lettre d'André Gide à Arnold Bennett, [4 octobre 1915], p. 86.

Lettre d'André Gide à Arnold Bennett, 16 janvier 1916, p. 88.

Lettre d'André Gide à Arnold Bennett, 21 juin 1918, pp. 90-91.

Lettre d'André Gide à Arnold Bennett, [June 1918], p. 93.
Dans son _Répertoire chronologique des lettres publiées d'André Gide_ (Paris, Minard, 1971), Claude Martin précise que cette lettre est du 25 juin 1918.

Lettre d'André Gide à Arnold Bennett, 16 July 1918, pp. 93-94.

Lettre d'André Gide à Arnold Bennett, 21 juillet 1918, pp. 95-96.

Lettre d'André Gide à Arnold Bennett, 24 July [1918], p. 97.

Lettre d'André Gide à Arnold Bennett, [27 juillet 1918], p. 97.

Lettre d'André Gide à Arnold Bennett, 24 août 1920, pp. 99-100.

Lettre d'André Gide à Arnold Bennett, 31 août 1920, pp. 101-102

Lettre d'André Gide à Arnold Bennett, 15 novembre 1920, pp. 104-107.

Lettre d'André Gide à Arnold Bennett, 26 janvier 1921, pp. 111-113.

Lettre d'André Gide à Arnold Bennett, 9 mai 1922, pp. 114-115.

Lettre d'André Gide à Arnold Bennett, 26 décembre 1922, pp. 117-119.

Lettre d'André Gide à Arnold Bennett, [fin août 1923], pp. 123-126. Claude Martin (_op.cit._) date cette lettre du 1er août 1923.

Lettre d'André Gide à Arnold Bennett, 29 janvier 1924, pp. 130-132.

Lettre d'André Gide à Arnold Bennett, 12 mars [1924], pp. 136-137.

Lettre d'André Gide à Arnold Bennett, 21 avril [1924], p. 139.

Lettre d'André Gide à Arnold Bennett, 9 mai 1924, p. 141.

Lettre d'André Gide à Arnold Bennett, 18 mai 1924, pp. 143-144.

Lettre d'André Gide à Arnold Bennett, 19 février 1925, pp. 145-147.

Lettre d'André Gide à Arnold Bennett, 8 août [1925], pp. 150-153.

Lettre d'André Gide à Arnold Bennett, [24 février 1927], p. 156.

Lettre d'André Gide à Arnold Bennett, 8 mars 1929, pp. 157-160.

Lettre d'André Gide à Arnold Bennett, 11 mars 1929, pp. 163-164.

Lettre d'André Gide à Arnold Bennett, 12 août 1929, pp. 165-167.

Lettre d'André Gide à Arnold Bennett, 26 décembre 1929, pp. 169-171.

Lettre d'André Gide à Arnold Bennett, 29 janvier 1930, p. 174.

Lettre d'André Gide à Arnold Bennett, 23 février 1930, pp. 175-176.

Lettre d'André Gide à Arnold Bennett, [6 mars 1930], p. 178.

Lettre d'André Gide à Arnold Bennett, 4 juillet 1930, pp. 180-182.

Lettre d'André Gide à Arnold Bennett, 28 juillet 1930, pp. 187-188.

Lettre d'André Gide à Arnold Bennett, 14 septembre 1930, pp. 190-191.

Lettre d'André Gide à Arnold Bennett, 27 octobre 1930, pp. 193-195.

Lettre d'André Gide à Arnold Bennett, 3 janvier 1931, pp. 198-200.

Lettre d'André Gide à Mlle X..., 21 juillet 1931, pp. 206-207.

CORRESPONDANCE

1061. "Lettres inédites d'André Gide. Trente ans de confidences à Dorothy Bussy", Le Figaro littéraire, 30 avril - 6 mai 1964, p. 17.

Lettre d'André Gide à Dorothy Bussy, [1918],p. 17.

Lettre d'André Gide à Dorothy Bussy, [1918], p. 17.

Lettre d'André Gide à Dorothy Bussy, [1918], p. 17. Aussi citée dans l'édition critique de La Symphonie pastorale, préparée par Claude Martin (Paris, Minard, 1970), p. XVI. Claude Martin précise la date de cette lettre : 19 novembre 1918.

Lettre d'André Gide à Dorothy Bussy, [1919], p. 17.

Lettre d'André Gide à Dorothy Bussy, [1919], p. 17. Cette lettre n'a pas été répertoriée par Claude Martin (op.cit.).

Lettre d'André Gide à Dorothy Bussy, 23 avril 1923, p. 17.

Lettre d'André Gide à Dorothy Bussy, 5 juin 1948, p. 17.

Lettre d'André Gide à Dorothy Bussy, 5 juillet 1950, p. 17.

Lettre d'André Gide à Dorothy Bussy, 9 janvier 1951, p. 17.

1062. Catalog of Nineteenth-Century and Modern English and French Literature ... comprising the property of ... the late Mme Dorothy Bussy, 11 May 1964, London, Sotheby & Co., 1964.

Ce catalogue renferme des fragments de deux lettres d'André Gide à Dorothy Bussy.

1063. Autographen aus allen gebieten. Auktionskatalog. J.A. Stargardt, Marburg, 26 und 27 mai 1964, Katalog 567, p. 19, no 82.

Fragment d'une lettre d'André Gide à Jean Strohl, 16 juillet 1941. Aussi cité dans le Bulletin des Amis d'André Gide, no 18, avril 1973, p. 16.

1064. "André Gide et L'Ermitage", Nouvelle revue française, 1er juin 1964, pp. 1144-1153.

Lettre d'André Gide à Edouard Ducoté, [1899], pp. 1144-1145. Claude Martin précise, dans son Répertoire chronologique des lettres publiées d'André Gide (Paris, Minard, 1971), que cette lettre fut écrite en juin 1899.

Lettre d'André Gide à Edouard Ducoté, s.d., pp. 1145-1147. Cette lettre serait de février 1900, de l'avis de Claude Martin (op.cit.).

Lettre d'André Gide à Edouard Ducoté, s.d., pp. 1147-1148. Cette lettre aurait été écrite en août 1899, d'après Claude Martin (op.cit.).

Lettre d'André Gide à Edouard Ducoté, 22 février 1900, pp. 1148-1150.

Lettre d'André Gide à Francis de Miomandre, s.d., pp. 1150-1151.

Lettre d'André Gide à Edouard Ducoté, 8 mars 1903, pp. 1151-1152.

1065. ARTAUD (Antonin), Oeuvres complètes, V, Paris, Gallimard, 1964.

Lettre d'André Gide à Antonin Artaud, 16 août 1932, pp. 340-341.

Lettre d'André Gide à Antonin Artaud, 1er septembre 1932, pp. 343-344.

1066. HEURGON-DESJARDINS (Anne) (ed.), Paul Desjardins et les Décades de Pontigny, Paris, P.U.F., 1964, 416p.

Lettre d'André Gide à Paul Desjardins 20 juin 1908, p. 349.

Voir aussi : 1060.

1965

CORRESPONDANCE

1067. Catalogue de la Librairie Simonson, Bruxelles, no 307, février 1965, p. 2.

Résumé d'une lettre d'André Gide à Richard Heyd, 23 mars 1948. Aussi cité dans : Claude Martin, Répertoire chronologique des lettres publiées d'André Gide, Paris, Minard, 1971. s.p.

1068. "Lettres à Jean-Louis Barrault", Cahiers de la Compagnie Madeleine Renaud — Jean-Louis Barrault, no 50, 1er trimestre 1965, [février 1965].

Lettre d'André Gide à Jean-Louis Barrault, 12 septembre 1942, p. 12.

Lettre d'André Gide à Jean-Louis Barrault, décembre 1946, pp. 83-85.

1069. [Lettre d'André Gide à Jean Cocteau], Circulaire du Cercle André Gide, no 76, [10 avril 1965].

Lettre du 30 décembre 1950. Cette lettre sera aussi citée dans :

[1169] Jean Cocteau, Lettres à André Gide, pp. 205-206.

1070. Autographen. Auktionskatalog. J.A. Stargardt, Marburg, 13 und 14 mai 1965. Katalog 572, pp. 22-23, no 80.

Fragment d'une lettre d'André Gide à Maurice Kirsch, 28 juillet 1937. Aussi cité dans le Bulletin des Amis d'André Gide, no 18, avril 1973, p. 17. Cette lettre avait été publiée, en entier, par Maurice Lime, dans : Gide, tel je l'ai connu [voir 945], p. 120.

1071. Bibliothèque de Madame Louis Solvay, III, Bruxelles, Bibliothèque Royale de Belgique, 1965, 228p.

Fragment d'une lettre d'André Gide à Alfred Vallette, [1902], p. 135.

Fragment d'une lettre d'André Gide à Paul Fort, [1905], p. 136.

Fragment d'une lettre d'André Gide à Mme Forster-Nietzsche, [1907], p. 136.

Fragment d'une lettre d'André Gide à Adolphe Van Bever, 3 juillet 1911, p. 137.

Fragment d'une lettre d'André Gide à Maurice Darantière, 10 juillet [1929], p. 138.

Fragment d'une lettre d'André Gide à [Maurice Darantière], [1930], p. 138.

1072. Honneur à Saint-John Perse [ouvrage écrit en collaboration], Paris, Gallimard, 1965, 817p.

Lettre d'André Gide à Saint-John Perse, 5 décembre [1924], p. 404.

Lettre d'André Gide à Saint-John Perse, 29 mars 1944, p. 439.

Lettre d'André Gide à Saint-John Perse, 17 janvier 1948, pp. 465-466.

Lettre d'André Gide à Saint-John Perse, 14 mars 1948, p. 466.

Lettre d'André Gide à Saint-John Perse, 2 juin 1949, p. 467.

Lettre d'André Gide à Saint-John Perse, [1913], p. 611.

Lettre d'André Gide à Saint-John Perse, 17 avril 1930, p. 795.

1073. COLLET (Georges-Paul), "André Gide, épistolier", The French Review, May 1965, pp. 754-765.

[Le même texte parut dans Entretiens sur André Gide, sous la direction de Marcel Arland et de Jean Mouton, Paris, Mouton & Co., 1967, pp. 69-80. Nous référons à ce dernier livre entre crochets].

Fragment d'une lettre d'André Gide à Jacques-Emile Blanche, 29 décembre 1916, p. 756 [p. 71].

Fragment d'une lettre d'André Gide à Jacques-Emile Blanche, [1913], pp. 756-757 [pp. 71-72].

Fragment d'une lettre d'André Gide à Jacques-Emile Blanche, 15 août 1901, p. 757 [p. 72].

Fragment d'une lettre d'André Gide à Jacques-Emile Blanche, 10 octobre 1901, pp. 757-758]p. 72].

Fragment d'une lettre d'André Gide à Jacques-Emile Blanche, 12 juillet 1902, p. 758 [p. 73].

Fragment d'une lettre d'André Gide à Jacques-Emile Blanche, 22 septembre 1915, p. 759 [p. 74].

Fragment d'une lettre d'André Gide à Jacques-Emile Blanche, 6 octobre 1916, pp. 759-760 [p. 74].

Fragment d'une lettre d'André Gide à Jacques-Emile Blanche, 28 janvier 1925, p. 760. [pp. 74-75].

Fragment d'une lettre d'André Gide à Jacques-Emile Blanche, 8 octobre 1932, pp. 760-761 [p. 75].

Fragment d'une lettre d'André Gide à Jacques-Emile Blanche, [automne 1893], p. 761 [pp. 75-76].

Fragment d'une lettre d'André Gide à Jacques-Emile Blanche 1er février 1917, pp. 761-762 [p. 76].

Fragment d'une lettre d'André Gide à Jacques-Emile Blanche, 20 novembre 1919, p. 762 [p. 76].

Fragment d'une lettre d'André Gide à Jacques-Emile Blanche, 19 mai 1916, pp. 762-763 [p. 77].

Lettre d'André Gide à la Librairie Stock, 1928, pp. 763-764 [p. 78].

Fragment d'une lettre d'André Gide à Jacques-Emile Blanche, [1932], p. 764 [pp. 78-79].

1074. ROTHENSTEIN (John), Summers's Lease. Autobiography (1901-1938), London, Hamish Hamilton, 1965.

Lettre d'André Gide à Sir John Rothenstein, 4 juin 1930, pp. 173-174.

1966

TEXTE

1075. [Sur l'Oedipe de Vilar], dans Avigon : 20 ans de Festival. Souvenirs et documents, Paris, Dedalus, 1966, p. 16.

Ce texte fut repris dans le Bulletin des Amis d'André Gide, no 12, juillet 1971, p. 5.

CORRESPONDANCE

1076. Catalogue de la Librairie Simonson, Bruxelles, no 316, avril 1966, p. 3.

Extrait d'une lettre d'André Gide à Eugène [Rouart], 29 janvier 1914. Aussi cité dans : Claude MARTIN, Répertoire chronologique des lettres publiées d'André Gide, Paris, Minard, 1971, s.p.

1077. Vente publique de beaux livres, Bruxelles, Galerie Falmagne, 7 mai 1966, catalogue no 180.

Fragment d'une lettre d'André Gide à X..., 19 février 1924. Aussi publié dans le Bulletin des Amis d'André Gide, no 18, avril 1973, p. 17.

1078. Autographen. Auktionskatalog. J.A. Stargardt, Marburg, 24 und 25 mai 1966. Katalog 576, p. 20.

Fragment d'une lettre d'André Gide à Prinzhorm, 21 mars 1931, no 95. Aussi cité dans le Bulletin des Amis d'André Gide, no 18, avril 1973, p. 17.

Fragment d'une lettre d'André Gide à Maurice Kirsch, 19 septembre 1935, no 96. Aussi cité dans le Bulletin des Amis d'André Gide, no 18, avril 1973, p. 17. Cette lettre avait paru, in extenso, dans :

[945] M. Lime, Gide, tel je l'ai connu, p. 15.

1079. Autographen. Auktion um 29 und 30 november 1966. J.A. Stargardt, Marburg, Katalog 577, p. 29, no 115.

Fragments de deux lettres d'André Gide au Dr Carl Bjorkman, datées du 8 octobre 1928 et du 26 novembre 1930. Aussi cités dans le Bulletin des Amis d'André Gide, no 18, avril 1973, pp. 17-18.

1080. Catalogue G. Morssen, Paris, Hiver 1965-1966.

Fragment d'une lettre d'André Gide à Régis Gignoux, du Figaro, datée de Bruges, mai 1911. Ce même fragment est cité dans le Bulletin des Amis de Charles-Louis Philippe, no 24, décembre 1966, p. 25 et dans : Claude MARTIN, Répertoire chronologique des lettres publiées d'André Gide, Paris, Minard, 1971, s.p.

On trouvera le texte entier de cette lettre dans : Michael L. Rowland, "André Gide's Tribute to Charles-Louis Philippe : Some Unpublished Correspondance (1910-1911)", Romance Notes, XIII, no 2, Winter 1971, pp. 207-208.

1081. Catalogue de la Librairie Auguste Blaizot, no 325, 1966.

Fragments de trois lettres s.d. d'André Gide à Lucie Delarue-Mardrus, no 1368.

Ces fragment sont aussi cités dans le Bulletin des Amis d'André Gide, no 20, octobre 1973, pp. 44-45.

1082. Catalogue de la Librairie Coulet & Faure, Paris, no 95, 1966.

Fragment d'une lettre d'André Gide à Richard Heyd, 16 août 1948, p. 103.

Fragment d'une lettre d'André Gide à Richard Heyd, 15 janvier 1950, p. 103.

Fragment d'une lettre d'André Gide à Richard Heyd, 25 janvier 1950, p. 103.

Fragment d'une lettre d'André Gide à Richard Heyd, 12 mars 1950, p. 103.

Ces quatre fragments sont aussi cités dans : Claude MARTIN, Répertoire chronologique des lettres publiées d'André Gide, Paris, Minard, 1971, s.p.

1083. Albert Mockel. Le Centenaire de sa naissance, Bruxelles, Bibliothèque royale, 1966.

Fragment d'une lettre d'André Gide à Albert Mockel, 18 novembre 1918, p. 91.

1084. CHAPON (François), "Partage de Midi vient de paraître", Bulletin de la Société Paul Claudel, no 24, octobre - novembre - décembre 1966, pp. 1-22.

Lettre d'André Gide à Albert Chapon, octobre [1906], p. 8.

Lettre d'André Gide à Albert Chapon, [octobre 1906], p. 9.

Lettre d'André Gide à Albert Chapon, [octobre ou novembre] 1906, p. 9.

1085. FAY, (Bernard), Les Précieux, Paris, Librairie académique Perrin, 1966, 305p.

Lettre d'André Gide à Bernard Fay, [1923], pp. 68-69. Claude Martin date cette lettre de novembre 1923, dans son Répertoire chronologique des lettres publiées d'André Gide, (Paris, Minard, 1971).

Lettre d'André Gide à Bernard Fay, 11 juin 1925, p. 76.

Lettre d'André Gide à Bernard Fay, 20 février 1928, pp. 78-79.

1086. FONGARO (Antoine), Bibliographie d'André Gide en Italie, Firenze et Paris, Edizioni Sansoni Antiquariato et Librairie Marcel Didier, 1966, 193p.

A notre connaissance, seul la lettre d'André Gide à Diego Valeri, du 12 novembre 1913, n'avait jamais été publiée auparavant. Quant aux autres que cite Antoine Fongaro, nous en avons fait mention à la date de leur parution [voir 52; 139; 233; 341; 883; 1033; 1059].

1087. LANG (Renée), "Le cosmopolitisme littéraire d'André Gide illustré par ses rapports épistolaires inédits avec quelques écrivains de langue allemande", Actes du IV Congrès de l'Association internationale de littérature comparée, [Fribourg, 1964], Paris, Mouton, 1966, pp. 58-64.

Fragment d'une lettre d'André Gide à Bernard Grasset, [1933], p. 59.

Fragment d'une lettre d'André Gide à Jean Guéhenno, s.d., p. 64.

Le fragment de la lettre d'André Gide à Thomas Mann, [1930], n'était pas inédit. Il avait été publié dans : Yvonne DAVET, Autour des Nourritures terrestres. Histoire d'un livre [voir 850, p. 178].

1088. LAST (Jef), Mijn Vriend André Gide, Amsterdam, Van Ditmar, 1966.

[Les lettres de Gide, citées dans ce livre, sont traduites en hollandais].

Fragment d'une lettre d'André Gide à Jef Last, s.d., [août 1945?], pp. 190-191.

Fragment d'une lettre d'André Gide à Jef Last, s.d., [été 1949?], pp. 237-238.

Fragment d'une lettre d'André Gide à Jef Last, 17 février 1950, p. 238.

Lettre d'André Gide à Jef Last, 30 mars 1950, p. 238.

1967

LIVRE

1089. Correspondance André Gide - André Rouveyre (1909-1951), édition présentée et annotée par Claude Martin, Paris, Mercure de France, 1967, 283p.

Achevé d'imprimer le 27 février 1967.

[Voir aussi : Claude Martin, "Gide et le singulier retors : compléments à la Correspondance Gide - Rouveyre", Australian Journal of French Studies, January - August 1970, pp. 23-39].

Lettre d'André Gide à André Rouveyre, [1907?], p. 49.

Lettre d'André Gide à André Rouveyre, [1909?], p. 51. Dans l'article ci-haut mentionné, Claude Martin précise que cette lettre serait du 23 octobre 1909.

Lettre d'André Gide à André Rouveyre, [1909?], p. 51. Claude Martin (op.cit.) est d'avis que cette lettre fut écrite le 28 novembre 1909.

Lettre d'André Gide à André Rouveyre, [décembre 1909?], p. 52. Dans son Répertoire chronologique des lettres publiées d'André Gide, (Paris, Minard, 1971), Claude Martin situe cette lettre entre le 14 et le 22 décembre 1909.

Lettre d'André Gide à André Rouveyre, [7 novembre 1910], p. 52.

Lettre d'André Gide à André Rouveyre 15 mai 1917, p. 54.

Lettre d'André Gide à André Rouveyre, [Fin mai 1917?], p. 55.

Lettre d'André Gide à André Rouveyre, ler juin 1918, p. 55.

Lettre d'André Gide à André Rouveyre, 6 décembre 1919, p. 56.

Lettre d'André Gide à André Rouveyre, 11 décembre 1919, pp. 57-58.

Lettre d'André Gide à André Rouveyre, 21 décembre [1920], p. 59.

Lettre d'André Gide à André Rouveyre, Mercredi [1921?], pp. 59-60.

Lettre d'André Gide à André Rouveyre, 2 juin 1923, pp. 61-62. Voir : 412; 426.

Lettre d'André Gide à André Rouveyre, 9 juin 1923, p. 63. Voir : 412; 426.

Lettre d'André Gide à André Rouveyre, 11 juin 1923, p. 68.

Lettre d'André Gide à André Rouveyre, [11 juin 1923], p. 69. Voir : 412; 426.

Lettre d'André Gide à André Rouveyre, 30 juin [1923], p. 72.

Lettre d'André Gide à André Rouveyre, 8 novembre 1923, p. 73.

Lettre d'André Gide à André Rouveyre, [14 ou 15 novembre 1923], p. 74.

Lettre d'André Gide à André Rouveyre, 30 novembre 1923, pp. 76-77.

Lettre d'André Gide à André Rouveyre, 12 décembre 1923, pp. 77-78.

Lettre d'André Gide à André Rouveyre, [29 janvier 1924], p. 79.

Lettre d'André Gide à André Rouveyre, 14 avril 1924, pp. 80-81.

Cette lettre est donnée _in extenso_ dans l'article de Claude Martin que nous avons mentionné plus haut (pp. 31-32). Voir : 1176 et aussi 412; 426.

Lettre d'André Gide à André Rouveyre, 31 octobre 1924, pp. 83-86. Voir : 412; 426.

Lettre d'André Gide à André Rouveyre, 5 novembre 1924, p. 87. Voir : 412; 426.

Lettre d'André Gide à André Rouveyre, 10 novembre 1924 pp. 88-89. Voir : 412; 426.

Lettre d'André Gide à André Rouveyre, 22 novembre 1924, pp. 89-91. Voir : 412; 426.

Lettre d'André Gide à André Rouveyre, [28 novembre 1924], p. 91. Voir : 412; 426.

Lettre d'André Gide à André Rouveyre, 14 décembre [1924], p. 92. Voir : 412; 426.

Lettre d'André Gide à André Rouveyre, [29 juin 1925], p. 92.

Lettre d'André Gide à André Rouveyre, 26 juin 1927, pp. 93-94.

Lettre d'André Gide à André Rouveyre, 1er juillet [1927], pp. 99-100.

Lettre d'André Gide à André Rouveyre, 8 février 1928, pp. 105-107. Voir : 417.

Lettre d'André Gide à André Rouveyre, 2 mars 1928, pp. 107-108.

Lettre d'André Gide à André Rouveyre, 11 avril 1928, pp. 108-110. Voir : 419.

Lettre d'André Gide à André Rouveyre, [mai 1928], pp. 110-113. Voir : 419.

Lettre d'André Gide à André Rouveyre, 17 juin 1928, p. 115.

Lettre d'André Gide à André Rouveyre, 10 août 1928, pp. 124-127. Voir : 429.

Lettre d'André Gide à André Rouveyre, 9 octobre 1928, p. 127.

Lettre d'André Gide à André Rouveyre, 10 avril 1930, pp. 128-129.

Lettre d'André Gide à André Rouveyre, 4 ou 5 septembre 1931, p. 133.

Lettre d'André Gide à André Rouveyre, 20 septembre 1931, p. 136.

Lettre d'André Gide à André Rouveyre, [24 septembre 1931], p. 137.

Lettre d'André Gide à André Rouveyre, 21 avril 1932, p. 139.

Lettre d'André Gide à André Rouveyre, 1er février 1933, p. 145.

Lettre d'André Gide à André Rouveyre, 8 février [1933], p. 145.

Lettre d'André Gide à André Rouveyre, 14 février 1933, p. 146

Lettre d'André Gide à André Rouveyre, 11 janvier 1934, pp. 146-147.

Lettre d'André Gide à André Rouveyre, 4 février 1940, pp. 150-151.

Lettre d'André Gide à André Rouveyre, 18 décembre 1940, p. 154.

Lettre d'André Gide à André Rouveyre, 17 janvier 1941, p. 155.

Lettre d'André Gide à André Rouveyre, 27 avril 1941, pp. 155-156.

Lettre d'André Gide à André Rouveyre, 27 mai 1941, p. 146.

Lettre d'André Gide à André Rouveyre, [début juillet 1946], p. 156.

Lettre d'André Gide à André Rouveyre, 15 juillet 1946, pp. 158-159.

Lettre d'André Gide à André Rouveyre, 8 janvier 1949, pp. 162-163.

Lettre d'André Gide à André Rouveyre, 10 janvier 1949, p. 163.

Lettre d'André Gide à André Rouveyre, 28 janvier 1949, p. 165.

Lettre d'André Gide à André Rouveyre, 14 février 1949, p. 168.

Lettre d'André Gide à André Rouveyre, 14 février 1949, pp. 168-169.

Lettre d'André Gide à André Rouveyre, 10 juillet 1949, p. 174.

Lettre d'André Gide à André Rouveyre, [15 juillet 1949?], p. 177.

Lettre d'André Gide à André Rouveyre, 31 octobre 1949, pp. 178-179.

Lettre de Madame Yvonne Davet [pour André Gide] à André Rouveyre, 24 décembre 1949, pp. 179-180.

Lettre de Madame Yvonne Davet [pour André Gide] à André Rouveyre, 25 janvier 1950, pp. 183-184.

Lettre de Madame Yvonne Davet [pour André Gide] à André Rouveyre, 4 février 1950, pp. 186-189.

Lettre d'André Gide à André Rouveyre, 26 mai 1950, p. 191.

Lettre d'André Gide à André Rouveyre, 3 janvier 1951, p. 193.

CORRESPONDANCE

1090. "Lettre à Joë Bousquet", Réalités secrètes, no XXX, avril 1967, [64]p.

Lettre du 7 octobre 1945, s.p.

1091. Catalogue de la Librairie Simonson, Bruxelles, no 325, avril 1967, p. 3.

Fragment d'une lettre d'André Gide à Raphael Schwartz, 3 novembre [1913]. Aussi cité dans : Claude MARTIN, Répertoire chronologique des lettres publiées d'André Gide, Paris, Minard, 1971, s.p.

1092. Autographen. Auktion um 23 und 24 mai 1967. J.A. Stargardt, Marburg, Katalog 580, p. 26.

Fragment d'une lettre d'André Gide à Charles Du Bos, s.d., no 87. (Cette lettre n'est pas citée dans l'ensemble de la correspondance Gide - Du Bos). Le fragment fut repris dans le Bulletin des Amis d'André Gide, no 18, avril 1973, p. 18.

Fragment d'une lettre d'André Gide à Maurice Kirsch, s.d., no 88. Cette lettre avait été publiée, in extenso, par Maurice Lime (pseudonyme de Maurice Kirsch) dans Gide, tel je l'ai connu, p. 109 [voir 945]. Elle était alors datée du 4 juin 1936. Le fragment a été repris dans le Bulletin des Amis d'André Gide, no 18, avril 1973, p. 18.

1093. "Lettre à C.-F. Ramuz", Présence de C.-F. Ramuz, Nouvelle revue française, 1er juillet 1967, pp. 188-189.

Cette lettre du 20 janvier 1937 sera aussi citée dans : Gilbert Guisan, C.-F. Ramuz, ses amis et son temps (1919-1939), Lausanne et Paris, La Bibliothèque des Arts, 1970, tome VI, p. 296.

1094. Catalogue de la Librairie Casella, septembre ou octobre 1967.

Fragment d'une lettre d'André Gide à Eugène Rouart, octobre 1900, no 412. Aussi cité dans le Bulletin des Amis d'André Gide, no 20, octobre 1973, p. 45.

1095. Bulletin d'autographes, Paris, Librairie Charavay, no 726, octobre 1967, p. 33.

Fragment d'une lettre d'André Gide à X...., [1912]. Aussi cité dans : Claude MARTIN, Répertoire chronologique des lettres publiées d'André Gide, Paris, Minard, 1971, s.p.

Fragment d'une lettre d'André Gide à Arthur Fontaine, 18 février 1910. Aussi cité dans : Claude MARTIN, Répertoire chronologique des lettres publiées d'André Gide, Paris Minard, 1971, s.p.

1096. Autographen. Auktion um 29 und 30 november 1967. J.A. Stargardt, Marburg, Katalog 583, p. 25, no 105.

Fragment d'une lettre d'André Gide à Charles Du Bos, s.d. (Cette lettre n'a pas été publiée dans l'ensemble de la correspondance Gide- Du Bos.) Le fragment est repris dans le Bulletin des Amis d'André Gide, no 18, avril 1973, p. 18.

1097. "Lettres d'André Gide et de Roger Martin du Gard", Nouvelle revue française, 1er décembre 1967, pp. 1037-1057.

Lettre d'André Gide à Roger Martin du Gard, 17 juillet 1920, pp. 1037-1038 [1105] (RMG I, pp. 151-152).

Lettre d'André Gide à Roger Martin du Gard, 10 août 1920, p. 1042 [1105] (RMG I, p. 156).

Lettre d'André Gide à Roger Martin du Gard, 19 juillet [1921], pp. 1048-1049 [1105] (RMG I, p. 169).

Lettre d'André Gide à Roger Martin du Gard, 7 octobre 1922, pp. 1049-1050 [1105] (RMG I, pp. 192-194).

Lettre d'André Gide à Roger Martin du Gard, 1er février 1931, pp. 1054-1057 [1105] (RMG I, pp. 440-443).

1098. Bulletin de la Librairie de l'Abbaye, no 62, Paris, 1967, no 46.

Fragment d'une lettre d'André Gide à Eugène Dabit, novembre 1931. Aussi cité dans : Claude MARTIN, Répertoire chronologique des lettres publiées d'André Gide, Paris, Minard, 1971, s.p.

1099. BOUVARD (Philippe), "Les dernières fouilles cinématographiques : une lettre inédite de Gide sur Belle de Jour", Le Figaro, 24 mai 1967, p. 28.

Lettre d'André Gide à Gaston Gallimard, [1928].

1100. CALAS (André), "Brèves rencontres", Arcadie, no 165, septembre 1967, pp. 410-415.

Lettre d'André Gide à André Calas, 24 novembre 1940, p. 412.

Lettre d'André Gide à André Calas, 13 décembre 1940, pp. 412-413.

Lettre d'André Gide à André Calas, 6 septembre 1941, p. 414.

Lettre d'André Gide à André Calas, 5 septembre 1949, p. 415.

1101. COLLET (Georges-Paul), "Jacques-Emile Blanche, épistolier", Etudes françaises, février 1967, pp. 74-93.

Fragment d'une lettre d'André Gide à Jacques-Emile Blanche, 17 janvier 1917, p. 91.

1102. HEURGON-DESJARDINS (Anne), "Gide à Alger", dans Entretiens sur André Gide, sous la direction de Marcel Arland et de Jean Mouton, Paris, Mouton & Co., 1967, pp. 1-12.

Lettre d'André Gide à des amis, s.d., pp. 10-11. Dans son Répertoire chronologique des lettres publiées d'André Gide, (Paris, Minard, 1971), Claude Martin identifie le destinataire de cette lettre comme étant Mme Théo Van Rysselberghe et précise que la lettre fut écrite en août 1944.

1103. VIDAN (Yvo), "Thirteen Letters of André Gide to Joseph Conrad", Studia Romanica et anglica, no XXIV, décembre 1967, pp. 145-168.

Lettre d'André Gide à Joseph Conrad, 13 août 1912, pp. 151-152.

Lettre d'André Gide à Joseph Conrad, 8 juin 1916, pp. 153-155.

Lettre d'André Gide à Joseph Conrad, 2 août 1916, pp. 155.

Lettre d'André Gide à Joseph Conrad, 9 juin 1917, p. 156.

Lettre d'André Gide à Joseph Conrad, 7 novembre 1917, pp. 156-157.

Lettre d'André Gide à Joseph Conrad, 25 novembre 1920, pp. 158-159.

Lettre d'André Gide à Joseph Conrad, 12 décembre 1920, pp. 159-160.

Lettre d'André Gide à Joseph Conrad, 22 juillet 1921, pp. 160-162.

Lettre d'André Gide à Joseph Conrad, 18 octobre 1921, pp. 162-163.

Lettre d'André Gide à Joseph Conrad, 26 octobre 1921, p. 164.

Lettre d'André Gide à Joseph Conrad, 26 décembre 1922, pp. 164-165.

Lettre d'André Gide à Joseph Conrad, 8 octobre 1923, p. 166.

Lettre d'André Gide à Joseph Conrad, 7 juin 1924, pp. 167-168.

1968

TEXTE

1104. [Contre ce qu'on appelle" la doctrine Truman"], Correspondance André Gide - Roger Martin du Gard (1913-1951), vol II, pp. 558-559 [voir 1106].

LIVRES

1105. Correspondance André Gide - Roger Martin du Gard (1913-1934), introduction par Jean Delay, Paris, Gallimard, 1968, I, 732 (6)p.

Achevé d'imprimer le ler mars 1968.

Notons que deux autres lettres de Roger Martin du Gard à André Gide furent publiées dans l'ouvrage de Susan M. Stout : Index de la correspondance André Gide - Roger Martin du Gard, Paris, Gallimard, 1971. Cet Index n'a pas été tiré qu'à 500 exemplaires réservés aux membres de l'Association des Amis d'André Gide.

Signalons aussi que, dans son Répertoire chronologique des lettres publiées d'André Gide, (Paris, Minard, 1971), Claude Martin corrige plusieurs dates:

	Delay	Martin
p. 162	[décembre 1920]	9 décembre 1920
p. 166	[15] juillet 1921	12 juillet 1921
p. 233	[novembre 1923]	18 novembre 1923

p. 234	[lundi]	3 décembre 1923
pp. 234-235	[novembre 1923]	décembre 1923
pp. 253-254	[jeudi 1924]	18 septembre 1924
pp. 260-261	[mai 1925]	3 mai 1925
p. 270	juin 1925	18 juin 1925
p. 292	[jeudi]	17 juin 1926
p. 300	novembre 1926	3 novembre 1926
pp. 306-307	[mars 1927]	19 mars 1927
p. 319	[19 décembre 1927]	17 décembre 1927
pp. 332-333	[16 février 1928]	12 février 1928
pp. 349-350	[août 1928]	23 août 1928
pp. 380-381	[fin novembre]	26 novembre 1929
p. 387	[vendredi]	7 février 1930
p. 387	2 février 1930	4 février 1930
pp. 395-396	6[?] mai 1930	7 mai 1930
pp. 503-504	[février 1932]	15 février 1932
p. 551	29 février 1933	28 février 1933

Lettre d'André Gide à Roger Martin du Gard, 2 janvier 1914, p. 127.

Carte postale d'André Gide à Roger Martin du Gard, 6 janvier 1914, pp. 127-128.

Lettre d'André Gide à Roger Martin du Gard, 6 janvier 1914, pp. 128-129.

Carte postale d'André Gide à Roger Martin du Gard, 13 mars, 1914, p. 131.

Lettre d'André Gide à Roger Martin du Gard, [Hiver 1915 : fin janvier 1915], pp. 135-136.

Lettre d'André Gide à Roger Martin du Gard, 27 février 1916, p. 137.

Carte postale d'André Gide à Roger Martin du Gard, 5 mai 1919, p. 140.

Lettre d'André Gide à Roger Martin du Gard, 7 mai 1919, p. 140.

Lettre d'André Gide à Roger Martin du Gard, 30 mai 1919, p. 143.

Lettre d'André Gide à Roger Martin du Gard, 14 juin 1919, p. 144.

Lettre d'André Gide à Roger Martin du Gard, [6 juillet 1919], p. 146.

Lettre d'André Gide à Roger Martin du Gard, 18 août 1919, pp. 147-148.

Lettre d'André Gide à Roger Martin du Gard, 22 mai 1920, p. 150.

Lettre d'André Gide à Roger Martin du Gard, 17 juillet 1920, pp. 151-152. Voir : 1097.

Carte postale d'André Gide à Roger Martin du Gard, [10 août 1920], p. 156. Voir : 1097.

Carte postale d'André Gide à Roger Martin du Gard, [août 1920], p. 156.

Lettre d'André Gide à Roger Martin du Gard, octobre 1920, pp. 159-160.

Lettre d'André Gide à Roger Martin du Gard, [décembre 1920], p. 162. Claude Martin, dans son _Répertoire chronologique des lettres publiées d'André Gide_, (Paris, Minard, 1971), précise la date : 9 décembre 1920.

Lettre d'André Gide à Roger Martin du Gard, 2 juillet 1921, p. 165.

Lettre d'André Gide à Roger Martin du Gard, 11 juillet 1921, pp. 165-166.

Lettre d'André Gide à Roger Martin du Gard, [15] juillet 1921, p. 166. Claude Martin (_op.cit._) corrige cette date : 12 juillet 1921.

Lettre d'André Gide à Roger Martin du Gard, 19 juillet [1921], p. 169. Voir : 1097.

Lettre d'André Gide à Roger Martin du Gard, 20 août 1921, p. 171.

Lettre d'André Gide à Roger Martin du Gard, [août ou septembre 1921], pp. 172-173. Claude Martin (op.cit.) opte pour le mois d'août.

Lettre d'André Gide à Roger Martin du Gard, [17 septembre 1921], pp. 173-174.

Lettre d'André Gide à Roger Martin du Gard, [début octobre 1921], p. 175. Voir : 993.

Lettre d'André Gide à Roger Martin du Gard, [10 décembre 1921], pp. 176-177.

Lettre d'André Gide à Roger Martin du Gard, [février 1922], p. 181

Lettre d'André Gide à Roger Martin du Gard, 21 juin 1922, pp. 182-184.

Lettre d'André Gide à Roger Martin du Gard, 12 juillet 1922, pp. 185-186.

Lettre d'André Gide à Roger Martin du Gard, 18 juillet [1922], p. 187.

Lettre d'André Gide à Roger Martin du Gard, [12 septembre 1922], pp. 190-192.

Lettre d'André Gide à Roger Martin du Gard, 7 octobre 1922, pp. 192-194. Voir : 1097.

Lettre d'André Gide à Roger Martin du Gard, [s.d.], pp. 196-197. Dans le Répertoire chronologique des lettres publiées d'André Gide, cette lettre est mentionnée entre le 19 et le 25 octobre 1922.

Lettre d'André Gide à Roger Martin du Gard, 4 novembre 1922, pp. 198-200.

Lettre d'André Gide à Roger Martin du Gard, [14 décembre 1922], pp. 201-202.

Lettre d'André Gide à Roger Martin du Gard, 26 décembre 1922, p. 204.

Lettre d'André Gide à Roger Martin du Gard, 1er février 1923, pp. 206-207.

Lettre d'André Gide à Roger Martin du Gard, 14 février 1923, pp. 208-209.

Lettre d'André Gide à Roger Martin du Gard, 18 février 1923, p. 209.

Lettre d'André Gide à Roger Martin du Gard, 25 février 1923, PP. 211-212.

Lettre d'André Gide à Roger Martin du Gard, 3 mars 1923, pp. 214-215.

Lettre d'André Gide à Roger Martin du Gard, 16 avril 1923, pp. 216-217.

Lettre d'André Gide à Roger Martin du Gard, 27 avril 1923, pp. 218-219.

Lettre d'André Gide à Roger Martin du Gard, 5 juillet 1923, pp. 222-223.

Lettre d'André Gide à Roger Martin du Gard, 23 juillet 1923, pp. 225-226.

Lettre d'André Gide à Roger Martin du Gard, [fin juillet 1923] pp. 227-228. Claude Martin (op.cit.) situe cette lettre entre le 23 et le 28 juillet 1923.

Lettre d'André Gide à Roger Martin du Gard, 10 octobre 1923, p. 229.

Lettre d'André Gide à Roger Martin du Gard, [dernier jour d'octobre ou premier de novembre 1923], pp. 230-231. Claude Martin (op.cit.) a opté pour le 1er novembre 1923.

Lettre d'André Gide à Roger Martin du Gard, [novembre 1923], p. 233. Claude Martin (op.cit.) précise : 18 novembre 1923.

Lettre d'André Gide à Roger Martin du Gard, [lundi, s.d.], p. 234. Claude Martin (op.cit.) précise : 3 décembre 1923.

Lettre d'André Gide à Roger Martin du Gard, [novembre 1923], pp. 234-235. Claude Martin (op.cit.) est plutôt d'avis que cette lettre est du mois de décembre 1923.

Lettre d'André Gide à Roger Martin du Gard, 30 janvier 1924, p. 237.

Lettre d'André Gide à Roger Martin du Gard, [février 1924], p. 239.

Lettre d'André Gide à Roger Martin du Gard, 19 février [1924], pp. 242-243.

Lettre d'André Gide à Roger Martin du Gard, 2 avril 1924, pp. 245-247.

Lettre d'André Gide à Roger Martin du Gard, 4 avril 1924, p. 247.

Lettre d'André Gide à Roger Martin du Gard, 10 avril [1924]. p. 248.

Lettre d'André Gide à Roger Martin du Gard, 24 avril 1924, p. 249.

Lettre d'André Gide à Roger Martin du Gard, 13 juin 1924, p. 250.

Lettre d'André Gide à Roger Martin du Gard, 21 juillet 1924, pp. 250-251.

Lettre d'André Gide à Roger Martin du Gard, 29 juillet 1924, pp. 251-252.

Lettre d'André Gide à Roger Martin du Gard, [jeudi 1924], pp. 253-254. Claude Martin précise (op.cit.) que cette lettre est du 18 septembre 1924.

Lettre d'André Gide à Roger Martin du Gard, 2 novembre 1924, p. 254.

Lettre d'André Gide à Roger Martin du Gard, 20 janvier 1925, p. 255.

Lettre d'André Gide à Roger Martin du Gard, 25 janvier 1925, pp. 255-256.

Lettre d'André Gide à Roger Martin du Gard, mars 1925, p. 258.

Lettre d'André Gide à Roger Martin du Gard, avril 1925, p. 259. Claude Martin (op.cit.) situe cette lettre entre le 2 et le 13 avril 1925.

Lettre d'André Gide à Roger Martin du Gard, ler mai 1925, pp. 259-260.

Lettre d'André Gide à Roger Martin du Gard, mai 1925, pp. 260-261. Claude Martin (op.cit.) précise : 3 mai 1925.

Lettre d'André Gide à Roger Martin du Gard, 6 mai 1925, p. 261.

Lettre d'André Gide à Roger Martin du Gard, 3 juin 1925, pp. 263-264.

Lettre d'André Gide à Roger Martin du Gard, 9 juin 1925, pp. 267-269.

Lettre d'André Gide à Roger Martin du Gard, juin 1925, p. 270. Claude Martin précise (op.cit.) : 18 juin 1925.

Lettre d'André Gide à Roger Martin du Gard, 8 juillet 1925, p. 271.

Carte postale d'André Gide à Roger Martin du Gard, s.d., pp. 272-273. Claude Martin (op.cit.) croit que cette carte fut adressée en juillet 1925.

Lettre d'André Gide à Roger Martin du Gard, 30 août 1925, p. 273.

Lettre d'André Gide à Roger Martin du Gard, 18 octobre 1925, pp. 278-279.

Lettre d'André Gide à Roger Martin du Gard, 29 décembre 1925, pp. 279-281.

Lettre d'André Gide à Roger Martin du Gard, [3 juin 1926], p. 287.

Lettre d'André Gide à Roger Martin du Gard, 11 juin [1926], p. 289.

Lettre d'André Gide à Roger Martin du Gard, [jeudi], p. 292. Claude Martin précise (op.cit.) : 17 juin 1926.

Lettre d'André Gide à Roger Martin du Gard, 20 juin 1926, p. 293.

Lettre d'André Gide à Roger Martin du Gard, 8 juillet 1926, pp. 295-296.

Lettre d'André Gide à Roger Martin du Gard, 29 octobre 1926, p. 298.

Lettre d'André Gide à Roger Martin du Gard, [novembre 1926], p. 300. Claude Martin (op.cit.) précise : 3 novembre 1926.

Lettre d'André Gide à Roger Martin du Gard, 3 décembre 1926, p. 301.

Lettre d'André Gide à Roger Martin du Gard, 11 décembre 1926, pp. 302-303.

Lettre d'André Gide à Roger Martin du Gard, 22 février 1926, p. 306.

Lettre d'André Gide à Roger Martin du Gard, [mars 1927], pp. 306-307. Claude Martin (op.cit.) précise ; 19 mars 1927.

Lettre d'André Gide à Roger Martin du Gard, [3 mai 1927], p. 307.

Lettre d'André Gide à Roger Martin du Gard, 8 mai 1927, p. 308.

Lettre d'André Gide à Roger Martin du Gard, 30 juin 1927, p. 312.

Lettre d'André Gide à Roger Martin du Gard, ler juillet 1927, pp. 312-313.

Lettre d'André Gide à Roger Martin du Gard, [juillet 1927], p. 315.

Lettre d'André Gide à Roger Martin du Gard, 14 octobre 1927, p. 317.

Lettre d'André Gide à Roger Martin du Gard, [19 décembre 1927], p. 319. Claude Martin (op.cit.) corrige : 17 décembre 1927.

Lettre d'André Gide à Roger Martin du Gard, 7 janvier 1928, pp. 320-321.

Lettre d'André Gide à Roger Martin du Gard, 11 janvier 1928, p. 325.

Lettre d'André Gide à Roger Martin du Gard, 3 février 1928, p. 326.

Lettre d'André Gide à Roger Martin du Gard, 10 février 1928, pp. 328-330.

Lettre d'André Gide à Roger Martin du Gard, [16 février 1928?], pp. 332-333. Claude Martin (op.cit.) corrige : 12 février 1928.

Lettre d'André Gide à Roger Martin du Gard, 16 février 1928, pp. 333-334.

Lettre d'André Gide à Roger Martin du Gard, 13 mars 1928, pp. 334-335.

Lettre d'André Gide à Roger Martin du Gard, 30 mars 1928, pp. 337-338.

Lettre d'André Gide à Roger Martin du Gard, 10 avril 1928, pp. 341-342.

Lettre d'André Gide à Roger Martin du Gard, 10 mai 1928, pp. 342-343.

Lettre d'André Gide à Roger Martin du Gard, 31 mai 1928, pp. 346-348.

Lettre d'André Gide à Roger Martin du Gard, [23 juillet 1928], p. 349.

Lettre d'André Gide à Roger Martin du Gard, [août 1928], pp. 349-350. Claude Martin (*op.cit.*) précise : 23 août 1928.

Lettre d'André Gide à Roger Martin du Gard, 22 septembre 1928, pp. 351-353.

Lettre d'André Gide à Roger Martin du Gard, 28 septembre 1928, pp. 354-355.

Lettre d'André Gide à Roger Martin du Gard, 2 octobre 1928, pp. 357-358.

Lettre d'André Gide à Roger Martin du Gard, 5 octobre 1928, p. 359.

Lettre d'André Gide à Roger Martin du Gard, 17 octobre 1928, pp. 359-360.

Lettre d'André Gide à Roger Martin du Gard, 5 novembre 1928, pp. 360-361.

Lettre d'André Gide à Roger Martin du Gard, 20 novembre 1928, pp. 362-363.

Lettre d'André Gide à Roger Martin du Gard, 21 janvier 1929, p. 366.

Lettre d'André Gide à Roger Martin du Gard, juin 1929, p. 369.

Lettre d'André Gide à Roger Martin du Gard, 15 juin 1929, p. 370.

Lettre d'André Gide à Roger Martin du Gard, 19 juin 1929, p. 371.

Lettre d'André Gide à Roger Martin du Gard, 25 juin 1929, p. 374.

Lettre d'André Gide à Roger Martin du Gard, 25 septembre 1929, p. 376.

Lettre d'André Gide à Roger Martin du Gard, 29 octobre 1929, pp. 378-379.

Lettre d'André Gide à Roger Martin du Gard, 22 novembre 1929, p. 379.

Lettre d'André Gide à Roger Martin du Gard, [fin novembre], pp. 380-381. Claude Martin (op.cit.) précise : 26 novembre 1929.

Lettre d'André Gide à Roger Martin du Gard, 1er décembre 1929, p. 381.

Lettre d'André Gide à Roger Martin du Gard, [22 décembre 1929], p. 384.

Lettre d'André Gide à Roger Martin du Gard, [vendredi, s.d.], p. 387. Claude Martin (op.cit.) précise : 7 février 1930.

Lettre d'André Gide à Roger Martin du Gard, 2 février 1930, p. 387. Claude Martin (op.cit.) corrige : 4 février 1930.

Lettre d'André Gide à Roger Martin du Gard, 9 février 1930, pp. 391-392.

Lettre d'André Gide à Roger Martin du Gard, 12 mars 1930, pp. 392-393.

Lettre d'André Gide à Roger Martin du Gard, 22 mars 1930, pp. 393-394.

Lettre d'André Gide à Roger Martin du Gard, 26 mars 1930, p. 394.

Lettre d'André Gide à Roger Martin du Gard, 6 [?] mai 1930, pp. 395-396. Claude Martin (op.cit.) corrige : 7 mai 1930.

Lettre d'André Gide à Roger Martin du Gard, 25 mai 1930, pp. 396-397.

Lettre d'André Gide à Roger Martin du Gard, 1er juin 1930, pp. 398-399.

Lettre d'André Gide à Roger Martin du Gard, 2 juin 1930, pp. 399-400.

Lettre d'André Gide à Roger Martin du Gard, 15 juin 1930, pp. 403-404.

Lettre d'André Gide à Roger Martin du Gard, 28 juin 1930, pp. 405-406.

Lettre d'André Gide à Roger Martin du Gard, 3 juillet 1930, pp. 407-408.

Lettre d'André Gide à Roger Martin du Gard, 25 juillet 1930, pp. 410-415.

Lettre d'André Gide à Roger Martin du Gard, 29 septembre 1930, pp. 418-419.

Lettre d'André Gide à Roger Martin du Gard, octobre [1930], p. 419.

Lettre d'André Gide à Roger Martin du Gard, 19 octobre 1930, pp. 420-421.

Lettre d'André Gide à Roger Martin du Gard, 2 novembre 1930, p. 422.

Lettre d'André Gide à Roger Martin du Gard, 11 novembre 1930, pp. 422-423.

Lettre d'André Gide à Roger Martin du Gard, 26 novembre 1930, pp. 424-426.

Lettre d'André Gide à Roger Martin du Gard, 16 janvier 1931, pp. 432-433.

Lettre d'André Gide à Roger Martin du Gard, 26 janvier 1931, pp. 434-435.

Lettre d'André Gide à Roger Martin du Gard, 1er février 1931, pp. 440-443. Voir : 1097.

Lettre d'André Gide à Roger Martin du Gard, 2 février 1931, pp. 443-444.

Lettre d'André Gide à Roger Martin du Gard, 5 février 1931, p. 445.

Lettre d'André Gide à Roger Martin du Gard, 6 février 1931, pp. 445-446.

Lettre d'André Gide à Roger Martin du Gard, 18 février 1931, pp. 447-448.

Télégramme d'André Gide à Roger Martin du Gard, 4 mars 1931, p. 451.

Lettre d'André Gide à Roger Martin du Gard, 5 mars 1931, pp. 452-453.

Lettre d'André Gide à Roger Martin du Gard, 11 mars 1931, pp. 457-459.

Lettre d'André Gide à Roger Martin du Gard, 12 mars 1931, pp. 459-461.

Lettre d'André Gide à Roger Martin du Gard, 22 mars 1931, pp. 466-467.

Lettre d'André Gide à Roger Martin du Gard, 22 mars 1931, pp. 468-469.

Lettre d'André Gide à Roger Martin du Gard, 27 mars 1931, pp. 471-472.

Lettre d'André Gide à Roger Martin du Gard, 15 avril 1931, p. 474.

Lettre d'André Gide à Roger Martin du Gard, 13 juin 1931, pp. 476-477.

Carte postale d'André Gide à Roger Martin du Gard, 29 juin 1931, p. 477.

Lettre d'André Gide à Roger Martin du Gard, 14 juillet 1931, pp. 477-478.

Lettre d'André Gide à Roger Martin du Gard, 20 juillet 1931, p. 478.

Lettre d'André Gide à Roger Martin du Gard, 31 juillet 1931, pp. 480-481.

Lettre d'André Gide à Roger Martin du Gard, 3 août 1931, pp. 482-843.

Lettre d'André Gide à Roger Martin du Gard, 13 août 1931, p. 485.

Lettre d'André Gide à Roger Martin du Gard, 7 septembre 1931, pp. 486-487.

Lettre d'André Gide à Roger Martin du Gard, 28 janvier 1932, p. 493.

Lettre d'André Gide à Roger Martin du Gard, 2 février 1932, p. 494.

Lettre d'André Gide à Roger Martin du Gard, 5 février 1932, pp. 495-497.

Lettre d'André Gide à Roger Martin du Gard, 12 février 1932, pp. 499-500.

Lettre d'André Gide à Roger Martin du Gard, 13 février 1932, p. 501.

Lettre d'André Gide à Roger Martin du Gard, 13 février 1932, p. 501-502.

Lettre d'André Gide à Roger Martin du Gard, [février 1932], pp. 503-504. Claude Martin (op.cit.) précise : 15 février 1932.

Lettre d'André Gide à Roger Martin du Gard, 17 février 1932, pp. 504-505.

Lettre d'André Gide à Roger Martin du Gard, 18 février 1932, pp. 505-507.

Lettre d'André Gide à Roger Martin du Gard, 19 février 1932, pp. 508-509.

Lettre d'André Gide à Roger Martin du Gard, 22 février 1932, pp. 510-511.

Lettre d'André Gide à Roger Martin du Gard, 25 février 1932, p. 513.

Lettre d'André Gide à Roger Martin du Gard, 10 mars 1932, p. 514.

Lettre d'André Gide à Roger Martin du Gard, 11 mars 1932, p. 514.

Lettre d'André Gide à Roger Martin du Gard, 29 mars 1932, pp. 516-517.

Lettre d'André Gide à Roger Martin du Gard, 17 avril 1932, p. 519.

Lettre d'André Gide à Roger Martin du Gard, 19 mai 1932, pp. 520-521.

Lettre d'André Gide à Roger Martin du Gard, 25 mai 1932, pp. 521-522.

Lettre d'André Gide à Roger Martin du Gard, [23 juin 1932], p. 527.

Lettre d'André Gide à Roger Martin du Gard, 7 juillet 1932, pp. 528-529.

Lettre d'André Gide à Roger Martin du Gard, 13 juillet 1932, pp. 529-530.

Lettre d'André Gide à Roger Martin du Gard, 14 juillet 1932, p. 531.

Lettre d'André Gide à Roger Martin du Gard, 18 juillet 1932, pp. 532-534. Voir : 1118.

Lettre d'André Gide à Roger Martin du Gard, 14 août 1932, pp. 535-536.

Lettre d'André Gide à Roger Martin du Gard, 1er septembre [1932], p. 536.

Lettre d'André Gide à Roger Martin du Gard, 27 septembre 1932, pp. 538-539.

Lettre d'André Gide à Roger Martin du Gard, 1er octobre 1932, pp. 539-540.

Lettre d'André Gide à Roger Martin du Gard, 8 octobre 1932, pp. 541-542.

Lettre d'André Gide à Roger Martin du Gard, 4 février 1933, pp. 545-546.

Lettre d'André Gide à Roger Martin du Gard, 21 février [1933], p. 547.

Lettre d'André Gide à Roger Martin du Gard, 24 février 1933, pp. 548-549.

Lettre d'André Gide à Roger Martin du Gard, 29 février 1933, p. 551. Claude Martin (_op.cit._) corrige : 28 février 1933.

Lettre d'André Gide à Roger Martin du Gard, 2 avril 1933, pp. 554-555.

Lettre d'André Gide à Roger Martin du Gard, 5 avril 1933, pp. 558-559.

Lettre d'André Gide à Roger Martin du Gard, 12 avril 1933, pp. 559-560.

Lettre d'André Gide à Roger Martin du Gard, 15 avril 1933, p. 562.

Lettre d'André Gide à Roger Martin du Gard, 26 avril 1933, pp. 563-564.

Lettre d'André Gide à Roger Martin du Gard, 2 mai 1933, pp. 565-566. Voir : 1118.

Carte postale d'André Gide à Roger Martin du Gard, 21 juin 1933, p. 567.

Lettre d'André Gide à Roger Martin du Gard, 2 juillet 1933, pp. 567-568.

Lettre d'André Gide à Roger Martin du Gard, 19 juillet 1933, pp. 568-570.

Lettre d'André Gide à Roger Martin du Gard, 9 août 1933, pp. 570-571.

Lettre d'André Gide à Roger Martin du Gard, 15 août 1933, pp. 574-575.

Lettre d'André Gide à Roger Martin du Gard, 23 août 1933, pp. 576-577.

Lettre d'André Gide à Roger Martin du Gard, 28 septembre 1933, pp. 578-579.

Lettre d'André Gide à Roger Martin du Gard, 8 octobre 1933, pp. 581-582.

Lettre d'André Gide à Roger Martin du Gard, 14 octobre 1933, p. 583.

Lettre d'André Gide à Roger Martin du Gard, 27 octobre 1933, p. 585.

Lettre d'André Gide à Roger Martin du Gard, 3 novembre 1933, p. 587.

Lettre d'André Gide à Roger Martin du Gard, 26 novembre 1933, pp. 590-591.

Lettre d'André Gide à Roger Martin du Gard, 2 février 1934, pp. 592-593.

Lettre d'André Gide à Roger Martin du Gard, 10 février 1934, p. 596.

Lettre d'André Gide à Roger Martin du Gard, 15 février 1934, pp. 597-598.

Lettre d'André Gide à Roger Martin du Gard, 9 mars 1934, pp. 598-599.

Lettre d'André Gide à Roger Martin du Gard, 16 mars 1934, p. 602.

Lettre d'André Gide à Roger Martin du Gard, 18 mars 1934, pp. 602-603.

Lettre d'André Gide à Roger Martin du Gard, 25 mars 1934, pp. 607-608. Voir : 1118.

Lettre d'André Gide à Roger Martin du Gard, 30 mars 1934, pp. 610-611.

Télégramme d'André Gide à Roger Martin du Gard, ler avril 1934, p. 611.

Lettre d'André Gide à Roger Martin du Gard, [5 avril 1934], p. 611.

Lettre d'André Gide à Roger Martin du Gard, 12 mai 1934, pp. 612-613.

Lettre d'André Gide à Roger Martin du Gard, 30 mai 1934, pp. 615-616.

Lettre d'André Gide à Roger Martin du Gard, 25 juin 1934. pp. 620-621.

Lettre d'André Gide à Roger Martin du Gard, 5 juillet 1934, pp. 624-625.

Lettre d'André Gide à Roger Martin du Gard, 10 juillet 1934, pp. 625-626.

Lettre d'André Gide à Roger Martin du Gard, 22 août 1934, p. 629.

Lettre d'André Gide à Roger Martin du Gard, 23 août 1934, pp. 629-630.

Lettre d'André Gide à Roger Martin du Gard, 11 septembre 1934, p. 631.

Lettre d'André Gide à Roger Martin du Gard, 20 septembre 1934, pp. 633-634.

Lettre d'André Gide à Roger Martin du Gard, 15 octobre 1934, p. 635.

Lettre d'André Gide à Roger Martin du Gard, 19 novembre 1934, p. 636.

Lettre d'André Gide à Roger Martin du Gard, 3 décembre 1934, pp. 639-640.

Lettre d'André Gide à Jean Schlumberger, 29 juin 1913, p. 647.

Télégramme d'André Gide à Gaston Gallimard, 2 juillet 1913, p. 648.

Lettre d'André Gide à Gaston Gallimard, [2 ou 3 juillet 1913], p. 648. Claude Martin (op.cit.) précise : 3 juillet 1913.

Lettre d'André Gide à Louis Aragon, 12 avril 1923, pp. 663-664. Voir : 333.

Lettre d'André Gide à Hélène Martin du Gard, 26 décembre 1924, p. 668.

Lettre d'André Gide à Hélène Martin du Gard, 14 janvier 1925, p. 671.

Lettre d'André Gide à André Rouveyre, 8 février 1928, pp. 684-685. Cette lettre avait tout d'abord été publiée dans [417] "Lettre à André Rouveyre", Mercure de France, 15 mars 1928, pp. 656-658. Elle fut ensuite reprise dans :

[419] "Lettres", N.R.F., 1er juin 1928, pp. 726-729.

[472] Lettres, pp. 79-84.

[488] Divers, pp. 177-182.

[1089] Correspondance André Gide - André Rouveyre, pp. 105-107.

Lettre d'André Gide à Jean Prévost, 14 juin 1929 p. 692.

Fragment d'une lettre d'André Gide à Dorothy Bussy, 15 mars 1931, p. 700.

Lettre d'André Gide à Félicien Challaye, 7 juillet 1932, p. 720. Voir : 499.

1106. Correspondance André Gide - Roger Martin du Gard (1935-1951), Paris, Gallimard, 1968, vol II, 571(10)p.

Achevé d'imprimer le 5 mars 1968.

[Dans son Répertoire chronologique des lettres publiées d'André Gide (Paris, Minard, 1971), Claude Martin a corrigé quelques dates :

	Delay	Martin
p. 56	[8 novembre 1935]	7 novembre 1935
p. 73	[mai 1936]	3 mai 1936
p. 144	[fin juin 1938]	28 juin 1938
p. 214	[août 1940]	27 août 1940
pp. 384-385	21 octobre 1947	12 octobre 1947
pp. 433-434	[s.d.]	décembre 1948

Lettre d'André Gide à Roger Martin du Gard, 14 janvier 1935, pp. 9-11.

Lettre d'André Gide à Roger Martin du Gard, 16 février 1935, pp. 15-16.

Lettre d'André Gide à Roger Martin du Gard, 23 février 1935, p. 19.

Lettre d'André Gide à Roger Martin du Gard, 19 mars 1935, pp. 21-22.

Lettre d'André Gide à Roger Martin du Gard, 22 avril 1935, pp. 22-23.

Lettre d'André Gide à Roger Martin du Gard, 28 avril 1935, pp. 25-26.

Lettre d'André Gide à Roger Martin du Gard, 5 mai 1935, pp. 27-29.

Lettre d'André Gide à Roger Martin du Gard, 18 mai 1935, pp. 31-32.

Lettre d'André Gide à Roger Martin du Gard, 2 juin 1935, p. 32.

Lettre d'André Gide à Roger Martin du Gard, 28 juin 1935, pp. 35-36.

Lettre d'André Gide à Roger Martin du Gard, 3 juillet 1935, pp. 36-37.

Lettre d'André Gide à Roger Martin du Gard, 10 juillet 1935, p. 39.

Lettre d'André Gide à Roger Martin du Gard, 13 août 1935, pp. 39-40.

Lettre d'André Gide à Roger Martin du Gard, 18 août 1935, pp. 42-43.

Lettre d'André Gide à Roger Martin du Gard, 12 septembre 1935, pp. 47-48.

Lettre d'André Gide à Roger Martin du Gard, 15 septembre 1935, pp. 48-49.

Lettre d'André Gide à Roger Martin du Gard, 8 octobre 1935, pp. 50-51.

Lettre d'André Gide à Roger Martin du Gard, [8 novembre 1935], p. 56. Dans le Répertoire chronologique des lettres publiées d'André Gide (Paris, Minard, 1971), Claude Martin rectifie la date : 7 novembre 1935.

Lettre d'André Gide à Roger Martin du Gard, 30 décembre 1935, pp. 62-63.

Lettre d'André Gide à Roger Martin du Gard, 21 janvier 1936, pp. 65-66.

Lettre d'André Gide à Roger Martin du Gard, 23 février 1936, pp. 66-67.

Lettre d'André Gide à Roger Martin du Gard, 17 mars 1936, pp. 70-71.

Lettre d'André Gide à Roger Martin du Gard, 19 mars [1936], pp. 71-72.

Lettre d'André Gide à Roger Martin du Gard, [mai 1936], p. 73. Claude Martin (op.cit.) précise : 3 mai 1936.

Lettre d'André Gide à Roger Martin du Gard, 14 juin 1936, pp. 73-75.

Lettre d'André Gide à Roger Martin du Gard, 22 juillet 1936, pp. 75-76.

Lettre d'André Gide à Roger Martin du Gard, 7 septembre 1936, pp. 78-79.

Lettre d'André Gide à Roger Martin du Gard, 23 octobre 1936, p. 80.

Lettre d'André Gide à Roger Martin du Gard, 3 décembre 1936, pp. 83-85.

Lettre d'André Gide à Roger Martin du Gard, 10 décembre 1936, pp. 86-87.

Lettre d'André Gide à Roger Martin du Gard, 23 décembre 1936, pp. 87-88.

Lettre d'André Gide à Roger Martin du Gard, 2 janvier 1937, p. 88.

Lettre d'André Gide à Roger Martin du Gard, 4 février 1937, p. 91.

Lettre d'André Gide à Roger Martin du Gard, 18 février 1937, pp. 92-93. Voir : 993.

Lettre d'André Gide à Roger Martin du Gard, 8 mars 1937, pp. 96-97.

Lettre d'André Gide à Roger Martin du Gard, 26 avril 1937, pp. 101-102.

Lettre d'André Gide à Roger Martin du Gard, 17 mai 1937, pp. 103-104. Voir : 993.

Lettre d'André Gide à Roger Martin du Gard, 27 mai 1937, pp. 104-106. Voir : 993.

Lettre d'André Gide à Roger Martin du Gard, 4 juillet 1937, p. 107.

Lettre d'André Gide à Roger Martin du Gard, 8 août 1937, pp. 110-111.

Lettre d'André Gide à Roger Martin du Gard, 24 août 1937, pp. 114-115.

Lettre d'André Gide à Roger Martin du Gard, 4 septembre 1937, pp. 115-116.

Lettre d'André Gide à Roger Martin du Gard,[octobre 1927] [sic], p. 117. Il s'agit vraisemblablement d'une coquille et c'est [octobre 1937] qu'il faut lire.

Lettre d'André Gide à Roger Martin du Gard, 17 octobre 1937, pp. 117-118.

Lettre d'André Gide à Roger Martin du Gard, 23 octobre 1937, p. 119.

Lettre d'André Gide à Roger Martin du Gard, 12 novembre 1937, p. 122.

Lettre d'André Gide à Roger Martin du Gard, 16 novembre 1937. pp. 124-125.

Lettre d'André Gide à Roger Martin du Gard, 1er avril 1938, pp. 128-129.

Lettre d'André Gide à Roger Martin du Gard, 6 avril 1938, pp. 130-131.

Lettre d'André Gide à Roger Martin du Gard, 23 avril 1938, p. 135. Voir : 993.

Lettre d'André Gide à Roger Martin du Gard, 7 mai 1938, p. 138. Voir : 993.

Lettre d'André Gide à Roger Martin du Gard, 27 mai 1938, pp. 142-143.

Lettre d'André Gide à Roger Martin du Gard, 18 juin 1938, p. 143.

Lettre d'André Gide à Roger Martin du Gard, [fin juin 1938], p. 144. Claude Martin (op.cit.) précise : 28 juin 1938.

Lettre d'André Gide à Roger Martin du Gard, [21 août 1938], pp. 147-148. Voir : 993.

Lettre d'André Gide à Roger Martin du Gard, 24 août 1938, p. 149.

Lettre d'André Gide à Roger Martin du Gard, 26 septembre 1938, p. 150.

Lettre d'André Gide à Roger Martin du Gard, 2 octobre 1938, pp. 152-153.

Lettre d'André Gide à Roger Martin du Gard, 9 octobre 1938, pp. 154-155.

Lettre d'André Gide à Roger Martin du Gard, 22 octobre 1938, pp. 155-156.

Lettre d'André Gide à Roger Martin du Gard, 28 octobre 1938, p. 156.

Lettre d'André Gide à Roger Martin du Gard, 9 janvier 1939, p. 157.

Lettre d'André Gide à Roger Martin du Gard, 16 janvier 1939, pp. 158-159.

Lettre d'André Gide à Roger Martin du Gard, 18 janvier 1939, p. 160.

Lettre d'André Gide à Roger Martin du Gard, 24 février 1939, pp. 162-163.

Lettre d'André Gide à Roger Martin du Gard, 24 avril 1939, pp. 167-168.

Lettre d'André Gide à Roger Martin du Gard, 10 juin 1939, pp. 169-170.

Lettre d'André Gide à Roger Martin du Gard, 28 juillet 1939, pp. 181-182.

Lettre d'André Gide à Roger Martin du Gard, 19 septembre 1939, pp. 187-188.

Lettre d'André Gide à Roger Martin du Gard, 13 février 1940, pp. 194-195.

Lettre d'André Gide à Roger Martin du Gard, 13 avril 1940, p. 197.

Lettre d'André Gide à Roger Martin du Gard, 14 avril 1940, pp. 197-198.

Lettre d'André Gide à Roger Martin du Gard, 18 avril 1940, pp. 200-201.

Lettre d'André Gide à Roger Martin du Gard, 19 avril 1940, pp. 201-203.

Lettre d'André Gide à Roger Martin du Gard, 7 mai 1940, pp. 204-205.

Lettre d'André Gide à Roger Martin du Gard, 26 mai 1940, pp. 207-208.

Lettre d'André Gide à Roger Martin du Gard, 7 juin 1940, pp. 208-209.

Lettre d'André Gide à Roger Martin du Gard, 14 juin 1940, p. 210.

Lettre d'André Gide à Roger Martin du Gard, 16 juillet 1940, p. 211-212.

Lettre d'André Gide à Roger Martin du Gard, 23 juillet 1940, pp. 212-213.

Lettre d'André Gide à Roger Martin du Gard, [août 1940], p. 214. Claude Martin (op.cit.) précise : 27 août 1940.

Lettre d'André Gide à Roger Martin du Gard, 31 août 1940, pp. 216-217.

Lettre d'André Gide à Roger Martin du Gard, 3 septembre 1940, p. 217.

Lettre d'André Gide à Roger Martin du Gard, 10 septembre 1940, pp. 218-219.

Lettre d'André Gide à Roger Martin du Gard, 14 septembre 1940, p. 220.

Lettre d'André Gide à Roger Martin du Gard, 17 septembre 1940, p. 221

Lettre d'André Gide à Roger Martin du Gard,[26 septembre 1940], pp. 221-222.

Lettre d'André Gide à Roger Martin du Gard, 29 septembre 1940, pp. 222-223.

Lettre d'André Gide à Roger Martin du Gard, [10 décembre 1940], pp. 223-224.

Lettre d'André Gide à Roger Martin du Gard, 12 janvier 1941, pp. 225-226.

Lettre d'André Gide à Roger Martin du Gard, 18 janvier 1941, pp. 226-228.

Lettre d'André Gide à Roger Martin du Gard, 24 janvier 1941, pp. 231-232.

Lettre d'André Gide à Roger Martin du Gard, 7 février 1941, pp. 232-233.

Lettre d'André Gide à Roger Martin du Gard, 2 juin 1941, pp. 233-234.

Lettre d'André Gide à Roger Martin du Gard, 19 juillet 1941, pp. 234-235.

Lettre d'André Gide à Roger Martin du Gard, 18 septembre 1941, pp. 236-238.

Lettre d'André Gide à Roger Martin du Gard, 22 septembre 1941, pp. 238-239.

Lettre d'André Gide à Roger Martin du Gard, 14 octobre 1941, pp. 239-240.

Lettre d'André Gide à Roger Martin du Gard, 29 octobre 1941, pp. 240-241.

Lettre d'André Gide à Roger Martin du Gard, 9 février 1942, pp. 242-243.

Lettre d'André Gide à Roger Martin du Gard, 7 mai 1942, pp. 243-244.

Lettre d'André Gide à Roger Martin du Gard, 14 mai 1942, pp. 245-246.

Lettre d'André Gide à Roger Martin du Gard, 24 mai 1942, pp. 248-249.

Lettre d'André Gide à Roger Martin du Gard, 15 juin 1942, pp. 250-252.

Lettre d'André Gide à Roger Martin du Gard, 30 juin 1942, pp. 255-256.

Lettre d'André Gide à Roger Martin du Gard, 2 juillet 1942, pp. 256-257.

Lettre d'André Gide à Roger Martin du Gard, août 1942, pp. 259-260.

Lettre d'André Gide à Roger Martin du Gard, 3 septembre 1942, pp. 265-266. Voir : 981.

Lettre d'André Gide à Roger Martin du Gard, 23 septembre 1942, pp. 268-271.

Lettre d'André Gide à Roger Martin du Gard, 11 octobre 1942, pp. 274-275.

Lettre d'André Gide à Roger Martin du Gard, 31 mars 1943, p. 278.

Lettre d'André Gide à Roger Martin du Gard, 21 septembre 1944, pp. 280-281.

Lettre d'André Gide à Roger Martin du Gard, 17 octobre 1944, pp. 281-282.

Lettre d'André Gide à Roger Martin du Gard, 30 octobre 1944, pp. 283-284.

Lettre d'André Gide à Roger Martin du Gard, 24 novembre 1944, pp. 287-288.

Lettre d'André Gide à Roger Martin du Gard, 5 décembre 1944, pp. 290-291.

Lettre d'André Gide à Roger Martin du Gard, 29 janvier 1945, pp. 301-302.

Lettre d'André Gide à Roger Martin du Gard, 11 février 1945, pp. 312-313. Voir : 981.

Lettre d'André Gide à Roger Martin du Gard, 15 février 1945, pp. 313-315.

Lettre d'André Gide à Roger Martin du Gard, 14 mars 1945, pp. 316-317.

Lettre d'André Gide à Roger Martin du Gard, 5 avril 1945, pp. 317-318. Voir : 981.

Lettre d'André Gide à Roger Martin du Gard, 29 avril 1945, pp. 320-321. Voir : 981.

Lettre d'André Gide à Roger Martin du Gard, 12 mai 1945, pp. 322-324.

Lettre d'André Gide à Roger Martin du Gard, 12 août 1945, pp. 327-328.

Lettre d'André Gide à Roger Martin du Gard, 23 août 1945, pp. 329-330.

Lettre d'André Gide à Roger Martin du Gard, 20 septembre 1945, pp. 330-331.

Lettre d'André Gide à Roger Martin du Gard, 16 décembre 1945, p. 335.

Lettre d'André Gide à Roger Martin du Gard, 8 février 1946, pp. 337-338.

Lettre d'André Gide à Roger Martin du Gard, 28 mars 1946, pp. 342-343.

Lettre d'André Gide à Roger Martin du Gard, 13 avril 1946, pp. 343-344.

Lettre d'André Gide à Roger Martin du Gard, 15 juillet 1946, p. 344.

Lettre d'André Gide à Roger Martin du Gard, 7 août 1946, p. 346.

Lettre d'André Gide à Roger Martin du Gard, [27 août 1946], p. 347.

Lettre d'André Gide à Roger Martin du Gard, 17 septembre 1946, p. 351.

Lettre d'André Gide à Roger Martin du Gard, 24 septembre 1946, pp. 353-354.

Lettre d'André Gide à Roger Martin du Gard, 17 octobre 1946, pp. 354-356.

Lettre d'André Gide à Roger Martin du Gard, 15 novembre 1946, p. 356.

Lettre d'André Gide à Roger Martin du Gard, novembre 1946, p. 358.

Lettre d'André Gide à Roger Martin du Gard, 25 novembre 1946, p. 358.

Lettre d'André Gide à Roger Martin du Gard, 3 décembre 1946, au soir, p. 359.

Lettre d'André Gide à Roger Martin du Gard, [4 décembre 1946] p. 359.

Lettre d'André Gide à Roger Martin du Gard, 26 décembre 1946, p. 360.

Lettre d'André Gide à Roger Martin du Gard, 23 février 1947, pp. 363-364.

Lettre d'André Gide à Roger Martin du Gard, 13 mars 1947, pp. 364-365. Voir : 981.

Lettre d'André Gide à Roger Martin du Gard, 7 mai 1947, p. 368.

Lettre d'André Gide à Roger Martin du Gard, 22 mai 1947, p. 369.

Billet d'André Gide à Roger Martin du Gard, 22 mai 1947, p. 369.

Lettre d'André Gide à Roger Martin du Gard, 12 juin 1947, p. 370.

Lettre d'André Gide à Roger Martin du Gard, 17 juin 1947, pp. 373-374.

Lettre d'André Gide à Roger Martin du Gard, 29 juillet 1947, pp. 374-375.

Lettre d'André Gide à Roger Martin du Gard, 18 août 1947, pp. 377-378.

Lettre d'André Gide à Roger Martin du Gard, 8 septembre 1947, pp. 378-379.

Lettre d'André Gide à Roger Martin du Gard, 16 septembre 1947, pp. 381-382.

Lettre d'André Gide à Roger Martin du Gard, 21 octobre 1947, pp. 384-385. Claude Martin (op.cit.) est d'avis que cette lettre est du 12 octobre 1947.

Lettre d'André Gide à Roger Martin du Gard, 18 novembre 1947, p. 386.

Lettre d'André Gide à Roger Martin du Gard, 22 novembre 1947, p. 387.

Lettre d'André Gide à Roger Martin du Gard, 15 décembre 1947, pp. 388-389.

Lettre d'André Gide à Roger Martin du Gard, 27 novembre 1947, pp. 389-390. Il s'agit, en réalité, d'une lettre ouverte à Roger Martin du Gard. Elle parut dans Le Figaro littéraire du 13 décembre 1947. Elle a probablement été publiée, en premier lieu, dans le Dagens Nyheter. Il nous fut impossible de nous en assurer.

Lettre d'André Gide à Roger Martin du Gard, [28 janvier 1948], pp. 394-396.

Lettre d'André Gide à Roger Martin du Gard, 11 février [?] 1948, p. 396.

Lettre d'André Gide à Roger Martin du Gard, 23 février 1948, pp. 398-399.

Lettre d'André Gide à Roger Martin du Gard, 22 mars 1948, pp. 402-403.

Lettre d'André Gide à Roger Martin du Gard, 30 mars 1948, pp. 403-404.

Lettre d'André Gide à Roger Martin du Gard, 7 avril 1948, pp. 407-408.

Lettre d'André Gide à Roger Martin du Gard, 22 juin 1948, pp. 412-413.

Lettre d'André Gide à Roger Martin du Gard, 26 juin 1948, pp. 415-416.

Lettre d'André Gide à Roger Martin du Gard, 14 août 1948, p. 418.

Lettre d'André Gide à Roger Martin du Gard, 3 septembre 1948, pp. 423-424.

Lettre d'André Gide à Roger Martin du Gard, 11 septembre 1948, pp. 425-426.

Lettre d'André Gide à Roger Martin du Gard, 19 octobre 1948, pp. 429-430. Voir : 981.

Lettre d'André Gide à Roger Martin du Gard, [s.d.], pp. 433-434. Claude Martin (<u>op.cit</u>.) situe cette lettre en décembre 1948.

Lettre d'André Gide à Roger Martin du Gard, 29 décembre 1948, p. 434.

Lettre d'André Gide à Roger Martin du Gard, 19 janvier 1949, pp. 435-436.

Lettre d'André Gide à Roger Martin du Gard, 15 février 1949, pp. 440-441.

Lettre d'André Gide à Roger Martin du Gard, 22 février 1949, pp. 443-444.

Lettre d'André Gide à Roger Martin du Gard, 6 mars 1949, pp. 445-447.

Lettre d'André Gide à Roger Martin du Gard, 21 mars 1949, pp. 449-451.

Lettre d'André Gide à Roger Martin du Gard, 3 ou 4 juin 1949, p. 451. Voir : 981.

Lettre d'André Gide à Roger Martin du Gard, 22 juin 1949, p. 453. Voir : 981.

Lettre d'André Gide à Roger Martin du Gard, 1er juillet 1949, p. 455.

Lettre d'André Gide à Roger Martin du Gard, 11 juillet 1949, p. 457.

Lettre d'André Gide à Roger Martin du Gard, 27 juillet 1949, p. 458.

Lettre d'André Gide à Roger Martin du Gard, 26 août 1949, p. 460.

Lettre d'André Gide à Roger Martin du Gard, [début d'octobre 1949], pp. 461-462.

Lettre d'André Gide à Roger Martin du Gard, 23 octobre 1949, p. 463.

Lettre d'André Gide à Roger Martin du Gard, 10 novembre 1949, pp. 466-467.

Lettre d'André Gide à Roger Martin du Gard, 21 novembre 1949, pp. 468-469.

Télégramme d'André Gide à Roger Martin du Gard, 29 novembre 1949, p. 469.

Lettre d'André Gide à Roger Martin du Gard, 9 décembre 1949, p. 470.

Lettre d'André Gide à Roger Martin du Gard, 31 décembre 1949, p. 474.

Lettre d'André Gide à Roger Martin du Gard, 5 janvier 1950, p. 476.

Lettre d'André Gide à Roger Martin du Gard, 23 avril 1950, p. 478.

Lettre d'André Gide à Roger Martin du Gard, 25 avril 1950, p. 481-482.

Lettre d'André Gide à Roger Martin du Gard, 16 mai 1950, pp. 484-485.

Lettre d'André Gide à Roger Martin du Gard, 23 mai 1950, pp. 486-487.

Lettre d'André Gide à Roger Martin du Gard, 15 juin 1950, pp. 488-489.

Lettre d'André Gide à Roger Martin du Gard, 19 juin 1950, pp. 489-490.

Lettre d'André Gide à Roger Martin du Gard, 7 juillet 1950, pp. 491-492.

Lettre d'André Gide à Roger Martin du Gard, 11 juillet 1950, p. 493.

Lettre d'André Gide à Roger Martin du Gard, 7 septembre 1950, pp. 496-497.

Lettre d'André Gide à Roger Martin du Gard, 13 septembre 1950, pp. 498-499.

Lettre d'André Gide à Roger Martin du Gard, 28 septembre 1950, p. 499.

Lettre d'André Gide à Roger Martin du Gard, 23 novembre 1950, pp. 500-501.

Lettre d'André Gide à Roger Martin du Gard, 26 novembre 1950, pp. 501-502.

Lettre d'André Gide à Roger Martin du Gard, 15 décembre 1950 pp. 503-504.

Lettre d'André Gide à Roger Martin du Gard, 11 janvier 1951, pp. 507-508.

Lettre d'André Gide à Thomas Mann, 3 mai 1935, p. 514.

Lettre d'André Gide à Hélène Martin du Gard, 13 novembre 1937, pp. 527-528.

Lettre d'André Gide à Hélène Martin du Gard, 19 mai 1938, p. 531.

Lettre d'André Gide à Svenska Dagbladet, [novembre 1947], pp. 554-555. Voir : 805.

Lettre d'André Gide aux membres du Comité Nobel, [décembre 1947], pp. 555-556. Voir : 808.

Lettre d'André Gide à Jean Amrouche, 13 mai 1950, pp. 567-568.

CORRESPONDANCE

1107. Bulletin d'autographes, Paris, Librairie Charavay, no 728, mars 1968.

Fragment d'une lettre d'André Gide à X..., 17 février 1911, p. 30. Aussi cité dans : Claude MARTIN, Répertoire chronologique des lettres publiées d'André Gide, Paris, Minard, 1971, s.p.

Fragment d'une lettre d'André Gide à Gabriel Audisio, 8 mai 1934, p. 30. Aussi cité dans : Claude MARTIN, Répertoire chronologique des lettres publiées d'André Gide, Paris, Minard, 1971, s.p.

1108. La référence que nous donnions ici était erronée. Au moment où nous nous en sommes rendu compte, il était déja trop tard pour changer la numérotation subséquente. Qu'on veuille bien excuser cette erreur.

1109. "Manuscrit inédit d'André Gide", L'Evénement, no 26, mars 1968, p. 52.

Fragment d'une lettre d'André Gide à Christiane et Marcel de Coppet, 2 mai 1938.

1110. Catalogue de la Librairie Simonson, Bruxelles, avril 1968, p. 3.

Fragment d'une lettre d'André Gide à Alfred Vallette, 18 mars 1925. Aussi cité dans : Claude MARTIN, Répertoire chronologique des lettres publiées d'André Gide, Paris, Minard, 1971, s.p.

1111. Exposicâo Darius Milhaud, XII Festival Gulbenkian de Musica, Salâo Nobre de Teatro Nacional de S. Carlos, de 28 de Maio a de 8 de Junho de 1968, s.p.

Lettre d'André Gide à Darius Milhaud, 28 octobre 1916. Aussi citée dans le Bulletin des Amis d'André Gide, no 16, juillet 1972, pp. 13-14.

Lettre d'André Gide à Darius Milhaud, 16 mai 1917. Aussi citée dans le Bulletin des Amis d'André Gide, no 16, juillet 1972, p. 14.

1112. Bulletin d'autographes, Paris, Librairie Charavay, no 729, juin 1968, p. 31.

Fragment d'une lettre d'André Gide à X..., 3 janvier 1916. Aussi cité dans : Claude MARTIN, Répertoire chronologique des lettres publiées d'André Gide, Paris, Minard, 1971, s.p.

Fragment d'une lettre d'André Gide à X..., 19 mai 1917. Aussi cité dans : Claude MARTIN, Répertoire chronologique des lettres publiées d'André Gide, Paris, Minard, 1971, s.p.

1113. "Lettre à Léon Werth", Bulletin des Amis de Charles-Louis Philippe, no 26, décembre 1968, p. 21.

Lettre du 31 janvier 1910.

1114. Catalogue de la Librairie Coulet & Faure, no 103, Paris, 1968, p. 51.

Fragment d'une lettre d'André Gide à X..., 11 août 1922. Aussi cité dans : Claude MARTIN, Répertoire chronologique des lettres publiées d'André Gide, Paris, Minard, 1971.

1115. _Catalogue_ de la Librairie Descombes, Genève, 1968.

Fragment d'une lettre d'André Gide à Richard Heyd, 27 juillet 1948, p. 24. Aussi cité dans : Claude MARTIN, _Répertoire chronologique des lettres publiées d'André Gide_, Paris, Minard, 1971, s.p.

Fragment d'une letrre d'André Gide à Richard Heyd, 14 juin 1968, p. 25. Aussi cité dans : Claude MARTIN, _Répertoire chronologique des lettres publiées d'André Gide_, Paris, Minard, 1971, s.p.

Fragment d'une lettre d'André Gide à X..., [1902], p. 25. Aussi cité dans : Claude MARTIN, _Répertoire chronologique des lettres publiées d'André Gide_, Paris, Minard, 1971, s.p.

1116. CHAPON, (François), _François Mauriac. Manuscrits -- Inédits -- Editions originales -- Iconographie_, catalogue établi par François Chapon, Bibliothèque littéraire Jacques Doucet, 1968, 106p.

Lettre d'André Gide à François Mauriac, 14 décembre 1935, p. 37, [1181] (MAU., p. 89).

Lettre d'André Gide à François Mauriac, 10 mai 1928, p. 77, [1181] (MAU., p. 77).

Lettre d'André Gide à François Mauriac, 4 février 1929, p. 79. [1181] (MAU., pp. 79-80).

1117. CHAPON (François), _André Suarès_, catalogue établi par François Chapon, Paris, Musée Antoine Bourdelle, 1968, 78p.

Fragment d'une lettre d'André Gide à Pierre de Massot, 23 décembre 1947, p. 76.

1118. FABERT (S.) "Martin du Gard et Gide : l'art et la sincérité", _L'Evénement_, no 26, mars 1968, pp. 45-51 (il n'est pas certain qu'il s'agisse d'une publication préoriginale, l'achevé d'imprimer de l'ensemble de la correspondance échangée entre Gide et Martin du Gard étant du 1er mars 1968).

Fragment de la lettre d'André Gide à Roger Martin du Gard, 18 juillet 1932, p. 48, [1105], (RMG I, pp. 532-534).

Lettre d'André Gide à Roger Martin du Gard, 2 mai 1933, p. 49, [1105], (RMG I, pp. 565-566).

Fragment de la lettre d'André Gide à Roger Martin du Gard, 25 mars 1934, p. 50 [1105], (RMG I, pp. 607-608).

1119. O'BRIEN (Justin), "Gide et l'Antigyde", La Quinzaine littéraire, 1-15 avril 1968, p. 11.

Lettre inédite d'André Gide à Francis Jammes, 12 juin 1932. Cette lettre fut aussi publiée dans : Contemporary French Literature, essays by Justin O'Brien, edited and introduced by Leon S. Roudiez, New Brunswick, New Jersey, Rutgers University Press, 1971, pp. 229-232.

Voir aussi : 1105; 1106.

1969

TEXTES DIVERS PUBLIES DANS LES JOURNAUX, LES REVUES ...

1120. "Une page inédite de Si le grain ne meurt", Le Républicain d'Uzès et du Gard, 19 juillet 1969.

1121. "Homme et fleur", Etudes littéraires, vol. 2, no 3, décembre 1969, pp. 349-351.

1122. "Mon amitié pour Jean Giono", Etudes littéraires, vol. 2, no 3, décembre 1969, pp. 352-354.

1123. [Georges Simenon], Adam, XXXIV, nos 328-330, 1969, pp. 48-49.

1124. "Le Subjectif d'André Gide ou les lectures d'André Walter (1889-1893)", présenté par Jacques Cotnam, Cahiers André Gide, I, Paris, Gallimard, pp. 15-113.

Achevé d'imprimer le 18 décembre 1969.

1125. "Tancrède devant Paludes", Cahiers André Gide, I, Paris, Gallimard, 1969, pp. 286-289.

Ce texte, présenté et commenté par Kevin O'Neill, aurait été écrit en octobre 1895.

LIVRE

1126. Ne jugez pas, Paris, Gallimard, 1969, 266(6)p.

Achevé d'imprimer le 18 mars 1969.

Les trois livres que renferme le présent ouvrage avaient précédemment été publiés.

TABLE DES MATIERES

CORRESPONDANCE

1127. Catalogue de la Librairie Simonson, no 342, Bruxelles, février 1969, p. 3.

Fragment d'une lettre d'André Gide à Philippe Berthelot, 15 février 1921, p. 3. Aussi citée dans : Claude MARTIN, Répertoire chronologique des lettres publiées d'André Gide, Paris, Minard, 1971, s.p.

1128. "Lettre à Alain Bosquet", Marginales, avril 1969, p. 63.

Lettre du 31 décembre 1939.

1129. "Témoignages", Revue neuchâteloise, no 46, printemps 1969, pp. 3-4.

Lettre d'André Gide à Georges Redard, 29 juillet 1941, p. 3.

Lettre d'André Gide à Georges Redard, 24 avril 1942, p. 4.

1130. Bulletin d'autographes, Paris, Librairie Charavay, juin 1969.

Fragment d'une lettre d'André Gide à un ami [s.d.], [1908?]. Etant donné que ce fragment n'est pas cité ailleurs, à notre connaissance, et que le Bulletin d'autographes est difficilement accessible, voici le texte de ce fragment.

"En effet ... c'est bien Vendredi et non mercredi que Jammes nous avait donné rendez-vous ... impossible de m'expliquer notre erreur. Le plus fort c'est que ma femme ... a retardé son voyage précisément à cause de ce déjeuner. Absurde! Absurde! Absurde!...".

1131. Précieux manuscrits et lettres autographes. XVIIe au XXe siècle, Paris, Hôtel Drouot, vente du 27 octobre 1969.

Fragment d'une lettre d'André Gide à Georges Gabory, s.d., no 105. Aussi cité dans le Bulletin des Amis d'André Gide, no 18, avril 1973, pp. 18-19.

Fragment d'une lettre d'André Gide à M. et Mme Richard Heyd, 4 mai 1948, no 106. Aussi cité dans le Bulletin des Amis d'André Gide, no 18, avril 1973, p. 19.

Fragment d'une lettre d'André Gide à Richard Heyd, 3 juin 1949, no 107. Aussi cité dans le Bulletin des Amis d'André Gide, no 18, avril 1973, p. 19.

1132. Catalogue de la Librairie Simonson, no 349, Bruxelles, novembre 1969, p. 5.

Résumé d'une lettre d'André Gide à Eugène Rouart, 24 août 1933. Aussi cité dans : Claude MARTIN, Répertoire chronologique des lettres publiées d'André Gide, Paris, Minard, 1971, s.p.

1133. "Lettre à Jean Denoël", La Quinzaine littéraire, 1er novembre 1969, p. 19.

Lettre du 16 décembre 1943.

1134. Autographen. Auktion um 13 und 14 november 1969. J.A. Stargardt, Marburg, Katalog 591, p. 30, no 112.

Fragment d'une lettre d'André Gide à Forum, 13 février 1929. Aussi cité dans le Bulletin des Amis d'André Gide, no 18, avril 1973, p. 19.

1135. "Trois lettres à Naim Kattan", Le Devoir [Montréal], 14 novembre 1969, p. XXVI.

Lettre d'André Gide à Naim Kattan, 5 février 1946.

Lettre d'André Gide à Naim Kattan, 16 novembre 1947.

Lettre d'André Gide à Naim Kattan, 15 juin 1948.

1136. Catalogue de la Librairie Simonson, no 350, Bruxelles, décembre 1969, p. 4.

Télégramme d'André Gide à Charles Du Bos, avril 1921. Aussi cité dans : Claude MARTIN, Répertoire chronologique des lettres publiées d'André Gide, Paris, Minard, 1971, s.p.

Télégramme d'André Gide à Charles Du Bos, février 1922. Aussi cité dans : Claude MARTIN, Répertoire chronologique des lettres publiées d'André Gide, Paris, Minard, 1971, s.p.

1137. "Lettres d'un Ami", Adam, XXXIV, nos 328-330, 1969, pp. 29-48.

[Quelques-unes de ces lettres seront publiées dans : Gaetan PICON, "Quand Gide écrivait à Simenon (1938-1950)", Le Figaro littéraire, 12 - 18 janvier 1970, pp. 10-13. Nous les indiquons par un astérisque entre crochets].

Lettre d'André Gide à Georges Simenon, 31 décembre 1938, pp. 29-30 [*].

Lettre d'André Gide à Georges Simenon, 6 janvier 1939, pp. 30-31 [*].

Lettre d'André Gide à Georges Simenon, 20 janvier 1939, pp. 31-32 [*].

Lettre d'André Gide à Georges Simenon, 14 mars 1939, pp. 32-33.

Lettre d'André Gide à Georges Simenon, 22 avril 1939, pp. 33.

Lettre d'André Gide à Georges Simenon, 28 mai 1940, pp. 33-34.

Lettre d'André Gide à Georges Simenon, 19 septembre 1941, p. 34.

Lettre d'André Gide à Georges Simenon, 27 décembre 1941, pp. 34-35.

Lettre d'André Gide à Georges Simenon, 21 août 1942, pp. 35-36 [*].

Lettre d'André Gide à Georges Simenon, 11 décembre 1944, pp. 36-37 [*].

Lettre d'André Gide à Georges Simenon, 12 juillet, p. 38 Claude Martin précise, dans son Répertoire chronologique des lettres publiées d'André Gide, (Paris, Minard, 1971), que cette lettre fut écrite le 12 juillet 1942.

Lettre d'André Gide à Georges Simenon, 5 juin 1945, p. 38.

Lettre d'André Gide à Georges Simenon, 6 juillet 1945, p. 38.

Lettre d'André Gide à Georges Simenon, 14 juillet 1945, p. 39.

Lettre d'André Gide à Georges Simenon, 21 juillet [1945], p. 40.

Lettre d'André Gide à Georges Simenon, jeudi matin, [s.d.], p. 40.

Lettre d'André Gide à Georges Simenon, 3 septembre 1946, pp. 40-41.

Lettre d'André Gide à Georges Simenon, 27 décembre 1947, p. 41.

Lettre d'André Gide à Georges Simenon, 12 à 16 février 1948, pp. 42-43 [*].

Lettre d'André Gide à Georges Simenon, 11 mars 1948, pp. 43-44.

Lettre d'André Gide à Georges Simenon, 10 octobre 1948, pp. 44-45.

Lettre d'André Gide à Georges Simenon, 28 décembre 1948, p. 45.

Lettre d'André Gide à Georges Simenon, 22 juin 1949, p. 46.

Lettre d'André Gide à Georges Simenon, 7 décembre 1949, pp. 46-47.

Lettre d'André Gide à Georges Simenon, 29 novembre 1950, pp. 47-48 [*].

1138. Catalogue de la Librairie Coulet & Faure, no 109, Paris, 1969, p. 24.

Fragment d'une lettre d'André Gide à André Cayatte, 17 novembre 1950. Aussi cité dans : Claude MARTIN, Répertoire chronologique des lettres publiées d'André Gide, Paris, Minard, 1971, s.p.

1139. Catalogue de l'Exposition André Gide, Uzès, Musée municipal, 1969.

Fragment d'une lettre d'André Gide à Mme Jean-Paul Laurens, 10 octobre 1893, no 47.

Fragment d'une lettre d'André Gide à Mme Jean-Paul Laurens, 25 novembre 1893, no 46. Ce fragment sera cité dans : André Gide, Paris, Bibliothèque nationale, 1970, p. 51.

1140. Catalogue de l'Exposition André Gide, Oxford, Maison Française, 1969.

Fragment d'une lettre d'André Gide à Enid Starkie, 29 juillet 1948, no 127.

1141. GAULMIER (Jean), "Quelques souvenirs sur André Gide", Bulletin de la Faculté des lettres de Strasbourg, no 6, mars 1969, pp. 339-344.

Lettre d'André Gide à Jean Gaulmier, 24 juillet 1943, pp. 340-341.

Lettre d'André Gide à Jean Gaulmier, 29 juillet 1943, p. 341.

1142. GOULET (Alain), "Les premiers vers d'André Gide", Cahiers André Gide, no 1, Paris, Gallimard, 1969.

Fragment d'une lettre d'André Gide à X..., 11 juin 1892, p. 148.

1143. LAST (Jef), De Persoonlijkheid van André Gide, Amsterdam, Actuele Onderwerpen -- Reeks Boekje, 1969.

Fragment d'une lettre d'André Gide à Jef Last, 3 avril 1938, p. 8.

1144. MEYLAN (Jean-Pierre), "La Revue de Genève", miroir des lettres européennes, Genève, Droz, 1969, 524p.

Fragment d'une lettre d'André Gide à Robert de Traz, 16 janvier 1923, p. 256.

Lettre d'André Gide à Robert de Traz, [16 novembre 1932], pp. 473-474.

1145. O'NEILL (Kevin), André Gide and the Roman d'aventure, Sydney, Sydney University Press, 1969, 75p.

Fragment d'une lettre d'André Gide à Marcel Drouin, 23 janvier 1902, pp. 23-24.

Fragment d'une lettre d'André Gide à Marcel Drouin, [fin mai 1901], p. 26.

Fragment d'une lettre d'André Gide à Marcel Drouin, 17 juillet 1902, p. 26.

Fragment d'une lettre d'André Gide à Marcel Drouin, 4 novembre 1903, p. 26.

Fragment d'une lettre d'André Gide à Marcel Drouin, 17 mai 1903, p. 31.

Fragment d'une lettre d'André Gide à Henri Clouard, 2 août 1911, p. 53.

1146. PELAYO (Donato), [ed.] "Joseph Delteil", Entretiens sur les lettres et les Arts, nos 27-28, [1969], p. 179.

Lettre d'André Gide à Joseph Delteil, 29 octobre 1923.

1147. PETERSEN (Carol), André Gide, Berlin, Colloquium Verlag, 1969.

A vrai dire, il s'agit plutôt d'une dédicace d'André Gide à Rudi Pallas, écrite le 30 novembre 1932, que d'une lettre [p. 79]. Nous en faisons néanmoins mention, à titre d'information.

1148. SALVI (Elvira), "Una lettera di Gide", Paragone, vol. XX, no 238, décembre 1969, pp. 115-118.

Lettre d'André Gide à Elvira Cassa Salvi, 25 janvier 1950.

1970

TEXTES DIVERS PUBLIES DANS LES JOURNAUX, LES REVUES ...

1149. "Journal du voyage au Maroc", (mars-avril 1923), Nouvelle revue française, 1er janvier 1970, pp. 66-71.

1150. "Fragment inédit des Caves du Vatican", Australian Journal of French Studies, January - August 1970, pp. 5-8.

CORRESPONDANCE

1151. "Lettre à Madeleine", Nouvelle revue française, 1er janvier 1970, pp. 72-74.

Un fragment de cette lettre, datée du 6 août 1903, est cité dans le catalogue André Gide, Paris, Bibliothèque nationale, 1970, p. 84.

1152. "Lettres à Jean Paulhan", Nouvelle revue française, 1er janvier 1970, pp. 75-80.

Lettre d'André Gide à Jean Paulhan, 15 mars 1919, p. 75.

La lettre d'André Gide à Jean Paulhan, datée du 25 juin 1933, [pp. 76-77], avait précédemment été publiée et à maintes reprises [voir 545 ; 602].

Lettre d'André Gide à Jean Paulhan, 24 avril 1936, p. 77.

Lettre d'André Gide à Jean Paulhan, 27 juillet 1937, p. 78.

Lettre d'André Gide à Jean Paulhan, 1er octobre 1938, p. 78.

Lettre d'André Gide à Jean Paulhan, 27 mars 1945, p. 79.

Lettre d'André Gide à Jean Paulhan, [1949], pp. 79-80.

1153. "Lettre à Berta Franzos", Bulletin d'information de l'Association des Amis d'André Gide, no 6, 15 janvier 1970, pp. 3-4.

Lettre du 2 mars 1903.

1154. "Une lettre d'André Gide", La Quinzaine littéraire, no 89, 16-28 février 1970, p. 7.

Lettre d'André Gide à Léon Blum, datée vraisemblablement de décembre 1936.

1155. Bulletin d'autographes, no 736, Paris, Librairie Charavay, mars 1970, pp. 25-26.

Fragment d'une lettre d'André Gide à Jean Galtier-Boissière, 25 juillet 1937. Aussi cité dans : Claude MARTIN, Répertoire chronologique des lettres publiées d'André Gide, Paris, Minard, 1971, s.p.

1156. Catalogue de la Librairie Simonson, no 352, Bruxelles, mars 1970, p. 4.

Résumé d'une lettre d'André Gide à X..., 21 juin 1926. Aussi cité dans : Claude MARTIN, Répertoire chronologique des lettres publiées d'André Gide, Paris, Minard, 1971, s.p.

1157. "Une lettre à Jean Paulhan", Bulletin d'information de l'Association des Amis d'André Gide, no 7, avril 1970, p. 8.

Lettre du 12 novembre 1926.

1158. Catalogue de la Librairie Simonson, no 354, Bruxelles, mai 1970, p. 2.

Fragment d'une lettre d'André Gide à X..., 15 novembre 1894. Aussi cité dans : Claude MARTIN, Répertoire chronologique des lettres publiées d'André Gide, Paris, Minard, 1971, s.p.

1159. Autographen. Auktion um 9 und 10 juni 1970, J.A. Stargardt, Marburg, Katalog 593, p. 30. no 107.

Fragment d'une lettre d'André Gide à Maurice Kirsch, s.d. Cette lettre qui, de l'avis de Claude Martin (Répertoire chronologique des lettres publiées d'André Gide, Paris, Minard, 1971), serait du 19 octobre 1935, avait été citée in extenso dans : [945] Maurice Lime, Gide, tel je l'ai connu, p. 38. Le fragment fut aussi cité dans : Bulletin des Amis d'André Gide, no 18, avril 1973, pp. 19-20.

1160. Catalogue de la Librairie Coulet & Faure, Paris, septembre 1970.

Fragment d'une lettre d'André Gide à Alfred Vallette, 19 juillet 1907, no 495.
Ce fragment est aussi cité dans le Bulletin des Amis d'André Gide, no 20, octobre 1973, pp. 45-46.

1161. Bulletin d'autographes, no 738, Paris, Librairie Charavay, octobre 1970, p. 26.

Fragment d'une lettre d'André Gide à X..., 15 juin 1937. Aussi cité dans : Bulletin d'information de l'Association des Amis d'André Gide, no 10, 15 janvier 1971, p. 10; Claude MARTIN, Répertoire chronologique des lettres publiées d'André Gide, Paris, Minard, 1971, s.p.

Fragment d'une lettre d'André Gide à X..., 29 janvier 1940. Aussi cité dans : Bulletin d'information de l'Association des Amis d'André Gide, no 10, 15 janvier 1971, p. 10; Claude MARTIN, Répertoire chronologique des lettres publiées d'André Gide, Paris, Minard, 1971, s.p.

1162. Catalogue de la Librairie Bernard Loliée, Paris, décembre 1970.

Fragment d'une lettre d'André Gide à Edmond Bonniot, 16 mai 1913, no 26. Aussi cité dans le Bulletin des Amis d'André Gide, no 20, octobre 1973, p. 46.

1163. [Lettres d'André Gide à Enid Starkie et à Miron Grindea], Adam, XXXV, nos 337-339, 1970, s.p.

Lettre d'André Gide à Enid Starkie, 12 mai 1947, s.p.

Lettre d'André Gide à Miron Grindea, 5 juillet 1948, s.p.

Lettre d'André Gide à Miron Grindea, 7 novembre 1949, s.p.

1164. André Gide, catalogue rédigé par Florence Callu, Simone Gravereau, Madeleine Barbin, Paris, Bibliothèque nationale, 1970, XIV-216p.

[A moins d'indication contraire, nous ne faisons mention que des fragments de lettres qui, à notre connaissance, n'avaient jamais été publiés auparavant].

Fragment d'une lettre d'André Gide à Pierre Louÿs, 6 mai 1892, p. 33.

Fragment d'une lettre d'André Gide à sa mère, 4 juin 1890, p. 34.

Fragment d'une lettre d'André Gide à Albert Démarest, [novembre 1893], p. 51.

Fragment d'une lettre d'André Gide à Mme Jean-Paul Laurens, [fin novembre 1893], p. 51. Ce fragment est aussi cité dans : Catalogue de l'Exposition André Gide, Uzès, Musée municipal, 1969, no 46. La lettre y est datée du 25 novembre 1893.

Fragment d'une lettre d'André Gide à Albert Démarest, [février 1894], p. 54. Cette lettre est datée de mars 1894 par Jean Delay, [voir 998, p. 305] et par Claude Martin, dans son Répertoire chronologique des lettres publiées d'André Gide Paris, Minard, 1971.

Fragment d'une lettre d'André Gide à sa mère, 6 décembre 1894, p. 55.

Fragment d'une lettre d'André Gide à Pierre Louÿs, 10 mars 1895, p. 57.

Fragment d'une lettre d'André Gide à Paul-Albert Laurens, février 1895, p. 60. Claude Martin (op.cit.) situe cette lettre entre le 8 et le 16 février 1895.

Fragment d'une lettre d'André Gide à Marcel Drouin, [avril 1897], p. 75.

Fragment d'une lettre d'André Gide à Edmond Jaloux, 10 juillet 1897, p. 77.

Fragment d'une lettre d'André Gide à Henri Ghéon, [20 juillet 1899], p. 91.

Fragment d'une lettre d'André Gide au Docteur Andreae, [1906], p. 106.

Fragment d'une lettre d'André Gide à Pierre de Lanux, [2 octobre 1908], p. 110.

Fragment d'une lettre d'André Gide à Charles-Louis Philippe, [1906], p. 115.

Fragment d'une lettre d'André Gide à Edmond Jaloux, 5 octobre [1908], p. 116.

Fragment d'une lettre d'André Gide à Eugène Montfort, 27 novembre 1908, p. 117.

Fragment d'une lettre d'André Gide à Henri Ghéon, 19 janvier 1916, p. 141.

Fragment d'une lettre d'André Gide à Florent Schmitt, 19 novembre 1923, p. 154.

Fragment d'une lettre d'André Gide à Mme Paul-Albert Laurens, 23 avril 1938, p. 187.

Fragment d'une lettre d'André Gide à Henri Ghéon, 7 août 1938, p. 188.

1165. Catalogue de la Librairie "Les Mains libres", no 2, 1970.

Fragment d'une lettre d'André Gide à Jean Cocteau, s.d. Aussi cité dans le Bulletin des Amis d'André Gide, no 17, octobre 1972, p. 8.

Fragment d'une lettre d'André Gide à Jean Cocteau, 17 mai 1946. Ce fragment est aussi cité dans le Bulletin des Amis d'André Gide, no 17, octobre 1972, p. 8.

1166. Catalogue de la librairie "Les Mains libres", no 3, 1970.

Fragment d'une lettre d'André Gide à Georges Hubert, 5 novembre [1919]. Ce fragment est aussi cité dans le Bulletin des Amis d'André Gide, no 17, octobre 1972, pp. 8-9.

Fragment d'une lettre d'André Gide à Georges Herbich, 14 octobre 1926. Ce fragment est aussi cité dans le Bulletin des Amis d'André Gide, no 17, octobre 1972, p. 9.

Fragment d'une lettre d'André Gide à X..., 5 septembre 1920. Ce fragment est aussi cité dans le Bulletin des Amis d'André Gide, no 17, octobre 1972, p. 9.

1167. Présence d'André Gide, catalogue rédigé par Jean Warmoes, avant-propos de Carlo Bronne, Bruxelles, Bibliothèque royale Albert ler, 1970, 151p.

[A moins d'indication contraire, nous ne faisons mention que des fragments de lettres qui, à notre connaissance, n'avaient jamais été publiés auparavant].

Résumé d'une lettre d'André Gide à Charles Van Lerberghe, [1893], p. 13.

Fragment d'une lettre d'André Gide à Albert Mockel, [s.d.], p. 16. Claude Martin, dans son Répertoire chronologique des lettres publiées d'André Gide (Paris, Minard, 1971), situe cette lettre en juillet 1894.

Fragment d'une lettre d'André Gide à Max Elskamp, 3 février 1896, p. 26.

Fragment d'une lettre d'André Gide à André Fontainas, 28 avril 1897, p. 28.

Fragment d'une lettre d'André Gide à Charles Van Lerberghe, 18 mars 1898, p. 34.

Résumé d'une lettre d'André Gide à Albert Mockel, [1899], p. 38. Claude Martin (op.cit.) date cette lettre du mois d'août 1899.

Résumé d'une lettre d'André Gide à Octave Maus, [avril 1900], p. 44. Cette lettre est vraisemblablement celle qui fut publiée dans : Madeleine MAUS, Trente années de lutte pour l'art [voir 383 p. 252]. Elle est alors datée du 2 avril 1900.

Fragment d'une lettre d'André Gide à Georges Eekhoud, [2 avril 1900], p. 44.

Fragment d'une lettre d'André Gide à Georges Eekhoud, 3 avril 1900, p. 44.

Billet d'André Gide à Théo van Rysselberghe, 6 juin, p. 51. Claude Martin (op.cit.) précise que ce billet fut écrit le 6 juin 1903.

Fragment d'un brouillon de lettre d'André Gide à Charles Van Lerberghe, [1906], p. 59. Claude Martin (op.cit.) précise que cette lettre fut écrite en février 1906.

Résumé d'une lettre d'André Gide à Théo Van Rysselberghe, [s.d.], p. 62.

Fragment d'une lettre d'André Gide à Théo Van Rysselberghe, [s.d.], p. 62.

Résumé d'un billet d'André Gide à Dumont-Wilden, [1907], p. 62. Claude Martin (op.cit.) est d'avis que ce billet fut écrit en octobre 1907.

Résumé d'une lettre d'André Gide à André Ruyters, [juin 1909], p. 64.

Résumé d'une lettre d'André Gide à André Ruyters, 16 novembre [1909], p. 67.

Résumé d'une lettre d'André Gide à Albert Mockel, 5 juillet 1914, p. 76.

Fragment d'un brouillon d'une lettre d'André Gide au Président Mithouard, 19 janvier 1915, p. 79.

Fragment d'une lettre d'André Gide à Théo Van Rysselberghe, 7 janvier, p. 81. Claude Martin (op.cit.) date cette lettre du 7 janvier 1917.

Fragment d'une lettre d'André Gide à Théo Van Rysselberghe, [s.d.], p. 86.

Résumé d'une lettre d'André Gide à Jean Vanden Eeckhoudt, 6 juin [1921], p. 87.

Fragment d'une lettre d'André Gide à Robert Mélot du Dy, 14 décembre [1924], p. 95.

Fragment d'une lettre d'André Gide à Jean de Boschère, 12 février 1935, p. 111. Cette lettre sera citée, in extenso. dans : [1192] Benjamin ROUNTREE, "Quelques lettres inédites à Jean de Boschère", Revue des Sciences humaines, octobre-décembre 1971, pp. 622-623.

Fragment d'une lettre d'André Gide à Jean Vanden Eeckhoudt, 30 décembre 1935, p. 113.

Résumé d'une lettre d'André Gide à Paul Dresse de Lébioles, 23 janvier 1936, p. 113.

Fragment d'une lettre d'André Gide à Louis Gérin, 27 juin 1937, p. 116 et p. 118.

Fragment d'une lettre d'André Gide à Jean de Boschère, 24 mars 1942, p. 122.

Fragment d'une lettre d'André Gide à Marie Delcourt, 6 juillet 1945, p. 123.

Fragment d'une lettre d'André Gide à Zoom Walter, 27 octobre 1946, p. 126.

Fragment d'une lettre d'André Gide à X..., 19 mai 1934, p. 130.

Fragment d'une lettre d'André Gide à Richard Heyd, 25 juin 1948, p. 130.

Fragment d'une lettre d'André Gide à Richard Heyd, 27 février 1950, p. 130.

Fragment d'une lettre d'André Gide à Pierre Lesdain, 20 juin 1948. p. 130.

Télégramme d'André Gide à Pandit Nehru, 30 janvier 1948 p. 131.

Résumé d'une lettre d'André Gide à X..., 29 décembre 1949, p. 133.

Fragment d'une lettre d'André Gide à Arnold Naville, 8 mars 1950, p. 134.

Résumé d'une lettre d'André Gide à X..., 4 février 1902, p. 135.

1168. CHAPON (François), "Claudel, collaborateur de l'Occident", Bulletin de la Société Paul Claudel, no 36, novembre 1969 - janvier 1970, pp. 29-30.

Lettre d'André Gide à Adrien Mithouard, 25 janvier 1909, p. 29.

Lettre d'André Gide à Adrien Mithouard, 28 janvier 1909, pp. 29-30.

1169. COCTEAU (Jean), Lettres à André Gide, avec quelques réponses d'André Gide, préface et commentaires de J.-J. Kihm, Paris, La Table ronde, 1970, 221p.

Achevé d'imprimer le 25 avril 1970.

On trouvera un important complément au présent ensemble dans: Arthur King Peters, "Cocteau et Gide : lettres inédites", _Jean Cocteau_ I, La Revue des lettres modernes, nos 298-303, Paris, Minard, 1972, pp. 56-67 [1212]. Ces lettres seront ensuite reprises par le même auteur dans _Jean Cocteau and André Gide. An Abrasive Friendship_, New Brunswick, New Jersey, Rutgers University Press, 1973. [voir 1225].

Fragment d'une lettre d'André Gide à Jean Cocteau, 6 août 1912, pp. 29-30.

Lettre d'André Gide à Jean Cocteau, [C.P. 12 janvier 1914], p. 42.

Lettre d'André Gide et d'Edith Wharton à Jean Cocteau, 23 novembre [1915], p. 57.

Lettre d'André Gide à Jean Cocteau, [17 avril 1917], p. 61.

Lettre d'André Gide à Jean Cocteau, 2 juin 1918, pp. 68-69. Voir : 885; 978.

Lettre ouverte d'André Gide à Jean Cocteau, [mai 1919], pp. 78-80. Voir 268.

Lettre d'André Gide à Jean Cocteau, [6 mai 1919], pp. 83-84.

Lettre d'André Gide à Jean Cocteau, 11 juillet 1919, pp. 97-99.

"La Nouvelle parade de Jean Cocteau", [septembre 1919], pp. 102-106. Voir : 274.

Lettre d'André Gide à Jean Cocteau, 12 mai 1922, pp. 116-117.

Brouillon d'une lettre d'André Gide à Jean Cocteau, [mai 1922], pp. 122-123.

Lettre d'André Gide à Jean Cocteau, [s.d.], p. 131.

Lettre d'André Gide à Jean Cocteau, 24 janvier 1923, pp. 135-136.

Lettre d'André Gide à Jean Cocteau, 26 décembre 1931, p. 168.

Lettre d'André Gide à Jean Desbordes, 26 décembre 1931, p. 169.

Lettre d'André Gide à Jean Cocteau, 28 février 1935, p. 170.

Lettre d'André Gide à Jean Cocteau, 30 mars 1937, p. 176.
Voir : 885.

Lettre d'André Gide à Jean Cocteau, 31 juillet 1946.
pp. 188-189.

Lettre d'André Gide à Jean Cocteau, 13 février 1949,
p. 196.

Lettre d'André Gide à Jean Cocteau, 27 août 1949, pp. 201-202.

Lettre d'André Gide à Jean Cocteau, 2 décembre 1950, p. 205.

Lettre d'André Gide à Jean Cocteau, [31 décembre 1950],
pp. 205-206. Voir : 1069.

1170. DE BOISDEFFRE (Pierre), Vie d'André Gide, Paris, Hachette, 1970, tome I, 571p.

Brouillon d'une lettre d'André Gide à Henri de Régnier,
novembre 1901, p. 444.

Fragment d'une lettre d'André Gide à Anna de Noailles,
24 mars 1908, p. 502.

Fragment d'une lettre d'André Gide à Henri Clouard, 17 juin
1909, p. 527.

1171. GUISAN (Gilbert), C.-F. Ramuz, ses amis et son temps (1919-1939), Lausanne et Paris, La Bibliothèque des Arts, 1970, tome VI, 364p.

Lettre d'André Gide à C.-F. Ramuz, 4 décembre 1933, p. 257.

Lettre d'André Gide à C.-F. Ramuz, 7 février 1936, pp. 280-281.

Lettre d'André Gide à C.-F. Ramuz, 20 janvier 1937, p. 296.
Cette lettre avait été publiée dans La Nouvelle revue
française, le 1er juillet 1967, pp. 188-189 [voir 1093].

Lettre d'André Gide à C.-F. Ramuz, 1er mars 1937, p. 298.

1172. IRELAND (G.W.), André Gide, London, Oxford University Press, 1970, 448p.

Fragment d'une lettre d'André Gide à Marcel Drouin, [1889-début 1890], pp. 20-21.

Fragment d'une lettre d'André Gide à Marcel Drouin, 6 janvier 1894, p. 105.

Fragment d'une lettre d'André Gide à Marcel Drouin, 9 novembre 1895, p. 134 et p. 181. Un extrait de cette même lettre est aussi cité par Yvonne DAVET, dans _Autour des Nourritures terrestres. Histoire d'un livre_ [voir 850, pp. 56-57].

Fragment d'une lettre d'André Gide à Marcel Drouin, [1897], p. 134.

Fragment d'une lettre d'André Gide à Marcel Drouin, 28 mars 1899, p. 177.

Fragment d'une lettre d'André Gide à Marcel Drouin, [1893], p. 180. Selon le _Répertoire chronologique des lettres publiées d'André Gide_ (Paris, Minard, 1971) de Claude Martin, cette lettre serait plutôt de 1894.

Fragment d'une lettre d'André Gide à Marcel Drouin, 3 décembre 1895, p. 181. Yvonne DAVET (_op.cit_.) cite un autre passage de cette même lettre [pp. 49-50].

Fragments d'une lettre d'André Gide à Marcel Drouin, 10 mars 1899, p. 115 et p. 181.

Fragment d'une lettre d'André Gide à Marcel Drouin, 25 août 1898, p. 182.

Fragment d'une lettre d'André Gide à Marcel Drouin, 28 mars [1897], p. 183. Selon Claude Martin (_op.cit_.) cette lettre serait plutôt du 28 mars 1898.

Fragment d'une lettre d'André Gide à Marcel Drouin, [1898], p. 183.

Fragment d'une lettre d'André Gide à Marcel Drouin, samedi soir 1899, p. 250.

Fragment d'une lettre d'André Gide à Marcel Drouin [juillet 1898], pp. 252-253.

Fragment d'une lettre d'André Gide à Ernst Robert Curtius, 26 novembre 1931, p. 395.

Fragment d'une lettre d'André Gide à Ernst Robert Curtius, 22 décembre 1931, p. 395.

1173. LEINER (Jacqueline), Le Destin littéraire de Paul Nizan et ses étapes successives, Paris, Klincksieck, 1970, 299p.

Lettre d'André Gide à Paul Nizan, 28 septembre 1934, p. 166.

1174. LEVEQUE (Alain), "Gide et l'Italie : voyage et création", Quaderni Francesi, Napoli, 1970, pp. 609-620.

Fragment d'une lettre d'André Gide à Marcel Drouin, [1893], p. 612.

Fragment d'une lettre d'André Gide à Marcel Drouin, 11 février 1896, pp. 614-615.

Fragment d'une lettre d'André Gide à Marcel Drouin, 10 mars 1896, p. 615.

1175. MARTIN (Claude), "Ce fou de Jef...: André Gide et Munich", Revue des sciences humaines, no 137, janvier - mars 1970, pp. 119-125.

Lettre d'André Gide à Jef Last, 2 octobre 1938, p. 124.

1176. MARTIN (Claude), "Gide et le singulier retors : complément à la Correspondance Gide - Rouveyre", Australian Journal of French Studies, January - August 1970, pp. 23-39.

Lettre d'André Gide à André Rouveyre, 14 avril 1924, pp. 31-32. Seul un fragment de cette lettre avait été publié dans [1189] (ROU., pp. 80-81). Voir aussi : 412.

Lettre d'André Gide à Paul Léautaud, 24 décembre 1946, pp. 38-39.

1177. MARTIN (Claude), "Gide 1907 ou Galatée s'apprivoise", Revue d'histoire littéraire de la France, mars - avril 1970, pp. 196-208.

Lettre d'André Gide à Emile Haguenin, 23 octobre 1907, pp. 198-201.

Lettre d'André Gide à Emile Haguenin, 13 janvier 1908, pp. 202-203.

Lettre d'André Gide à Franz Blei, 23 avril 1908, pp. 204-206.

1178. MARTIN (Claude), La Symphonie pastorale, édition critique établie et présentée par Claude Martin, Paris, Minard, 1970, CLV-259p.

Fragments d'une lettre d'André Gide à Jean Schlumberger, 31 mai 1918, p. XIII et p. 3.

Fragment d'une lettre d'André Gide à Dorothy Bussy, 25 février 1919, p. XVII.

Fragment d'une lettre d'André Gide à sa mère, 22 novembre 1894, p. XXXVIII.

Fragment d'une lettre d'André Gide à sa mère, 6 décembre 1894, p. XXXVIII.

Fragment d'une lettre d'André Gide à Jean Schlumberger, janvier 1920, p. CL.

Lettre d'André Gide à sa mère, 22 septembre 1894, pp. 142-146. Jean DELAY ne citait qu'un long extrait de cette lettre dans La Jeunesse d'André Gide [voir 998, pp. 365-366].

Fragment d'une lettre d'André Gide à sa mère,29-30 juin 1894, p. 145. Jean DELAY cite un autre extrait de cette même lettre [voir 998, p. 336].

Lettre d'André Gide à sa mère, 2 octobre 1894, pp. 146-154. Jean DELAY [voir 998, p. 376-378] ne cite que des fragments de cette lettre.

Lettre d'André Gide à Anna de Noailles, 8 février 1919, pp. 161-163.

Lettre d'André Gide à René Salomé, 23 février 1920, pp. 166-167.

Fragment d'une lettre d'André Gide à Richard Heyd, 7 septembre 1948, p. 181.

Mention d'une lettre [non citée] d'André Gide à Edouard Gide, 21 juin 1946, p. 182.

1179. O' NEILL (Kevin), "Deux lettres sur Nietzsche et Dostoievsky", Australian Journal of French Studies, January - August 1970, pp. 17-19.

Lettre d'André Gide à Daniel Simond, 20 octobre 1938, p. 17. Un fragment de cette lettre avait été publié dans Suisse romande, 15 juin 1939, [voir 648].

Lettre d'André Gide à André Ruyters, 2 mars 1918, pp. 18-19.

1971

TEXTE

1180. "De l'influence", Bulletin des Amis d'André Gide, no 12, juillet 1971, pp. 3-4.

LIVRE

1181. Correspondance André Gide - François Mauriac (1912-1950), édition établie, présentée et annotée par Jacqueline Morton, Cahiers André Gide, no 2, Paris, Gallimard, 1971, 275p.

Achevé d'imprimer le 14 avril 1971.

Lettre d'André Gide à François Mauriac, 15 avril 1912, p. 61. Voir : 947.

Lettre d'André Gide à François Mauriac, 29 décembre 1921, pp. 64-65. Voir : 947; 1184.

Lettre d'André Gide à François Mauriac, 24 janvier 1922, p. 67.

Lettre d'André Gide à François Mauriac, [février 1922], p. 68. Selon Peter R. Fawcett (Bulletin des Amis d'André Gide, no 12, 15 juillet 1971, p. 7), cette lettre serait du 25 juin 1922.

Lettre d'André Gide à François Mauriac, [1er juillet 1922], p. 69. Voir : 947.

Lettre d'André Gide à François Mauriac, [1927?], p. 72.

Lettre d'André Gide à François Mauriac, [1927], p. 73.

Lettre d'André Gide à François Mauriac, 7 octobre [1927], pp. 73-75. Voir 414; 462.

Lettre d'André Gide à François Mauriac, 24 avril 1928, pp. 75-77. Voir 419; 462.

Lettre d'André Gide à François Mauriac, 10 mai 1928, p. 77. Voir : 1116.

Lettre d'André Gide à François Mauriac, 4 février 1929, pp. 79-80. Voir : 947; 1116.

Lettre d'André Gide à François Mauriac, [10 mai 1931], p. 82.

Lettre d'André Gide à François Mauriac, 14 juillet 1931, p. 84.

Lettre d'André Gide à François Mauriac, 17 avril 1932, pp. 84-85.

Lettre d'André Gide à François Mauriac, 21 juillet 1932, p. 86.

Lettre d'André Gide à François Mauriac, 11 août 1933, p. 87. Voir 947.

Lettre d'André Gide à François Mauriac, 14 décembre 1937, p. 89. Voir : 947; 1116.

Lettre d'André Gide à François Mauriac, [22 juin 1939], p. 91.

Lettre d'André Gide à François Mauriac, 22 juillet 1939, pp. 93-94. Voir : 926; 947.

Lettre d'André Gide à François Mauriac, 26 septembre 1939, p. 96. Voir : 926.

Lettre d'André Gide à François Mauriac, 4 octobre 1939, pp. 96-97. Voir : 947.

Lettre d'André Gide à Edouard Daladier, 4 octobre 1939, pp. 97-98.

Lettre d'André Gide à François Mauriac, 9 janvier 1940, p. 98.

Lettre d'André Gide à François Mauriac, 3 juillet 1940, p. 99. Voir : 926; 947.

Lettre d'André Gide à François Mauriac, [29 juillet 1941], p. 100. Voir : 926.

Lettre d'André Gide à François Mauriac, 6 octobre 1941, p. 100. Voir : 926; 947.

Lettre d'André Gide à François Mauriac, 13 décembre 1941, p. 101.

Lettre d'André Gide à François Mauriac 13 décembre 1944, pp 101-102. Voir :926; 947.

Lettre d'André Gide à François Mauriac, 29 juin 1946, pp. 103-104.

Lettre d'André Gide à François Mauriac, 26 novembre 1946, p. 104.

Lettre d'André Gide à François Mauriac, ler décembre 1946, pp. 106-107. Voir : 947.

Lettre d'André Gide à François Mauriac, 21 juin 1948, pp. 107-108. Voir : 947.

Lettre d'André Gide à François Mauriac, 5 juillet 1949, pp. 109-110. Voir : 947.

Lettre d'André Gide à François Mauriac, 13 novembre 1949, pp. 111-112. Voir : 947.

Lettre d'André Gide à François Mauriac, 11 décembre 1949, pp. 113-114. Voir : 947.

Lettre d'André Gide à François Mauriac, 7 mars 1950, p. 115.

Lettre d'André Gide à François Mauriac, 5 avril 1950, pp. 115-116.

Lettre d'André Gide à François Mauriac, 12 décembre 1950, p. 116. Voir :

CORRESPONDANCE

1182. [Lettre d'André Gide à des amis], Bulletin d'information de l'Association des Amis d'André Gide, no 10, 15 janvier 1971, pp. 3-4.

   Les destinataires de cette lettre, écrite le 26 juillet 1945, ne sont pas identifiés.

1183. "Une lettre à Maurice Denis", Bulletin d'information de l'Association des Amis d'André Gide, no 10, 15 janvier 1971, pp. 6-7.

   Lettre datée de juin 1902. Voir : 954.

1184. "Gide à Mauriac", Cahiers littéraires [de l'O.R.T.F.], no 6, 9-22 mai 1971, p. 16.

   Lettre d'André Gide à François Mauriac, 29 décembre 1921 [1181] (MAU., pp. 64-65).

1185. Bulletin d'autographes, Paris, Librairie Charavay, no 741, juin 1971, p. 22.

   Fragment d'une lettre d'André Gide à F. Pélissier, 8 septembre 1916. Ce fragment parut aussi dans : Bulletin d'information de l'Association des Amis d'André Gide, no 12, juillet 1971, p. 14; Claude MARTIN, Répertoire chronologique des lettres publiées d'André Gide, Paris, Minard, 1971, s.p.

   Fragment d'une lettre d'André Gide à F. Pélissier, 8 février 1922. Aussi publié dans : Répertoire chronologique des lettres publiées d'André Gide, Paris, Minard, 1971, s.p.

1186. Catalogue de la Librairie Simonson, no 366, Bruxelles, juillet 1971, p. 5.

Fragment d'une lettre d'André Gide à X..., 8 décembre 1916. Aussi cité dans : Bulletin des Amis d'André Gide *, no 13, octobre 1971, p. 19; Claude MARTIN, Répertoire chronologique des lettres publiées d'André Gide, Paris, Minard, 1971, s.p.

1187. "A propos d'une dédicace", Bulletin des Amis d'André Gide, no 13, octobre 1971, pp. 3-8.

Lettre d'André Gide à Paul Bourget, 12 mai 1917, pp. 3-4.

Lettre d'André Gide à Paul Souday, 6 juin 1917, pp. 6-8. Un extrait de cette lettre avait été publié dans : Bibliothèque de feu de M. Paul Souday [voir 474, p. 65].

1188. [Lettre à X...], Bulletin des Amis d'André Gide, no 13, octobre 1971, p. 18.

Lettre du 17 décembre 1901.

1189. CHAPON (François), "Note sur l'édition du second Corydon", Bulletin du bibliophile. I, 1971, pp. 1-9.

Lettre d'André Gide à Jacques Doucet, 8 février 1919, p. 4.

Lettre d'André Gide à Jacques Doucet, 13 novembre 1919, pp. 4-5.

---

*Auparavant intitulé : Bulletin d'information de l'Association des Amis d'André Gide.

Lettre d'André Gide à Jacques Doucet, 18 novembre 1919, pp. 6-7.

Lettre d'André Gide à Jacques Doucet, ler décembre 1919, p. 7.

Lettre d'André Gide à Jacques Doucet, 3 mars 1920, pp. 7-8.

Lettre d'André Gide à Jacques Doucet, 4 juin 1920, p. 8.

Lettre d'André Gide à Jacques Doucet, [C.P. 2 août 1920], p. 9.

1190. MARTIN (Claude), Répertoire chronologique des lettres publiées d'André Gide, Paris, Minard, 1971, s.p.

Achevé d'imprimer le 20 décembre 1971.

Cet excellent instrument de travail renferme un appendice où sont cités les "fragments de lettres seulement connus par des catalogues de librairies ou de ventes publiques". Nous y avons referé au moment de leur parution.

1191. ROUDIEZ (Léon S.), [ed.], Contemporary French Literature, Essays by Justin O'Brien, edited and introduced by Leon S. Roudiez, New Brunswick, New Jersey, Rutgers University Press,, 1971.

Fragment d'une lettre d'André Gide à Justin O'Brien, écrite vraisemblablement en 1937, p. VIII.

1192. ROUNTREE (Benjamin), "Quelques lettres inédites à Jean de Boschère", Revue des Sciences humaines, octobre - décembre 1971, pp. 617-627.

Lettre d'André Gide à Jean de Boschère, 12 février 1935, pp. 622-623. Un fragment de cette lettre fut publié dans Présence d'André Gide, p. 111 [voir 1167].

1193. ROWLAND (Michael L.), "André Gide's Tribute to Charles-Louis Philippe : Some Unpublished Correspondence (1910-1911)", Romance Notes, XIII, no 2, Winter 1971, pp. 204-210.

Lettre d'André Gide à Stuart Merrill, [4 janvier 1910], pp. 205-206.

Lettre d'André Gide à Régis Gignoux, [janvier 1910], p. 206.

Lettre d'André Gide à Stuart Merrill, [janvier 1910], pp. 206-207.

Lettre d'André Gide à Régis Gignoux, 20 mai 1911, pp. 207-208. Un fragment de cette lettre avait été publiée dans le Catalogue G. Morssen, Hiver 1965-1966, et repris dans le Bulletin des Amis de Charles-Louis Philippe, no 24, décembre 1966, p. 25.

Lettre d'André Gide à Henri Bachelin, [mai 1911], pp. 208-209.

Lettre d'André Gide à Henri Ghéon, [mai 1911], pp. 209-210.

1194. SCHVEITZER (Marcelle), Gide aux oasis, Paris, Editions de la Francité, 1971.

Lettre d'André Gide à Marcelle Schveitzer, 7 février 1945, pp. 24-25. Cette lettre fut aussi publiée dans : Bulletin des Amis d'André Gide, avril 1971, no 11, p. 21.

Lettre d'André Gide à Marcelle Schveitzer, 9 février 1945, p. 25.

Lettre d'André Gide à Marcelle Schveitzer, 23 octobre 1945, pp. 152-153.

Lettre d'André Gide à Marcelle Schveitzer, 29 octobre 1946, pp. 153-154.

Lettre d'André Gide à Marcelle Schveitzer, 9 novembre 1946, p. 154.

Lettre d'André Gide à Marcelle Schveitzer, 5 août 1947, p. 154.

Lettre d'André Gide à Marcelle Schveitzer, 1er juillet 1948, p. 155 .

1195. VANWELKENHUYSEN (Gustave), "André Gide, Albert Mockel et La Wallonie", Bulletin de l'Académie Royale de langue et de littérature françaises, XLIX, nos 3-4, [1971], pp. 231-257. Un tirage à part (auquel nous nous référons ci-après) fut publié : Bruxelles, Palais des Académies, 1971, 29p.

Fragment d'une lettre d'André Gide à Albert Mockel, [mai ou juin 1891], p. 4.

Mention d'une lettre d'André Gide à Albert Mockel, 23 août 1891, p. 5.

Mention d'une lettre d'André Gide à Albert Mockel, 4 août 1896, p. 5.

Fragment d'une lettre d'André Gide à Albert Mockel, [fin juillet 1894], p. 6 et p. 10.

Fragments d'une lettre d'André Gide à Albert Mockel, 15 janvier 1891, p. 8. et p. 9.

Fragments d'une lettre d'André Gide à Albert Mockel,[mars] 1892, p. 9.

Fragments d'une lettre d'André Gide à Albert Mockel, 5 juillet [1914], p. 13.

Fragments d'une lettre d'André Gide à Albert Mockel, 4 août 1896, p. 14.

Fragments d'une lettre d'André Gide à Albert Mockel, 25 février 1896, p. 14.

Lettre d'André Gide à Albert Mockel, 20 avril 1897, p. 16.

Fragment d'une lettre d'André Gide à Albert Mockel, [20 janvier 1924], p. 22.

Fragment d'une lettre d'André Gide à Albert Mockel, 28 janvier 1936, p. 24.

Fragment d'une lettre d'André Gide à Albert Mockel, 29 mai 1938, p. 27.

1196. VIDAN (Ivo et Gabrijela), "Further Correspondence between Joseph Conrad and André Gide", Studia Romanica et Anglica Zagrabiensia, nos 29 - 32, 1970-1971, pp. 523-536.

Lettre d'André Gide à Joseph Conrad, 10 novembre 1919, pp. 528-529.

Lettre d'André Gide à Joseph Conrad, 21 novembre 1919, p. 530.

Voir aussi : 1181; 1228; 1230.

1972

LIVRE

1197. Le Récit de Michel, texte présenté et annoté par Claude Martin, Neuchâtel, Ides et Calendes, 1972, 51p.

Achevé d'imprimer le 25 septembre 1972.

L'Avant-propos de Claude Martin renferme le fragment d'une lettre inédite d'André Gide à Alibert, 20 avril 1909, p. 17.

CORRESPONDANCE

1198. Précieux manuscrits et lettres autographes, Hôtel Drouot, salle 8, janvier 1972.

Fragment d'une lettre d'André Gide à Eugène Rouart, 25 avril 1915. Aussi cité dans le Bulletin des Amis d'André Gide, no 17, octobre 1972, p. 8.

Fragment d'une lettre d'André Gide à un ami, s.d. Aussi cité dans le Bulletin des Amis d'André Gide, no 17, octobre 1972, p. 8.

Fragment d'une lettre d'André Gide à un ami, 24 octobre 1900. Aussi cité dans le Bulletin des Amis d'André Gide, no 17, octobre 1972, p. 8.

1199. "Lettres inédites d'André Gide à Jean Denoel", Bulletin des Amis d'André Gide, no 15, avril 1972, pp. 5-14.

Lettre d'André Gide à Jean Denoel, ler septembre 1941, pp. 6-7.

Lettre d'André Gide à Jean Denoel, 12 juin 1942, pp. 7-8.

Lettre d'André Gide à Jean Denoel, juin 1943, p. 9.

Lettre d'André Gide à Jean Denoel, 16 décembre 1943, pp. 9-12.

Lettre d'André Gide à Jean Denoel, 19 janvier 1944, pp. 13-14.

1200. [Lettre d'André Gide à Paul Fort], Bulletin des Amis d'André Gide, no 15, avril 1972, p. 28.

Cette lettre ne porte aucune date.

1201. [Lettres d'André Gide à R.-G. Nobécourt], Bulletin des Amis d'André Gide, no 15, avril 1972, pp. 28-29.

Fragment d'une lettre d'André Gide à R.-G.Nobécourt, 26 août 1939, p. 28.

Fragment d'une lettre d'André Gide à R.-G. Nobécourt, 21 février 1947, p. 28.

Fragment d'une lettre d'André Gide à R.-G. Nobécourt, 20 novembre 1947, p. 28.

Fragment d'une lettre d'André Gide à R.-G. Nobécourt, 18 mars 1949, p. 29.

1202. "Si je m'intéresse aux fous ...", Bulletin des Amis d'André Gide, no 16, juillet 1972, p. 4.

Lettre d'André Gide à Mme Paul Schlumberger, 1891.

1203. "De l'influence" (suite), Bulletin des Amis d'André Gide, no 16, juillet 1972, pp. 5-6.

Lettre d'André Gide à Charles Gide, [1904].

1204. "Deux autres lettres inédites d'André Gide à Jean Denoel", Bulletin des Amis d'André Gide, no 17, octobre 1972, pp. 3-6.

Lettre d'André Gide à Jean Denoel, ler novembre 1944, pp. 3-4.

Lettre d'André Gide à Jean Denoel, 14 septembre 1950, pp. 4-5.

1205. Catalogue Sevin Seydi, octobre 1972.

Mention d'une lettre d'André Gide à X..., 27 mai 1940, no 240.

1206. Autographes. Souvenirs historiques et littéraires, Librairie G. Morssen, Paris, Hiver 1971-1972.

Fragment d'une lettre d'André Gide à X... [Marcel Drouin?], décembre 1901, no 276. Aussi cité dans le Bulletin des Amis d'André Gide, no 16, juillet 1972, p. 15.

1207. Catalogue de la Librairie G. Coulet & A. Faure, no 129, [1972].

Fragment d'une lettre d'André Gide à Marcel Drouin, 27 juin 1901. La lettre avait été publiée dans les Romanische Forschungen, en 1954 [voir 963].

Fragment d'une lettre d'André Gide à Richard Heyd, 3 juin 1949. Ce fragment est aussi cité dans le Bulletin des Amis d'André Gide, no 17, octobre 1972, p. 7.

1208. Correspondance Jacques Copeau - Roger Martin du Gard, introduction par Jean Delay; texte établi et annoté par Claude Sicard, Paris, Gallimard, 1972, vol. I, 452[10]p.

Achevé d'imprimer le 3 février 1972.

Fragment d'une lettre d'André Gide à Agnès Copeau, 29 avril 1925, p. 414.

1209. Correspondance Jacques Copeau - Roger Martin du Gard, notes et index de Claude Sicard, Paris, Gallimard, 1972, vol. II, [14]-440 [14]p.

Achevé d'imprimer le 7 février 1972.

Fragment d'une lettre d'André Gide à Agnès Copeau, 5 juin 1929, p. 484.

Fragment d'une lettre d'André Gide à Agnès Copeau, 8 mai 1940, p. 622.

1210. Pierre Jean Jouve, Paris, Cahiers de l'Herne, no 19, 1972.

Lettre d'André Gide à Pierre Jean Jouve, 3 janvier 1941, p. 123.

Lettre d'André Gide à Pierre Jean Jouve, 22 janvier 1942, p. 124.

1211. COTNAM (Jacques), "Refus et acceptation d'André Gide au Québec", Cahiers André Gide, no 3, Paris, Gallimard, 1972, pp. 281-314.

Lettre d'André Gide à Maurice Blain, 16 février 1949, p. 309.

1212. PETERS (Arthur King), "Cocteau et Gide : lettres inédites", Jean Cocteau I, "Cocteau et les mythes", La Revue des lettres modernes, nos 298-303, Paris, Minard, 1972, pp. 55-67.

Lettre d'André Gide à Jean Cocteau, [23 avril 1917], p. 57.

Lettre d'André Gide à Jean Cocteau, [26 juin 1919], p. 57.

Lettre d'André Gide à Jean Cocteau, 20 novembre 1919, p. 58.

Lettre d'André Gide à Jean Cocteau, [juin 1921], pp. 58-59.

Lettre d'André Gide à Jean Cocteau, [fin juin 1922], p. 60.

Lettre [non envoyée] d'André Gide à Jean Cocteau, 1928, pp. 63-64.

Lettre d'André Gide à Jean Cocteau, 18 janvier [1931], p. 65.

Lettre d'André Gide à Jean Cocteau, 18 janvier [1931], p. 66.

Lettre d'André Gide à Jean Cocteau, 17 mai 1946, p. 67.

Ces lettres sont aussi citées dans : Arthur King Peters, Jean Cocteau and André Gide. An Abrasive Friendship, New Brunswick, New Jersey, Rutgers University Press, 1973.

1213. REGNIER (Henri de), Lettres à André Gide (1891-1911), avec cinq brouillons de lettres d'André Gide à Henri de Régnier, préface et notes par David J. Niederauer, Paris et Genève, Minard et Droz, 1972, 147(4)p.

Brouillon d'une lettre d'André Gide à Henri de Régnier, mai 1896, pp. 100-101.

Brouillon d'une lettre d'André Gide à Henri de Régnier, [vers décembre 1901], pp. 118-119.

Brouillon d'une lettre d'André Gide à Henri de Régnier, [fin d'avril 1905], pp. 121-123.

Brouillon d'une lettre d'André Gide à Henri de Régnier, 25 juillet 1907, pp. 125-126.

Brouillon d'une lettre d'André Gide à Henri de Régnier, 20 novembre 1909, p. 131.

1214. ROWLAND (Michael L.), "Gide's correspondence with Eugène Dabit : Three New Letters", Romance Notes, XIV, no 2, Winter 1972, pp. 222-225.

Lettre d'André Gide à Eugène Dabit, 10 décembre 1928, p. 223.

Lettre d'André Gide à Eugène Dabit, 10 novembre 1931, pp. 223-224.

Lettre d'André Gide à Eugène Dabit, [3 avril 1933], pp. 224-225.

1215. SAINT-JOHN PERSE, Oeuvres complètes, "Bibliothèque de la Pléiade", Paris, Gallimard, 1972, XLII-1415p.

Achevé d'imprimer le 5 octobre 1972.

Fragment d'une lettre d'André Gide à Saint-John Perse, 9 novembre 1949, p. 1300.

Voir aussi : 1197; 1227; 1229; 1231.

1973

TEXTE

1216."Rouen (février - mars 1890)", Bulletin des Amis d'André Gide, no 20, octobre 1973, pp. 4-9.

CORRESPONDANCE

1217. Archives Arnold Naville : André Gide, Paris, Pierre Berès, 8 février 1973.

Mention d'une lettre d'André Gide à Léon Daudet, 21 septembre 1931, no 30.

1218. "La fin d'une amitié. La dernière lettre d'André Gide à Pierre Louys", Bulletin des Amis d'André Gide, no 18, avril 1973, pp. 6-8.

Lettre d'André Gide à Pierre Louys, [3 juin 1895].

1219. Catalogue de la librairie C. Coulet & A. Faure, no 132, avril 1973, p. 99.

Fragments d'une lettre d'André Gide à Pierre X..., s.d., no 903. Aussi cités dans le Bulletin des Amis d'André Gide, no 19, juillet 1973, p. 36.

Résumé d'une lettre d'André Gide au Président du Conseil, s.d., no 904. Cité dans le Bulletin des Amis d'André Gide, no 19, juillet 1973, p. 36.

Fragments d'une lettre d'André Gide à Maurice Magre, 24 novembre 1919, no 905. Aussi cités dans le Bulletin des Amis d'André Gide, no 19, juillet 1973, pp. 37-38.

Fragments d'une lettre d'André Gide à Maurice Magre, 27 novembre 1939, no 906. Aussi cités dans le Bulletin des Amis d'André Gide, no 19, juillet 1973, p. 38.

1220. Bulletin de la Librairie Charavay, no 749, Paris, juin 1973, no 35563.

Fragment d'une lettre d'André Gide à Eugène Rouart, 25 avril 1915. Aussi cité dans le Bulletin des Amis d'André Gide, no 20, octobre 1973, p. 42.

1221. Catalogue de vente aux enchères, Sotheby, London, 5 juin 1973.

Mention d'une lettre d'André Gide à V. Payen-Payne, 24 octobre 1923, no 281.

1222. Catalogue de la Librairie Coulet & Faure, no 134, septembre 1973.

Fragment d'une lettre d'André Gide à X..., 17 décembre 1930, no 694. Aussi cité dans le Bulletin des Amis d'André Gide, no 20, octobre 1973, p. 42.

Carte postale d'André Gide à X..., 30 janvier 1933, no 694. Aussi citée dans le Bulletin des Amis d'André Gide, no 20, octobre 1973, p. 42.

Carte postale d'André Gide à X..., 23 novembre 1933, no 694. Aussi citée dans le Bulletin des Amis d'André Gide, no 20, octobre 1973, p. 42.

Fragment d'une lettre d'André Gide à Pierre de Lanux, 4 février 1945, no 415. Aussi cité dans le Bulletin des Amis d'André Gide, no 20, février 1973, p. 43.

1223. Catalogue de l'exposition André Malraux, Fondation Maeght, St-Paul de Vence, 1973.

Fragment d'une lettre d'André Gide à André Malraux, 26 octobre 1937, p. 136, no 387. Aussi cité dans le Bulletin des Amis d'André Gide, no 20, octobre 1973, p. 33.

1224. HARRIS (Frederick John), André Gide and Romain Rolland : Two Men Divided, New Brunswick, New Jersey, Rutgers University Press, 1973, X-285p.

Lettre d'André Gide à Romain Rolland, 20 octobre 1914, pp. 21-22; pp. 201-202. Des fragments de cette lettre avaient été publiés par Romain Rolland, dans son Journal 1914-1919, pp. 92-93 [voir 946].

Lettre d'André Gide à Romain Rolland, 10 novembre 1914, pp. 29-30; pp. 204-205. Un bref fragment de cette lettre avait été publié par Romain Rolland, dans son Journal 1914-1919, p. 123 [voir 946].

Lettre d'André Gide à Romain Rolland, 11 janvier 1916, pp. 35-36; pp. 207-208. Cette lettre avait été citée par Romain Rolland, dans son Journal 1914-1919, p. 664 [voir 946], et par Renée Lang, dans l'ensemble de la correspondance Gide-Rilke, pp. 126-127 [voir 930].

Lettre d'André Gide à Romain Rolland, 25 janvier 1916, pp. 36-37; pp. 208-209. Cette lettre avait été citée par Renée Lang, dans l'ensemble de la correspondance Gide-Rilke, pp. 131-133 [930].

Lettre d'André Gide à Romain Rolland, 17 février 1916, pp. 38-41; pp. 209-212.

Lettre d'André Gide à Romain Rolland, 1er mai 1934, p. 129; p. 247.

1225. PETERS (Arthur King), Jean Cocteau and André Gide. An Abrasive Friendship, New Brunswick, New Jersey, Rutgers University Press, 1973, XV-405p.

Les lettres d'André Gide à Jean Cocteau que renferme cet ouvrage avaient précédemment été citées, soit dans l'ensemble de leur correspondance [voir 1169], soit dans le complément que publia Arthur King Peters [voir 1212].

Lettre d'André Gide à Marc Allégret, 25 avril 1918, pp. 322-323.

Lettre d'André Gide à Marc Allégret, 19 janvier 1919, p. 327.

1226. VAN RYSSELBERGHE (Maria), Notes pour l'histoire authentique d'André Gide, Les Cahiers de la Petite Dame (1918-1929), préface d'André Malraux, Cahiers André Gide, 4, Paris, Gallimard, 1973, XXXI-461p.

Achevé d'imprimer le 15 février 1973.

Télégramme d'André Gide à Maria Van Rysselberghe, 18 janvier 1923, p. 164.

Fragment d'une lettre d'André Gide à Jean Schlumberger, janvier 1923, p. 165.

Lettre d'André Gide à Elizabeth Van Rysselberghe, [fin juin 1926], p. 254.

Fragment d'une lettre d'André Gide à Elizabeth Van Rysselberghe, [fin juin 1926], p. 255.

Télégramme d'André Gide à Maria et à Elizabeth Van Rysselberghe, 4 décembre 1927, p. 336.

Télégramme d'André Gide à Maria Van Rysselberghe, 22 janvier 1929, p. 398.

Télégramme d'André Gide à Maria Van Rysselberghe, 23 janvier 1929, p. 398.

ADDENDA

Nous n'avons pas retrouvé de dates précises pour les références suivantes.

1227. Catalogue de la Librairie de l'Abbaye, s.d.

Fragment d'une lettre d'André Gide à Eugène Rouart, [fin novembre - début de décembre 1902]. Aussi cité dans le Bulletin des Amis d'André Gide, no 15, avril 1972, p. 27.

Fragment d'une lettre d'André Gide à Eugène Rouart, 25 juillet [1923]. Aussi cité dans le Bulletin des Amis d'André Gide, no 15, avril 1972, p. 27.

1228. Catalogue de la Librairie Descombes, s.d.

Fragment d'une lettre d'André Gide à X..., 3 mai 1912, no 422. Aussi cité dans Claude Martin, Répertoire chronologique des lettres publiées d'André Gide, Paris, Minard, 1971, s.p.

Fragment d'une lettre d'André Gide à Maurice Sachs, 18 novembre 1933, no 426. Aussi cité dans : Claude Martin, Répertoire chronologique des lettres publiées d'André Gide, Paris, Minard, 1971, s.p.

1229. Catalogue de la Librairie Gallimard, no 30, s.d.

Fragment d'une lettre d'André Gide à X..., 10 octobre 1950, no 212. Aussi cité dans le Bulletin des Amis d'André Gide, no 16, juillet 1972, p. 15.

1230. Catalogue de la Librairie Jean-Pierre Cézanne, s.d.

Fragment d'une lettre d'André Gide à Catulle Mendès, 10 mai 1901, no 142. Aussi cité dans : Claude MARTIN, Répertoire chronologique des lettres publiées d'André Gide, Paris, Minard, 1971, s.p.

Fragment d'une lettre d'André Gide à Henri Van Deputte, 23 juin 1906, no 143. Aussi cité dans : Claude MARTIN, Répertoire chronologique des lettres publiées d'André Gide, Paris, Minard, 1971, s.p.

1231. Catalogue de la Librairie Kenneth W. Rendell, Somerville, Mass. U.S.A., s.d.

Fragment d'une lettre d'André Gide à Eugène Rouart, 16 mars 1900. Aussi cité dans le Bulletin des Amis d'André Gide, no 15, avril 1972, p. 29.

Fragment d'une lettre d'André Gide à Eugène Rouart, s.d. Aussi cité dans le Bulletin des Amis d'André Gide, no 15, avril 1972, p. 29.

Fragment d'une lettre d'André Gide à Eugène Rouart, 5 juillet 1911. Aussi cité dans le Bulletin des Amis d'André Gide, no 15, avril 1972, pp. 29-30.

Fragment d'une lettre d'André Gide à Eugène Rouart, 12 juillet 1911. Aussi cité dans le Bulletin des Amis d'André Gide, no 15, avril 1972, p. 30.

Mention d'une lettre d'André Gide à X..., 21 avril 1904.

LES LIVRES SUIVANTS ONT ETE OUBLIES DANS NOTRE INVENTAIRE.

1232. DU BOS (Charles), Le Dialogue avec André Gide, Paris, Corréa, 1947, 356p.

Cet ouvrage renferme quelques passages inédits de Si le grain ne meurt

Fragment d'une lettre d'André Gide à Charles Du Bos, [23-30] mai 1925, p. 57. Cette lettre n'a pas été reprise dans l'ensemble.

1233. LEVEQUE (J.-J.), (ed.), Temps mêlés, (Verviers, Belgique), nos 10-11, (octobre 1954), 64p.

Cet ouvrage renfermerait une lettre d'André Gide à René Crevel. Il nous fut impossible de vérifier.

DOLEMBREUX (Jacques), "André Gide, le symbolisme et la Belgique", Audace, no 1, [1970], pp. 138-143.

Lettre d'André Gide à Georges Rency, [1893] , pp. 138-139.

Lettre d'André Gide à Jacques Dolembreux, 23 janvier 1936, p. 140.

INDEX